明萬曆本周易集注

第一册

明 來知德撰

明萬曆三十八年刻本

山東人民出版社

圖書在版編目（CIP）數據

明萬曆本周易集注 /（明）來知德撰 .— 濟南：山東人民出版社，2024.3

（儒典）

ISBN 978-7-209-14298-4

Ⅰ．①明… Ⅱ．①來… Ⅲ．①《周易》- 注釋 Ⅳ．① B221.2

中國國家版本館 CIP 數據核字（2024）第 037125 號

項目統籌：胡長青

責任編輯：趙　菲

裝幀設計：武　斌

項目完成：文化藝術編輯室

明萬曆本周易集注

〔明〕來知德撰

主管單位　山東出版傳媒股份有限公司

出版發行　山東人民出版社

出 版 人　胡長青

社　　址　濟南市市中區舜耕路517號

郵　　編　250003

電　　話　總編室（0531）82098914

　　　　　市場部（0531）82098027

網　　址　http://www.sd-book.com.cn

印　　裝　山東華立印務有限公司

經　　銷　新華書店

規　　格　16開（160mm×240mm）

印　　張　101.25

字　　數　810千字

版　　次　2024年3月第1版

印　　次　2024年3月第1次

ISBN 978-7-209-14298-4

定　　價　294.00圓（全六册）

《儒典》選刊工作團隊

學術顧問　杜澤遜　李振聚　徐　泳

項目統籌　胡長青

責任編輯　劉　晨　劉嬌嬌　張艷艷
　　　　　呂士遠　趙　菲　劉一星

前言

中國是一個文明古國、文化大國，中華文化源遠流長，博大精深。在中國歷史上影響較大的是孔子創立的儒家思想，因此整理儒家經典、注解儒家經典，爲儒家經典的現代化闡釋提供权威、典范、精粹的典籍文本，是推進中華優秀傳統文化創造性轉化、創新性發展的奠基性工作和重要任務。

中國經學史是中國學術史的核心，歷史上創造的文本方面和經解方面的輝煌成果，大量失傳了。西漢是經學的第一個興盛期，除了當時非主流的《詩經》毛傳以外，其他經師的注釋後來全部失傳了。東漢的經解衹有鄭玄、何休等少數人的著作留存下來，其餘也大都失傳了。南北朝至隋朝興盛的義疏之學，其成果僅有皇侃《論語疏》幸存於日本。五代時期精心校刻的《九經》、北宋時期國子監重刻的《九經》以及校刻的單疏本，也全部失傳。南宋國子監刻的單疏本，我國僅存《周易正義》、《爾雅疏》、《春秋公羊疏》（三十卷殘存七卷）、《春秋穀梁疏》（十二卷殘存七卷），日本保存了《尚書正義》、《毛詩正義》、《禮記正義》（七十卷殘存八卷）、《周禮疏》（日本傳抄本）、《春秋公羊疏》（日本傳抄本）、《春秋正義》（日本傳抄本）。南宋兩浙東路茶鹽司刻八行本，我國保存下來的有《周禮疏》、《禮記正義》、《春秋左傳正義》（紹興府刻）、《論語注疏解經》（二十卷殘存十卷）、《孟子注疏解經》（存臺北『故宫』），日本保存有《周易注疏》《尚書正義》（凡兩部，其中一部被清楊守敬購歸）。南宋福建刻十行本，我國僅存《春秋穀梁注疏》、《春秋左傳注疏》（六十卷，一半在大陸，一半在臺灣），日本保存有《毛詩注疏》《春秋左傳注疏》。從這些情況可以看出，經書代表性的早期注釋和早期版本國内失傳嚴重，有的僅保存在東鄰日本。

鑒於這樣的現實，一百多年來我國學術界、出版界努力搜集影印了多種珍貴版本，但是在系統性、全面性和準確性方面都還存在一定的差距。例如唐代開成石經共十二部經典，石碑在明代嘉靖年間地震中受到損害，明代萬曆初年西安府學等學校師生曾把損失的文字補刻在另外的小石上，立於唐碑之旁。近年影印出版唐石經拓本多次，都是以唐代石刻與明代補刻割裂配補的裱本爲底本。由於明代補刻采用的是唐碑的字形，這種配補本難以區分唐刻與明代補刻，不便使用，亟需單獨影印唐碑拓本。

爲把幸存於世的、具有代表性的早期經解成果以及早期經典文本收集起來，系統地影印出版，我們規劃了《儒典》編纂出版項目。

《儒典》出版後受到文化學術界廣泛關注和好評，爲了滿足廣大讀者的需求，現陸續出版平裝單行本。共收録一百十一種元典，共計三百九十七册，收録底本大體可分爲八個系列：經注本（以開成石經、宋刊本爲主。開成石經僅有經文，無注，但它是用經注本删去注文形成的）、經注附釋文本、纂圖互注本、單疏本、八行本、十行本、宋元人經注系列、明清人經注系列。

《儒典》是王志民、杜澤遜先生主編的。本次出版單行本，特請杜澤遜、李振聚、徐泳先生幫助酌定選目。特此説明。

二〇二四年二月二十八日

目録

第一册

第二册

第三册

第四册

第五册

第六册

重刻來瞿唐先生易註序

夫易何為者哉龍馬負圖偶奇錯綜而易行乎其中聖人者出則以卦效以爻闡以辭而各指其所之易道備矣孔子生于衰周之季五十以學易至于三絕

韋三折鏑乃喟然嘆曰作易者
其知道乎其知變化之所爲乎
然不錯不綜變化何自而生故
又曰錯綜其數非天下之至精
至神孰與于此孔子沒而易繞
散商瞿梁丘子而下教濫緒棼

箋之解之疏之傳之龜筴之測
贊之譚易彌繁去易彌遠如舍
柁泛海之舟昧鍼芒而迷斗樞
也如崔盧王謝各高標其祖禰
而竟非天潢正派也陽九吾易
者寧必嬴姬哉西蜀美鮮先生

發憤于千載之長夜，絕意軒紱，研精覃思幾三十年，而始悟大易宗旨，盡括于錯綜一言。所云錯綜者，非以意錯之綜之之謂也。八卦六爻之情體，四正四隅之撰，雜錯者不得不錯，綜者不

得不綜左而右右而左低而昂
昂而低不煩思議無假安排雲
漢麗乎天川嶽麗乎土動靜順
逆麗乎人事無之非錯綜無之
非變化可以見見可以不見見
可以聞聞可以不聞聞而以之

冒道成務極深研幾天下之至精至神盡在我矣昔子思子以費隱言道而證之鳶飛魚躍鳶魚者象也飛躍者象之錯綜也其天其淵其升其沉變變化化活活潑潑孰為對待孰為流行

意者有機緘而不能自已耶此
天地自然之易也故善言易者
莫如子思子而矣鮮先生之以
錯綜註易也真得鳶魚飛躍之
意而默契變化之所爲乎長夜
晦冥日月如故先生有功于後

學大矣

侍御張君復爲之發明其義而

廣遠其傳是又有功于先生也

舉不敏顧學易以寡過未能也

則請于是編賬膺焉

萬曆辛亥仲春之吉古淄後學

高舉譔

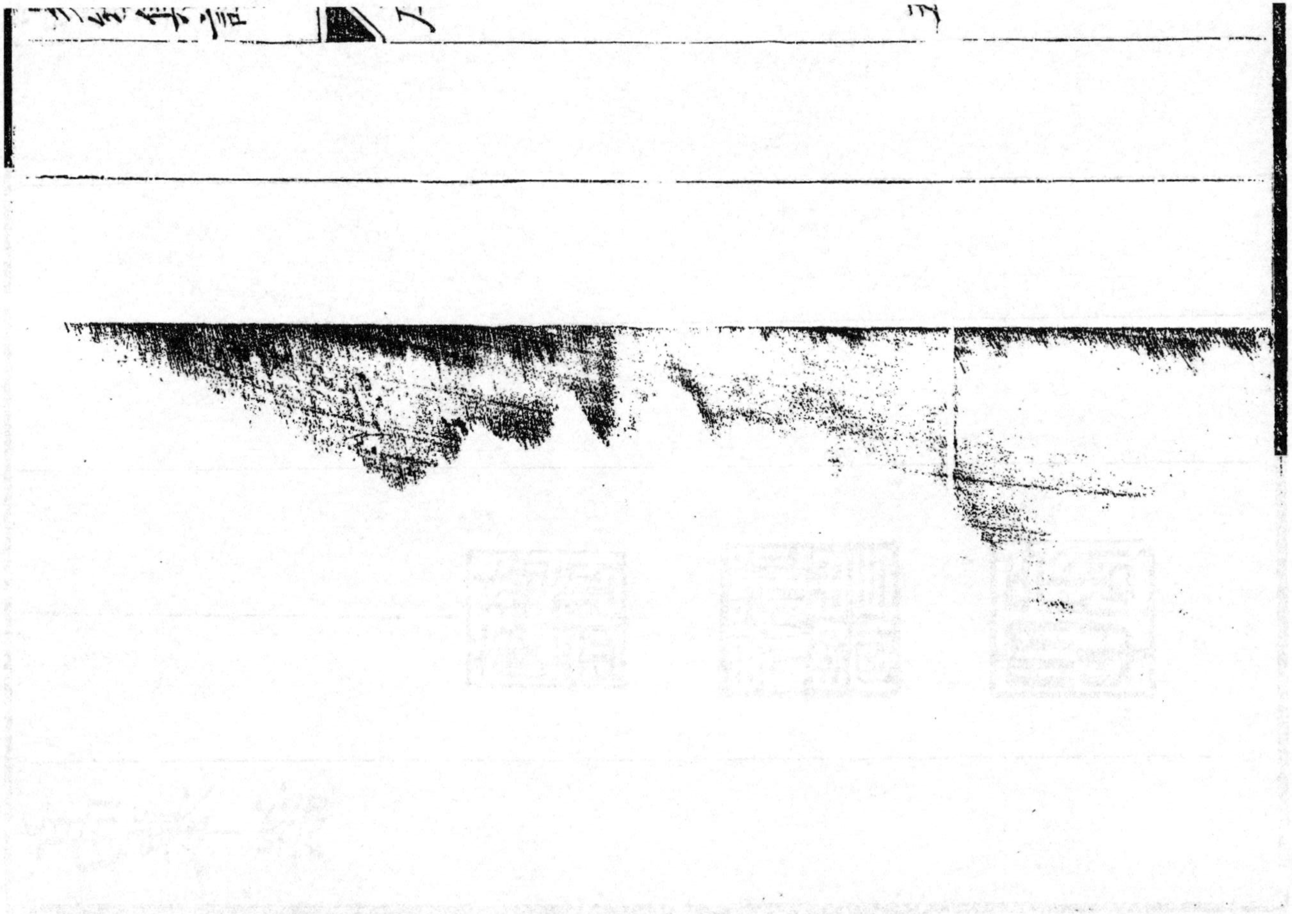

重刻来矣鮮先生易註序

自漢而下言易者無慮數十百家矣舉一廢百而不知矣一之通百也譚理者宗程傳朱義而僅而至輔嗣者流且將掃畫而去之也譚象者九家譚數

者曉矣而進而楊雲且擬玄而
測之也京焦氏之占溺於卜筮
遺道義譚禍福愈遠之矣總
之所謂舉其一者也古聖人立
象以盡意觀其象耳矣知者觀
象而思過半矣即意象象爻

而作為卜筮卜筮者聖人同愚之情令百姓日用焉而不知者也不知者不知象生變變生卦爻卦爻生理義理義生吉凶也儒者讀易將扶天人性命之符而質質焉同百姓可乎故善讀易者莫

妙於以經解經而不以意識學問
解經以經解經之法莫妙於
錯綜其數一語蓋八卦以象告
錯綜則象之變其順逆正反無
窮而辭占本義理定吉凶亦隨
變以示矣此聖人之盡意愚人之

畫律一也錯綜之法揭于孫夫
子而獨悟於蜀之來矣鮮先生
其言左右相錯上下相綜變化無
遺郭青螺先生深著明其說
刻之蜀中而予同年查指張
公復詮其精義於簡端重付

剞劂氏嘉惠海内俾世之學者
繇錯綜觀變繇變觀象繇象
觀意彼程朱理義諸儒講解
且在三隅反中而彼象數玄渺
卜筮禍福之譚譬猶燭光之麗
日月不相餘而且相援矣雖然理

之錮易而舉子業之錮理也〻爲甚吾且以爲程朱憂況其上者乎即無錮於理而于身心無涉焉猶錮也以經解經信不若以身解經吾自觀吾身靜而作何象動而流何形龍象乎馬乎羲

文蹟跡乎殊庶而履實擬言而議動錯綜成乎神交象成乎身此揚慈湖已易之旨也敢以質之有道

武林黃汝亨撰

重刻来矣鮮先生易註序

吾夫子老而學易至於韋編三絕而曰吾五十而知天命夫天命之所以不已者何也易也易也者何也象也相推焉而變生矣變者象之變也彖言象者也

爻言變者也有象有變而後有辭占是故君子居則觀象而玩辭動則觀變而玩占居安其序而樂玩其辭亦惟是變之所適紗陰陽行鬼神顯日用畢能事而世儒以卜筮索吉凶以義理

解辭占不知夫義理吉凶從何
而生象變焉已矣象何以立變
何以通環循轂轉又何以生無
窮則錯綜其數之法也錯綜其
數吾夫子已言之矣而讀易者
不解也終日問卜筮諱義理而

不遡所自出猶人終日言宗祖
子孫而不知其耦終日言什百
千萬而不知夫一生二二生三
三生無窮也彼所謂象者駿圖
耳已變者幻術耳已善乎來矣
鮮先生悟之求溪山中而推言

之也其言曰錯者一左而一右
兩相錯者也猶男女然伏羲圓
之以爲圖孔子所稱天尊地卑
者是也綜者一上一下互相綜
者也如織布帛而綜者然文王
序之以爲卦孔子所謂剛柔相

摩者是也舉一男女而億萬孫
子列矣挈一絲而億萬條緒動
矣是故以極天下之數以定天
下之象以通天下之變數無窮
錯綜無窮變無窮象無窮總之
太極生陰陽一陰一陽相左右

上下而亘焉雜焉摩盪焉無窮焉而已故萬縷一絲也萬孫一祖也所謂易逆數者也故曰一陰一陽之謂道生生之謂易陰陽不測之謂神引而伸觸類而長皆是法也其義理謂之序其

言謂之辭其決謂之占順此之
謂吉逆此之謂凶天地所以消
長萬物所以亨屯國家所以治
亂人心所以存亡昆蟲草木所
以榮枯生死夫孰有能違之者
乎故曰維天之命於穆不已故

説天至命莫玅乎易矣羲之畫
文之彖周公之爻孔子之係辭
十翼先天弗違後天時行象告
情言不離乎錯綜之一法若衣
有領若日月有璣衡接羣聖牖
萬古來先生之功於是偉矣先

生易註其本原程朱會通諸儒
而闡明未備者良多其精義妙
法俱自鎔綜出大中丞青螺郭
公已表章其旨海内稱慕之而
不盡見其板在蜀者又多漫漶
滅没予令巫山時與先生有往

還敬其人愛重其書爰懋吴赶
下鹺司重訂之而梓以流布焉
詎敢云知易知命庶幾續韋編
之遺不晦先生苦心而已
萬曆庚戌歲陽月關中張惟任
仲衡父撰

周易集註序

乾坤者萬物之男女也男女者一物之乾坤也故上
經首乾坤下經首男女乾坤男女相爲對待氣行乎
其間有往有來有進有退有常有變有吉有凶不可
爲典要此易所由名也盈天地間莫非男女則盈天
地間莫非易矣伏羲象男女之形以畫卦文王繫卦
下之辭又序六十四卦其中有錯有綜以明陰陽變
化之理錯者交錯對待之名陽左而陰右陰左而陽
右也綜者高低織綜之名陽上而陰下陰上而陽下

也雖六十四卦止乾坤坎離大過頤小過中孚八卦相錯其餘五十六卦皆相綜而爲二十八卦並相錯八卦共三十六卦如屯蒙之類雖屯綜乎離蒙綜乎坎本是二卦然一上一下皆二陽四陰之卦乃一卦也故孔子雜卦曰屯見而不失其居蒙雜而著是也故上經止十八卦下經止十八卦周公立爻辭雖曰兼三才而兩之故六亦以陰陽之氣皆極于六天地間窮上反下循環無端者不過此六而已此立六爻之意也孔子見男女有象卽有數有數卽有理其中

之理神妙莫測立言不一而足故所繫之辭多于前
聖孔子沒後儒不知文王周公立象皆藏于序卦錯
綜之中止以序卦爲上下篇之次序乃將說卦執圖
求駿自王弼掃象以後註易諸儒皆以象失其傳不
言其象止言其理
本朝纂修易經性理大全雖會諸儒衆註成書然不
過以理言之而已均不知其象不知文王序卦不知
孔子雜卦不知後儒卦變之非于此四者既不知則
易不得其門而入不得其門而入則其註疏之所言

者乃門外之粗淺非門内之奥妙是自孔子沒而易
已亡至今日矣四聖之易如長夜者二千餘年不其
可長嘆也哉夫易者象也象也者像也此孔子之言
也曰像者乃事理之彷彿近似可以想像者也非真
有實事也非真有實理也若以事論金豈可爲車玉
豈可爲鉉若以理論虎尾豈可履左腹豈可入易與
諸經不同者全在于此如禹謨曰惠迪吉從逆凶惟
影響是真有此理也如泰誓曰惟十有三年春大會
于孟津是真有此事也若易則無此事無此理惟有

此象而已有象則大小遠近精粗千蹊萬徑之理咸寓乎其中方可彌綸天地無象則所言者止一理而已何以彌綸故象猶鏡也有鏡則萬物畢照若舍其鏡是無鏡而索照矣不知其象易不註可也又如以某卦自某卦變者此虞翻之說也後儒信而從之如訟卦剛來而得中乃以為自遯卦來不知乃綜卦也需訟相綜乃坎之陽爻來于內而得中也孔子贊其為天下之至變正在于此蓋乾所屬綜乎坤坎所屬綜乎離艮所屬綜乎巽震所屬綜乎兌乃伏羲之八

卦一順一逆自然之對待也非文王之安排也惟需
訟相綜故雜卦曰需不進也訟不親也若遯則綜大
壯故雜卦曰大壯則止遯則退也見于孔子雜卦傳
昭昭如此而乃曰訟自遯來失之千里矣此所以謂
四聖之易如長夜者此也德生去孔子二千餘年且
賦性愚劣又居僻地無人傳授因父母病侍養未仕
乃取易讀于釜山草堂六年不能窺其毫髮遂遠客
萬縣求溪深山之中沉潛反復忘寢忘食有年思之
思之鬼神通之數年而悟伏羲文王周公之象又數

年而悟文王序卦孔子雜卦又數年而悟卦變之非始于隆慶四年庚午終于萬曆二十六年戊戌二十九年而後成書正所謂困而知之也既悟之後始知易非前聖安排穿鑿乃造化自然之妙一陰一陽內之外之橫之縱之順之逆之莫非易也始知至精者易也至變者易也至神者易也始知繫辭所謂所居而安者易之序也錯綜其數非中爻不備二與四同功三與五同功數語及作說卦序卦雜卦十翼之末孔子教後之學易者亦明白親切但人自不察惟

篤信諸儒之註而不留心詳審孔子十翼之言宜乎長夜至今日也註既成乃借于伏羲文王圓圖之前新畫一圖以見聖人作易之原又畫八卦變六十四卦圖又畫八卦所屬相錯圖又畫八卦六爻變自相錯圖又畫八卦次序自相綜圖又畫八卦所屬自相綜文王序卦正綜圖又畫八卦四正四隅相綜文王序卦雜綜圖又發明八卦正位及上下經篇義並各字義又發明六十四卦啓蒙又考定繫辭上下傳又補定說卦傳以廣八卦之象又改正集註分卷又發

明孔子十翼其註先訓釋象義字義及錯綜義後加
一圈方訓釋本卦本爻正意象數言于前義理言于
後其百家註易諸儒雖不知其象不知序卦雜卦及
卦變之非止言其理若于言理之中間有不悖于經
者雖一字半句亦必採而集之名曰周易集註庶讀
易者開卷豁然可以少窺四聖宗廟百官于萬一矣
孔子曰蓋有不知而作之者我無是也孟子曰予豈
好辯哉予不得已也聖賢立言不容不自任類如此
德因四聖之易千載長夜乃將纂修性理大全去取

于其間更附以數年所悟之象數以成明時一代之書是以忘其愚陋改正先儒註疏之僭妄未暇論及云

萬曆戊戌春三月念二日梁山後學來知德序

刻來瞿唐先生易經集註序

我

聖祖飭新方夏頒示朱紫陽易註畫一人士俾各遵

習義示大一統矣逮至

成祖文皇帝特命諸儒臣纂修易經性理大全雜取

成書則豈不能效西京栢梁間安蒲四徃羅致部

麓何借才異代爲直念草昧方夷人未葷出然寤

寐眞儒冀羽翼昔聖成一代書意懇懇乎永宣而

後治教休明以理學最名若薛敬軒陳白沙王陽

明之數先生者論心淵邃裒然著家顧以一日先
自人間世都人士月桒耳濡謂衣鉢盡之數公詎
意復有
來瞿唐先生者先生後起西方藐焉師授僅得薛
敬軒一錄讀之京師卽願學孔子歸而内篇雜著
若明德格物忠恕一貫之旨脫離宋箋深爲聖門
闢障隔此其較著者業已具有大方諸先生序評
卿不敢復論惟初就註易得丐而傳之梓成爛然
卷帙竊案牘之間嗣以丙夜寓目凡兩閱月而始

能穩括其旨曰嗟嗟自註易以來先生一人而已

夫易以道陰陽又云不可爲典要卦之德體爻之趨時尚矣先生著卦有錯有綜以變自本卦之一爻歷爻以象自卦情卦畫及卦之錯綜占變又就中爻之二四三五分上下卦其錯綜象變德體莫不稱是葢無一卦爻無陰陽無一陰陽無流行對待遂於四聖所布圖序卦比物斷詞若消融炊臀而揭之漢蓍又有八卦所屬自相錯綜圖序卦正綜雜綜圖四正四隅相綜圖又謂八卦之變每臨

尾乾一離三之類各自爲相值類皆玄妙天成無
絲毫設鑿之擾他足該其槩矣若至倚數有辨摩
盪有辨理直空千古而上之傳達吾謂足屈服程
朱吳會張子功謂品類康節而才則過之此言謂
爲先生鍾子期非耶乃先生輙困知自命謂易註
求溪始夫五岳不果游而適志求溪亦西伯羑里
寄耳先生淵囿自宅何必求溪意必渾忘何必不
求溪㚑員圖一畫已註易于内至有三十年之假
則

先師假我數年于易將終身之說乎論者有謂易道
彌綸陰陽與天地終始在昔畫始渾噩中衍于二
姬聖而成周文明之治延之八百再衍以宣尼而
廟食千萬載我
國家迅掃胡元何異混闢首開
二祖所著爲易書甲令足與姬聖相發明德教漸涵
以至今日而始有先生者指漢宋以來諸儒蹊徑
而勒成一註能得
二祖至意於表章纂集之外實類易與中古時益信

昭代休明之治綿乾坤以悠永殆將過周曆萬萬

焉而論次先生者誰不躋之四配十哲中以所參

合必之也邑紳戴桂屏以出先生門謙跋註後而

虛弁倏卿卿不敏何能序先生然不敢不撮其槩

乃若先生之道德丰裁具卿奏記

臺司諸牘中諸畧而不具虞贅耳

歲萬曆己亥閩南徐博卿譔

來矣鮮先生易注序

易之爲書潔淨精微古今稱知易者在漢則楊子雲在宋則邵堯夫楊之言曰宓犧氏綿絡天地經以八卦文王附六爻孔子錯其象而彖其辭然後發天地之藏定萬物之基邵之言曰太極旣分兩儀立矣陽交於陰陰交於陽而生天之四象剛交於柔柔交於剛而生地之四象八卦相錯而後萬物生焉夫二子之言非意之也天地間惟陰陽兩端獨陽不生獨陰不成其氣不得不錯天道下濟地道上行其氣不得

不綜自然之運也伏羲氏仰觀象於天俯觀法於地而作圓圖圓圖者一左一右之形也雖未名錯而錯義已備文王繼伏羲分上經爲十八分下經爲十八而作序卦序卦者一上一下之說也雖未名綜而綜義已備孔子讀易韋編三絕鐵擿三折窮年兀兀至於五十始悟伏羲圓圖爲錯悟文王序卦爲綜故曰錯綜其數極其數遂定天下之象嗚呼盡矣顧象極於錯而未知所以錯象極於綜而未知所以綜即孔子未明言也王弼掃象范甯比之桀紂伊川專治文

義不論象數自云止説得七分朱子直云象失其傳

理會不得如子雲綿絡經錯之語堯夫陽交陰交之

訓似上契羲文下闡孔氏又且旹爲覆謊譏爲玩世

上下二千年易象悠悠眞如長夜矛友來矣鮮起自

梁山生子雲之鄉學堯夫之學一舉孝廉絶意軒冕

結快活庵坐九喜榻晚入求溪萬山中研心圖象積

三十年而易注始成其言曰錯者陰陽相對陽錯其

陰陰錯其陽如伏羲圓圖乾錯坤坎錯離八卦相錯

是也綜卽今織布帛之綜一上一下如屯蒙之類本

是一卦在下爲屯在上爲蒙載之文王序卦是也定
天下之象如乾坤相錯則乾馬坤牛之象名震艮相
綜則震雷艮山之象名是也雖然此猶得之圓圖序
卦中也其論八卦相錯爲乾坤坎離大過頤小過中
孚有四正錯有四隅錯論綜有四正綜有四隅綜有
以正綜隅有以隅綜正論象有卦情之象有卦畫之
象有大象之象有中爻之象有錯卦之象有綜卦之
象有爻變之象有占中之象論變如乾初變即爲姤
兑初變即爲困離初變即爲旅震初變即爲豫之類

皆抒千古未發代四聖欲言上而玄黃雨雲下而龍馬龜羊巨而國家平陂細而臀膚天劓微而復道履道顛而鳴謙鳴豫一一從錯綜來不假安排天然脗合其言似楊之綿絡經錯而無太玄之艱深其旨似邵之陰交陽交而絕皇極之枝蔓使王弼程朱諸子見之象不必掃理自能會予謂矣鮮易注繼往開來亘百代而一見者也其自謂孔子沒而易已亡若至今日始明豈虛語哉嗟嗟子雲見嘲劉歆而桓譚侯巴謂其必傳堯夫見嫉於秦玠鄭夬而司馬君實以

兄事於洛中予不佞結交矣鮮今且白頭所爲求溪
桓侯司馬非予而誰後世有來矣鮮當謂予知言矣
萬曆辛丑友人泰和郭子章撰

重刻來瞿唐先生易經集註訂校姓氏

淄川 高 舉 鵬程甫

都門 鄭繼芳 仲孚

關中 張惟任 仲衡仝訂正

武林 黃汝亨 貞父 校正

同安 柯鳳翔 志德

潛江 吳從誠 虛舟

華亭 徐元暘 賓夫

宜賓 劉繼禮 立甫仝校閱

大明萬曆三十八年重校刻於浙之虎林郡南屏山

易註雜說諸圖總目

來知德八卦六爻變自相錯圖

來知德八卦次序自相綜圖

來知德八卦所屬相綜文王序卦正綜圖

來知德八卦四正四隅相綜文王序卦雜綜圖

來知德八卦正位圖

來知德上下經篇義

來知德易經字義　象　錯　綜　變　中爻

來知德易學六十四卦啟蒙

來知德考定繫辭上下傳補定說卦傳

來知德周易集註改正分卷圖

來知德發明孔子十翼圖

來知德易經字義

象

卦中立象有不拘說卦乾馬坤牛乾首坤腹之類者
有自卦情而立象者如乾卦本馬而言龍以乾道變
化龍乃變化之物故以龍言之朱子語録或問卦之
象朱子曰便是理會不得如乾爲馬而說龍如此之
類皆不通殊不知以卦情立象也且荀九家亦有乾
爲龍又如咸卦艮爲少男兑爲少女男女相感之情
莫如年之少者故周公立爻象曰拇曰腓曰股曰憧

憧曰脢曰輔頰舌一身皆感焉蓋艮止則感之專兌悅則應之至是以四體百骸從拇而上自舌而下無往而非感矣此則以男女相感之至情而立象也又如豚魚知風鶴知秋雞知旦三物皆有信故中孚取之亦以卦情立象也又如漸取鴻者以鴻至有時而群有序不失其時不失其序于漸之義爲切且鴻又不再偶于文王卦辭女歸之義爲切此亦以卦情立象也有以卦畫之形取象者如剝言宅言牀言廬者因五陰在下列于兩旁一陽覆于其上如宅如牀如

過如此此則兼對待流行主宰之理而圖之也故

圖于伏羲文王之前

伏羲六十

姤 大過 鼎 恒 巽 井 蠱 升 訟 困 未濟 解 渙 坎 蒙 師 遯 咸 旅 小過 漸 蹇 艮 謙 否 萃 晉 豫 觀 比 剝 坤

四卦圓圖

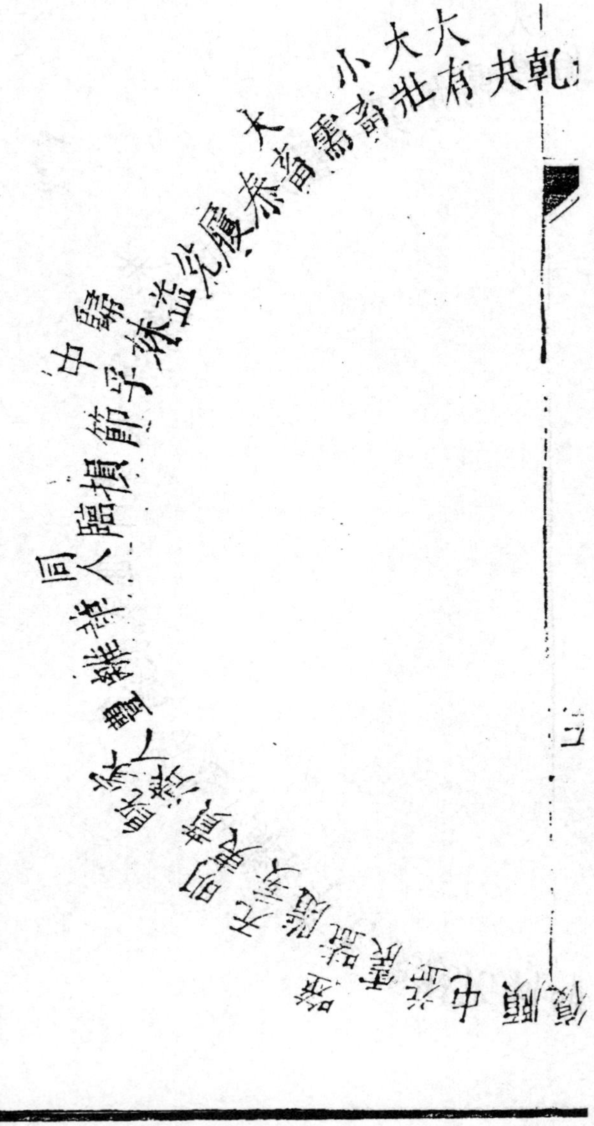

伏羲八卦方位之圖

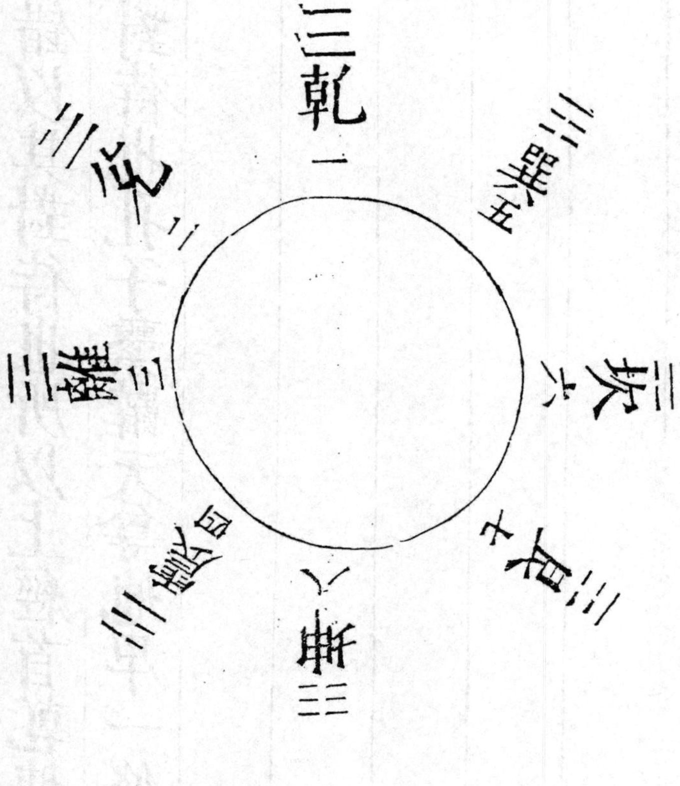

此伏羲之易也易之數也對待不移者也故伏羲
圓圖皆相錯以其對待也所以上經首乾坤乾坤
之兩列者對待也孔子繫辭天尊地卑一條蓋本
諸此

文王八卦方位之圖

此文王之易也易之氣也流行不已者也自震而離而兌而坎春夏秋冬一氣而已故文王序卦一上一下相綜者以其流行而不已也所以下經首咸恒咸恒之交感者流行也孔子繫辭剛柔相摩一條蓋本諸此蓋有對待其氣運必流行而不已有流行其象數必對待而不移故男女相對待其氣必相摩盪若不相摩盪則男女乃死物矣此處安得有先後故不分先天後天

伏羲文王錯綜圖

伏羲圓圖相錯圖

圓圖一左一右相錯

左右開列于後

乾一　乾☰　坤☷　錯

兌二　夬☱　剝☶　錯

離三　大有☲　比☵　錯

文王序卦相綜圖

序卦一上一下相綜

上下開列于後

屯 見而不失其居　蒙 雜而著

需 不進也　訟 不親也

師 憂　比 樂

小畜 寡也　履 不處也

泰 反其類也　否 反其類也

同人 親也　大有 衆也

震四　大壯　錯　謙輕　豫怠也

觀　隨无故也　蠱則飭也

巽五　小畜　臨或與　觀或求

豫　錯　噬嗑食也　賁无色也

坎六　需　剝爛也　復反也

晉　錯　无妄災也　大畜時也

艮七　大畜　咸速也　恒久也

萃　錯　遯則退也　大壯則止

坤八　泰　晉晝也　明夷誅也

否　錯　家人內也　睽外也

乾一 履 錯 謙 蹇難也 損盛衰之始 解緩也 益盛衰之始

兌二 兌 錯 艮 夬決也剛決柔也 萃聚 姤遇也柔遇剛也 升不來也

離三 睽 錯 蹇 困相遇也 革去故也 井通 鼎取新也

震四 歸妹 錯 漸 震起也 漸女歸待男行也 艮止也 歸妹女之終也

巽五 中孚 錯 小過 豐多故 巽伏也 旅親寡 兌見

坎六　節䷻　錯　旅䷷

艮七　損䷨　錯　咸䷞

坤八　臨䷒　錯　遯䷠

乾一　同人䷌　錯　師䷆

巽二　革䷰　錯　蒙䷃

渙䷺　節　渙離也　節止也

未濟䷿　既濟　未濟男之窮也　既濟定也

右文王序卦六十四卦除乾坤坎離大過頤小過中孚八箇卦相錯其餘五十六卦皆相綜雖四正之卦如否泰既濟未濟四卦四隅之卦如歸妹漸隨蠱四卦此八卦

離一　離　坎　錯

震四　豐　渙　錯

巽五　家人　解　錯

坎六　既濟　未濟　錯

艮七　賁　困　錯

可錯可綜然文王皆以爲綜也故五十六卦止有二十八卦向上成一卦向下成一卦共相錯之卦三十六卦所以上經分十八卦下經分十八卦其相綜自然而然之妙亦如伏羲圓圖相錯自然而然之妙皆

坤八 明夷䷣ 錯 不假安排穿鑿所以
訟䷅ 孔子贊其爲天下之
乾一 无妄䷘ 錯 至變者以此漢儒至
升䷭ 宋儒止以爲上下篇
兌二 隨䷐ 錯 之次序不知緊要與
蠱䷑ 圓圖同諸象皆藏于
離三 噬嗑䷔ 錯 二圖錯綜之中惟其
井䷯ 不知序卦緊要之妙
震四 震䷲ 錯 則易不得其門而入
巽䷸ 矣用此將二圖並列

巽五 益䷩ 錯 之
恒䷟
坎六 屯䷂ 錯
鼎䷱
艮七 頤䷚ 錯
大過䷛
坤八 復䷗ 錯
姤䷫

因有此相錯圖所以不用伏羲圓圖

孔子太極生兩儀四象八卦圖

太極生兩儀之圖

陽儀 ⚊

陰儀 ⚋

太極

四　大陽⚌　一陽上加一陽爲大陽

少陰⚍　一陽上加一陰爲少陰

象　少陽⚎　一陰上加一陽爲少陽

圖　大陰⚏　一陰上加一陰爲大陰

八卦圖

乾一 ☰ 大陽上加一陽爲乾

兌二 ☱ 大陽上加一陰爲兌

離三 ☲ 少陰上加一陽爲離

震四 ☳ 少陰上加一陰爲震

巽五 ☴ 少陽上加一陽爲巽

坎六 ☵ 少陽上加一陰爲坎

艮七 ☶ 大陰上加一陽爲艮

坤八 ☷ 大陰上加一陰爲坤

來知德八卦變六十四卦圖

䷀乾一變

䷫姤　初爻變

䷠遯　二爻變

䷋否　三爻變

䷓觀　四爻變

䷖剝　五爻變

䷢晉　復還四爻變

䷍大有　歸本卦

乾尾二卦言火離尾二卦言天皆自然之數

八卦變六十四卦圖

☱ 兌二變

䷮ 困　初爻變

䷬ 萃　二爻變

䷞ 咸　三爻變

䷦ 蹇　四爻變

䷎ 謙　五爻變、

䷽ 小過　復還四爻變

䷵ 歸妹　歸本卦

兌尾二卦言雷震尾二卦言澤皆自然之數

八卦變六十四卦圖

䷝ 離三變

卦	象	變
旅	䷷	初爻變
鼎	䷱	二爻變
未濟	䷿	三爻變
蒙	䷃	四爻變
渙	䷺	五爻變
訟	䷅	復還四爻變
同人	䷌	歸本卦

離居二卦，言天乾居一卦，言火皆自然之數

八卦變六十四卦圖

䷲震四變

豫䷏　初爻變

解䷧　二爻變

恒䷟　三爻變

升䷭　四爻變

井䷯　五爻變

大過䷛　復還四爻變

隨䷐　歸本卦

震尾二卦言澤兑尾二卦言雷皆自然之數

八卦變六十四卦圖

䷸ 巽五變

小畜 ䷈ 初爻變

家人 ䷤ 二爻變

益 ䷩ 三爻變

无妄 ䷘ 四爻變

噬嗑 ䷔ 五爻變

頤 ䷚ 復還四爻變

蠱 ䷑ 歸本卦

巽尾二卦言山艮尾二卦言風皆自然之數

八卦變六十四卦圖

䷜坎六變

節䷻　初爻變

屯䷂　二爻變

既濟䷾　三爻變

革䷰　四爻變

豐䷶　五爻變

明夷䷣　復還四爻變

師䷆　歸本卦

坎尾二卦言地坤尾二卦言水皆自然之數

八卦變爻六十四卦圖

☶ 艮七變

賁	䷕	初爻變
大畜	䷙	二爻變
損	䷨	三爻變
睽	䷥	四爻變
履	䷉	五爻變
中孚	䷼	復還四爻變
漸	䷴	歸本卦

艮居一卦言風雲居一卦言山此自然之數

八卦變六十四卦圖

䷁坤八變

復 ䷗ 初爻變

臨 ䷒ 二爻變

泰 ䷊ 三爻變

大壯 ䷡ 四爻變

夬 ䷪ 五爻變

需 ䷄ 復還四爻變

比 ䷇ 歸本卦

坤尾二卦言水坎尾二卦言地皆自然之數

右八卦不過加太極兩儀四象八卦是也六十四
卦不過變卽繫辭所謂八卦成列象在其中矣因
而重之爻在其中矣剛柔相推變在其中矣變在
其中若如乾爲陽剛乾下變一陰之巽二陰之艮
三陰之坤坤爲陰柔坤下變一陽之震二陽之兌
三陽之乾是剛柔相推也蓋三畫卦若不重成六
畫則不能變六十四惟六畫則能變六十四矣所
以每一卦上八變卽錯本卦下爻盡變爲七變連本
卦成八卦以八加八卽成六十四卦右八聖人見

天地陰陽變化之妙原是如此所以以易名之若依宋儒說一分二二分四四分八八分十六十六分三十二三十二分六十四是一直死數何以爲易且通不成卦惟以八加八方見陰陽自然造化之妙

來知德八卦所屬自相錯圖

乾姤遯否觀剝晉大有

乾坤一與八錯則所屬自然相錯

坤復臨泰大壯夬需比

八卦所屬自相綜圖

兌困萃咸蹇謙小過歸妹

䷹ ䷮ ䷬ ䷞ ䷦ ䷎ ䷽ ䷵

兌艮二與七錯則所屬自然相錯

䷳ ䷕ ䷙ ䷨ ䷥ ䷉ ䷼ ䷴

艮賁大畜損睽履中孚漸

八卦所屬自相錯圖

離 旅 鼎 未濟 蒙 渙 訟 同人

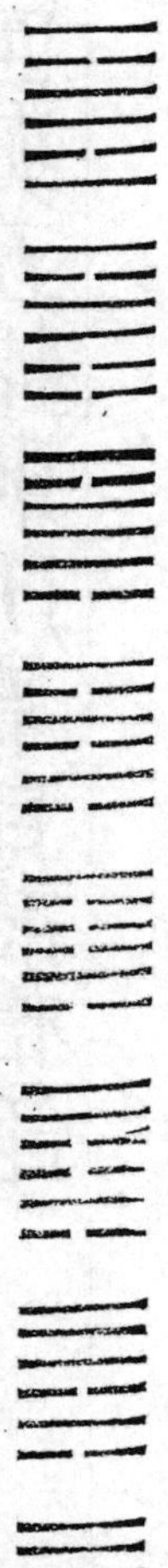

離坎三與六錯則所屬自然相錯

坎 節 屯 既濟 革 豐 明夷 師

八卦所屬自相錯圖

震 豫 解 恒 升 井 大過 隨

震巽四與五錯則所屬自然相錯

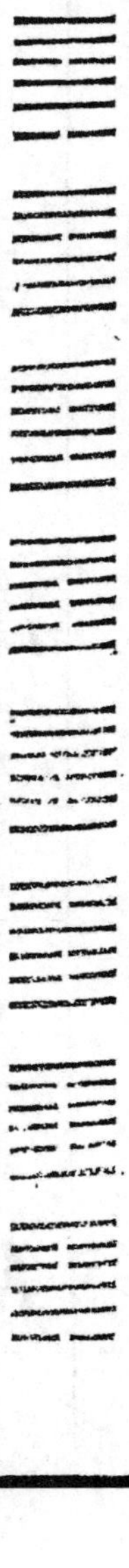

巽 小畜 家人 益 无妄 噬嗑 頤 蠱

來知德六爻變自相錯圖

乾 夬 大有 小畜 履 同人 姤

䷀ ䷪ 六變 ䷍ 五變 ䷈ 四變 ䷉ 三變 ䷌ 二變 ䷫ 初變

因乾坤相錯故六爻變亦相錯

䷁ ䷖ 六變 ䷇ 五變 ䷏ 四變 ䷎ 三變 ䷆ 二變 ䷗ 初變

坤 剝 比 豫 謙 師 復

六爻變自相錯圖

兌履歸妹節夬隨困

六變　五變　四變　三變　二變　初變

因兌艮相錯故六爻變亦相錯

六變　五變　四變　三變　二變　初變

艮謙漸旅剝蠱賁

六爻變自相錯圖

離 豐 同人 賁 噬嗑 大有 旅

六變 五變 四變 三變 二變 初變

因離坎相錯故六爻變亦相錯

六變 五變 四變 三變 二變 初變

坎 渙 師 困 井 比 節

六爻變自相錯圖

震 噬嗑 隨 復 豐 歸妹 豫

六變 五變 四變 三變 二變 初變

因震巽相錯故六爻變亦相錯

六變 五變 四變 三變 二變 初變

巽 井 蠱 姤 渙 漸 小畜

來知德八卦次序自相綜圖

乾四正之卦

乾一	乾		
兑二	天澤履	綜	風天小畜
離三	天火同人	綜	火天大有
震四	天雷无妄	綜	山天大畜
巽五	天風姤	綜	澤天夬
坎六	天水訟	綜	水天需
艮七	天山遯	綜	雷天大壯
坤八	天地否	綜	地天泰

八卦次序自相綜圖

坤四正之卦

乾一　地天泰　綜　天地否

兌二　地澤臨　綜　風地觀

離三　地火明夷　綜　火地晉

震四　地雷復　綜　山地剝

巽五　地風升　綜　澤地萃

坎六　地水師　綜　水地比

艮七　地山謙　綜　雷地豫

坤八　坤

八卦次序自相錯綜圖

離四正之卦

乾一	火天大有	綜	天火同人
兌二	火澤睽	綜	風火家人
離三	離		
震四	火雷噬嗑	綜	山火賁
巽五	火風鼎	綜	澤火革
坎六	火水未濟	綜	水火既濟
艮七	火山旅	綜	雷火豐
坤八	火地晉	綜	地火明夷

八卦次序自相綜圖

坎四正之卦

乾一　水天需　綜　天水訟

兌二　水澤節　綜　風水渙

離三　水火既濟　綜　火水未濟

震四　水雷屯　綜　山水蒙

巽五　水風井　綜　澤水困

坎六　坎

艮七　水山蹇　綜　雷水解

坤八　水地比　綜　地水師

八卦次序自相綜圖

兌四隅之卦

乾一	澤天夬	綜	天風姤
兌二	兌		
離三	澤火革	綜	火風鼎
震四	澤雷隨	綜	山風蠱
巽五	澤風大過	錯	山雷頤
坎六	澤水困	綜	水風井
艮七	澤山咸	綜	雷風恒
坤八	澤地萃	綜	地風升

八卦次序自相綜圖

艮四隅之卦

乾一　山天大畜　綜　天雷无妄

兑二　山澤損　綜　風雷益

離三　山火賁　綜　火雷噬嗑

震四　山雷頤　綜　澤風大過

巽五　山風蠱　綜　澤雷隨

坎六　山水蒙　綜　水雷屯

艮七　艮

坤八　山地剥　地雷復

八卦次序自相綜圖

震四隅之卦

乾一	雷天大壯	綜	天山遯
兌二	雷澤歸妹	綜	風山漸
離三	雷火豐	綜	火山旅
震四	震		
巽五	雷風恒	綜	澤山咸
坎六	雷水觧	綜	水山蹇
艮七	雷山小過	錯	風澤中孚
坤八	雷地豫	綜	地山謙

八卦次序自相綜圖

巽四隅之卦

乾一　風天小畜　綜　天澤履

兌二　風澤中孚　錯　雷山小過

離三　風火家人　綜　火澤睽

震四　風雷益　綜　山澤損

巽五　巽

坎六　風水渙　綜　水澤節

艮七　風山漸　綜　雷澤歸妹

坤八　風地觀　綜　地澤臨

右乾坤水火四正之卦故天在上則天在下如天澤履綜風天小畜是也地在上則地在下如地天泰綜天地否是也水火亦然其相綜皆自然也山澤雷風四隅之卦一陽在上一陽在下則山與雷綜如山天大畜綜天雷无妄是也一陰在上一陰在下則風與澤綜如風天小畜綜天澤履是也故山在上則雷在下風在上則澤在下雷上山下澤上風下亦然其相綜皆自然也

來知德八卦所屬自相綜圖　乾之屬自姤至

剝順行與坤所

文　乾之屬　姤　夬　屬相綜

王　遯　大壯

序　否　泰

卦　觀　臨

正　剝　復　坤之屬　屬相綜

綜　夬逆行與乾所

坤之屬自復至

姤綜夬　遯綜大壯　否綜泰　觀綜臨　剝綜復

八卦所屬自相綜圖　坎之屬自節至豐順行與離所屬相綜

文　坎之屬　節　渙

王　屯　蒙

序　既濟　未濟

卦　革　鼎

正　豐　旅　離之屬　屬相綜

綜　渙逆行與坎所離之屬自旅至

綜節渙　屯綜蒙　既濟綜未濟　革綜鼎　豐綜旅

八卦所屬自相綜圖

艮之屬自賁至
履順行與巽所
文　艮之屬　賁　噬嗑　屬相綜
王　大畜　无妄
序　損　益
卦　睽　家人
正　履　小畜　巽之屬　屬相綜
綜　噬嗑　逆行與艮所
巽之屬自小畜至

賁綜噬嗑　大畜綜无妄　損綜益　睽綜家人　履綜小畜

八卦所屬自綜圖　震之屬自豫至
井順行與兌所

文　震之屬　豫　謙　屬相綜
王　解　蹇
序　恒　咸
卦　升　萃
正　井　困　兌之屬　屬相綜
綜　謙逆行與震所
兌之屬自困至

豫綜謙　解綜蹇　恒綜咸　升綜萃　井綜困

來知德八卦四正綜四正歸尾二卦圖

	乾	晉	綜坎之明夷		
文		大有	綜離之同人	乾	四
王	坤	需	綜離之訟	坤	正
序		比	綜坎之師	綜坤	顛
卦				坎乾	四
雜	坎	明夷	綜乾之晉	離綜	正
綜		師	綜坤之比	離	相
	離	訟	綜坤之需	坎	綜
		同人	綜乾之大有		

八卦四隅綜四隅歸尾二卦圖

艮　中孚　錯兌之小過

文　漸　綜兌之歸妹　四

王　巽　頤　錯震之大過　巽　隅

序　蠱　綜震之隨　綜巽　與

卦　震艮　四

雜　震　大過　錯巽之頤　兌綜　隅

綜　隨　綜巽之蠱　兌　相

兌　小過　錯艮之中孚　震　綜

歸妹　綜艮之漸

來知德八卦正位圖

乾在五　乾屬陽五以陽居陽位故爲正位

兌在六　兌屬陰六以陰居陰位故爲正位

離在二　離屬陰二以陰居陰位故爲正位

震在初　震屬陽初以陽居陽位故爲正位

巽在四　巽屬陰四以陰居陰位故爲正位

坎在五　坎屬陽五以陽居陽位故爲正位

艮在三　艮屬陽三以陽居陽位故爲正位

坤在二　坤屬陰二以陰居陰位故爲正位

正位不可移易

乾屬陽其位在五惟坎可以同之蓋坎中一畫乃乾也若艮震之五皆陰矣故居三居初此陽卦正位不可移也坤屬陰其位在二惟離可以同之蓋離中一畫乃坤也若巽兌之二皆陽矣故居四居六此陰卦正位不可移也然易惟時而已不可爲典要如觀卦下六二乃坤之正位也因本卦利近不利遠故六二止于闚觀知此庶可以識玩易之法

來知德上下經篇義

上經首乾坤者陰陽之定位萬物之男女也易之數也對待不移者也自乾坤歷屯蒙需訟師比小畜履十卦陰陽各三十畫則六十矣陽極于六陰極于六至此乾坤變矣故坤綜乾而爲泰乾綜坤而爲否泰否者乾坤上下相綜之卦也乾坤既迭相否泰則其間萬物吉凶消長進退存亡不可悉紀自同人以下至大畜無非否泰之相推無否無泰非易矣水火者乾坤所有之物皆天道也體也無水火則乾坤爲死

物故必山澤通氣雷風相薄而後乾坤之水火可交頤大過者山澤雷風之卦也頤有離象大過有坎象故上經首乾坤必乾坤歷否泰至頤大過而後終之以坎離下經首咸恒者陰陽之交感一物之乾坤也易之氣也流行不已者也自咸恒歷遯大壯晉明夷家人睽蹇解十卦陰陽各三十晝則六十矣陽極于六陰極于六至此男女變矣故咸之男女綜而爲損恒之男女綜而爲益損益者男女上下相綜之卦也男女既迭相損益則其間萬事吉凶消長進退存亡

不可悉紀自夬以下至節無非損益之相推無損無益非易矣既濟未濟者男女所交之事皆人道也用也無既濟未濟則男女爲死物故必山澤通氣雷風相薄而後男女之水火可交中孚小過者山澤雷風之卦也中孚有離象小過有坎象故下經首咸恒必咸恒歷損益至中孚小過而後終之以既濟未濟要之天道之體雖以否泰爲主而未必無人道人道之用雖以損益爲主而未必無天道上下經之篇義蘊畜其妙至此若以卦爻言之上經陽爻八十六陰爻

九十四陰多于陽者凡八下經陽爻一百有六陰爻九十有八陽多于陰者亦八上經陰多于陽下經陽多于陰皆同八焉是卦爻之陰陽均平也若以綜卦兩卦作一卦論之上經十八卦成三十卦陽爻五十二陰爻五十六陰多于陽者凡四下經十八卦成三十四卦陽爻五十六陰爻五十二陽多于陰者亦四上經陰多于陽下經陽多于陰皆同四焉是綜卦之陰陽均平也上下經之篇義卦爻其精至此孔子賛其至精至變至神厥有由矣

梁山來知德圓圖

此聖人作易之原也理氣象數陰陽老少往來進退常變吉凶皆尚乎其中孔子繫易首章至易簡而天下之理得及一陰一陽之謂道易有太極形上形下數篇以至幽贊于神明一章卒歸于義命皆不外此圖神而明之一部易經不在四聖而在我矣或曰伏羲文王有圖矣而復有此圖何耶德曰不然伏羲有圖文王之圖不同于伏羲豈伏羲之圖差耶葢伏羲之圖易之對待文王之圖易之流行而德之圖不立文字以天地間理氣象數不

廬此以畫之形立象也咼 巽小過亦然又有卦體大
象之象凡陽在上者皆象艮巽陽在下者皆象震兑
陽在上下者皆象離陰在上下者皆象坎如益象離
故言龜大過象坎故言棟頤亦象離故亦言龜也又
如中孚君子以議獄緩死亦取噬嗑火雷之意以中
孚大象離而中爻則雷也故凡陽在下者動之象在
中者陷之象在上者止之象凡陰在下者入之象在
中者麗之象在上者說之象又有以中爻取象者如
漸卦九三婦孕不育以中爻二四合坎中滿也九五

三歲不孕以中爻三五合離中虛也有將錯卦立象者如履卦言虎以下卦兌錯艮也有因綜卦立象者如井與困相綜巽爲市邑在困爲兌在井爲巽則改爲邑矣有即陰陽而取象者如乾爲馬本象也坎與震皆得乾之一畫亦言馬坤爲牛本象也離得坤之一畫亦言牛皆其類也有相因而取象者如革卦九五言虎者以兌錯艮艮爲虎也上六即以豹言之豹次于虎故相因而言豹也故其象多是無此事此理而止立其象如金車玉鉉之類金豈可爲車玉豈可

爲錢蓋雖無此事此理而爻内有此象也朱子語録云卦要看得親切須是無象看但象失其傳了殊不知聖人立象有卦情之象有卦畫之象有大象之象有中爻之象有錯卦之象有綜卦之象有爻變之象有占中之象正如釋卦名義有以卦德釋者有以卦象釋者有以卦體釋者有以卦綜釋者即此意也所以說擬諸其形容象其物宜但形容物宜可擬可象即是象矣自王弼不知文王序卦之妙掃除其象後儒泥滯說卦所以說象失其傳而不知未失其傳也

善乎蔡氏曰聖人擬諸其形容而立象至纖至悉無所不有所謂其道甚大百物不廢者此也其在上古尚此以制器其在中古觀此以繫辭而後世之言易者乃曰得意在忘象得象在忘言一切指爲魚兎筌蹄殆非聖人作易前民用以教天下之意矣此言蓋有所指而發也

錯

錯者陰與陽相對也父與母錯長男與長女錯中男與中女錯少男與少女錯八卦相錯六十四卦皆不

外此錯也天地造化之理獨陰獨陽不能生成故有剛必有柔有男必有女所以八卦相錯八卦旣相錯所以象卽寓于錯之中如乾錯坤乾爲馬坤卽利牝馬之貞履卦兌錯艮艮爲虎文王卽以虎言之革卦上體乃兌周公九五爻亦以虎言之又睽卦上九純用錯卦師卦王三錫命純用天火同人之錯皆其證也又有以中爻之錯言者如小畜言雲因中爻離錯坎故也六四言血者坎爲血也言惕者坎爲加憂也又如艮卦九三中爻坎爻辭曰薰心坎水安得薰心

以錯離有火煙也

綜子宋切

綜字之義卽織布帛之綜或上或下顛之倒之者也如乾坤坎離四正之卦則或上或下巽兌艮震四隅之卦則巽卽爲兌艮卽爲震其卦名則不同如屯蒙相綜在屯則爲雷在蒙則爲山是也如履小畜相綜在履則爲澤在小畜則爲風是也如損益相綜損之六五卽益之六二特倒轉耳故其象皆十朋之龜夬姤相綜夬之九四卽姤之九三故其象皆臀無膚綜

卦之妙如此非山中研窮三十年安能知之宜乎諸
儒以象失其傳也然文王序卦有正綜有雜綜如乾
初爻變姤坤逆行五爻變夬與姤相綜所以姤綜夬
遯綜大壯否綜泰觀綜臨剥綜復所謂乾坤之正綜
也八卦通是初與五綜二與四綜三與三綜雖一定
之數不容安排然陽順行而陰逆行與之相綜造化
之玄妙可見矣文王之序卦不其神哉即陽木順行
生亥死午陰木逆行生午死亥之意若乾坤所屬尾
二卦晉大有需比之類乃術家所謂遊魂歸魂出于

乾坤之外者非乾坤五爻之正變故謂之雜綜然乾坤水火四正之卦四正與四正相綜艮巽震兌四隅之卦四隅與四隅相綜雖雜亦不雜也八卦既相綜所以象卽寓于綜之中如噬嗑利用獄賁乃相綜之卦亦以獄言之旅豐二卦亦以獄言者皆以其相綜也有以上六下初而綜者剛自外來而爲主于內是也有以二五而綜者柔得中而上行是也蓋易以道陰陽陰陽之理流行不常原非死物膠固一定者故顚之倒之可上可下者以其流行不常耳故讀易者

不能悟文王序卦之妙則易不得其門而入旣不入
門而宫墻外望則改邑不改井之玄辭其人天且劓
之險語不知何自而來也噫文王不其繼伏羲而神
哉

變

變者陽變陰陰變陽也如乾卦初變卽爲姤是就于
本卦變之宋儒不知文王序卦如屯蒙相綜之卦本
是一卦向上成一卦向下成一卦詳見前伏羲文王
錯綜圖如訟之剛來而得中乃卦綜也非卦變也以

爲自遯卦變來非矣如姤方是變卦變玄之又玄妙
之又妙蓋爻之一動即變如漸卦九三以三爲夫以次
中滿爲婦孕及三爻一變則陽死成坤離絶夫位故
有夫征不復之象既成坤則並坎中滿通不見矣故
有婦孕不育之象又如歸妹九四中爻坎月離日期
之象也四一變則純坤而日月不見矣故愆期豈不
玄妙

中爻

中爻者二三四四五所合之卦也繫辭第九章孔子言

甚詳矣大抵錯者陰陽横相對也綜者陰陽上下相顛倒也變者陽變陰陰變陽也中爻者陰陽内外相連屬也周公作爻辭不過此錯綜變中爻四者而已如離卦居三同人曰三歲未濟曰三年旣濟曰三年明夷曰三日皆以本卦三言也若坎之三歲困之三歲解之三品皆離之錯也漸之三歲巽之三品皆以中爻合離也豐之三歲以上六變而爲離也即離而諸爻用四者可知矣孔子韋編三絶于陰陽之理悦心研慮已久故于圓圖看出錯字于序卦看出綜字

所以說錯綜其數又恐後人將序卦一連不知有錯綜二體故雜亂其卦惟令二體之卦相連如乾剛坤柔比樂師憂是也又說出中爻宋儒不知乎此將孔子繫辭所居而安者文王之序卦所樂而玩者周公之爻辭認序字爲卦爻所著事理當然之次第故自孔子沒而易已亡至今日矣

來知德周易集註改正分卷圖

上經分卷

共十八卦相綜者兩卦止作一卦相錯者一卦自爲一卦　此即文王序卦

一卷　乾　坤

二卷　屯蒙　需訟

三卷　師比　小畜履　泰否

四卷　同人大有　謙豫　隨蠱

五卷　臨觀　噬嗑賁　剝復

右舊分卷前儒不知文王立序卦之意止以
爲上下篇之次序取其多寡均平乃以屯附
坤需附蒙小畜附比泰附復謙附大有隨附
豫噬嗑附觀剥附賁頤附大畜坎附大過遯
附恒晉附井震附咸渙失文王立序卦之意
矣今依孔子雜卦傳改正

十三卷　繫辭上傳

十四卷　繫辭下傳

十五卷　説卦傳　序卦傳　雜卦傳

來　十六卷　考定繫辭上下傳　補定說卦傳

知　彖曰大哉乾元至哉坤元此賛乾坤之彖一翼也

德　彖曰屯剛柔始交而難生此解卦辭之彖二翼也

發　象曰天行健地勢坤此教人學易之大象三翼也

明　潛龍勿用陽在下也此解爻辭之小象四翼也

孔　文言五翼也

子　上繫六翼也

十　下繫七翼也

　　說卦八翼也

翼　序卦九翼也

圖　雜卦十翼也

此之謂十翼

易學六十四卦啓蒙

易自孔子没而亡至今日矣易亡者何以象失其傳也故先之以象此則六爻大象也諸象則詳見易經字義伏羲之卦主于錯文王之卦主于綜故次之以錯綜文王周公繫辭皆不遺中爻至孔子始發明之故次之以中爻同體者文王之序卦皆同體也一卦有一卦之情性一爻有一爻之情性如乾性健坤性順此一定不移者也若有一爻之變則其情性皆移矣如乾初爻變則爲姤姤之情

性與乾之情性相去千里故情性之後繼之以六爻之變六爻既變則即有錯綜中爻矣故六爻變之下復註錯綜中爻六爻變後猶有錯綜中爻何也蓋天地間萬物獨陰獨陽不能生成故必有錯而陰陽循環之理陽上則陰下陰上則陽下故必有綜則錯綜二字不論六爻變與不變皆不能離者也若無錯綜不成易矣故六爻變後復註錯綜而中爻者亦陰陽也故繼之若地位人位天位者乃三才也故又繼之四聖千古不傳之秘盡洩于

此學者能于此而熟玩之則辭變象占秩然明白
四聖之易不在四聖而在我矣
萬曆丁酉秋八月念五日梁山來知德書于釜山草堂

乾 ☰ 六畫純陽之卦　上經始于此

象　伏羲圓圖

錯　坤　文王序卦亦錯

綜　孔子繫辭

中爻

同體

情性　情剛性剛　情健性健

六爻變

初爻變巽 錯震 綜兌	成姤 錯復 綜夬	中爻 上乾 下乾	地位
二爻變離 錯坎	成同人 錯師 綜大有	中爻 上乾 下巽	地位
三爻變兌 錯艮 綜巽	成履 錯謙 綜小畜	中爻 上巽 下離	人位
四爻變巽 錯震 綜兌	成小畜 錯豫 綜履	中爻 上離 下兌	人位
五爻變離 錯坎	成大有 錯比 綜同人	中爻 上兌 下乾	天位
六爻變兌 錯艮 綜巽	成夬 錯剝 綜姤	中爻 上乾 下乾	天位

坤 ☷	六畫純陰之卦	
象		
錯	乾	伏羲圓圖
綜		文王序卦
中爻		孔子繫辭
同體		
情性	情柔性柔	情順性順

六爻變

初爻變震　錯巽 綜艮　成復　錯姤 綜剝　中爻　下坤 上坤　地位

二爻變坎　錯離　成師　錯同人 綜比　中爻　下震 上坤　地位

三爻變艮　錯兌 綜震　成謙　錯履 綜豫　中爻　下坎 上震　人位

四爻變震　錯巽 綜艮　成豫　錯小畜 綜謙　中爻　下艮 上坎　人位

五爻變坎　錯離　成比　錯大有 綜師　中爻　下坤 上艮　天位

六爻變艮　錯兌 綜震　成剝　錯夬 綜復　中爻　下坤 上坤　天位

屯䷂ 二陽四陰之卦 屬坎

象

錯 鼎 伏羲圓圖

綜 蒙 正綜詳見圖解 文王序卦

中爻 二四合坤錯乾 三五合艮錯兑綜震 孔子繫辭

同體 觀晉○萃蹇小過○蒙○震解升○頤○坎

明夷 艮○臨十四卦同體

情性 情剛性剛 情險性動

六爻變

初爻變坤 錯乾	成比 錯大有 綜師	中爻 下坤 上艮	地位
二爻變兌 錯艮 綜巽	成節 錯旅 綜渙	中爻 下震 上艮	地位
三爻變離 錯坎	成既濟 錯未濟 綜未濟	中爻 下坎 上離	人位
四爻變兌 錯艮 綜巽	成隨 錯蠱 綜蠱	中爻 下艮 上巽	人位
五爻變坤 錯乾	成復 錯姤 綜剝	中爻 下坤 上坤	天位
六爻變巽 錯震 綜兌	成益 錯恒 綜損	中爻 下坤 上艮	天位

蒙 ䷃ 二陽四陰之卦 屬離

象　伏羲圓圖

錯 革　文王序卦

綜 屯 正綜　孔子繫辭

中爻 二四合震 錯巽 綜艮 三五合坤 錯乾

同體 觀晉○萃蹇 小過 ○○震解升○頤○坎

屯 明夷 ○艮○臨十四卦同體

情性　情剛性剛　情止性險

六爻變

初爻變兌	錯艮 綜巽	成損	錯咸 綜益	中爻	下震 上坤	地位
二爻變坤	錯乾	成剝	錯夬 綜復	中爻	下坤 上坤	地位
三爻變巽	錯震 綜兌	成蠱	錯隨 綜隨	中爻	下兌 上震	人位
四爻變離	錯坎	成未濟	錯既濟 綜既濟	中爻	下離 上坎	人位
五爻變巽	錯震 綜兌	成渙	錯豐 綜節	中爻	下震 上艮	天位
六爻變坤	錯乾	成師	錯同人 綜比	中爻	下震 上坤	天位

需䷄　四陽二陰之卦　屬坤

象　　伏羲圓圖

錯　晉　　文王序卦

綜　訟雜綜一詳見圖解　　孔子繫辭

中爻　二四合兌錯艮綜巽　三五合離錯坎

同體　遯○兌○離○訟○大過○巽家人无妄○革○

大畜睽中孚○大壯十四卦同體

情性　情剛性剛　情險性健

六爻變

初爻變巽 錯震 綜兑 成井 錯噬嗑 綜困 中爻 下兑 上離 地位

二爻變離 錯坎 成既濟 錯未濟 綜未濟 中爻 下坎 上離 地位

三爻變兑 錯艮 綜巽 成節 錯旅 綜渙 中爻 下震 上艮 人位

四爻變兑 錯艮 綜巽 成夬 錯剥 綜姤 中爻 下乾 上乾 人位

五爻變坤 錯乾 成泰 錯否 綜否 中爻 下兑 上震 天位

六爻變巽 錯震 綜兑 成小畜 錯豫 綜履 中爻 下兑 上離 天位

訟☰☵ 四陽二陰之卦 屬離

象 伏羲圓圖

錯 明夷 文王序卦

綜 需雜綜 孔子繫辭

中爻 二四合離錯坎 三五合巽錯震綜兌

同體 遯○兌○離○咢○大過○巽○家人○无妄○革○大畜

睽○中孚○大壯 需十四卦同體

情性 情剛性剛 情健性險

六爻變

初爻變兌 錯艮 綜巽　成履 錯謙 綜小畜　中爻 下離 上巽　地位

二爻變坤 錯乾　成否 錯泰 綜泰　中爻 下艮 上巽　地位

三爻變巽 錯震 綜兌　成姤 錯復 綜夬　中爻 下乾 上乾　人位

四爻變巽 錯震 綜兌　成渙 錯豐 綜節　中爻 下震 上艮　人位

五爻變離 錯坎　成未濟 錯既濟 綜既濟　中爻 下離 上坎　天位

六爻變兌 錯艮 綜巽　成困 錯賁 綜井　中爻 下離 上巽　天位

師䷆　一陽五陰之卦　屬坎

象　坎　　　　　　　　伏羲圓圖

錯　同人　　　　　　　文王序卦

綜　屯雜綜

中爻　二四合震錯巽綜艮　三五合坤錯乾　孔子繫辭

同體　剥○謙○○豫○○○　復比五

卦同體

情性　情柔性剛　情順性險

六爻變

初爻變兌　錯艮　綜巽　成臨　錯遯　綜觀　中爻　下震　上坤　地位

二爻變坤　錯乾　成坤　錯乾　中爻　下坤　上坤　地位

三爻變巽　錯震　綜兌　成升　錯无妄　綜萃　中爻　下兌　上震　人位

四爻變震　錯巽　綜艮　成解　錯家人　綜蹇　中爻　下離　上坎　人位

五爻變坎　錯離　成坎　錯離　中爻　下震　上艮　天位

六爻變艮　錯兌　綜震　成蒙　錯革　綜屯　中爻　下震　上坤　天位

比 ䷇ 一陽五陰之卦 屬坤

象 坎　　伏羲圓圖

錯 大有　　文王序卦

綜 師 雜綜

中爻 二四合坤 錯乾　三五合艮 錯兑綜震　孔子繫辭

同體 剥○謙○○豫○○師○○復五

卦同體

情性 情剛性柔 情險性順

六爻變

初爻變震錯巽綜艮　成屯錯鼎綜蒙　中爻下坤上艮　地位

二爻變坎錯離　成坎錯離　中爻下震上艮　地位

三爻變艮錯兑綜震　成蹇錯睽綜解　中爻下坎上離　人位

四爻變兑錯艮綜巽　成萃錯大畜綜升　中爻下艮上巽　人位

五爻變坤錯乾　成坤錯乾　中爻下坤上坤　天位

六爻變巽錯震綜兑　成觀錯大壯綜臨　中爻下坤上艮　天位

小畜 ☰☴ 五陽一陰之卦 屬巽

象 離 伏羲圓圖

錯 豫

綜 履正綜 文王序卦

中爻 二四合兌錯艮綜巽 三五合離錯坎綜 孔子繫辭

同體 姤大有○○同人○○○○○履○夬

五卦同體

情性 情柔性剛 情入性健

六爻變

初爻變巽 錯震 綜兌　成巽 錯震 綜兌　中爻 下兌 上離　地位

二爻變離 錯坎　成家人 錯解 綜睽　中爻 下坎 上離　地位

三爻變兌 錯艮 綜巽　成中孚 錯小過　中爻 下震 上艮　人位

四爻變乾 錯坤　成乾 錯坤　中爻 下乾 上乾　人位

五爻變艮 錯兌 綜震　成大畜 錯萃 綜无妄　中爻 下兌 上震　天位

六爻變坎 錯離　成需 錯晉 綜訟　中爻 下兌 上離　天位

履䷉　五陽一陰之卦　屬艮

象　離

錯　謙　　伏羲圓圖

綜　小畜 正綜　　文王序卦

中爻　二四合離 錯坎　三五合巽 錯震 綜兌　　孔子繫辭

同體　姤 大有 ○ 同人 ○ 小畜 ○ ○ ○ 夬

五卦同體

情性　情剛性柔　情徤性悅

六爻變

初爻變坎錯離　成訟錯明夷綜需　中爻下離上巽　地位

二爻變震錯巽綜艮　成无妄錯升綜大畜　中爻下艮上巽　地位

三爻變乾錯坤　成乾錯坤　中爻下乾上乾　人位

四爻變巽錯震綜兌　成中孚錯小過　中爻下震上艮　人位

五爻變離錯坎　成睽錯蹇綜家人　中爻下離上坎　天位

六爻變兌錯艮綜巽　成兌錯艮綜巽　中爻下離上巽　天位

泰䷊ 三陽三陰之卦 屬坤 又正月卦

象 震兌

錯 否 伏羲圓圖

綜 否 文王序卦

中爻 二四合兌 錯艮 綜巽 三五合震 錯巽 綜艮 孔子繫辭

同體 否○困○咸○歸妹○旅○未濟○渙○恒○井○隨○益○噬嗑

蠱○節○既濟○豐○賁○損○漸○ ○十九卦同體

情性 情柔性剛 情順性健

六爻變

初爻變巽 錯震 綜兌	成升 錯无妄 綜萃	中爻 下兌 上震	地位
二爻變離 錯坎	成明夷 錯訟 綜晉	中爻 下坎 上震	地位
三爻變兌 錯艮 綜巽	成臨 錯遯 綜觀	中爻 下震 上坤	人位
四爻變震 錯巽 綜艮	成大壯 錯觀 綜遯	中爻 下乾 上兌	人位
五爻變坎 錯離	成需 錯晉 綜訟	中爻 下兌 上離	天位
六爻變艮 錯兌 綜震	成大畜 錯萃 綜无妄	中爻 下兌 上震	天位

否☷☰　三陽三陰之卦　屬乾　又七月卦

象　艮巽　伏羲圓圖

錯　泰　文王序卦

綜　泰

中爻　二四合艮錯兑綜震　三五合巽錯震綜兑　孔子繫辭

同體○困咸歸妹○旅未濟渙○恒井隨○益噬嗑蠱○節既濟豐○賁損漸○泰十九卦同體

情性　情剛性柔　情健性順

六爻變

初爻變震 錯巽綜艮　成无妄 錯升綜大畜　中爻 下艮上巽　地位

二爻變坎 錯離　成訟 錯明夷綜需　中爻 下離上巽　地位

三爻變艮 錯兌綜震　成遯 錯臨綜大壯　中爻 下巽上乾　人位

四爻變巽 錯震綜兌　成觀 錯大壯綜臨　中爻 下坤上艮　人位

五爻變離 錯坎　成晉 錯需綜明夷　中爻 下艮上坎　天位

六爻變兌 錯艮綜巽　成萃 錯大畜綜升　中爻 下艮上巽　天位

同人 ䷌ 五陽一陰之卦 屬離

象 離

錯 師 伏羲圓圖

綜 大有雜綜 文王序卦

中爻 二四合巽錯震綜兌 三五合乾錯坤 孔子繫辭

同體 姤大有 ○ ○ ○ 小畜 ○ ○ 履 ○ 夬

五卦同體

情性 情剛性柔 情健性明

六爻變

初爻變艮 錯兌 綜震 成遯 錯臨 綜大壯 中爻 下巽 上乾 地位

二爻變乾 錯坤 成乾 錯坤 中爻 下乾 上乾 地位

三爻變震 錯巽 綜艮 成无妄 錯升 綜大畜 中爻 下艮 上巽 人位

四爻變巽 錯震 綜兌 成家人 錯解 綜睽 中爻 下坎 上離 人位

五爻變離 錯坎 成離 錯坎 中爻 下巽 上兌 天位

六爻變兌 錯艮 綜巽 成革 錯蒙 綜鼎 中爻 下巽 上乾 天位

大有 ䷍ 五陽一陰之卦 屬乾

象 離

錯 比 伏羲圓圖

綜 同人 雜綜 文王序卦

中爻 二四合乾 錯坤 三五合兌 錯艮綜巽 孔子繫辭

同體 姤○○同人○○小畜○○履○夬五

卦同體

情性 情柔性剛 情明性健

六爻變

初爻變巽　錯震 綜兌　成鼎　錯屯 綜革　中爻　下乾 上兌　地位

二爻變離　錯坎　成離　錯坎　中爻　下巽 上兌　地位

三爻變兌　錯艮 綜巽　成睽　錯蹇 綜家人　中爻　下離 上坎　人位

四爻變艮　錯兌 綜震　成大畜　錯萃 綜无妄　中爻　下兌 上震　人位

五爻變乾　錯坤　成乾　錯坤　中爻　下乾 上乾　天位

六爻變震　錯巽　成大壯　錯觀 綜兌　中爻　下乾 上兌　天位

謙 ䷎ 一陽五陰之卦　屬兌

象　坎

錯　履　　　伏羲圓圖

綜　豫正綜　　　文王序卦

中爻　二四合坎錯離　三五合震錯巽綜艮　孔子繫辭

同體　剝○○○豫○○師　○復比

五卦同體

情性　情柔性剛　情順性止

六爻變

初爻變離　錯坎　成明夷　錯訟　綜晉　中爻　下坎　上震　地位

二爻變巽　錯震　綜兌　成升　錯无妄　綜萃　中爻　下兌　上震　地位

三爻變坤　錯乾　成坤　錯乾　中爻　下坤　上坤　人位

四爻變震　錯巽　綜艮　成小過　錯中孚　中爻　下巽　上兌　人位

五爻變坎　錯離　成蹇　錯睽　綜解　中爻　下坎　上離　天位

六爻變艮　錯兌　綜震　成艮　錯兌　綜震　中爻　下坎　上震　天位

豫 ䷏ 一陽五陰之卦 屬震

象 坎 伏羲圓圖

錯 小畜

綜 謙 正綜 文王序卦

中爻 二四合艮 錯兌 綜震 三五合坎 錯離 孔子繫辭

同體 剝○謙○○○○師○○復比

五卦同體

情性 情剛性柔 情動性順

六爻變

初爻變震　錯巽　綜艮　成震　錯巽　綜艮　中爻　下艮　上坎　地位

二爻變坎　錯離　成解　錯家人　綜蹇　中爻　下離　上坎　地位

三爻變艮　錯兌　綜震　成小過　錯中孚　中爻　下巽　上兌　人位

四爻變坤　錯乾　成坤　錯乾　中爻　下坤　上坤　人位

五爻變兌　錯艮　綜巽　成萃　錯大畜　綜升　中爻　下艮　上巽　天位

六爻變離　錯坎　成晉　錯需　綜明夷　中爻　下艮　上坎　天位

隨䷐ 三陽三陰之卦 屬震

象 伏羲圓圖

錯 蠱 文王序卦

綜 蠱雜綜

中爻 二四合艮錯兌綜震 三五合巽錯震綜兌 孔子繫辭

同體 否○困○咸歸妹○旅未濟○渙○恒○井○益噬嗑○蠱

○節既濟○豐○賁○損○漸○泰十九卦同體

情性 情柔性剛 情悅性動

六爻變

初爻變坤 錯乾	成萃 錯大畜 綜升	中爻 下艮 上巽	地位
二爻變兑 錯艮 綜巽	成兑 錯艮 綜巽	中爻 下離 上巽	地位
三爻變離 錯坎	成革 錯蒙 綜鼎	中爻 下巽 上乾	人位
四爻變坎 錯離	成屯 錯鼎 綜蒙	中爻 下坤 上艮	人位
五爻變震 錯巽 綜艮	成震 錯巽 綜艮	中爻 下艮 上坎	天位
六爻變乾 錯坤	成无妄 錯升 綜大畜	中爻 下艮 上巽	天位

蠱䷑ 三陽三陰之卦 屬巽

象

錯 隨 伏羲圓圖

綜 隨雜綜 文王序卦

中爻 二四合兌錯艮綜巽 三五合震錯巽綜艮 孔子繫辭

同體 否○困○咸歸妹○旅未濟○渙○恒井隨○益噬嗑○節未濟豐○賁損漸○泰十九卦同體

情性 情剛性柔 情止性入

六爻變

初爻變乾錯坤　成大畜錯萃綜无妄　中爻下兑上震　地位

二爻變艮錯兑綜震　成艮錯兑綜震　中爻下坎上震　地位

三爻變坎錯離　成蒙錯革綜屯　中爻下震上坤　人位

四爻變離錯坎　成冉錯屯綜革　中爻下乾上兑　人位

五爻變巽錯震綜兑　成巽錯震綜兑　中爻下兑上離　天位

六爻變坤錯乾　成升錯无妄綜萃　中爻下兑上震　天位

臨 ䷒ 二陽四陰之卦　屬坤　又十二月卦

象	震兌	
錯	遯	伏羲圓圖
綜	觀（正綜）	文王序卦
中爻	二四合震（錯巽綜艮）　三五合坤（錯乾）	孔子繫辭
同體	觀（晉）○萃○蹇（小過）○蒙○震（解升）○頤○坎	
	屯（明夷）○艮○十四卦同體	
情性	情柔性柔　情順性悅	

六爻變

初爻變坎 錯離　成師 錯同人 綜比　中爻 下震 上坤　地位

二爻變震 錯巽 綜艮　成復 錯姤 綜剝　中爻 下坤 上坤　地位

三爻變乾 錯坤　成泰 錯否 綜否　中爻 下兌 上震　人位

四爻變震 錯巽 綜艮　成歸妹 錯漸 綜漸　中爻 下離 上坎　人位

五爻變坎 錯離　成節 錯旅 綜渙　中爻 下震 上艮　天位

六爻變艮 錯兌 綜震　成損 錯咸 綜益　中爻 下震 上坤　天位

觀 ䷓	二陽四陰之卦　屬乾　又八月卦	
彖	巽艮	
錯	大壯	伏羲圓圖
綜	臨　正綜	文王序卦
中爻	二四合坤　錯乾　三五合艮　錯兌綜震	孔子繫辭
同體	晉○萃○蹇○小過○蒙○震○解○升○頤○屯○明夷○艮○臨十四卦同體	
情性	情柔性柔　情入性順	

六爻變

初爻變震錯巽綜艮　成益錯恒綜損　中爻下坤上艮　地位

二爻變坎錯離　成渙錯豐綜節　中爻下震上艮　地位

三爻變艮錯兑綜震　成漸錯歸妹綜歸妹　中爻下坎上離　人位

四爻變乾錯坤　成否錯泰綜泰　中爻下艮上巽　人位

五爻變艮錯兑綜震　成剥錯夬綜復　中爻下坤上坤　天位

六爻變坎錯離　成比錯大有綜師　中爻下坤上艮　天位

噬嗑 ䷔ 三陽三陰之卦　屬巽

象　　伏羲圓圖

錯　井　　文王序卦

綜　賁正綜

中爻　二四合艮錯兌綜震　三五合坎錯離　孔子繫辭

同體　否○困咸歸妹○旅未濟渙○恒井隨○益蠱○節既濟豐○賁損漸○泰十九卦同體

情性　情柔性剛　情明性動

六爻變

初爻變坤　錯乾　成晉　錯需　綜明夷　中爻　下艮　上坎　地位

二爻變兌　錯艮　綜巽　成睽　錯蹇　綜家人　中爻　下離　上坎　地位

三爻變離　錯坎　成離　錯坎　中爻　下巽　上兌　人位

四爻變艮　錯兌　綜震　成頤　錯大過　中爻　下坤　上坤　人位

五爻變乾　錯坤　成无妄　錯升　綜大畜　中爻　下艮　上巽　天位

六爻變震　錯巽　綜艮　成震　錯巽　綜艮　中爻　下艮　上坎　天位

賁 ䷕	三陽三陰之卦	屬艮
象		
錯	困	伏羲圓圖
綜	噬嗑 正綜	文王序卦
中爻	四二合坎 錯離 三五合震 錯巽 綜艮	孔子繫辭
同體	否○困咸 歸妹○旅 未濟 渙○恆井隨○益 噬嗑	
	豐○節 既濟 豐○損漸○泰 十九卦同體	
情性	情剛性柔 情止性明	

六爻變

初爻變艮 錯兌 綜震	成艮 錯兌 綜震	中爻 下坎 上震	地位
二爻變乾 錯坤	成大畜 錯萃 綜无妄	中爻 下兌 上震	地位
三爻變震 錯巽 綜艮	成頤 錯大過	中爻 下坤 上坤	人位
四爻變離 錯坎	成離 錯坎	中爻 下巽 上兌	人位
五爻變巽 錯震 綜兌	成家人 錯解 綜睽	中爻 下坎 上離	天位
六爻變坤 錯乾	成明夷 錯訟 綜晉	中爻 下坎 上震	天位

剝 ䷖ 一陽五陰之卦 屬乾 又九月卦

象	艮巽			
錯	夬			伏羲圓圖
綜	復正綜			文王序卦
中爻	二四合坤錯乾	三五合坤錯乾		孔子繫辭
同體	○謙○	○豫	○師○	○復
	比五卦同體			
情性	情圖性柔	情正性順		

六爻變

初爻變震 錯巽 綜艮 成頤 錯大過 中爻下坤上坤 地位

二爻變坎 錯離 成蒙 錯革 綜屯 中爻下震上坤 地位

三爻變艮 錯兌 綜震 成艮 錯兌 綜震 中爻下坎上震 人位

四爻變離 錯坎 成晉 錯需 綜明夷 中爻下艮上坎 人位

五爻變巽 錯震 綜兌 成觀 錯大壯 綜臨 中爻下坤上艮 天位

六爻變坤 錯乾 成坤 錯乾 中爻下坤上坤 天位

復䷗ 一陽五陰之卦 屬坤 又十一月卦

象 震兌

錯 姤 伏羲圓圖

綜 剝 正綜 文王序卦

中爻 二四合坤錯乾 三五合坤錯乾 孔子繫辭

同體 剝○謙○ ○豫○ ○師○ ○比五

卦同體

情性 情柔性剛 情順性動

六爻變

初爻變坤 錯乾　成坤 錯乾　中爻 下坤 上坤　地位

二爻變兌 錯艮 綜巽　成臨 錯遯 綜觀　中爻 下震 上坤　地位

三爻變離 錯坎　成明夷 錯訟 綜晉　中爻 下坎 上震　人位

四爻變震 錯巽 綜艮　成震 錯巽 綜艮　中爻 下艮 上坎　人位

五爻變坎 錯離　成屯 錯鼎 綜蒙　中爻 下坤 上艮　天位

六爻變艮 錯兌 綜震　成頤 錯大過　中爻 下坤 上坤　天位

无妄 ☰☳ 四陽二陰之卦 屬巽

象	離	伏羲圓圖
錯	升	文王序卦
綜	大畜 正綜	孔子繫辭
中爻	二四合艮 錯兌綜震　三五合巽 錯震綜兌	
同體	遯○兌○離鼎訟○大過○家人○革○大畜	
	中孚○大壯需十四卦同體	
情性	情剛性剛　情徤性動	

六爻變

初爻變坤錯乾　成否錯泰綜泰　中爻下艮上巽　地位

二爻變兑錯艮綜巽　成履錯謙綜小畜　中爻下離上巽　地位

三爻變離錯坎　成同人錯師綜大有　中爻下巽上乾　人位

四爻變巽錯震綜兑　成益錯恒綜損　中爻下坤上艮　人位

五爻變離錯坎　成噬嗑錯井綜賁　中爻下艮上坎　天位

六爻變兑錯艮綜巽　成隨錯蠱綜蠱　中爻下艮上巽　天位

大畜 ☰☶ 四陽二陰之卦 屬艮

象 離 伏羲圓圖

錯 萃 文王序卦

綜 无妄 正綜

中爻 二四合兑 錯艮 綜巽 三五合震 錯巽 綜艮 孔子繫辭

同體 遯○兑○離鼎訟○大過○巽 家人 无妄 革○睽

中孚○大壯 需 十四卦同體

情性 情剛性剛 情止性健

六爻變

初爻變巽 錯震 綜兌　成蠱 錯隨 綜隨　中爻 下兌 上震　地位

二爻變離 錯坎　成賁 錯困 綜噬嗑　中爻 下坎 上震　地位

三爻變兌 錯艮 綜巽　成損 錯咸 綜益　中爻 下震 上坤　人位

四爻變離 錯坎　成大有 錯比 綜同人　中爻 下乾 上兌　人位

五爻變巽 錯震 綜兌　成小畜 錯豫 綜履　中爻 下兌 上離　天位

六爻變坤 錯乾　成泰 錯否 綜否　中爻 下兌 上震　天位

頤䷚ 二陽四陰之卦 屬巽

象 離 伏羲圓圖

錯 大過 文王序卦

綜

中爻 二四合坤錯乾 三五合坤錯乾 孔子繫辭

同體 觀晉○萃蹇小過○蒙○震解升○ ○坎

屯明夷○艮○臨十四卦同體

情性 情剛性剛 情止性動

六爻變

初爻變坤錯乾　成剝錯夬綜復　中爻下坤上坤　地位

二爻變兌錯艮綜巽　成損錯咸綜益　中爻下震上坤　地位

三爻變離錯坎　成賁錯困綜噬嗑　中爻下坎上震　人位

四爻變離錯坎　成噬嗑錯井綜賁　中爻下艮上坎　人位

五爻變巽錯震綜兌　成益錯恒綜損　中爻下坤上艮　天位

六爻變坤錯乾　成復錯姤綜剝　中爻下坤上坤　天位

大過 ䷛ 四陽二陰之卦 屬震

象 坎

錯 頤 伏羲圓圖

綜 文王序卦

中爻 二四合乾錯坤 三五合乾錯坤 孔子繫辭

同體 遯○兌○離爲訟○ ○巽家人○无妄○華○

大畜睽中孚○大壯需十四卦同體

情性 情柔性柔 情悅性入

六爻變

初爻變乾　錯坤　成夬　錯剝綜姤　中爻　下乾上乾　地位

二爻變艮　錯兌綜震　成咸　錯損綜恒　中爻　下巽上乾　地位

三爻變坎、錯離　成困　錯賁綜井　中爻　下離上巽　人位

四爻變坎　錯離　成井　錯噬嗑綜困　中爻　下兌上離　人位

五爻變震　錯巽綜艮　成恒　錯益綜咸　中爻　下乾上兌　天位

六爻變乾　錯坤　成姤　錯復綜夬　中爻　下乾上乾　天位

坎 ䷜ 二陽四陰之卦

象

錯 離 伏羲圓圖

綜 文王序卦亦錯

中爻 二四合震錯巽綜艮 三五合艮錯兌綜震 孔子繫辭

同體 觀晉○萃蹇小過○蒙○震解升○頤○屯
明夷○艮○臨十四卦同體

情性 情剛性剛 情險性險

六爻變

初爻變兌錯艮綜巽　成節錯旅綜渙　中爻下震上艮　地位

二爻變坤錯乾　成比錯大有綜師　中爻下坤上艮　地位

三爻變巽錯震綜兌　成井錯噬嗑綜困　中爻下兌上離　人位

四爻變兌錯艮綜巽　成困錯賁綜井　中爻下離上巽　人位

五爻變坤錯乾　成師錯同人綜比　中爻下震上坤　天位

六爻變巽錯震綜兌　成渙錯豐綜節　中爻下震上艮　天位

離☲　四陽二陰之卦　上經終于此

象

錯　坎　伏羲圓圖

綜　文王序卦

中爻　二四合巽錯震綜兌　三五合兌錯艮綜巽　孔子繫辭

同體　遯○兌○咸訟○大過○巽家人○无妄○革○大畜

睽中孚○大壯需十四卦同體

情性　情柔性柔　情明性明

六爻變

初爻變艮 錯兌綜震 成旅 錯節綜豐 中爻下巽上兌 地位

二爻變乾 錯坤 成大有 錯比綜同人 中爻下乾上兌 地位

三爻變震 錯巽綜艮 成噬嗑 錯井綜賁 中爻下艮上坎 人位

四爻變艮 錯兌綜震 成賁 錯困綜噬嗑 中爻下坎上震 人位

五爻變乾 錯坤 成同人 錯師綜大有 中爻下巽上乾 天位

六爻變震 錯巽綜艮 成豐 錯渙綜旅 中爻下巽上兌 天位

咸 ䷞ 三陽三陰之卦 屬兌下經始于此

象 坎 伏羲圓圖

錯 損 文王序卦

綜 恒正綜 孔子繫辭

中爻 二四合巽錯震綜兌 三五合乾錯坤

同體 否○困歸妹○旅未濟渙○恒井隨○益噬嗑蠱

節既濟豐○賁損漸○泰十九卦同卦

情性 情柔性剛 情悅性止

六爻變

初爻變離　錯坎	成革　錯蒙　綜鼎	中爻下巽上乾	地位
二爻變巽　錯震　綜兌	成大過　錯頤	中爻下乾上乾	地位
三爻變坤　錯乾	成萃　錯大畜　綜升	中爻下艮上巽	人位
四爻變坎　錯離	成蹇　錯睽　綜解	中爻下坎上離	人位
五爻變震　錯巽　綜艮	成小過　錯中孚	中爻下巽上兌	天位
六爻變乾　錯坤	成遯　錯臨　綜大壯	中爻下巽上乾	天位

恒䷟ 三陽三陰之卦 屬震

象 坎 伏羲圓圖

錯 益 文王序卦

綜 咸正綜 孔子繫辭

中爻 二四合乾錯坤 三五合兌錯艮綜巽

同體 否○困咸歸妹○旅未濟渙○井隨○益噬嗑蠱

○節既濟豐○賁損漸○泰十九卦同體

情性 情剛性柔 情動性入

六爻變

初爻變乾　錯坤　成大壯　錯觀綜遯　中爻下乾上兑　地位

二爻變艮　錯兑綜震　成小過　錯中孚　中爻下巽上兑　地位

三爻變坎　錯離　成解　錯家人綜蹇　中爻下離上坎　人位

四爻變坤　錯乾　成升　錯无妄綜萃　中爻下兑上震　人位

五爻變兑　錯艮綜巽　成大過　錯頤　中爻下乾上乾　天位

六爻變離　錯坎　成鼎　錯屯綜革　中爻下乾上兑　天位

遯 ䷠ 四陽二陰之卦 屬乾又六月卦

象 巽

錯 臨 伏羲圓圖

綜 大壯 正綜 文王序卦

中爻 二四合巽 錯震綜兌 三五合乾 錯坤 孔子繫辭

同體 ○兌○離訟○大過○巽 家人 无妄○革○ 大畜 睽 中孚○大壯 需 十四卦同體

情性 情剛性剛 情健性止

六爻變

初爻變離　錯坎　成同人　錯師　綜大有　中爻下巽上乾　地位

二爻變巽　錯震　綜兌　成姤　錯復　綜夬　中爻下乾上乾　地位

三爻變坤　錯乾　成否　錯泰　綜泰　中爻下艮上巽　人位

四爻變巽　錯震　綜兌　成漸　錯歸妹　綜歸妹　中爻下坎上離　人位

五爻變離　錯坎　成旅　錯節　綜豐　中爻下巽上兌　天位

六爻變兌　錯艮　綜巽　成咸　錯巽　綜恒　中爻下巽上乾　天位

大壯 ☳☰ 四陽二陰之卦 屬坤又二月卦

象 兌 伏羲圓圖

錯 觀 文王序卦

綜 遯正綜 孔子繫辭

中爻 二四合乾錯坤 三五合兌錯艮綜巽

同體 遯○兌○離咢訟○大過○巽家人○无妄○革○大畜○睽中孚○需十四卦同體

情性 情剛性剛 情動性健

六爻變

初爻變巽　錯震　綜兌　成恒　錯益　綜咸　中爻　下乾　上兌　地位

二爻變離　錯坎　成豐　錯渙　綜旅　中爻　下巽　上兌　地位

三爻變兌　錯艮　綜巽　成歸妹　錯漸　綜漸　中爻　下離　上坎　人位

四爻變坤　錯乾　成泰　錯否　綜否　中爻　下兌　上震　人位

五爻變兌　錯艮　綜巽　成夬　錯剥　綜姤　中爻　下乾　上乾　天位

六爻變離　錯坎　成大有　錯比　綜同人　中爻　下乾　上兌　天位

晉 ䷢ 二陽四陰之卦 屬乾

象 伏羲圓圖

錯 需 文王序卦

綜 明夷 雜綜

中爻 二四合艮 錯兌綜震 三五合坎 錯離 孔子繫辭

同體 觀○萃○蹇 小過○蒙○震解升○順○坎屯

明夷○艮○臨十四卦同體

情性 情柔性柔 情明性順

六爻變

初爻變震 錯巽 綜艮 成噬嗑 錯井 綜賁 中爻 下艮 上坎 地位

二爻變坎 錯離 成未濟 錯旣濟 綜旣濟 中爻 下離 上坎 地位

三爻變艮 錯兌 綜震 成旅 錯節 綜豐 中爻 下巽 上兌 人位

四爻變艮 錯兌 綜震 成剝 錯夬 綜姤 中爻 下坤 上坤 人位

五爻變乾 錯坤 成否 錯泰 綜泰 中爻 下艮 上巽 天位

六爻變震 錯巽 綜艮 成豫 錯小畜 綜謙 中爻 下艮 上坎 天位

明夷 ䷣ 二陽四陰之卦 屬坎

象 訟 伏羲圓圖

錯 晉雜綜 文王序卦

綜 二四合坎錯離 三五合震錯巽綜艮 孔子繫辭

中爻 觀晉○萃蹇小過○蒙○震解升○頤○坎

同體 屯○艮○臨十四卦同體

情性 情柔性柔 情順性明

六爻變

初爻變艮 錯兑 綜震　成謙 錯履 綜豫　中爻 下坎 上震　地位

二爻變乾 錯坤　成泰 錯否 綜否　中爻 下兑 上震　地位

三爻變震 錯巽 綜艮　成復 錯姤 綜剥　中爻 下坤 上坤　人位

四爻變震 錯巽 綜艮　成豐 錯渙 綜旅　中爻 下巽 上兑　人位

五爻變坎 錯離　成既濟 錯未濟 綜未濟　中爻 下坎 上離　天位

六爻變艮 錯兑 綜震　成賁 錯困 綜噬嗑　中爻 下坎 上震　天位

家人 ☲☴ 四陽二陰之卦 屬巽

象

錯 解 伏羲圓圖

綜 睽正綜 文王序卦

中爻 二四合坎錯離 三五合離錯坎 孔子繫辭

同體 遯○兌○離鼎訟○大過○巽○无妄○革○大畜

睽中孚○大壯需十四卦同體

情性 情柔性柔 情入性明

六爻變

初爻變艮 錯兌綜震 成漸 錯歸妹綜歸妹 中爻 下坎上離 地位

二爻變乾 錯困 成小畜 錯豫綜履 中爻 下兌上離 地位

三爻變震 錯巽綜艮 成益 錯恒綜巽 中爻 下坤上艮 人位

四爻變乾 錯坤 成同人 錯師綜大有 中爻 下巽上乾 人位

五爻變艮 錯兌綜震 成賁 錯困綜噬嗑 中爻 下坎上震 天位

六爻變坎 錯離 成既濟 錯未濟綜未濟 中爻 下坎上離 天位

睽䷥ 四陽二陰之卦 屬艮

象　　　　伏羲圓圖

錯　蹇　　文王序卦

綜　家人正綜　　孔子繫辭

中爻　二四合離錯坎　三五合坎錯離

同體　遯○兌○離○中孚○訟○大過○巽○家人○无妄○革○

大中大畜○大壯○需十四卦同體

情性　情柔性柔　情明性悅

六爻變

初爻變坎錯離　成未濟錯既濟綜既濟　中爻下離上坎　地位

二爻變震錯兌綜艮　成噬嗑錯井綜賁　中爻下艮上坎　地位

三爻變乾錯坤　成大有錯比綜同人　中爻下乾上兌　人位

四爻變艮錯兌綜震　成損錯咸綜益　中爻下震上坤　人位

五爻變乾錯坤　成履錯謙綜小畜　中爻下離上巽　天位

六爻變震錯巽綜艮　成歸妹錯漸綜漸　中爻下離上坎　天位

蹇☶☵ 二陽四陰之卦 屬兌

象　伏羲圓圖

錯　聯　文王序卦

綜　解正綜　孔子繫辭

中爻　二四合坎錯離　三五合離錯坎

同體　觀○晉○萃○小過○蒙○震○解○升○頤○坎○屯

明夷○艮○臨十四卦同體

情性　情剛性剛　情險性止

六爻變

初爻變離 錯坎　成既濟 錯未濟 綜未濟　中爻下坎上離　地位

二爻變巽 錯震 綜兌　成井 錯噬嗑 綜困　中爻下兌上離　地位

三爻變坤 錯乾　成比 錯大有 綜師　中爻下坤上艮　人位

四爻變兌 錯艮 綜巽　成咸 錯巽 綜恒　中爻下巽上乾　人位

五爻變坤 錯乾　成謙 錯履 綜豫　中爻下坎上震　天位

六爻變巽 錯震 綜兌　成漸 錯歸妹 綜歸妹　中爻下坎上離　天位

解 ䷧ 二陽四陰之卦 屬震

象　伏羲圓圖

錯　家人

綜　蹇正綜　文王序卦

中爻　二四合離錯坎　三五合坎錯離　孔子繫辭

同體　觀晉○萃蹇小過○蒙○震升○頤○坎屯

明夷艮○臨十四卦同體

情性　情剛性剛　情動性險

六爻變

初爻變兌 錯艮 綜巽 成歸妹 錯漸 綜漸 中爻 下離 上坎 地位

二爻變坤 錯乾 成豫 錯小畜 綜謙 中爻 下艮 上坎 地位

三爻變巽 錯震 綜兌 成恒 錯益 綜咸 中爻 下乾 上兌 人位

四爻變坤 錯乾 成師 錯同人 綜比 中爻 下震 上坤 人位

五爻變兌 錯艮 綜巽 成困 錯賁 綜井 中爻 下離 上巽 天位

六爻變離 錯坎 成未濟 錯既濟 綜既濟 中爻 下離 上坎 天位

損䷨　三陽三陰之卦　屬艮

象　離

錯　咸

綜　益正綜

中爻　二四合震錯巽綜艮　三五合坤錯乾

同體　否○困○咸歸妹○旅未濟○渙○恒○井○隨○益噬嗑

蠱○節既濟○豐○賁○漸○泰十九卦同體

情性　情剛性柔　情止性悅

伏羲圓圖

文王序卦

孔子繫辭

六爻變

初爻變坎　錯離　成蒙　錯革 綜屯　中爻　下震 上坤　地位

二爻變震　錯巽 綜艮　成頤　錯大過　中爻　下坤 上坤　地位

三爻變乾　錯坤　成大畜　錯萃 綜无妄　中爻　下兌 上震　人位

四爻變離　錯坎　成睽　錯蹇 綜家人　中爻　下離 上坎　人位

五爻變巽　錯震 綜兌　成中孚　錯小過　中爻　下震 上艮　天位

六爻變坤　錯乾　成臨　錯遯 綜觀　中爻　下震 上坤　天位

益 ䷩ 三陽三陰之卦 屬巽

象 離

錯 恒　　伏羲圓圖

綜 損 正綜　　文王序卦

中爻 二四合坤 錯乾 三五合艮 錯兌綜震　　孔子繫辭

同體 否○困咸 歸妹○旅 未濟○渙○恒井隨○蠱 噬嗑
○節 既濟 豐○賁損漸○泰十九卦同體

情性 情柔性剛 情入性動

六爻變

初爻變坤　錯乾　成觀　錯大壯　綜臨　中爻　下坤　上艮　地位

二爻變兌　錯艮　綜巽　成中孚　錯小過　中爻　下震　上艮　地位

三爻變離　錯坎　成家人　錯解　綜睽　中爻　下坎　上離　人位

四爻變乾　錯坤　成无妄　錯升　綜大畜　中爻　下艮　上巽　人位

五爻變艮　錯兌　綜震　成頤　錯大過　中爻　下坤　上坤　天位

六爻變坎　錯離　成屯　錯鼎　綜蒙　中爻　下坤　上艮　天位

夬䷪ 五陽一陰之卦 屬坤 又三月卦

象 震 伏羲圓圖

錯 剝 文王序卦

綜 姤 正綜 孔子繫辭

中爻 二四合乾 錯坤 三五合乾 錯坤 〇履五卦

同體 姤 大有 〇 同人 〇 小畜 〇 〇履五卦

同體

情性 情柔性剛 情悅性徤

六爻變

初爻變巽 錯震 綜兌	成大過 錯頤	中爻下乾上乾	地位
二爻變離 錯坎	成革 錯蒙 綜鼎	中爻下巽上乾	地位
三爻變兌 錯艮 綜巽	成兌 錯艮 綜巽	中爻下離上巽	人位
四爻變坎 錯離	成需 錯晉 綜訟	中爻下兌上離	人位
五爻變震 錯巽 綜艮	成大壯 錯觀 綜遯	中爻下乾上兌	天位
六爻變乾 錯坤	成乾 錯坤	中爻下乾上乾	天位

姤☰☴ 五陽一陰之卦，屬乾，又五月卦

象 艮 伏羲圓圖

錯 復 文王序卦

綜 夬正綜 孔子繫辭

中爻 二四合乾錯坤 三五合乾錯坤

同體 大有○○同人○○小畜○○履○夬五

卦同體

情性 情剛性柔 情健性入

六爻變

初爻變乾　錯坤	成乾　錯坤	中爻下乾上乾	地位
二爻變艮　錯兌綜震	成遯　錯臨綜大壯	中爻下巽上乾	地位
三爻變坎　錯離	成訟　錯明夷綜需	中爻下離上巽	人位
四爻變巽　錯震綜兌	成巽　錯震綜兌	中爻下兌上離	人位
五爻變離　錯坎	成鼎　錯屯綜革	中爻下乾上兌	天位
六爻變兌　錯艮綜巽	成大過　錯頤	中爻下乾上乾	天位

萃䷬ 二陽四陰之卦 屬兌

象 坎 伏羲圓圖

錯 大畜 文王序卦

綜 升 正綜

中爻 二四合艮 錯兌 綜震 三五合巽 錯震 綜兌 孔子繫辭

同體 觀晉○蹇○小過○蒙○震觧升○頤○坎屯
明夷○艮○萃十四卦同體

情性 情柔性柔 情悅性順

六爻變

初爻變震　錯巽　綜艮　成隨　錯蠱　綜蠱　中爻　下艮　上巽　地位

二爻變坎　錯離　成困　錯賁　綜井　中爻　下離　上巽　地位

三爻變艮　錯兑　綜震　成咸　錯巽　綜恒　中爻　下巽　上乾　人位

四爻變坎　錯離　成比　錯大有　綜師　中爻　下坤　上艮　人位

五爻變震　錯巽　綜艮　成豫　錯小畜　綜謙　中爻　下艮　上坎　天位

六爻變乾　錯坤　成否　錯泰　綜泰　中爻　下艮　上巽　天位

升䷭ 二陽四陰之卦 屬震

象 坎

錯 无妄 伏羲圓圖

綜 萃正綜 文王序卦

中爻 二四合兑錯艮綜巽 三五合震錯巽綜艮 孔子繫辭

同體 觀晉○萃蹇小過○蒙○震解○頤○坎屯明夷○艮○臨十四卦同體

情性 情柔性柔 情順性入

六爻變

初爻變乾　錯坤　成泰　錯否 綜否　中爻　下兑 上震　地位

二爻變艮　錯兑 綜震　成謙　錯履 綜豫　中爻　下坎 上震　地位

三爻變坎　錯離　成師　錯同人 綜屯　中爻　下震 上坤　人位

四爻變震　錯巽 綜震　成恒　錯益 綜咸　中爻　下乾 上兑　人位

五爻變坎　錯離　成井　錯噬嗑 綜困　中爻　下兑 上離　天位

六爻變艮　錯兑 綜震　成蠱　錯隨 綜隨　中爻　下兑 上震　天位

困䷮　三陽三陰之卦　屬兌

象

錯　賁　伏羲圓圖

綜　井正綜　文王序卦

中爻　二四合離錯坎　三五合巽錯震綜兌　孔子繫辭

同體　否○咸歸妹○旅未濟○渙○恒井隨○益噬嗑蠱

○節既濟豐○賁損漸○泰十九卦同體

情性　情柔性剛　情悅性險

六爻變

初爻變兌 錯艮 綜巽　成兌 錯艮 綜巽　中爻 下離 上巽　地位

二爻變坤 錯乾　成萃 錯大畜 綜升　中爻 下艮 上巽　地位

三爻變巽 錯震 綜兌　成大過 錯頤　中爻 下乾 上乾　人位

四爻變坎 錯離　成坎 錯離　中爻 下震 上艮　人位

五爻變震 錯巽 綜艮　成解 錯家人 綜蹇　中爻 下離 上坎　天位

六爻變乾 錯坤　成訟 錯明夷 綜需　中爻 下離 上巽　天位

井䷯　三陽三陰之卦　屬震

象　　伏羲圓圖

錯　噬嗑　　文王序卦

綜　困正綜　　孔子繫辭

中爻　二四合兑錯艮綜巽　三五合離錯坎

同體　否○困○咸歸妹○旅未濟○渙○恒○隨○益噬嗑○蠱

○節○豐○賁○損○漸○泰十九卦同體

情性　情剛性柔　情險性入

六爻變

初爻變乾　錯坤　成需　錯晉 綜訟　中爻 下兌 上離　地位

二爻變艮　錯兌 綜震　成蹇　錯睽 綜解　中爻 下坎 上離　地位

三爻變坎　錯離　成坎　錯離　中爻 下震 上艮　人位

四爻變兌　錯艮 綜巽　成大過　錯頤　中爻 下乾 上乾　人位

五爻變坤　錯乾　成升　錯无妄 綜萃　中爻 下兌 上震　天位

六爻變巽　錯震 綜兌　成巽　錯震 綜兌　中爻 下兌 上離　天位

革䷰　四陽二陰之卦　屬坎

象　　伏羲圓圖

錯　蒙　　文王序卦

綜　鼎正綜　　孔子繫辭

中爻　二四合巽錯震綜兑　三五合乾

同體　遯○兑○離鼎訟○大過○巽家人无妄○○

大畜睽中孚○大壯需十四卦同體

情性　情柔性柔　情悅性明

六爻變

初爻變艮 錯兌 綜震	成咸 錯損 綜恒	中爻 下巽 上乾	地位
二爻變乾 錯坤	成夬 錯剥 綜姤	中爻 下乾 上乾	地位
三爻變震 錯巽 綜艮	成隨 錯蠱 綜蠱	中爻 下艮 上巽	人位
四爻變坎 錯離	成既濟 錯未濟 綜未濟	中爻 下坎 上離	人位
五爻變震 錯巽 綜艮	成豐 錯渙 綜旅	中爻 下巽 上兌	天位
六爻變乾 錯坤	成同人 錯師 綜大有	中爻 下巽 上乾	天位

鼎䷱ 四陽二陰之卦 屬離

象

錯 屯 伏羲圓圖

綜 革 正綜 文王序卦

中爻 二四合乾 錯坤 三五合兌 錯艮綜巽 孔子繫辭

同體 遯○兌○離訟○大過○巽家人○无妄○革○大畜

睽中孚○大壯需十四卦同體

情性 情柔性柔 情順性入

六爻變

初爻變乾	錯坤	成大畜 錯比 綜同人	中爻 下乾 上兌	地位
二爻變艮	錯兌 綜震	成旅 錯節 綜豐	中爻 下巽 上兌	地位
三爻變坎	錯離	成未濟 錯既濟 綜既濟	中爻 下離 上坎	人位
四爻變艮	錯兌 綜震	成蠱 錯隨 綜隨	中爻 下兌 上震	人位
五爻變乾	錯坤	成姤 錯復 綜夬	中爻 下乾 上乾	天位
六爻變震	錯巽 綜艮	成恒 錯益 綜咸	中爻 下乾 上兌	天位

震䷲ 二陽四陰之卦

象　　伏羲圓圖

錯　巽　　文王序卦

綜　艮正綜　　孔子繫辭

中爻　二四合艮錯兌綜震　三五合坎錯離

同體　觀○晉○萃○蹇○小過○蒙○解○升○頤○坎屯

明夷○艮○臨十四卦同體

情性　情剛性剛　情動性動

六爻變

初爻變坤 錯乾 成豫 錯小畜 綜謙 中爻 下艮 上坎 地位

二爻變兌 錯艮 綜巽 成歸妹 錯漸 綜漸 中爻 下離 上坎 地位

三爻變離 錯坎 成豐 錯渙 綜旅 中爻 下巽 上兌 人位

四爻變坤 錯乾 成復 錯姤 綜剝 中爻 下坤 上坤 人位

五爻變兌 錯艮 綜巽 成隨 錯蠱 綜蠱 中爻 下艮 上巽 天位

六爻變離 錯坎 成噬嗑 錯井 綜賁 中爻 下艮 上坎 天位

艮 ䷳ 二陽四陰之卦

象

錯 兌 伏羲圓圖

綜 震正綜 文王序卦

中爻 二四合坎錯離 三五合震錯巽綜艮 孔子繫辭

同體 觀晉○萃蹇小過○蒙○震解升○頤○坎

屯明夷○ ○臨十四卦同體

情性 情剛性剛 情止性止

六爻變

初爻變離　錯坎　成賁　錯困　綜噬嗑　中爻　下坎　上震　地位

二爻變巽　錯震　綜兌　成蠱　錯隨　綜隨　中爻　下兌　上震　地位

三爻變坤　錯乾　成剥　錯夬　綜復　中爻　下坤　上坤　人位

四爻變離　錯坎　成旅　錯節　綜豐　中爻　下巽　上兌　人位

五爻變巽　錯震　綜兌　成漸　錯歸妹　綜歸妹　中爻　下坎　上離　天位

六爻變坤　錯乾　成謙　錯履　綜豫　中爻　下坎　上震　天位

漸 ䷴ 二陽二陰之卦 屬艮

象

錯 歸妹 歸妹 伏羲圓圖

綜 歸妹 雜 綜 文王序卦

中爻 四二合坎 錯離 五三合離 錯坎 孔子雜卦

同體 否○困咸歸妹○旅未濟渙○恒井蠱隨○益噬嗑
蠱○節既濟豐○賁損○泰 十九卦同體

情性 情柔性剛 情入性止

六爻變

初爻變離　錯坎　成家人　錯解　綜睽　中爻　下坎　上離　地位

二爻變巽　錯震　綜兌　成巽　錯震　綜兌　中爻　下兌　上離　地位

三爻變坤　錯乾　成觀　錯大壯　綜臨　中爻　下坤　上艮　人位

四爻變乾　錯坤　成遯　錯臨　綜大壯　中爻　下巽　上乾　人位

五爻變艮　錯兌　綜震　成艮　錯兌　綜震　中爻　下坎　上震　天位

六爻變坎　錯離　成蹇　錯睽　綜解　中爻　下坎　上離　天位

歸妹 ䷵ 三陽三陰之卦 屬兌

象

錯 漸 伏羲圓圖

綜 漸 雜綜 文王序卦

中爻 二四合離 錯坎 三五合坎 錯離 孔子繫辭

同體 否○困○咸○旅○未濟○渙○恒井隨○益噬嗑蠱
○節既濟豐○賁損漸○泰十九卦同體

情性 情剛性柔 情動性悅

六爻變

初爻變坎 錯離　成解 錯家人 綜蹇　中爻 下離 上坎　地位

二爻變震 錯巽 綜艮　成震 錯巽 綜艮　中爻 下艮 上坎　地位

三爻變乾 錯坤　成大壯 錯觀 綜遯　中爻 下乾 上兌　人位

四爻變坤 錯乾　成臨 錯遯 綜觀　中爻 下震 上坤　人位

五爻變兌 錯艮 綜巽　成兌 錯艮 綜巽　中爻 下離 上巽　天位

六爻變離 錯坎　成睽 錯蹇 綜家人　中爻 下離 上坎　天位

豐䷶　三陽三陰之卦　屬坎

象　伏羲圓圖

錯　渙　文王序卦

綜　旅正綜　孔子繫辭

中爻　二四合巽錯震綜兌　三五合兌錯艮綜巽

同體　否○困咸歸妹○旅未濟渙○恒井隨○益噬嗑

蠱節既濟○賁損漸○泰十九卦同體

情性　情剛性柔　情動性明

六爻變

初爻變艮 錯兌 綜震　成小過 錯中孚　中爻 下巽 上兌　地位

二爻變乾 錯坤　成大壯 錯觀 綜遯　中爻 下乾 上兌　地位

三爻變震 錯巽 綜艮　成震 錯巽 綜艮　中爻 下艮 上坎　人位

四爻變坤 錯乾　成明夷 錯訟 綜晋　中爻 下坎 上震　人位

五爻變兌 錯艮 綜巽　成革 錯蒙 綜鼎　中爻 下巽 上乾　天位

六爻變離 錯坎　成離 錯坎　中爻 下巽 上兌　天位

旅 ䷷ 三陽三陰之卦 屬離

象

錯　節　　　伏羲圓圖

綜　豐正綜　　　文王序卦

中爻　二四合巽錯震綜兌　三五合兌錯艮綜巽　孔子繫辭

同體　否○困咸歸妹○未濟渙○恒井隨○噬嗑益蠱

○既濟節豐○賁損漸○泰十九卦同體

情性　情柔性剛　情明性止

六爻變

初爻變離 錯坎 成離 錯坎 中爻 下巽 上兌 地位

二爻變巽 錯震 綜兌 成鼎 錯屯 綜革 中爻 下乾 上兌 地位

三爻變坤 錯乾 成晉 錯需 綜明夷 中爻 下艮 上坎 人位

四爻變艮 錯兌 綜震 成艮 錯兌 綜震 中爻 下坎 上震 人位

五爻變乾 錯坤 成遯 錯臨 綜大壯 中爻 下巽 上乾 天位

六爻變震 錯巽 綜艮 成小過 錯中孚 中爻 下巽 上兌 天位

巽八 ䷸ 四陽二陰之卦

象　伏羲圓圖

錯　震　文王序卦

綜　兌正綜

中爻　二四合兌錯艮綜巽　三五合離錯坎　孔子繫辭

同體　遯○兌○離○鼎○訟○大過○家人○无妄○革○大畜

睽○中孚○大壯○需　十四卦同體

情性　情柔性柔　情入性入

六爻變

初爻變乾　錯坤　成小畜　錯豫　綜履　中爻下兌　上離　地位

二爻變艮　錯兌　綜震　成漸　錯歸妹　綜歸妹　中爻下坎　上離　地位

三爻變坎　錯離　成渙　錯豐　綜節　中爻下震　上艮　人位

四爻變乾　錯坤　成姤　錯復　綜夬　中爻下乾　上乾　人位

五爻變艮　錯兌　綜震　成蠱　錯隨　綜隨　中爻下兌　上震　天位

六爻變坎　錯離　成井　錯噬嗑　綜困　中爻下兌　上離　天位

兌䷹　四陽二陰之卦

象　伏羲圓圖

錯　艮　文王序卦

綜　巽正綜　孔子繫辭

中爻　二四合離錯坎　三五合巽錯震綜兌

同體　遯○　○離鼎訟○大過○巽家人无妄○革○
大畜睽中孚○大壯需十四卦同體

情性　情柔性柔　情悅性悅

六爻變

初爻變坎 錯離 成困 錯賁 綜井 中爻 下離 上巽 地位

二爻變震 錯巽 成隨 錯蠱 綜蠱 中爻 下艮 上巽 地位

三爻變乾 錯坤 成夬 錯剥 綜姤 中爻 下乾 上乾 人位

四爻變坎 錯離 成節 錯旅 綜渙 中爻 下震 上艮 人位

五爻變震 錯巽 綜艮 成歸妹 錯漸 綜漸 中爻 下離 上坎 天位

六爻變乾 錯坤 成履 錯謙 綜小畜 中爻 下離 上巽 天位

渙 ䷺ 三陽三陰之卦 屬離

象

錯 豐　伏羲圓圖

綜 節 正綜　文王序卦

中爻 三四合震 錯巽綜艮　三五合艮 錯兌綜震　孔子繫辭

同體 否○困咸歸妹○旅未濟○恒井隨○益噬嗑蠱

○節既濟豐○賁損漸○泰十九卦同體

情性 情柔性剛　情入性險

六爻變

初爻變兑　錯兑　綜巽　成中孚　錯小過　中爻　下震　上艮　地位

二爻變坤　錯乾　成觀　錯大壯　綜臨　中爻　下坤　上艮　地位

三爻變巽　錯震　綜兑　成巽　錯震　綜兑　中爻　下兑　上離　人位

四爻變乾　錯坤　成訟　錯明夷　綜需　中爻　下離　上巽　人位

五爻變艮　錯兑　綜震　成蒙　錯革　綜屯　中爻　下震　上坤　天位

六爻變坎　錯離　成坎　錯離　中爻　下震　上艮　天位

節䷻ 三陽三陰之卦 屬坎

象 伏羲圓圖

錯 旅 文王序卦

綜 渙正綜 孔子繫辭

中爻 二四合震錯巽綜艮 三五合艮錯兌綜震

同體 否○困咸歸妹○旅未濟渙○恒井隨○益噬嗑

蠱○既濟豐○賁損漸○泰十九卦同體

情性 情剛性柔 情險性悅

六爻變

初爻變坎　錯離　成坎　錯離　中爻下震上艮　地位

二爻變震　錯巽綜艮　成屯　錯鼎綜蒙　中爻下坤上艮　地位

三爻變乾　錯坤　成需　錯晉綜訟　中爻下兌上離　人位

四爻變兌　錯艮綜巽　成兌　錯艮綜巽　中爻下離上巽　人位

五爻變坤　錯乾　成臨　錯遯綜觀　中爻下震上坤　天位

六爻變巽　錯震綜兌　成中孚　錯小過　中爻下震上艮　天位

中孚 ䷼ 四陽二陰之卦 屬艮

象 離

錯 小過 伏羲圓圖

綜 文王序卦

中爻 二四合震錯巽綜艮 三五合艮錯兌綜震 孔子繫辭

同體 遯○兌○離○訟○大過○巽○家人无妄○革○大畜○睽○大壯○需十四卦同體

情性 情柔性柔 情入性悅

六爻變

初爻變坎　錯離　成渙　錯豐 綜節　中爻　下震 上艮　地位

二爻變震　錯巽 綜艮　成益　錯恒 綜損　中爻　下坤 上艮　地位

三爻變乾　錯坤　成小畜　錯豫 綜履　中爻　下兌 上離　人位

四爻變乾　錯坤　成履　錯謙 綜小畜　中爻　下離 上巽　人位

五爻變艮　錯兌 綜震　成損　錯咸 綜益　中爻　下震 上坤　天位

六爻變坎　錯離　成節　錯旅 綜渙　中爻　下震 上艮　天位

小過 ䷽ 二陽四陰之卦 屬兑

象 坎　　伏羲圓圖

錯 中孚　　文王序卦

綜

中爻 二四合巽 錯震綜兑　三五合兑 錯艮綜巽　孔子繫辭

同體 觀○晉○萃○蹇○蒙○震○解○升○頤○坎○屯○明夷○艮○臨十四卦同體

情性 情剛性剛　情動性止

六爻變

初爻變離錯坎　成豐錯渙綜旅　中爻下巽上兌　地位

二爻變巽錯震綜兌　成恒錯益綜咸　中爻下乾上兌　地位

三爻變坤錯乾　成豫錯旅綜謙　中爻下艮上坎　人位

四爻變坤錯乾　成謙錯履綜豫　中爻下坎上震　人位

五爻變兌錯艮綜巽　成咸錯損綜恒　中爻下巽上乾　天位

六爻變離錯坎　成旅錯節綜豐　中爻下巽上兌　天位

既濟 ䷾ 三陽三陰之卦 屬坎

象

錯 未濟 伏羲圓圖

綜 未濟正綜 文王序卦

中爻 二三合坎錯離 三五合離錯坎 孔子繫辭

同體 否○困咸歸妹○旅未濟○渙○恒井隨○益噬嗑
蠱○節豐○賁損漸○泰十九卦同體

情性 情剛性柔 情險性明

六爻變			
初爻變艮 錯兌 綜震	成蹇 錯睽 綜解	中爻 下坎 上離	地位
二爻變乾 錯坤	成需 錯晋 綜訟	中爻 下兌 上離	地位
三爻變震 錯巽 綜艮	成屯 錯鼎 綜蒙	中爻 下坤 上艮	人位
四爻變兌 錯艮 綜巽	成革 錯蒙 綜鼎	中爻 下巽 上乾	人位
五爻變坤 錯乾	成明夷 錯訟 綜晋	中爻 下坎 上震	天位
六爻變巽 錯震 綜兌	成家人 錯解 綜睽	中爻 下坎 上離	天位

未濟䷿ 三陽三陰之卦 屬離

象

錯 既濟 伏羲圓圖

綜 既濟正綜 文王序卦

中爻 二四合離錯坎 三五合坎錯離 孔子繫辭

同體 否○困咸歸妹○旅渙○恒井隨○益噬嗑蠱○節既濟豐○賁損漸○泰十九卦同體

情性 情柔性剛 情明性險

六爻變

初爻變兌　錯艮 綜巽　成睽　錯蹇 綜家人　中爻　下離 上坎　地位

二爻變坤　錯乾　成晉　錯需 綜明夷　中爻　下艮 上坎　地位

三爻變巽　錯震 綜兌　成咼　錯屯 綜革　中爻　下乾 上兌　人位

四爻變艮　錯兌 綜震　成蒙　錯革 綜屯　中爻　下震 上坤　人位

五爻變乾　錯坤　成訟　錯明夷 綜需　中爻　下離 上巽　天位

六爻變震　錯巽 綜艮　成解　錯家人 綜蹇　中爻　下離 上坎　天位

明萬曆本周易集注

第二册

明 來知德撰

明萬曆三十八年刻本

山東人民出版社·濟南

周易集註卷之一

梁山來知德集註

周易上經

周，代名；易，書名；卦則伏羲所畫也。伏羲仰觀俯察，見陰陽有奇耦之數，故畫一奇以象陽，畫一耦以象陰。見一陰一陽有各生之象，故自下而上再倍而三，以成八卦。又于八卦之上各變八卦，以成六十四卦。六十四卦皆重而為六畫者，以陽儀十六、陰儀十六，故聖人作易六畫而成卦上變而成爻兼三才而兩之皆因天地自然之數非聖人之安排也以易名書者以字之義有交易變易之義交易以對待言如天氣下降以交于地地氣上騰以交于天也變易以流行言如陽極則變陰陰極則變陽也陰陽之理非交易則變易故以易名之所以其書不可為典要惟變所適也夏易以名連山首艮商易以名歸藏首坤曰周者以其辭成于文王周公故以周名之而分為上下二篇云

䷀ 乾下乾上

乾元亨利貞

乾卦名元亨利貞者文王所繫之辭以斷一卦之吉凶所謂彖辭也乾者健也陽主于動動而有常其動不息非至健不能奇者陽之數天者陽之體健者陽之性如火性熱水性寒也六畫皆奇則純陽而至健矣故不言天而言乾也元大亨通利宜貞正而固也元亨者天道之本然數也利貞者人事之當然理也易經理數不相離因乾道陽明純

粹無纖毫隱曲之私惟天與聖人足以當之所以斷其必大亨也故教當大亨而必以貞處之方與乾道相合者其不貞必有人欲之私則人事之當然者歷又安能元亨乎故文王言筮得此卦者大亨而宜于正固此則聖人作易開物成務冒天下之道教人以反身修省之切要也學者能于此四字潛心為傳心之要不外是矣此文王占卜所繫之辭不可即指為四德至孔子文言純以義理論方指為四德也蓋占卜不論天子不論庶人皆利

干貞若即以爲四德失文王設教之意矣

初九潛龍勿用

此周公所繫之辭以斷一卦之吉凶所謂爻辭也
凡畫卦者自下而上故謂下爻爲初初九者卦下
陽爻之名也陽曰九陰曰六者河圖洛書五皆居
中則五者數之祖也故聖人起數止于一二三四
五參天兩地而倚數參天者天之三位也天一天
三天五也兩地者地之二位也地二地四也倚者
依也天一依天三天三依天五而爲九所以陽皆

言九地二依地四而爲六所以陰皆言六一二三四五者生數也六七八九十者成數也然生數者成之端倪成數者生之結果故止以生數起之過揲之數皆以此九六之參兩所以爻言九六也潛藏也象初龍陽物變化莫測亦猶乾道變化故象九且此爻變巽錯震亦有龍象故六爻即以龍言之所謂擬諸形容象其物宜者此也勿用者未可施用也象爲潛龍占爲勿用故占得乾而遇此爻之變者當觀此象而玩此占也諸爻倣此易多不似

別經不可爲典要如占得潛龍之象在天子則當傳位在公卿則當退休在士子則當靜修在賢人則當隱逸在商賈則當待價在戰陣則當左次在女子則當愆期萬事萬物莫不皆然若不知象一爻止一事則三百八十四爻止作得三百八十四件事矣何以彌綸天地此訓象訓字訓錯綜之義圈外方是正意三百八十四爻倣此○初九陽氣方萌在于卦下蓋龍之潛藏而未出者也故有潛龍之象龍未出潛則未可施用矣故教占者勿用

養晦以待時可也

九二見龍在田利見大人見龍之見賢遍反

二謂自下而上第二爻也九二非正然剛健中正本乾之德故舊註亦以正言之見者初爲潛二則離潛而出見也田者地之有水者也以六畫卦言之二于三才爲地道地上即田也大人者大德之人也陽大陰小乾卦六爻皆陽故爲大以三畫卦言之二于三才爲人道大人之象也故稱大人所以應爻九五亦曰大人二五得稱大人者皆以三

乾德而言人道君子之象也故二不言龍三變則
君子指九三者以六畫言之三于三才爲人道以
九三君子終日乾乾夕惕若厲无咎
德方應其占矣
之君故有此象而其占則利見大人也占者有是
以陽剛中正之德當出潛離隱之時而上應九五
人之類此爻變離有同人象故利見大人○九二
也如仕進則利見君如雜占則訟今占卜利見貴
畫言也利見大人者利見九五之君以行其道

中爻爲離離日在下卦之中終日之象也下乾終而上乾繼乾乾之象乃健而不息也終日是晝夕則將夜惕憂也變離錯坎憂之象也若助語辭夕對日言終日乾乾夕惕若者言終日乾乾雖至于夕而兢惕之心猶夫終日也厲者危厲不安也九陽爻三陽位過剛不中多凶之地也故言厲无咎者以危道處危地操心危慮患深則終于不危矣此不易之理也故无咎○九三過剛不中若有咎矣然性體剛健有能朝夕兢惕不已之象占者能

處躍如是亦无咎也

九四或躍在淵无咎

或者欲進未定之辭非猶豫狐疑也或躍在淵者欲躍猶在淵也九為陽陽動故言躍四為陰陰虛故象淵此爻變巽為進退為不果又四多懼故或躍在淵○九四以陽居陰陽則志于進陰則不果于進居上之下當改革之際欲進未定之時也故有或躍在淵之象占者能隨時進退斯无咎矣

九五飛龍在天利見大人

五天位龍飛于天之象也占法與九二同者二五皆中位特分上下耳利見大人如堯之見舜高宗之見傅說是也下此如沛公之見張良昭烈之見孔明亦庶幾近之六畫之卦五爲天三畫之卦五爲人故曰天曰人○九五剛健中正以聖人之德居天子之位而下應九二故其象占如此占者如無九五之德位必不應利見之占矣

上九亢龍有悔

上者最上一爻之名亢以戸唐切人頸也以苦浪

切高也吳幼清以人之喉骨剛而居高是也蓋上
而不能下信而不能屈之意陰陽之理極處必變
陽極則生陰陰極則生陽消長盈虛此一定之理
數也龍之爲物始而潛繼而見中而躍終而飛既
飛于天至秋分又蟄而潛于淵此知進知退變化
莫測之物也九五飛龍在天位之極中正者得時
之極乃在于此若復過于此則極而亢矣以時則
極以勢則窮安得不悔○上九陽剛之極有亢龍
之象故占者有悔知進知退不與時偕極斯無悔

矣伊尹之復政厥辟周公之歸政以寵利居成功者
無悔者也
用九見羣龍无首吉
此因上九亢龍有悔而言之用九者猶言處此上
九之位也上九貴而無位高而無民賢人在下位
而無輔動而有悔矣到此何以處之誠惟見羣龍
無首則吉羣龍者潛見躍飛之龍也首者頭也乾
爲首凡卦初爲足上爲首則上九即羣龍之首也
不見其首則陽變爲陰剛變爲柔知進知退知存

知亡知得知喪不爲窮災不與時偕極乃見天則
而天下治矣所以無悔而吉此聖人開遷善之門
教占者用此道也故陽極則教以見羣龍無首吉
陰極則教以利永貞蓋居九而爲九所用我不能
用九故至于亢居六而爲六所用我不能用六故
至于戰惟見羣龍無首利永貞此用九用六之道
也乾主知故言見坤主能故言利永貞用易存乎
人故聖人教之以此昔王介甫常欲繫用九于亢
龍有悔之下得其旨矣

彖曰大哉乾元萬物資始乃統天

乾元亨利貞者文王所繫之辭彖之經也此則孔子贊經之辭彖之傳也故亦以彖曰起之彖者材也言一卦之材也後人解彖者斷也又解豕走悅又解為茅犀之名不如只依孔子材之一字可也下文象曰象字亦然易本占卜之書曰元亨利貞者文王主于卜筮以教人也至于孔子之傳則專于義理矣故以元亨利貞分為四德此則專以天道發明乾義也大哉　嘆辭乾元者乾之元也元者

大也始也始者物之始非以萬物之始即元也言
萬物所資以始者乃此四德之元也此言氣而不
言形若涉于形便是坤之資生矣統包括也乾元
乃天德之大始故萬物之生皆資之以爲始又爲
四德之首而貫乎天德之始終故統天天之爲天
出乎震而生長收藏不過此四德而已統四德則
統天矣資始者無物不有也統天者無時不然也
無物不有無時不然此乾元之所以爲大也此釋
元之義

雲行雨施品物流形施始智反

有是氣即有是形者始者氣也氣發洩之盛則雲行雨施矣品者物各分類流者物各以類而生生不已其機不停滯也雲行雨施者氣之亨品物流形者物隨造化以亨也雖物之亨通而其實乾德之亨通此釋乾之亨施有二義平聲者用也加也設也去聲者布也散也惠也與也此則去聲之義

大明終始六位時成時乘六龍以御天

大明者贊大也終謂上爻始爲初爻即初辭擬之

卒成之終原始要終以爲質也觀下句六位二字
可見矣六位者六爻也時者六爻相雜惟其時物
之時也爻有定位故曰六位六龍者潛與亢之六
龍六陽也陽有變化故曰六龍乘者憑據也御者
御車之御猶運用也上文言統者統治綱領統天
之統如身之統四體此節言御者分治條目御天
之御如心之御五官六位時成者如位在初時當
爲潛位在上時當爲亢也御天者行天道也當處
之時則乘潛龍當出之時則乘飛龍時當勿用聖

人則勿用時當知悔聖人則知悔也乘龍御天只
是時中乘六龍便是御天謂之曰乘龍御天則是
聖人一身常駕馭乎乾之六龍而乾之六龍常在
聖人運用之中矣學者當觀其時成時乘聖人時
中變化行無轍迹之妙可也然言天道而配以聖
人何也蓋天下之理得而成位乎中則參天地者
惟聖人也故頤卦曰聖人養賢以及萬民咸卦曰
聖人感人心而天下和平恒卦曰聖人久于其道
而天下化成皆此意○言聖人默契乾道六爻終

始之理見六爻之位各有攸當皆以時自然而成
則六陽淺深進退之時皆在吾運用之中矣由是
時乘六龍以行天道則聖卽天也上一節專贊乾
元此一節則贊聖人知乾元六爻之理而行乾元
之事則澤及于物足以爲萬國咸寧之基本矣乃
聖人之元亨也

乾道變化各正性命保合太和乃利貞

變者化之漸化者變之成各者各自也卽一物原
來有一身各有族類不混淆也正者不偏也言萬

物受質各得其宜卽一身還有一乾坤不相倚附
妨害也物所受爲性天所賦爲命保者常存而不
虧合者翕聚而不散太和陰陽會合冲和之氣也
各正者得各正于萬物向實之初保合者保合于萬
物向實之後就各正言則曰性命性命雖以理言
而不離乎氣就保合言則曰太和太和雖以氣言
而不離乎理其實非有二也○言乾道變化不窮
囿品物流形矣至秋則物皆向實各正其所受所
賦之性命至冬則保全其太和生意隨在飽足無

少鈌欠凡資始于元流形于亨者至此告其終歛
其迹矣雖萬物之利貞實乾道之利貞也故曰乃
利貞
首出庶物萬國咸寧
乘龍御天乃聖人王道之始爲天下開太平至此
則惟端拱首出于萬民之上如乾道變化無所作
爲而萬國咸寧亦如物之各正保合也乘龍御天
之化至此成其功矣此則聖人之利貞也咸寧之
寧卽各正保合也其文武成康之時乎漢文帝亦

近之如不能各正保合則紛紜煩擾矣豈得寧

象曰天行健君子以自彊不息

象者伏羲卦之上下兩象周公六爻所繫辭之象也即象辭之下即以象曰起之是也天行者天之運行一日一周也健者運而不息也其不息者以陽之性至健所以不息也以者用也有所因而用之之辭即箕子以之之以也體易而用之乃孔子示萬世學者用易之方也自彊者一念一事莫非天德之剛也息者間以人欲也天理周流人欲退

聽故自彊不息若少有一毫陰柔之私以間之則息矣彊與息反如公與私反自彊不息猶云至公無私天行健者在天之乾也自彊不息者在我之乾也上句以卦言下句以人事言諸卦倣此

潛龍勿用陽在下也

陽在下者陽爻居于下也陽故稱龍在下故勿用此以下舉周公所繫六爻之辭而釋之乾初曰陽在下坤初曰陰始凝扶陽抑陰之意見矣

見龍在田德施普也

德卽剛健中正之德出潛離隱則君德已著周遍于物故曰德施普施字如程傳作去聲

終日乾乾反復道也

反復猶往來言君子之所以朝夕兢惕汲汲皇皇往來而不已者無非此道而已動循天理所以處危地而無咎道外無德故二爻言德

或躍在淵進无咎也

量可而進適其時則无咎故孔子加一進字以斷之

用九天德不可為首也

此陰陽盈虛一定之理盈言凡不可久致悔之由

亢龍有悔盈不可久也

無德而據尊位四意自別

一節乃言天人之事乃位乎天德一節則見其非

飛龍在天下同聲相應一節則言利見大人上治

在天作而在上也大人譬龍乎造譬飛乎此止言

造作也言作而在上也非制作之作大人龍也飛

飛龍在天大人造也

天德二字即乾道二字首頭也即見羣龍無首之首也言周公爻辭用九見羣龍无首吉者何也以天德不可爲首而見其首也蓋陽剛之極亢則有悔故用其九者剛而能柔有羣龍無首之象則吉矣天行以下先儒謂之大象潛龍以下先儒謂之小象後倣此

文言曰元者善之長也亨者嘉之會也利者義之和也貞者事之幹也長丁丈反下長又同

孔子於彖象既作之後猶以爲未盡其藴也故又

設文言以明之文言者依文以言其理亦有文之言辭也乾道所包者廣有在天之元亨利貞有聖人之元亨利貞有在人所具之元亨利貞此則就人所具而言也元大也始也即在人之仁也仁義禮智皆善也但仁則善端初發義禮智皆所從出故爲善之長亨者自理之顯著亨通而言即在人之禮也嘉美會聚三千三百左準繩右規矩乃嘉美之會聚也利有二義以人心言之義爲天理利爲人欲此以利欲而言也以天理言之義者利之

理和者義之宜以合宜而言也故利卽吾性之義義安處卽是利也如上下彼此各得其當然之分不相乖戾此利也乃義之和也貞有三意知也正也固也如孟子所謂知斯二者弗去是也知者知之意也惟知事親從兄正之之意也弗去固之意也故貞卽吾性之智幹者莖幹也木之身也其義意則能事也如木之身而枝葉所依以立也築墻兩旁木制板者爲榦从木此字則从于元就其理之發端而言亨就其理之聚會而言利就其理之各

就分殊而言貞就其理之確實而言名雖有四其實一理而已皆天下之至公而無一毫人欲之私者也此四句說天德之自然下體仁四句說人事之當然

君子體仁足以長人嘉會足以合禮利物足以和義貞固足以幹事

體者所存所發無不在于仁一身皆是仁也能體其仁則欲立欲達無所往而莫非其愛自足以長人矣長者克君克長之長蓋仁者宜在高位也旣

足以長人則善之長在我矣下三句倣此嘉會者嘉美其會聚于一身也禮之方行升降上下進退屈伸辭讓授受往來酬酢未有專行獨坐而可以行禮者此之謂會然其聚會必至善恰好皆天理人情自然之至而無不嘉美焉此之謂嘉嘉美會聚于一身則動容周旋無不中禮自有以合乎天理之節文人事之儀則矣蓋此理在日用間隨處充足無少欠鈌禮儀三百威儀三千無一事而非仁若少有一毫欠鈌非美會矣安能合禮不相妨

害之謂利利則必和無所乖戾之謂和和則必利

蓋義公天下之利本有自然之和也物者義之體

義者物之用乃處物得宜之謂也物雖萬有不齊

然各有自然之定理故能處物得宜而不相妨害

則上下尊卑之間自恩義洽浹無所乖戾而義無

不和矣固者堅固不揺乃貞之恒久功夫也蓋事

有未正必欲其正事之既正必守其正此貞固二

字之義也貞而又固故足以幹事幹者事之幹也

賴之爲依據也亦猶木有幹而枝葉可依也凡事

或不能貞或貞而不固皆知不能及之是以不能擇而守之故非至靈至明是非確然不可移易者決不能貞固所以貞固爲智之事

君子行此四德者故曰乾元亨利貞

故曰古語也行此四德卽體仁嘉會利物貞固也行此四德則與乾元合其德矣故曰乾元亨利貞所以明君子卽乾也

初九曰潛龍勿用何謂也子曰龍德而隱者也不易乎世不成乎名遯世无悶不見是而无悶樂則行之

憂則違之確乎其不可拔潛龍也

初九曰潛龍勿用何謂也此文章問荅之祖也後儒如屈原漁父見而問之楊雄法言用或問皆祖于此聖人神明不測故曰龍德隱在下位也易移也不易乎世者邪世不能亂不爲世所移而能拔於流俗風靡之中也不成乎名者務實不務名有一才一藝之長不求知于世以成就我之名也遯世無悶者不見用于世而不悶也不見是而無悶者不見信于人而不悶也事有快樂于心者則奮

然而行之忘食忘憂之類是也事有拂逆于心者
則順適而背之伐木絶糧之類是也違者背也言
不以拂逆爲事皆置之度外而背之背後不見之
意如困于陳蔡猶援琴而歌是也蓋不易乎世而
不爲世所用不成乎名而不爲世所取則必遯世
而不見信于人矣而聖人皆無悶焉是以日用之
間莫非此道之游行凡一切禍福毀譽如太虛浮
雲皆處之泰然無意必固我之私此所以樂則行
憂則違憂樂皆無與于已而安于所遇矣非龍德

何以有此拔者權也舉而用之也不可拔即勿用
也言堅確不可舉用也蓋不易乎世六句龍德也
確乎不可拔而隱也龍德而隱此所以爲潛龍也
乾卦六爻文言皆以聖人明之有隱顯無淺深
九二曰見龍在田利見大人何謂也子曰龍德而正
中者也庸言之信庸行之謹閑邪存其誠善世而不
伐德博而化易曰見龍在田利見大人君德也
正中者以下卦言初居下三居上二正當其中也
庸常也邪自外入故防閑之誠自我有故存主之

庸言必信者無一言之不信也庸行必謹者無一行之不謹也庸言庸行亦信亦謹宜無事于閑邪矣而猶閑邪存誠閑邪存其誠者無一念之不誠也念念皆誠則發之言行愈信謹矣如此則其德巳盛善蓋一世矣然心不自滿不自以爲善其信謹閑邪存誠猶夫其初也皆純一不已之功也德博而化者言行爲人所取法也言君德者明其非君位也

九三曰君子終日乾乾夕惕若厲无咎何謂也子曰

君子進德修業忠信所以進德也修辭立其誠所以
居業也知至至之可與幾也知終終之可與存義也
是故居上位而不驕在下位而不憂故乾乾因其時
而惕雖危无咎矣

幾與義非二事幾者心之初動也當欲忠信修辭
立誠之初心之萌動必有其幾幾微之際乃義之
發源處也義者事之得宜也方忠信修辭立誠之
後事之成就必見乎義允貼之宜乃幾之結果處
也與者許也可與幾者幾有善惡許其幾之如此

方不差也存者守而不失也三爻變則中爻爲巽有進象又爲兌有言辭象又爲離明有知象以三畫卦論三居上居上位象以六畫卦論三居下在下位象○君子終日乾乾夕惕若者非無事而徒勤也勤于進德修業也然以何者爲德業德業何以用功蓋德者卽貞實之理誠之涵于心者也人不忠信則此心不實安能進德惟忠信而內無一念之不實則心不外馳而有以復還其貞實之理所進之德自日新而不窮矣故所以進德業者卽

貞實之事誠之發于事者也言不顧行則事皆虛德安能居業惟修省其辭以立誠而不緣飾一言之不實則言行相顧有以充踐其貞實之事所居之業自居安而不遷矣故所以居業夫德業之進修固在于此也信修辭上誠矣然其入門用功當何如哉亦知行並進而已蓋其始也知德業之所當至此心必有其幾當幾之初于此實心而必欲其至知至即至之則念念不差意可得而誠矣幾動不差此其所以可與幾也其終也知德業之所當終

此事必有其義見義之時行此實事而必欲其終知終即終之則事事皆當身可待而修矣義守不失此其所以可與存義也如此用功則反身而誠德崇而業廣矣又焉往而不宜哉故以之居上高而不驕以之在下卑而不戚雖危无咎矣此君子所以終日乾乾也

九四曰或躍在淵无咎何謂也子曰上下无常非爲邪也進退无恒非離羣也君子進德修業欲及時也故无咎

九五曰飛龍在天利見大人何謂也子曰同聲相應

非離羣釋无咎義

守乎義下退釋潛守乎義无常无恒釋或守乎義非爲邪

脩而不干時以行險此其所以无咎也上進釋躍

合乎就從宜進退无常而非離羣也惟及時以進

下无常而非爲邪也以下退爲常則離羣而德孤

五爻以上進爲常則覬覦而心邪今或躍或處上

飛退而爲見有恒者也恒爲守乎九四之位進九

在田者安于下在天者安于上有常者也進而爲

同氣相求水流濕火就燥雲從龍風從虎聖人作而萬物覩本乎天者親上本乎地者親下則各從其類也

同聲相應如鶴鳴而子和雄鳴而雌應之類是也同氣相求如日火之精而取火于日月水之精而取水于月之類是也濕者下地故水之流趨之燥者乾物故火之然就之雲水氣也龍興則雲生故雲從龍風陰氣也虎嘯則風烈故風從虎然此特一物親一物也惟聖人以聖人之德居天子之位

則三才之主而萬物之天地矣是以天下萬民莫不瞻仰其德而快覩其光所謂首出庶物萬國咸寧而萬物皆親矣蓋不特一物之親而已也所以然者以天地陰陽之理皆各從其類也如天在上輕清者也凡本乎天日月星辰輕清成象者皆親之地在下重濁者也凡本乎地蟲獸草木重濁成形者皆親之蓋天屬陽輕清者屬陽故從其陽之類地屬陰重濁者屬陰故從其陰之類陽從其陽故君子與君子同類而相親陰從其陰故小人與

小人同類而相親然則以九五之德位豈不利見同類之大人所以利見者以此

上九曰亢龍有悔何謂也子曰貴而无位高而无民賢人在下位而無輔是以動而有悔也

六龍之首故曰高貴非君非臣故曰無位純陽無陰故曰無民五居九五之位又有快覩之民九四以下龍德之賢皆相從九五以輔相矣是以上九非不貴也貴宜乎有位而無位非不高也高宜乎有民而無民非不有賢人也賢人宜輔而莫爲之

輔無位無民無輔則離羣孤立如是而動其誰我

與有悔必矣此第二節申象傳之意

潛龍勿用下也

言在下位也

見龍在田時舍也舍去聲

舍止息也出潛離隱而止息于田也

終日乾乾行事也

非空憂惕乃行所當行之事也即進德修業也

或躍在淵自試也

試可乃已之試非試其德試其時也非自試則必妄動矣

飛龍在天上治也

居上以治下

亢龍有悔窮之災也

窮者亢災者悔

乾元用九天下治也

用九見羣龍无首吉此周公教占者當如此也孔子此則専以人君言元者仁也卽體仁以長人也

言人君體乾之元用乾之九至誠惻怛之愛常流行于剛果嚴肅之中則張弛有則寬猛得宜不剛不柔敷政優優而天下治矣此第三節再申前意

潛龍勿用陽氣潛藏

陽在下也以爻言潛龍勿用下也以位言此則以氣言言陽氣潛藏正陰氣極盛之時天地閉賢人隱所以勿用此以下又聖人歌詠乾道之意觀其句皆四字有音韻可知矣

見龍在田天下文明

雖在下位然天下已被其德化而成文明之俗矣

因此爻變離故以文明言之

終日乾乾與時偕行

天之健終日不息九三之進修亦與之偕行而不

息故曰與時偕行

或躍在淵乾道乃革

革者離下内卦之位升上外卦之位也

飛龍在天乃位乎天德

天德卽天位有是天德而居是天位故曰乃位乎

天德若無德以居之者可謂之天位不可謂之天
德之位也惟聖人在天子之位斯可言乃位乎天
德也
亢龍有悔與時偕極
當亢極而我不能變通亦與時運俱極所以有悔
乾元用九乃見天則
龍之爲物春分而升于天秋分而蟄于淵曰亢龍
者言秋分亢舉于上而不能蟄也以春夏秋冬配
四德元者春也利者秋也亢龍在此秋之時矣天

之爲天不過生殺而已春既生矣至秋又殺秋既殺矣至春又生此天道一定自然之法則也今爲人君者體春生之元而用之于秋九之亢則是陰慘之後繼之以陽舒肅殺之餘繼之以生育一張一弛一剛一柔不惟天下可治而天道之法則亦于此而見矣故曰乃見天則此四節又申前意

乾元者始而亨者也利貞者性情也乾始能以美利利天下不言所利大矣哉

始而亨者言物方資始之時已亨通矣蓋出乎震

則必齊乎巽見乎離勢之必然也若不亨通則生意必息品物不能流形矣是始者元也亨之者亦元也性者百物具足之理情者百物出入之機春作夏長百物皆有性情非必利貞而後見但此時生意未足實理未完百物尚共同一性情至秋冬則百穀草木各正性命保合太和一物各具一性情是收斂歸藏乃見性情之的確故利貞者即乾元之性情也則利貞之未始不爲元也乾始者即乾元者始而亨之始也以美利利天下者元能始

物能使庶物生成無物不嘉美亦無物不利賴也不言所利者自成其形自成其性泯機緘于不露莫知其所以然也大哉贊乾元也○孔子于文言既分元亨利貞爲四德矣此又合而爲一也言乾之元者始而即亨者也利貞者則元之性情耳然何以知其元始即亨利貞即元之性情也惟自其乾元之所能者則可見矣蓋百物生于春非亨利貞之所能也惟元爲生物之始以美利利天下者則乾元之能也夫以美利利天下其所能之德業

亦盛大矣使造化可以言焉則曰此某之美利也庶乎可以各歸功于四德矣今不言所利人不得而測之既不可得而測則是四德渾然一理不可分而言也元本爲四德之長故謂亨乃元之始亨可也謂利貞乃元之性情可也所以謂乾元始而亨利貞性情者以此乾元之道不其大哉四德本一理孔子贊易或分而言之以盡其用或合而言之以著其體其實一理而已所以可分可合也

大哉乾乎剛健中正純粹精也六爻發揮旁通情也

時乘六龍以御天也雲行雨施天下平也

剛以體言健以性言中者無過不及也正者不偏

也此四者乾之德也純者純陽而不雜以陰也粹

者不雜而良美也精者不雜之極至也總言乾德

剛健中正之至極所謂純粹精者非出于剛健中

正之外也但乾德之妙非一言所能盡故于剛健

中正之外復以純粹精贊之情者事物至賾至動

之情也發揮者每一畫有一爻辭以發揮之也旁

通者曲盡也如初之潛以至上之亢凡事有萬殊

物有萬類時有萬變皆該括曲盡其情而無遺也
前品物流形乃乾之雲行雨施此言雲行雨施乃
聖人乘六龍而御天之功德澤流行敷布所以天
下平也○言乾道剛健中正純粹以精乾道固大
矣惟聖人立六爻以通乎乾之情乘六龍以行乎
乾之道雲行雨施以沛乎乾之澤以至天下太平
則乾道之大不在乾而在聖人矣此第五節復申
首章之意

君子以成德為行日可見之行也潛之為言也隱而

未見行而未成是以君子弗用也
德者時之本行者德之用蓋有有其德而不見諸
行者未有有其行而不本諸德者故曰君子以成
德爲行成德者已成之德也日可見者猶言指日
可待之意此二句泛論其理也潛者周公爻辭也
未見者天地閉賢人隱㞐於潛之機會而未見也
未成者因其㞐而事業未成就也如伊尹耕于有
一莘之時是也○君子以已成之德舉而措之于行
則其事業之所就指日可見矣初九其德已成則

日可見之行也而占者乃曰勿用何也蓋聖人出
世必有德有時人之所能者德所不能者時今初
九雖德已成然時當乎潛也潛之爲言也隱而未
見也惟其隱而未見故行而未成時位晲之也是
以占者之君子亦當如之而勿用也
君子學以聚之問以辨之寬以居之仁以行之易曰
見龍在田利見大人君德也
之者正中之理也龍德正中雖以爻言然聖人之
德不過此至正大中而已蓋乾道剛健中正民受

一天地之中以生惟中庸不可能苟非學聚問辨有一此致知功夫寬居仁行有此力行功夫安能體此龍德之正中哉聚者多聞多見以我會聚此正中之理也辨者講學也親師取友辨其理之精粗本末得失是非擇其正中之善者而從之即講學以耨之也寬者優游厭飫勿忘勿助俾所聚所辨此理之畜於我者融會貫通渣滓渾化無强探力索凌節欲速之患也蓋寬享以久遠言有從容不迫之意非専揩包含也居者守也據也仁以行之者

無適而莫非天理正中之公而無一毫意必固我之私也蓋辨者辨其所聚居者居其所辨行者行其所居故必寛以居之而後方可仁以行之若學聚問辨之餘涵養未久粗心浮氣而驟欲見之于實踐則居之不安資之不深安能左右逢原而太公以順應哉此爲學一定之序也有是四者宜乎正中之德博而化矣曰君德者卽前九二之君德也

九三重剛而不中上不在天下不在田故乾乾因其

時而惕雖危无咎矣

三居下卦之上四居上卦之下交接處以剛接剛故曰重剛非陽爻居陽位也所以九四居陰位者亦曰重剛位非二五故曰不中即下文上不在天下不在田也九三以時言九四以位言故曰乾乾因其時○九三重剛不中上不在天下不在田宜有咎矣而乃无咎何哉蓋旣重剛又不中剛之極矣以時論之蓋危懼之時也故九三因其時而兢惕不已則德日進業日修所以雖處危地亦無咎

矣
九四重剛而不中上不在天下不在田中不在人故
或之或之者疑之也故无咎
在人謂三也四三雖皆人位然四則居人之上而
近君矣非三之不近君故曰不在人重剛不中之
中二五之中也中不在人之中六爻中間之中也
○九四重剛不中上不在天下不在田中不在人
宜有咎矣而乃无咎何哉蓋九四之位不在天不
在田雖與九三同而人位則不如九三之居下卦

也所居之位獨近九五蓋或之之位也故或之或
之者疑之也惟其疑必審時而進矣所以无咎也
夫大人者與天地合其德與日月合其明與四時合
其序與鬼神合其吉凶先天而天弗違後天而奉天
時天且弗違而况於人乎况於鬼神乎夫音扶
合德以下總言大人所具之德皆天理之公而無
一毫人欲之私若少有一毫人欲之私卽不合矣
天地者造化之主日月者造化之精四時者造化
之功鬼神者造化之靈覆載無私之謂德照臨無

平天是天人合天也盡以理爲王天師我我師天
所已爲我知理之知是奉而行之而我亦不能違
有無而我臆之天秩有理而我庸之類雖天之
入也奉天時皆奉天理也後天奉天時謂知天敘
意之所爲默與道契天亦不能違乎我是天人合天
起之凡制靜作善教天之類雖天之所未爲而吾
願善謂聰也先天不違即禮雖先王所未有以義
合乎者神言以示象言訓以教之之類也合吉凶者
私之謂明生慮無私之謂聰無私之謂吉凶

故無後先彼此之可言矣天且不違于大人而況
于人乃得天地之理以生鬼神不過天地之功用
雖欲違乎大人自不能違乎天矣乾之九五以剛
健中正之德與此大人相合所以宜利見之以其
同德相應也
亢之爲言也知進而不知退知存而不知亡知得而
不知喪其唯聖人乎知進退存亡而不失其正者其
唯聖人乎
進退者身存亡者位得喪者物消長之理知之旣

明之不失其正處之又當故唯聖人能之再言其唯聖人始若設問而卒自應之見非聖人不能也初九隱而未見二句釋一潛字而言君子者然蓋必君子而後能安于潛也上九亢之爲言三句釋一亢字而言聖人者再蓋唯聖人而後能不至于亢也此第六節復申前數節未盡之意

☷☷ 坤下 坤上

坤元亨利牝馬之貞君子有攸往先迷後得主句利

句 西南得朋東北喪朋安貞吉

偶者陰之數也坤者順也陰之性也六畫皆偶則純陰而順之至矣故不言地而言坤馬象乾牝馬取其爲乾之配牝馬屬陰柔順而從陽者也馬能行順而健者也非順外有健也其健亦是順之健也坤利牝馬之貞與乾不同者何也蓋乾以剛固爲貞坤以柔順爲貞言如牝馬之順而不息則正矣牝馬地類安得同乾之貞此占辭也與乾卦元亨利貞同但坤則貞利牝馬耳程子泥于四德所以將利字作句迷者如迷失其道路也坤爲地故

曰迷言占者君子先乾而行則失其主而迷錯後乾而行則得其主而利矣蓋造化之理陰從陽以生物待唱而和者也君爲臣主夫爲妻主後乾卽得所主矣利孰大焉其理本如此觀文言後得主而有常此句可見矣西南東北以文王圓圖卦位言陽氣始于東北而盛于東南陰氣始于西南而盛于西北西南乃坤之本鄉兌離巽三女同坤居之故爲得朋震坎艮三男同乾居東北則非女之朋矣故喪朋陰從其陽謂之正惟喪其三女之朋

從乎其陽則有生育之功是能安于正也安于其正故吉

象曰至哉坤元萬物資生乃順承天

至者極也天包乎地故以大贊其天而地止以至贊之蓋言地之至則與天同而大則不及乎天也元者四德之元非乾有元而坤復又有一元也乾以施之坤則受之交接之間一氣而已始者氣之始生者形之始萬物之形皆生于地然非地之自能爲也天所施之氣至則生矣故曰乃順承天乾

健故一而施坤順故兩而承此釋卦辭之元

坤厚載物德合无疆含弘光大品物咸亨

坤厚載物以德言非以形言德者載物厚德含弘光大是也無疆者乾也含者包容也弘則是其所含者無物不有以藴畜而言也其靜也翕故曰含弘光者昭明也大則是其所光者無遠不届以宣著而言也其動也闢故曰光大言光大而必曰含弘者不翕聚則不能發散也咸亨者齊乎巽相見乎離之時也此釋卦辭之亨

牝馬地類行地无疆柔順利貞

地屬陰牝陰物故曰地類又行地之物也行地無疆則順而不息矣此則柔順所利之貞也故利牝馬之貞此釋卦辭牝馬之貞

君子攸行先迷失道後順得常西南得朋乃與類行東北喪朋乃終有慶安貞之吉應地无疆

君子攸行卽文王卦辭君子有攸往言占者君子有所往也失道者失其坤順之道也坤道主成成在後若先乾而動則迷而失道得常者得其坤順

之常惟後乾而動則順而得常○夫惟坤貞利在
柔順是以君子有所往也先則迷後則得而主利
得朋不與其類雖兌三爻同類而行其未足以爲
慶也若其于三爻之所能從乎陽則有生物之功
矣終必有慶也何也蓋柔順從陽者乃坤道之安
于其正也能安于其正則陽施陰受生物無疆應
乎地之無疆矣所以乃終有慶也此釋卦辭君子
有攸往至安貞吉

象曰地勢坤君子以厚德載物

西北高東南低順流而下地之勢本坤順者也故曰地勢坤且天地間持重載物其勢力無有厚於地者故下文曰厚天以氣運故曰天行地以形載故曰地勢厚德載物者以深厚之德容載庶物也若以厚德載物體之身心豈有他道哉惟體吾長人之仁也使一人得其顧推而人人各得其顧和吾利物之義也使一事得其宜推而事事各得其宜則我之德厚而物無不載矣此則孔子未發之意也

初六履霜堅冰至

六詳見乾卦初九霜一陰之象冰六陰之象方履霜而知堅冰至者見占者防微杜漸圖之不可不早也易爲君子謀乾言勿用即復卦閉關之義欲君子之難進也坤言堅冰即姤卦女壯之戒防小人之易長也

象曰履霜堅冰陰始凝也馴致其道至堅冰也

易舉正履霜之下無堅冰二字陰始凝而爲霜漸盛必至于堅冰小人雖微長則漸至于盛馴者擾

也順習也道者小人道長之道也卽上六其道窮也之道馴習因循漸致其陰道之盛理勢之必然也

六二直方大不習无不利

直字卽坤至柔而動也剛之剛也方字卽至靜而德方之方也大字卽含弘光大之大也孔子象辭文言小象皆本于此前後之言皆可相證以本爻論六二得坤道之正則無私曲故直居坤之中則無偏黨故方直者在內所存之柔順中正也方者

在外所處之柔順中正也惟柔順中正在內則爲直在外則爲方內而直外而方此其所以大也不操而直不矩而方不恢而大此其所以不習也若以人事論直者內而天理爲之主宰無邪曲也方者外而天理爲之裁制無偏倚也大者無一念之不直無一事之不方也不習無不利者直者自直方者自方大者自大不思不勉而中道也利者利有攸往之利言不待學習而自然直方大也蓋八卦正位乾在五坤在二皆聖人也故乾剛健中正

則飛龍在天坤柔順中正則不習無不利占者有是德方應是占矣

象曰六二之動直以方也不習无不利地道光也

以字即而字言直方之德惟動可見故曰坤至柔而動也剛此則承天而動生物之機也若以人事論心之動直而無私事之動方而當理是也地道光者六二之柔順中正即地道也地道柔順中正光之所發者自然而然不俟勉强故曰不習无不利光即含弘光大之光

六三含章可貞或從王事无成有終

坤爲吝嗇含合之象也剛柔相雜曰文又文之成者曰章陽位三以陰居之又坤爲文章之象也三居下卦之終終之象也或者不敢自決之辭從者不敢造始之意○三居下卦之上有位者也其道當含晦其章美有美則歸之於君乃可常久而得正或從上之事不敢當其成功惟奉職以終其事而已爻有此象故戒占者如此

象曰含章可貞以時發也或從王事知光大也知平聲

以時發者言非終于韜晦含藏不出而有所爲也

或從王事帶下一句說孔子小象多是如此知光

大者正指其无成有終也蓋含弘光大无成而代

有終者地道也地道與臣道相同六三或從王事

无成有終者蓋知地道之光大當如是也

六四括囊无咎无譽

坤爲囊陰虛能受囊之象也括者結囊口也四變

而奇居下卦之上結囊上口之象也四近乎君居

多懼之地不可妄咎妄譽戒其作威福也蓋譽則

有逼上之嫌咎則有敗事之累惟晦藏其智如結
囊口則不害矣○六四柔順得正蓋慎密不出者
也故有括囊之象无咎之道也然既不出則亦無
由稱贊其美矣故其占如此

象曰括囊无咎慎不害也

括囊者慎也无咎者不害也

六五黄裳元吉

坤爲黄爲裳黄裳之象也黄中色言其中也裳下
飾言其順也黄字從五字來裳字從六字來○六

五以陰居尊中順之德充諸内而見諸外故有是象而其占則元吉也剛自有剛德柔自有柔德本義是

象曰黄裳元吉文在中也

坤爲文文也居五之中在中也文在中言居坤之中也所以黄裳元吉

上六龍戰于野其血玄黄

六陽爲龍坤之錯也故陰陽皆可以言龍且變艮綜震亦龍之象也變艮爲剥陰陽相剥戰之象也

戰于卦外野之象也血者龍之血也堅氷至者所以防龍戰之禍于其始龍戰野者所以著堅氷之至于其終○上六陰盛之極其道窮矣窮則其勢必爭至與陽戰兩敗俱傷故有此象凶可知矣

象曰龍戰于野其道窮也

極則必窮理勢之必然也

用六利永貞

用六與用九同此則以上六龍戰于野言之陰極則變陽矣但陰柔恐不能固守既變之後惟長永

貞而不爲陰私所用則亦如乾之無不利矣
象曰用六永貞以大終也
此美其善變也陽大陰小大者陽明之公君子之
道也小者陰濁之私小人之道也今始陰濁而終
陽明始小人而終君子何大如之故曰以大終也
文言曰坤至柔而動也剛至靜而德方後得主而有
常含萬物而化光坤道其順乎承天而時行
動者生物所動之機德者生物所得之質乾剛坤
柔定體也坤固至柔矣然乾之施一至坤卽能翕

受而敷施之其生物之機不可止遏屈撓此又柔

中之剛矣乾動坤靜定體也坤固至靜矣及其承

乾之施陶鎔萬類各有定形不可移易有息者不

可變爲草木無息者不可變爲昆蟲此又靜中之

方矣柔無爲矣而剛則能動靜無形矣而方則有

體柔靜者順也體也剛方者健也用也後得主而

有常者後乎乾則得乾爲主乃坤道之常也含萬

物而化光者靜翕之時含萬物生意于其中及其

動闢則化生萬物而有光顯也坤道其順乎此句

乃贊之也坤之于乾猶臣妾之與夫君亦惟聽命而巳一施一受不敢先時而起亦不敢後時而不應此所以贊其順也此以上申象傳之意

積善之家必有餘慶積不善之家必有餘殃臣弑其君子弑其父非一朝一夕之故其所由來者漸矣由辨之不早辨也易曰履霜堅冰至蓋言順也

天下之事未有不由積而成家之所積者善則福慶及于子孫所積者不善則災殃及于後世其大至于弑逆之禍皆積累而至非朝夕所能成也由

來者漸言臣子也辨之不早責君父也辨察也在下者不可不察之于已在上者不可不察之于人察之早勿使之漸則禍不作矣順字即馴字馴者順也即馴致其道也言順習因循以至于堅氷也前言馴致其道此言蓋言順也皆一意也程傳是

直其正也方其義也君子敬以直内義以方外敬義立而德不孤直方大不習无不利則不疑其所行也直者何也言此心無邪曲之私從繩墨而正之之謂也方者何也言此事無差謬之失得裁制而宜

之之謂也此六二直方之所由名也下則言求直方之功人心惟有私所以不直如知其敬乃吾性之禮存諸心者以此敬爲之操持必使此心廓然太公而無一毫人欲之私則不期直而自直矣人事惟有私所以不方如知其義乃吾性之義見諸事者以此義爲之裁制必使此事物來順應而無一毫人欲之私則不期方而自方矣德之偏者謂之孤孤則不大不孤則大矣蓋敬之至者外必方外不方不足謂之敬不足謂敬是德之孤也義之

至者内必直内不直不足謂之義不足謂義是德之孤也今旣有敬以涵義之體又有義以達敬之用則内外夾持表裏互養日用之間莫非天理之流行德自充滿盛大而不孤矣何大如之内而念念皆天理則内不疑外而事事皆天理則外不疑内外坦然而無疑則暢于四支不言而喻發于事業無所處而不當何利如之此所以不習无不利也乾言進修坤言敬義學聖人者由于進修欲進修者先于敬義乾坤二卦備矣

陰雖有美含之或從王事弗敢成也地道也妻道也
臣道也地道无成而代有終也

陰雖有美含之可以時發而從王事矣或從王事
不敢有其成者非其才有所不足不能成也乃其
分之之不敢成也何也法象莫大于天地三綱莫
重于夫妻君臣天統乎地夫統乎妻君統乎臣皆
尊者唱而卑者和之故地道也妻道也臣道也皆
不敢先自主也皆如地之無成惟代天之終耳蓋
天能始物不能終物地繼其後而終之則地之所

以有終者終天之所未終也地不敢專其成而有其終故曰无成而代有終也六三爲臣故當如此

天地變化草木蕃天地閉賢人隱易曰括囊无咎无譽蓋言謹也

天地變化二句乃引下文之辭言天地變化世道開泰則草木之無知者且蕃茂況于人乎則賢人之必出而不隱可知矣若天地閉則賢人必斂德以避難此其所以隱也坤本陰卦四六重陰又不中則陰之極矣正天地閉塞有陰而無陽不能變

化之精也故當謹守不出者以此

君子黄中通理正位居體美在其中而暢於四支發

於事業美之至也

黄者中德也中者内也黄中者中德之在内也通

者豁然脉絡之貫通無一毫私欲之滯塞也理者

井然文章之條理無一毫私欲之混淆也本爻既

變坎爲通通之象也本爻未變坤爲文理之象也

故六五小象曰文在中德之在内者通而且理爻

之言黄者以此正位居尊位也體者乾坤之定體

也乾陽乃上體坤陰乃下體言雖在尊位而居下
體故不曰衣而曰裳爻之所以言裳者以此以人
事論有居尊位而能謙下之意此二句盡黃裳之
義矣又嘆而賛之以見元吉之故言黃中美在其
中豈徒美哉美既在中則暢于四支爲日新之德
四體不言而喻者此美也發于事業爲富有之業
天下國家無所處而不當者此美也不其美之至
乎爻之所以不止言吉而言元吉者以此
陰疑於陽必戰爲其嫌於无陽也故稱龍焉猶未離

其類也故稱血焉夫玄黃者天地之雜也天玄而地黃爲于僞反離力智反夫音扶

疑者似也似其與巳均敵無大小之差也陰本不可與陽戰今陰盛似敢與陽敵故以戰言陰盛巳無陽矣本不可以稱龍而不知陽不可一日無也故周公以龍言之以存陽也雖稱爲龍猶未離陰之類也故稱血以別其爲陰血陰物也曰其色玄黃則天地之色雜矣而不知天玄地黃者兩間之定分也今曰其色玄黃疑于無分別矣夫豈可哉

言陰陽皆備也以上皆申言周公爻辭

周易集註卷之一　終

周易集註卷之二

梁山來知德集註

䷂ 震下坎上

屯者難也萬物始生鬱結未通似有險難之意故其字從屮屮音徹初生草穿地也序卦有天地然後萬物生焉盈天地之間者唯萬物屯者盈也物之始生也天地生萬物屯物之始生故次乾坤之後

屯元亨利貞勿用有攸往利建侯

乾坤始交而遇險陷故名爲屯所以氣始交未暢曰屯物勾萌未舒曰屯世多難未泰曰屯造化人事皆相同也震動在下坎陷在上險中能動是有撥亂興衰之才者故占者元亨然猶在險中則宜守正而未可遽進故勿用有攸往勿用者以震性多動故戒之也然大難方殷無君則亂故當立君以統治初九陽在陰下而爲成卦之主是能以賢下人得民而可君者也占者必從人心之所屬望立之爲主斯利矣故利建侯建侯者立君也險難

在前中爻艮止勿用攸往之象震一君二民建侯
之象
彖曰屯剛柔始交而難生動乎險中大亨貞雷雨之
動滿盈天造草昧宜建侯而不寧
以二體釋卦名又以卦德卦象釋卦辭剛柔者乾
坤也始交者震也一索得震故爲乾坤始交難生
者坎也言萬物始生即遇坎難故名爲屯動乎險
中者言震動之才足以奮發有爲時當大難能動
則其險可出故大亨然猶在險中時猶未易爲必

從容以謀其出險方可故利貞雷震象雨坎象天
造者天時使之然如天所造作也草者如草不齊
震爲蕃草之象也昧者如天未明坎爲月天尚未
明昧之象也坎水内景不明于外亦昧之象也雷
雨交作雜亂晦冥充塞盈滿于兩間天下大亂之
象也當此之時以天下則未定以名分則未明正
宜立君以統治君既立矣未可遽謂安寧之時也
必爲君者憂勤兢畏不遑寧處方可撥亂反正以
成靖難之功如更始既立日夜縱情于聲色則非

不寧者矣此則聖人濟屯之深戒也動而雷雨滿盈即勿用攸往建侯而不寧即利建侯然卦言勿用攸往而彖言雷雨之動者勿用攸往非終不動也審而後動也屯之元亨利貞非如乾之四德故曰大亨貞

象曰雲雷屯君子以經綸

彖言雷雨象言雲雷彖言其動象著其體也上坎爲雲故曰雲雷屯下坎爲雨故曰雷雨解經綸皆治絲之事草昧之時天下正如亂絲經以引之綸

以理之俾大綱皆正萬目畢舉正君子撥亂有爲之時也故曰君子以經綸

初九磐桓利居貞利建侯

磐大石也鴻漸于磐之磐也中爻艮石之象也桓大柱也檀弓所謂桓楹也震陽木桓之象也張横渠以磐桓猶言柱石是也自馬融以盤旋釋磐桓後來儒者皆如馬融之釋其實非也八卦正位震在初乃爻之極善者國家屯難得此剛正之才乃倚之以爲柱石者也故曰磐桓唐之郭子儀是也

震爲大塗柱石在于大塗之上震本欲動而艮止
不動有柱石欲動不動之象所以居貞而又利建
侯非難進之貌也故小象曰雖磐桓志行正也曰
心志在于行則欲動不動可知矣○九當屯難之
初有此剛正大才生于其時故有磐桓之象然險
陷在前本爻居其正故占者利於居正以守已若
爲民所歸勢不可辭則又宜建侯以從民望救時
之屯可也居貞者利在我建侯者利在民故占者
兩有所利

象曰雖磐桓志行正也以貴下賤大得民也

當屯難之時大才雖磐桓不動然拳拳有濟屯之志行一不義殺一不辜而得天下不爲旣有救人之心而又有守巳之節所以占者利居貞而守巳也蓋居而不貞則無德行而不正則無功周公言居貞孔子言行正然後濟屯之功德備矣陽貴陰賤以貴下賤者一陽在二陰之下也當屯難之時得一大才衆所歸附更能自處卑下大得民矣此占者所以又利建侯而救民也

六二屯如邅如乘馬班如匪寇婚媾女子貞不字十年乃字邅張連反

屯邅皆不能前進之意班與書班師岳飛班師班字同囘還不進之意震於馬爲馵足爲作足班如之象也應爻爲坎坎爲盜寇之象也指初也婦嫁曰婚再嫁曰媾婚媾指五也變兌爲少女女子之象也字者許嫁也禮女子許嫁笄而字此女子則指六二也貞者正也不字者不字于初也乃字者乃字于五也中爻艮止不字之象也中爻坤土

土數成于十十之象也若以人事論光武當屯難之時竇融割據志在光武爲隗囂所隔乘馬班如也久之終歸于漢十年乃字也○六二柔順中正當屯難之時二與五應但乘初之剛故爲所難有屯邅班如之象不得進與五合使非初之寇難卽與五成其婚媾不至十年之久矣惟因初之難六二守其中正不肯與之苟合所以不字至于十年之久難久必通乃反其常而字正應矣故又有此象也占者當如是則可

象曰六二之難乘剛也十年乃字反常也

六二居屯之時而又乘剛是其患難也乘者居其上也故曰六二之難反常者二五陰陽相應理之常也爲剛所乘則乖其常矣難久必通故十年乃字而反其常

六三即鹿无虞惟入于林中君子幾不如舍往吝舍音捨

即者就也鹿當作麓爲是舊註亦有作麓者葢此卦有麓之象故當作麓非無據也中爻艮爲山山

足曰麓三居中爻艮之足麓之象也虞者虞人也三四爲人位虞人之象也入山逐獸必有虞人發縱指示無虞者無正應之象也震錯巽巽爲入入之象也上艮爲木堅多節下震爲竹林中之象也言就山足逐獸與虞人指示乃陷入于林中也坎錯離明見幾之象也舍者舍而不逐也亦艮止之象也○六三陰柔不中不正又無應與當屯難之時故有即麓無虞入于林中之象君子見幾不如舍去若往逐而不舍必致羞吝其象如此戒占者

當如是也
象曰卽鹿无虞以從禽也君子舍之往吝窮也
孔子恐後學不知卽鹿无虞之句故解之曰乃從
事于禽也則鹿當作麓也無疑矣舍則不往往則
不吝吝窮者羞吝窮困也
六四乘馬班如求婚媾往吉无不利
坎爲馬又有馬象求者四求之也往者初往之也
自内而之外曰往如小往大來往蹇來反是也本
爻變中爻成巽則爲長女震爲長男婚媾之象也

非眞婚媾也求賢以濟難有此象也舊說陰無求陽之理可謂不知象旨者矣○六四陰柔居近君之地當屯難之時欲進而復止故有乘馬班如之象初能得民可以有爲四乃陰陽正應未有蒙大難而不求其初者故又有求婚媾之象初于此時若欣然即往資其剛正之才以濟其屯其吉可知矣而四近其君者亦無不利也故其占又如此

象曰求而往明也

求者資濟屯之才有知人之明者也往者展濟屯

之才有自知之明者也坎錯離有明之象故曰明
九五屯其膏小貞吉大貞凶
膏者膏澤也以坎體有膏澤雲潤之象故曰膏詩
陰雨膏之是其義也本卦名屯故曰屯膏陽大陰
小六居二九居五皆得其正故皆稱貞小貞者臣
也指二也大貞者君也指五也故六二言女子貞
而此亦言貞六爻惟二五言屯○九五以陽剛中
正居尊亦有德有位者但當屯之時陷于險中為
陰所掩雖有六二正應而陰柔不足以濟事且初

九得民于下民皆歸之無臣無民所以有屯其膏
不得施爲之象故占者所居之位如六二爲臣小
貞則吉如九五爲君大貞則凶也
象曰屯其膏施未光也
陽德所施本光大但陷險中爲陰所掩故未光
上六乘馬班如泣血漣如
六爻皆言馬者震坎皆爲馬也皆言班如者當屯
難之時也坎爲加憂爲血卦爲水泣血漣如之象
也才柔不足以濟屯去初最遠又無應與故有此

象

象曰泣血漣如何可長也

既無其才又無其助喪亡可必矣豈能長久

䷃ 坎下艮上

蒙昧也其卦以坎遇艮山下有險艮止在外坎水在內水乃必行之物遇山而止內既險陷不安外又行之不去莫知所往昏蒙之象也序卦屯者物之始生也物生必蒙故受之以蒙所以次屯

蒙亨匪我求童蒙童蒙求我初筮告再三瀆瀆則不

告利貞告古毒反

蒙亨者言蒙者亨也不終于蒙也匪我求童蒙二句正理也再指四陽一陰三二再則四矣三指三瀆者煩瀆也初筮者初筮下卦得剛中也此卦坎之剛中在上卦故曰再筮告者二告乎五也不告者二不告乎三四也凡陽則明陰則暗所以九二發六五之蒙利貞者敎之以正也

彖曰蒙山下有險險而止蒙蒙亨以亨行時中也匪我求童蒙童蒙求我志應也初筮告以剛中也再三

瀆瀆則不告瀆蒙也蒙以養正聖功也

以卦象卦德釋卦名又以卦體釋卦辭險而止退則困于其險進則阻于其山兩無所適所以名蒙也以者用也以亨者以我之亨通也時中者當其可之謂憤悱啟發即志應也言我先知先覺先以亨通矣而後以我之亨行時中之教此蒙者所以亨也匪我求童蒙童蒙求我乃教人之正道也何也禮聞來學不聞枉教童蒙求我則彼之心志應乎我而相孚契矣此其所以可教也初筮則告者

以剛中也我有剛中之德而五又以中應之則心志應乎我而相孚契矣所以當告之也初筮二字只作下卦二字指教者而言觀比卦再筮可見矣蓋三則應乎其上四則隔乎其三與剛中發蒙之二不相應與又乘陽不敬則心志不應乎我而不相孚契矣既不相孚契而強告之是徒煩瀆乎蒙矣亦何益哉教之利于正者幼而學之學爲聖人而已聖人之所以爲聖者正而已矣入聖之域雖在後日作聖之功就在今日當蒙時養之以正雖

未節至于聖域由此而漸入矣此其所以利貞也發蒙即養蒙聖功乃功夫之功非功效之功

象曰山下出泉蒙君子以果行育德

泉乃必行之物始出而未通達猶物始生而未明蒙之象也果行者體坎之剛中以果決其行見善必遷聞義必從不畏難而苟安也育德者體艮之靜止以養其德不欲速見以居之隱於游以俟其成也要之果之育之者不過象之正而已是故楊墨之行非不果也而非吾之所謂行佛老之德

非不育也而非吾之所謂德所以蒙養以正爲聖

功

初六發蒙利用刑人用說桎梏以往吝說吐活反

蒙者下民之蒙也非又指童蒙也發蒙者啟蒙其

初之蒙也刑人者以人刑之也刑罰立而後教化

行治蒙之初故利用刑人以正其法桎梏者刑之

具也坎爲桎梏桎梏之象也在足曰桎在手曰梏

中爻震爲足外卦艮爲手用桎梏之象也因坎有

桎梏故用刑之具即以桎梏言之非必主于桎梏

也朴作敎刑不過夏楚而已本卦坎錯離艮綜震
有噬嗑折獄用刑之象故豐旅賁三卦有此象皆
言獄說者脫也用脫桎梏即不用刑人也變兌爲
毁折脫之象也往者往發其蒙也吝者利之反變
兌則和悅矣和悅安能發蒙故吝○初在下近比
九二剛中之賢故有啟發其蒙之象然發蒙之初
利用刑人以正其法庶小懲而大誡蒙斯可發矣
若舍脫其刑人惟和悅以往發之蒙豈能發哉吝
之道也故其象占如此細玩小象自見

象曰利用刑人以正法也

敎之法不可不正故用刑懲戒之使其有嚴憚也

九二包蒙吉納婦吉子克家

包者裹也婦人懷妊包裹其子即胞字也凡易中言包者皆外包乎内也泰曰包荒否曰包承包羞姤曰包魚皆外包乎内包蒙者包容其初之象也曰包則有含弘之量敷敎在寬矣初曰刑者不中不正也上曰擊者上過剛也此爻剛中統治群陰極善之爻故于初曰包于三四五曰納于五曰克

家納婦吉者新納之婦有諧和之吉也中爻坤順
在上一陽在下納受坤順之陰納婦之象也子克
家者能任父之事也坎爲中男有剛中之賢能幹
五毋之蠱子克家之象也納婦吉字與上吉字不
同上吉字占者之吉也下吉字夫婦諧和之吉也
坤順故吉○九二以陽剛爲内卦之主統治羣陰
當發蒙之任者其德剛而得中故有包蒙之象占
者得此固吉矣然所謂吉者非止于包容其初之
象也凡三四五之爲蒙者二皆能以剛中之德化

之如新納之婦有諧和之吉承考之子有克家之
賢其吉其賢皆自然而然不待勉强諄諄訓誨于
其間如此而謂之吉也故其占中之象又如此
象曰子克家剛柔接也
二剛五柔二有王蒙之功五之信任專所以二得
廣布其敷教之才亦如賢子不待訓誨自然而克
家也所以占者有子克家之象周公爻辭以剛中
言孔子象辭並應與言
六三勿用取女見金夫不有躬无攸利取七具反

變巽女之象也九二陽剛乾爻也乾爲金金夫之象故稱金夫金夫者以金賂巳者也六三正應在上然性本陰柔坎體順流趨下應爻艮體常止不相應于下九二爲群蒙之主得時之盛葢近而相比在納婦之中者故捨其正應而從之此見金夫不有躬之象也且中爻順體震動三居順動之中比于其陽亦不有躬之象也若以蒙論乃自暴自棄昏迷于人欲終不可教者因三變長女故即以女象之曰勿用取无攸利皆其象也○六三陰柔

不中不正又居艮止坎陷之中蓋蒙昧無知之極者也故有此象占者遇此如有發蒙之責者棄而不教可也

象曰勿用取女行不順也

婦人以順從其夫爲正捨正應之夫而從金夫安得爲順

六四困蒙吝

困蒙者困于蒙昧而不能開明也六四上下既遠隔於陽不得賢明之人以近之又無正應賢明者

以爲之輔助則蒙無自而發而困于蒙矣故有困蒙之象占者如是終于下愚故可羞

象曰困蒙之吝獨遠實也

陽實陰虛實謂陽也六四上下皆陰蒙之甚者也欲從九二則隔三欲從上九則隔五遠隔于實者也故曰獨遠實獨者言本卦之陰皆近乎陽而四獨遠也

六五童蒙吉

童蒙者純一未散專心資于人者也艮爲少男故

曰童匪我求童蒙言童之蒙昧也此則就其純一未散專聽于人而言葢中爻爲坤順五變爲巽有此順巽之德所以專心資剛明之賢也○六五以順巽居尊遠應乎二近比乎上葢專心資剛明之賢者故有童蒙之象占者如是則吉也

象曰童蒙之吉順以巽也

中爻爲順變爻爲巽仰承親比上九者順也俯應聽從九二者巽也親比聽從乎陽正遠實之反所以吉

占者以占得此爻者若乃在下蒙昧之人則不利
正應過剛不中治蒙太猛故有擊蒙之象聖人教
寇亂蒙昧之極可知矣○上九與三之寇盜相爲
在上治蒙之人也六三在本爻爲淫亂在上九爲
寇者殺三爻在下蒙昧之人也利禦寇者殺上九
殺之也寇者卽坎之寇盜也二寇乎相向不利爲
手手持戈兵擊殺之象也三與上九爲正應故擊
擊蒙者擊殺之也應爻故爲盜賊爲戈兵艮爲
上九擊蒙不利爲寇利禦寇

爲寇爲寇則有擊殺之凶矣占得此爻者若乃在上治蒙之人惟利禦止其寇而已不可即擊殺之聖人哀矜愚蒙之人故兩有所戒也

象曰利用禦寇上下順也

上九剛止于禦寇上之順也六三柔隨其所止下之順也艮有止象變坤有順象漸自利禦寇小象亦曰順相保可見矣

䷄ 乾下坎上

需者須也有所待也理勢不得不需者以卦象論

水在天上未遽下于地必待陰陽之交薰蒸而後成需之象也以卦德論乾性至于必進乃處坎陷之下未肯遽進需之義也序卦蒙者物之稺也物稺不可不養也需者飲食之道也養物以飲食所以次蒙

需有孚光亨貞吉利涉大川

需雖有所待乃我所當待也非不當待而待也孚者信之在中者也坎體誠信充實于中孚之象也光者此心光明不爲私欲所蔽也中爻離光明之

象也亨者此心亨泰不爲私欲所窒也坎爲通亨通之象也貞者事之正也八卦正位坎在五陽剛中正爲需之主正之象也皆指五也坎水在前乾健臨之乾知險涉大川之象也又中爻兌綜巽坎水在前巽木臨之亦涉大川之象詳見頤卦上九孚貞者盡所需之道光亨吉利者得所需之效需若無實必無光亨之時需若不正豈有吉利之理

○言事若有所待而心能孚信則光明而亨通矣而事又出于其正不行險以僥倖則吉矣故利涉

大川

彖曰需須也險在前也剛健而不陷其義不困窮

需有孚光亨貞吉位乎天位以正中也利涉大川

有功也

以卦德釋卦名以卦綜釋卦辭需者須也理勢之

所在正欲其有所待也故有需之義險在前不易

于進正當需之時也乾臨之毅然有守不冒險以

前進故不陷于險旣不陷于險則終能出其險其

義不至于困窮矣所以名需需訟二卦同體文王

綜爲一卦故雜卦曰需不進也訟不親也位天位以正中者訟下卦之坎往居需之上卦九五又正而又中也五爲天位因自訟之地位往居之故曰位乎天位如在訟下卦止可言中不可言正矣正則外無偏倚中則心無夾雜所以有孚光亨貞吉往有功與漸蹇解三卦彖辭往有功同言訟下卦往而居需之上卦九五正中所以有利涉大川之功也

象曰雲上於天需君子以飲食宴樂

雲氣蒸而上升必待陰陽和洽然後成雨故爲需待之義君子事之當需者亦不容更有所爲惟内有孚外守正飲食以養其氣體而已宴樂以娱其心志而已此外别無所作爲也曰飲食宴樂者乃居易俟命涵養待時之象也非真必飲食宴樂也若伯夷太公需待天下之清窮困如此豈能飲食宴樂哉

初九需于郊利用恒无咎

郊者曠遠之地未近于險之象也乾爲郊郊之象

也故同人小畜皆言郊需于郊者不冐險以前進也恒者常也安常守静以待時不變所守之操也利用恒无咎者戒之也言若無恒猶有咎也○初九陽剛得正未近於險乃不冐險以前進者故有需郊之象然需于始者或不能需于終故必義命自安恒于郊而不變乃其所利也戒占者能如此則无咎矣

象曰需于郊不犯難行也利用恒无咎未失常也難乃旦反

不犯難行者超然遠去不冒犯險難以前進也未
失常者不失需之常道也需之常道不過以義命
自安不冒險以前進而已
九二需于沙小有言終吉
坎爲水水近則有沙沙則近于險矣漸近于險雖
未至于患害已小有言矣小言者衆人見譏之言
也避世之士知前有坎陷之險責之以潔身用世
之士知九二剛中之才責之以拯溺也中爻爲兑
口舌小言之象也終吉者變爻離明明哲保身終

不陷于險也○二以陽剛之才而居柔守中蓋不冒險而進者故有需于沙之象占者如是雖不免小有言終得其吉也

象曰需于沙衍在中也雖小有言以吉終也

水行朝宗曰衍即水字也凡江河水在中而沙在邊衍在中者言水在中央也沙在水邊則近于險矣雖近于險而小有言然以剛中處需故不陷于險而以吉終也

九三需于泥致寇至

泥逼于水將陷于險矣寇之地也坎為盜在前寇之象也○九三居健體之上才位俱剛進不顧前逼于坎盜故有需泥寇至之象健體敬慎惕若故占者不言凶

象曰需于泥災在外也自我致寇敬慎不敗也

外謂外卦災在外者言災已切身而在目前也災在外而我近之是致寇自我也敬慎不敗者三得其正乾乾惕若敬而且慎所以不敗于寇也故占者不言凶

六四需于血出自穴
坎為血血之象也又為隱伏穴之象也隅居左右
上下皆陽亦穴之象也血即坎字非見傷也出自
穴者觀上六入于穴入字此言出字即出入一字
自明矣言雖需于血然猶出自穴外未入于穴之
深也需卦近于坎致寇至及入于坎三爻皆吉者
何也蓋六四順于初之陽上六陽來救援皆應與
有力九五中正所以皆吉也凡看周公爻辭要玩
祀于小象若以血為殺傷之地失小象順聽之旨

矣〇四爻于坎已入于險故有需于血之象然四與初爲正應能順聽乎初初乃乾剛至健而知險惟知其險是出自穴外不冒險以進雖險而不險矣故其象占如此

象曰需于血順以聽也

坎爲耳聽之象也聽者聽乎初也六四柔得其正順也順聽乎初故入險不險

九五需于酒食貞吉

坎水酒象中爻兑食象詳見困卦酒食宴樂之具

需于酒食者安于日用飲食之常以待之而已貞吉者正而自吉也非戒也〇九五陽剛中正居于尊位蓋優游和平不多事以自擾無爲而治者也故有需于酒食之象其貞吉可知矣占者有是貞亦有是吉也

象曰酒食貞吉以正中也

卽彖正中

上六入于穴有不速之客三人來敬之終吉

陰居險陷之極入于穴之象也變巽爲入亦入之

象也下應九三陽合乎陰陽主上進不召請而自來之象也我爲主應爲客三陽同體有三人之象也入穴窮困望人救援之心甚切喜其來而敬之之象也終吉者以三陽至健知險可以拯溺也○上六居險之極下應九三故其象如此占者之吉可知矣

象曰不速之客來敬之終吉雖不當位未大失也當去聲

位者爻位也三乃人位應乎上六故曰人來初與

二皆地位上六所應者乃人位非地位今初與二皆來故不當位也以一陰而三陽之來上六敬之似爲失身矣而不知入于其穴其時何時也來救援于我者猶擇其位之當否而敬有分別是不知權變者矣故初與二雖不當位上六敬之亦未爲大失也曰未大失者言雖失而未大也若不知權變自經于溝瀆其失愈大矣易中之時正在于此

☰☵ 坎下乾上

訟者爭辯也其卦坎下乾上以二象論天運乎上

水流乎下其行相違所以成訟以卦德論上以剛陵乎下下以險伺乎上以一人言內險而外健以二人言已險而彼健險與健相持皆欲求勝此必訟之道也序卦飲食者人之大欲存焉既有所需必有所爭訟所由起也所以次需

訟有孚窒惕中吉終凶利見大人不利涉大川

有孚者心誠實而不詐偽也窒者窒塞而能含忍也惕者戒懼而畏刑罰也中者中和而不狠愎也人有此四者必不與人爭訟所以吉若可已不已

必求其勝而終其訟則凶利見大人者見九五以
決其訟也不利涉大川者不論事之淺深冒險入
淵以興訟也九二中實有孚之象一陽沉溺于二
陰之間窒之象坎爲加憂惕之象陽剛來居二中
之象上九過剛終之象九五中正以居尊位大人
之象中爻巽木下坎水本可涉大川値三剛在上
陽實陰虛遇巽風舟重遇風則舟危矣舟危豈不
入淵故象辭曰入淵不利涉之象也與棟橈同爻
王卦辭其精妙至絕

彖曰訟上剛下險險而健訟訟有孚窒惕中吉剛來而得中也終凶訟不可成也利見大人尚中正也不利涉大川入于淵也

以卦德卦綜卦體卦象釋卦名卦辭險健詳見前卦下若健而不險必不生訟險而不健必不能訟所以名訟剛來得中者需訟相綜需上卦之坎來居訟之下卦九二得中也前儒不知序卦雜卦所以依虞翻以爲卦變剛來居柔地得中故能有孚能窒能惕能中終者極而至于成也訟已非美事

若訟之不已至于其極其凶可知矣尚者好尚之尚王也言九五所主在中正也惟中正所以能辨人是非入淵者舟重遇風其舟危矣故入淵與冒險興訟必陷其身者一而已矣

象曰天與水違行訟君子以作事謀始

天上蟠水下潤天西轉水東注故其行相違謀之于始則訟端絕矣作事謀始工夫不在訟之時而在于未訟之時也與其病後能服藥不若病前能自調之意天下之事莫不皆然故曰曹劉共飯地

之忿怨所以諍以辯明故其象如此而占者終得
在我不免小有言語之辯然溫柔和平自能釋人
辯明也◎初六才柔位下不能永終其訟之事雖
爻乾為言亦言之象也因居初故曰小終吉者得
小有言語之辯白而已變兌為口舌言之象也應
不永所事者不能永終其訟之事也小有言者但
初六不永所事小有言終吉
吉也訟之世為之辯見五代史
介于乙爵之間蘇史滅宗忿起于談笑之頃蘇逢

吉也

象曰不永所事訟不可長也雖小有言其辯明也

訟不可長以理言也言雖是初六陰柔之故然其理亦如此長永二字相同雖不免小有言語之辯然終因此言辯明

九二不克訟歸而逋其邑人三百戶无眚

克勝也自下訟上不克而還故曰歸逋逃避也坎爲隱伏逋之象也邑人詳見謙卦中爻爲離坎錯離離居三三百之象也二變下卦爲坤坤則闔戶

之象也三百言其邑之小也言以下訟上歸而逋竄是矣然使所逋竄之邑爲大邑則猶有據邑之意跡尚可疑必如此小邑藏避不敢與五爲敵方可免眚需訟相綜訟之九二即需之九五曰剛來而得中曰歸而逋皆因自上而下故曰來曰歸其字皆有所本如此玄妙豈粗浮者所能解坎爲眚變坤則無眚矣○九二陽剛爲險之主本欲訟者也然以剛居柔之中既知其理之不當訟而上應九五之尊又知其勢不可訟故自處卑小以免災

患其象如此占者如是則无眚矣

象曰不克訟歸逋竄也自下訟上患至掇也

歸逋竄者不與之訟也掇者拾取也自下訟上義乖勢屈禍患猶拾而自取此言不克訟之故

六三食舊德貞厲終吉或從王事无成

德與穢德彰聞閭門懿德之德同乃惡德也德乃行而有得往日之事也故以舊字言之凡人與人爭訟必舊日有懷恨不平之事有此懷恨其人之慝德藏畜于胸中必欲報復所以訟也食者吞聲

不言之意中爻巽綜兌口食之象也王事者王家
敵國忿爭之事如宋之與虜是也變巽不果或之
象也中爻離日王之象也應爻乾君亦王之象也
無成者不能成功也下民之爭訟王于怯王家之
爭訟王于才以此食舊德之柔處下民之剛强敵
國則可若以此處王國之剛强敵國是即宋之于
虜柔弱極矣南朝無人稽首稱臣安得有成○六
三上有剛强之應敵陰柔自卑故有食人舊德不
與爭辯之象然應與剛猛常受侵陵雖正亦不免

危厲矣但六三含忍不報從其上九與之相好所以終不爲巳害而吉也如此之人柔順有餘而剛果不足安能成王事哉故占者乃下民之應敵則吉或王事之應敵則無成而凶

象曰食舊德從上吉也

從上者從上九也上九剛猛六三食其舊日剛猛侵陵之惡德相從乎彼與之相好則吉矣

九四不克訟復卽命渝安貞吉

卽就也命者天命之正理也不曰理而曰命者有

此象也中爻巽四變亦爲巽命之象也渝變也四變中爻爲震變動之象也故隨卦初爻曰渝安貞者安處于正也復卽于命者外而去其忿爭之事也變而安貞者内而變其忿爭之心也心變則事正矣吉者雖不能作事于謀始之先亦能改圖于有訟之後也九二九四皆不克訟旣不克矣何以訟哉蓋二之訟者險之使然也其不克者勢也知勢之不可敵故歸而逋逃曰歸者識時勢也四之訟者剛之使然也其不克者理也知理之不可違

故復卽于命曰復者明理義也九四之復卽九二之歸皆以剛居柔故能如此人能明理義識時勢處天下之事無難矣學者宜細玩之○九四剛而不中旣有訟之象以其居柔故又有復卽命渝安貞之象占者如是則吉也

象曰復卽命渝安貞不失也

始而欲訟不免有失今旣復渝則改圖而不失矣

九五訟元吉

九五爲訟之主陽剛中正以居尊位聽訟而得其

平者也凡訟占者遇之則利見大人訟得其理而

元吉矣

象曰訟元吉以中正也

中則聽不偏正則斷合理所以利見大人而元吉

上九或錫之鞶帶終朝三褫之鞶音盤褫地尔切

或者設或也未必然之辭鞶帶大帶命服之飾又

紳也男鞶革女鞶絲乾爲衣又爲圜帶之象也乾

君在上變爲兊口中爻爲巽命令錫服之象也故

九四曰復即命中爻離日朝日之象也離日屈下

卦終之象也又屈三三之象也褫奪也坎爲盜褫
奪之象也命服以錫有德豈有賞訟之理乃設言
也極言訟不可終之意○上九有剛猛之才處訟
之終窮極于訟者也故聖人言人肆其剛強窮極
于訟取禍喪身乃其理也設若能勝至于受命服
之賞是亦倪爭所得豈能長保故終一朝而三見
褫奪也卽象而占之凶可知矣
象曰以訟受服亦不足敬也
縱受亦不足敬況褫奪隨至其不可終訟也明矣

易經集註卷之二終

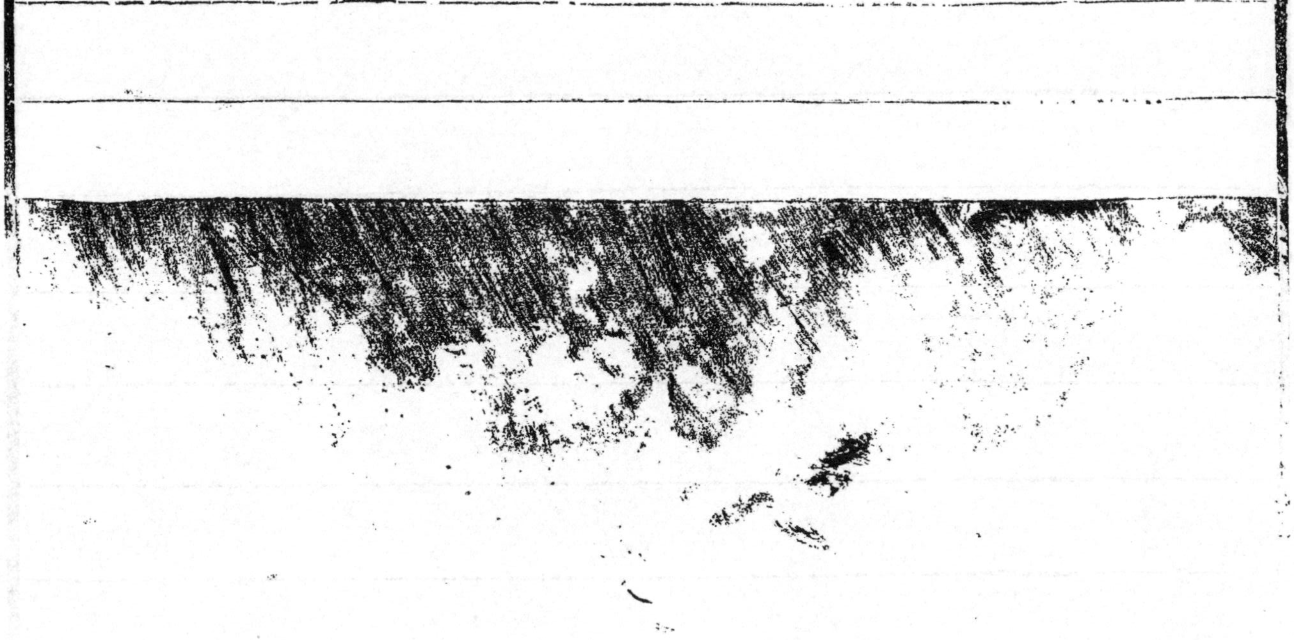

周易集註卷之三

梁山來知德註

䷆ 坤上坎下

師眾也其卦坎下坤上以卦象論中有水爲
眾聚之象以卦德論內險而外順險道以順行師
之義也以爻論一陽居下卦之中上下五陰從之
將統兵之象也二以剛居下五以柔居上而任之
君命將出師之象也其卦論必有衆起師興由爭
故次于訟

師貞丈人吉无咎

貞者正也丈人者老成持重練達時務者也凡人君用師之道在得正與擇將而已不得其正則師出無名不擇其將則將不知兵故用兵之道利于得正又任老成之人則以事言有戰勝攻取之吉以理言無窮兵厲民之咎矣〇戒占者當如是也

彖曰師衆也貞正也能以衆正可以王矣剛中而應行險而順以此毒天下而民從之吉又何咎矣王去聲

以卦體卦德釋卦辭衆者即周官自五人爲五積

任之事則可以服衆其才矣行險者兵之事也謂
九二剛中乃將才之善者有此將才五應之又信
師貞貞也剛中而應者為將不剛則怯過剛則猛
正言為將者可以王言命將者能正師可以王故
人君之威德師王者仁義之師矣故可以王以衆
左右之使衆人皆正樵蘇无犯之意則足以宣布
者謂能左右之也一陽在中而五陰皆所左右也
一不義殺一不辜而得天下不為如此之正也以
而至于一千五百人為師也正者師王者之兵行

坎也順者順人心也謂坤也兵足以戡亂而順人心則爲將有其德矣有是才德所以名丈人也毒者猶既濟德字時乂師老之意噬嗑中爻爲坎故亦曰遇毒乃陳久太肥腊肉味變者五行志云厚味實腊毒師古曰味厚者爲毒久陳久之事文案繁雜難于聽斷故以腊毒象之非毒害也若毒害則非行險而順矣言出師固未免毒于天下然毒之者實所以安之乃民所深願而悅從者也民悅而從所以吉而无咎毒天下句與民從之句意正

相應君專天下民不從豈不凶豈不有咎

象曰地中有水師君子以容民畜衆

水不外于地兵不外于民地中有水衆地中爲聚衆之象故爲師君子容保其民養之教之也畜者積畜也古者寓兵于農故容保其民者正所以畜聚其兵也靜時民卽兵變時兵卽民兵不外乎民卽水不外乎地也

初六師出以律否臧凶（否蒲鄙反）

專以將言律者法也號令嚴明部伍整肅坐作進

退攻殺擊刺皆有法則是也否者塞也兵敗也臧者善也兵成功也若不以律不論成敗成亦凶敗亦凶二者皆凶故曰否臧凶觀小象失律凶之句可見矣○初六才柔當出師之始師道當守其法則故戒占者師出以律失律則不論否臧皆凶矣

象曰師出以律失律凶也

失律否固凶臧亦凶

九二在師中吉无咎王三錫命

師中者在師而得其中也此爻正象辭之剛中而

應六五小象之以中行皆此中也在師中者剛中也錫命者正應也蓋爲將之道不剛則怯過剛則猛惟剛中則吉而无咎矣吉无咎者恩威並著出師遠討足以靖内安外也錫命者或錫以褒嘉之温語或錫以其物如宋太祖之解裘是也乃寵任其將非褒其成功也曰錫命則六五信任之專可知矣本卦錯同人乾在上王之象離在下三之象中爻巽錫命之象全以錯卦取象亦如睽卦上九之見豕負塗也取象如此玄妙所以後儒難得知

○九二爲衆陰所歸，有剛中之德，上應六五，而爲之寵任，故其象如此，而占可知矣。

象曰：在師中吉，承天寵也；王三錫命，懷萬邦也。

天謂王也。在師中吉者，以其承天之寵，委任之專也。王三錫命者，以其存心于天下，惟恐民之不安，故任將伐暴，安民也。下二句皆推原二五之辭。

六三，師或輿尸，凶。

或者未必之辭，變異進退不果，或之象也。言設或也。輿者，多也，衆人之意，即今輿論之輿，以坤坎二

卦皆有輿象故言輿也尸者主也言爲將者不主

而衆人主之也觀六五弟子輿尸可見矣程傳是

○六三陰柔不中不正但居大將九二之上才柔

志剛故有出師大將不主而三或主之之象不能

成功也必矣故其占凶

象曰師或輿尸大无功也

曰大者甚言其不可輿尸也

六四師左次无咎

師三宿爲次右爲前左爲後今人言左遷是也蓋

乾先坤後，乾右坤左，故明夷六四陰也，曰左腹。豐卦九三陽也，曰右肱。左次，謂退舍也。○六四居陰得正，故有出師度不能勝，完師以退之象。然知難而退，兵家之常，故其占无咎。

象曰：左次无咎，未失常也。

知難而退，師之常也。聖人恐人以退爲怯，故言當退而退，亦師之常，故曰未失常。

六五，田有禽，利執言，无咎。長子帥師，弟子輿尸，貞凶。

田乃地之有水者，應爻爲地道，居于初之上，田之象也、故乾二爻曰在田、禽者上下皆陰、與小過同禽之象也、坎爲豕、錯離爲雉、皆禽象也、禽害禾稼、寇盜之象也、坎爲盜、亦有此象、執者與師以執獲也、坤爲衆、中爻震、綜艮爲手、衆手俱動、執獲之象也、言者声罪以致討也、坤錯乾爲言、言之象也、无咎者師出有名也、長子九二也、中爻震長子之象也、長子即丈人、自衆尊之曰丈人、自爻象之曰長子、弟子六三也、坎爲中男、震之弟也、弟子之象也、

○六五用師之主、柔順得中、不爲兵端者也、敵加

于巳不得巳而應之故爲田有禽之象應敵興兵
利于執言占者固无咎矣然任將又不可不專若
專于委任使老成帥師以任事可也苟參之以新
進之小人俾爲弟子者參謀輿尸于其間使長子
之才有所牽制而不得自主則雖曰有禽乃應敵
之兵其事固貞然所任不得其人雖貞亦凶矣因
六五陰柔故許以无咎而又戒之以此
象曰長子帥師以中行也弟子輿尸使不當也當去聲
言所以用長于師師者以其有剛中之德使之帥

師以行使之當矣若弟子則使之不當也以中行
推原其二之辭使不當歸於五之辭
上六大君有命開國承家小人勿用
坤變乾大君之象也乾為言有命之象也命者命
之以開國承家也坤為地為方國之象也故曰開
國變艮為門闕家之象也故曰承家損卦艮變坤
故曰無家師卦坤變艮故曰承家用本爻象其精
至此開者封也承者受也功之大者開國功之小
者承家也小人開承中之小人也勝大陰小陰土

車輿小人之象也勿用者不因其功勞而遂任用
以政事也戒民勿用之象也如光武雲臺之
將得與公卿參議大事者惟鄧寇賈耿數人而已
可謂得此文之義矣○上六師終功成正論功
行賞之時矣故有大君有命開國承家之象焉師
旅之興從事之人其中不一賤鄙屠狗之徒亦能
樹其勞功不必皆正人君子故開國承家惟計其
一時得功之大小不論其從日爲人之邪正此正
王者封建之公心也至于封建之後治官成

上而參預廟廊之機謀或下而委任百司之庶政
則惟賢是用而前日諸將功臣中之小人惟享其
封建之爵土再不得干預乎此矣故又戒之以小
人勿用也弟子輿尸戒之于師始小人勿用戒之
于師終聖人之情見矣

象曰大君有命以正功也小人勿用必亂邦也

正功者正功之大小也亂邦者小人挾功倚勢暴
害其民必亂其邦王三錫命命于行師之始惟在
于懷邦懷邦者懷其邦之民也大君有命命于行

師之終惟恐其亂邦亂邦者亂其邦之民也聖人行師惟救其民而已豈得已哉

䷇ 坤下坎上

比親輔也其卦坤下坎上以卦象論水在地上最相親切比之象也以爻論五居尊位衆陰比而從之有一人輔萬邦四海仰一人之象故爲比也序卦衆必有所比故受之以比所以次師

比吉原筮元永貞无咎不寧方來後夫凶

原者再也與禮記未有原之原同蒙之剛中在下

卦故曰初筮比之剛中在上卦故曰原筮下卦名
初筮上卦名原筮非眞以蓍草筮之也孔子于二
卦彖辭皆曰以剛中言蒙剛中在下故能發人之
蒙比剛中在上故有三德而人來親輔也非舊註
所謂再筮以自審也元者元善也即仁也永恒也
貞正也言元善長永貞固也無咎者有此元永貞
之三德也不寧者不遑也四方歸附方新來者不
遑也猶言四方歸附之不暇也坤爲方故曰方後
夫凶者如萬國朝禹而防風後至天下歸漢而田

橫不來也下畫爲前上畫爲後凡卦畫陽在前者爲夫如睽卦遇元夫是也此夫指九五也陽剛當五乃位天德元之象也四陰在下相率而來不寧方來之象也一陰高亢于上負固不服後夫之象也○言筮得此卦爲人所親輔占者固吉矣然何以吉哉蓋因上卦陽剛得中有元永貞三者之德則在我已無咎而四方之歸附于我者且不遑後來者自蹈迷復之凶矣此所以吉也

彖曰比吉也比輔也下順從也原筮元永貞無咎以

剛中也不寧方來上下應也後夫凶其道窮也

釋卦名義又以卦體釋卦辭比吉也乃漸卦女歸吉也之例皆止添一也字比輔者言陽居尊位群下順從以親輔之也蓋輔者比之義順從者又輔之義順者情不容已從者分不可逃以者因也因有此剛中之德也剛中則私欲無所留所以爲元善者此也剛中則健而不息所以爲永者此也剛中則正固而不偏所以爲貞者此也蓋入卦正位坎在五所以有此二德而無咎九五居上群陰應

于下上下相應所以不寧方來道窮者理勢窮蹙無所歸附也

象曰地上有水比先王以建萬國親諸侯

物相親比而無間者莫如水在地上先王觀比之象建公侯伯子男之國上而巡狩下而述職朝聘往來以親諸侯諸侯承流宣化以親其民則視天下猶一家視萬民猶一身而天下比于一矣彖則人來比我象與諸爻則我去比人師之畜衆井田法也比之親侯封建法也泰惟不知此義故二世

即亡善乎六代論曰譬如芟刈股肱獨任胸腹浮舟江海捐弃楫櫂觀者為之寒心而始皇自以為帝王萬世之業豈不悖哉

初六有孚比之無咎有孚盈缶終來有他吉

有孚者誠信也比之者比于人也誠信比人則無咎矣缶瓦器也以土為之而中虛坤土陰虛之象也盈者充滿也缶坤土之器坎下流之物初變成屯屯者盈也水流盈缶之象也若以人事論乃自一念而念念皆誠自一事而事事皆誠即盈缶也

有孚，即孟子所謂信人。盈缶，則充實之謂美矣。來者，自外而來也。他，對我言。終，對始言。○初六乃比之始，相比之道以誠信爲本，故無咎。若由今積累自始至終，皆其誠信充實于中，若缶之盈滿乎之至于極矣，則不但無咎，更有他吉也。

象曰：比之初六，有他吉也。

言比不但無咎，而即有他吉，見比貴誠實也。

六二，比之自内，貞吉。

二在内卦，故曰内。自内者，由巳涵養有素，因之得

君如伊尹樂堯舜之道而應成湯之聘也八卦正

位坤在二故曰貞〇六二柔順中正上應九五皆

以中正之道相比蓋貞而吉者也占者有是德則

應是占矣

象曰比之自內不自失也

中正故不自失

六三比之匪人

三不中不正已不能擇人而比之矣又承乘應皆

陰故爲比之匪人二之中正而曰匪人者止以陰

論也婦人雖賢猶是婦人非先儒隨時之説

象曰比之匪人不亦傷乎

傷哀傷也即孟子哀哉之意不言其凶而曰傷乎者蓋惻然而痛憫也

六四外比之貞吉

九五外卦故曰外謂從五也之字指五本卦獨九五爲賢六二以正應而比之修乎巳而貞吉也六四以相近而比之從乎人而貞吉也於此見易之時○六四柔順得正舍正應之陰柔而外比九五

剛明中正之賢得所比之正者吉之道也故曰

者貞吉

象曰外比於賢以從上也

五陽剛中正故言賢居尊位故言上下四外比

豈徒以其賢哉君臣大分亦以從其上之分也

九五顯比王用三驅失前禽邑人不誡吉

顯者顯然光明正大無私也言比我者無私而我

亦非違道干求比乎我也下三句顯比之象也三

驅者設三面之網闕天子不合圍也扶錯離爲目

王之象也，又居三三之象也，坎馬駕坤車驅之象也，綜師用兵驅逐禽獸之象也，前後坤土兩開開一面之象也，故同人初九前坤土兩開曰同人于門，一陽在衆陰之中，與小過同禽之象也，故師卦亦曰禽，前禽指初，下卦在前，初在應爻之外，失前禽之象也，坤爲邑，又爲衆，又三四爲人位，居應爻二之上，五之下，邑人之象也。不誡者，禽之去者聽其自去，邑人不相警誡以求必得也，不誡者在下之無私，不合圍者在上之無私，所以爲顯。○九五

剛健中正以居尊位羣陰求比于已顯其比而無私其不比者亦聽其自去來者不拒去者不追故有此象占者比人無私則吉矣

象曰顯比之吉位正中也舍逆取順失前禽也邑人不誠上使中也舍音捨

位正中卽剛健中正居尊位也用命不入網而去者爲逆不我比者也不用其命入網而來者爲順比我者也人中正則不貪得邑人不誠者以王者有中德故下化之亦中亦不貪得猶上有以使之

也所以失前禽邑人不誡

上六比之無首凶

乾爲首九五乾剛之君乃首也九五已與四陰相

爲顯比至上六則不能與君比是比之無首其道

窮矣故蹈後夫之凶

象曰比之無首無所終也

無所終即後夫凶

☰乾下
☴巽上

小者陰也畜者止也乾下巽上以陰畜陽又一陰

居四上下五陽皆其所畜以小畜大故爲小畜又畜之未極陽猶尚往亦小畜也序卦比必有畜故受之以小畜所以次比

小畜亨密雲不雨自我西郊

中爻離錯坎雲之象中爻兌西之象下卦乾郊之象詳見需卦凡雲自西而來東者水生木洩其氣故無雨○小畜亨然其所以亨者以畜未極而施未行也故有密雲不雨自我西郊之象故占者亨

彖曰小畜柔得位而上下應之曰小畜健而巽剛中

而志行乃亨密雲不雨尚往也自我西郊施未行也

施始豉反

以卦綜卦德釋卦名卦辭得位者八卦正位巽在內也本卦與履相綜故孔子雜卦曰小畜寡也履不處也履之三爻陰居陽位不得其位往而爲小畜之四則得位矣故曰柔得位而上下應之上下者五陽也以柔得位而上下應之則五陽皆四所畜矣以小畜六故曰小畜內健則此心果決而能勝其私外巽則見事詳審而不至躁妄又二五剛

居中位則陽有可爲之勢可以伸其必爲之志矣陽性上行故曰志行乃亨者言陽爲陰所畜宜不亨矣以健而巽剛居中而志行則陽猶可亨也往者陽往施者陰施言畜之未極陽氣猶上往而陰不能止也惟陽上往所以陰澤不能施行而成雨

象曰風行天上小畜君子以懿文德

懿美也巽順懿美之象三乾陽德之象中爻離文之象以道而見諸躬行曰道德見諸威儀文辭曰文德風行天上有氣而無質能畜而不能久曰小

畜君子大則道德小則文德故體之以美其文德之小曰文而必曰德者見文乃德之輝非粉飾也

初九復自道何其咎吉

自下升上曰復歸還之意陽本在上之物志欲上進而爲陰所畜止故曰復自者由也道者以正道也言進于上乃陽之正道也何其咎見其本無咎也復卦不遠復休復者乃上六陰已極之時喜陽之復生于下此卦之復自道牽復者乃一陰得位之時喜陽之復升于上○初九乾體居下得正雖與

四陰爲正應而能守正不爲四所畜故有復自道之象占者如是則無咎而吉矣

象曰復自道其義吉也

在下而畜于上之陰者勢也不爲陰所畜而復于上者理也陽不爲陰畜乃理之自吉者故曰其義吉

九二牽復吉

九二漸近于陰若不能復矣然九二剛中則不過剛而能守已相時故亦復與初二爻並復有牽連

而復之象占者如是則吉矣三陽同體故曰牽故

夬卦亦曰牽程傳謂二五牽復本義謂初覲小象

亦字則本義是

象曰牽復在中亦不自失也

在中者言陽剛居中也亦者承初爻之辭言初九

之復自道者以其剛正不爲陰所畜不自失也九

二剛中牽復亦不自失也言與初九同也

九三輿說輻夫妻反目說音悅

輿脫去其輻則不能行乾錯坤輿之象也變兌爲

不行故有輿說輹之象然三過剛不中欲于前進
取也○九三比陰陽相說必苟合矣爲四畜止
止能畜得九三一爻諸爻皆不能畜然亦三之自
不能正室而反目矣夫畜陽往終不可畜所以小畜
妻乘其夫妻居其外夫反在內則三反見制于四
陰陽相比而說及變爲兌爲口舌巽進退不果又
也中爻離爲目巽爲多白眼反目之象也三四移時
也乾爲夫長女爲妻反目者反轉其目不相對視
輹折脫輻之象也脫輻非惡德此說不肯行

四性入堅于畜止不許前進三反見制于四不能正室矣故又有反目之象其象如此而占者之凶可知矣

象曰夫妻反目不能正室也

室者閨門也正者男正位乎外女正位乎內也三四苟合豈能正室所以反目故歸妹大象曰君子以永終知敝

六四有孚血去惕出无咎上去聲

五陽皆實一陰中虛孚信虛中之象也此爻離錯

坎坎爲血血之象也血去者去其體之見傷也又爲加憂惕之象也惕出者出其心之見懼也曰去曰出者以變爻言也盖本爻未變錯坎有血惕之象既變則成純乾矣豈有血惕所以血去惕出也本卦以小畜大四爲畜之主近乎其五盖畜君者也畜止其君之欲豈不傷害憂懼盖畜有二義畜之不善者小人而羈縻君子是也畜之善者此爻是也○六四近五當畜其五者也五居尊位以陰畜之未免傷害憂懼然柔順得正乃能有孚誠信

以上合乎五之志故有血去惕出之象占者能如是誠信斯无咎矣

象曰有孚惕出上合志也

上合志者以其有孚誠信也

九五有孚攣如富以其鄰

本卦大象中虛而九五中正故有孚誠信攣者攣綴也綴者緝也緝者續也皆相連之意即九二之牽也謂其皆陽之類所以牽連相從也巽爲繩攣之象也又爲近市利三倍富之象也故家人亦曰

富家大吉。五居尊位，如富者有財，可與鄰共之也，以者，左右之也。以其鄰者，援挽同德，與之相濟也。君子爲小人所困，正人爲邪黨所厄，則在下者必攀挽于上，期于同進；在上者必援引于下，與之協力。故二牽而五攣，本卦雖以陰畜陽，初二皆牽復吉，不爲陰所畜。彖曰：剛中而志行，乃亨。剛中志行正在此爻，故亨。若舊註以三爻同力畜乾，則助小人以畜君子，陽豈得亨？非聖人作易之意矣。一陰五陽，君子多于小人，所以初二五皆不能畜。○九

五居尊勢有可爲以九二同德爲輔佐當小人畜
止之時剛中志行故有有孚攣如富以其鄰小人
不得畜止之象占者有孚亦如是也
象曰有孚攣如不獨富也
言有孚則人皆牽攣而從之矣不必有其富也今
五居尊位既富矣而又有孚故曰不獨富
上九既雨既處尚德載婦貞厲月幾望君子征凶
上九變坎爲雨雨之象也處者止也巽性既進而
退巽風吹散其雨既雨既止之象也雨既止可尚

往矣尚德載者下三陽爲德坎爲輿成需卽需上
六不速之客三人來也載者積三陽而載之也故
曰積德載此言陽尚往也水火乃相錯之卦火天
大有曰大車以載象曰積中不敗則坎車積三陽
載之上往也明矣巽婦畜乾之夫以順爲正巽本
順而正者也今變坎失巽順而爲險陷危厲之道
也故始貞而今厲矣坎爲月中爻離爲日日月之
象也巽錯震中爻兌震東兌西日月相望之象也
言陰盛也易中言月幾望者三皆對陽而言中孚

言從乎陽歸妹言應乎陽此則抗乎陽也三陽有
乾德故曰君子巽性進退不果本疑惑之人今變
坎陷終必疑君子之進畜止而陷之故征凶○畜
已終矣陰終不能畜陽故有雨止陽往之象畜者
雖貞亦厲之道也然陰旣盛抗陽則君子亦不可
往矣雨有所成也故其象占如此陽終不爲陰所
畜故雜卦曰小畜寡也觀寡字可知矣
象曰旣雨旣處德積載也君子征凶有所疑也
陽德積而尚往故貞厲陰終疑陽之進而畜之故

征凶

䷉ 兑下 乾上

履者禮也以禮人所踐履也其卦兑下乾上天尊于上澤卑于下履之象也内和悦而外剛健禮嚴而和之象也序卦物畜然後有禮故受之以履因次小畜

履虎尾不咥人亨咥直結反

履者足踐履也中爻巽錯震震爲足有履之象乃自上而履下也咥者嚙也下卦兑錯艮艮爲虎虎

之象也乃兌爲虎非乾爲虎也先儒不知象所以以乾爲虎周公因文王取此象故革卦上體兌亦取虎象曰尾者因下卦錯虎所履在下故言尾也故遯卦下體艮亦曰尾兌口乃悅體中爻又巽順虎口和悅巽順不猛故不咥人

彖曰履柔履剛也說而應乎乾是以履虎尾不咥人亨剛中正履帝位而不疚光明也說音悅

以卦德釋卦名卦辭而又言卦體之善柔履剛者以三之柔履二之剛也此就下體自上履下而言

也釋卦名也悅而應乎乾者此就二體自下應上而言也曰應者明其非履也三與五同功故曰應此釋卦辭之所以亨也帝指五九五剛健中正德與位稱故不疚不疚則功業〔缺〕于四方巍然渙然故光明中爻離光明之象此又卦體所復之善非聖人不足以當之故文王言履虎尾孔子言履帝位

象曰上天下澤履君子以辨上下定民志

君子觀履之象辨上下之分上下之分既辨則民

志自定上自安其上之分下自安其下之分矣

初九素履往无咎

素者白也空也無私欲汚濁之意素履即中庸素位而行舜飯糗茹草若將終身顏子陋巷不改其樂是也往者進也陽主于進故曰往○初九陽剛在下本無陰私當履之初又無外物所誘盖素位而行者也故有素履之象以是而往必能守其所願之志而不變履之善者也故占者无咎

象曰素履之往獨行願也

三畫卦一爲人位幽人之象也故謂中爻離九
之象也幽對明言中爻離明在上則下爻爲幽矣
則貞吉已矣蓋以震爲足履之象也又爲大塗道坦坦
是賢者過之能履道坦坦乎不過乎高而驚世駭俗
履道坦坦依乎中庸不索隱行怪也幽獨之人乎
九二履道坦坦幽人貞吉
乎其外也中庸素位一句盡本周公素履之爻云
外之願言初九素位而行獨行已之所願而不願
獨有人所不行而已獨行之意願其中庸不願乎

二亦以幽人言之履以和行禮之用和爲貴所以本卦陽爻處陰位如上九則元吉者以嚴而有和也二與四同二坦坦而四愬愬者二得中而四不得中也二與五皆得中位二貞吉而五貞厲者二以剛居柔五以剛居剛也○九二剛中居柔上無應與故有履道坦坦之象幽人如此正而且吉之道也故占者貞吉

象曰幽人貞吉中不自亂也

有此中德心志不自雜亂所以依中庸而貞吉也

之富貴外物又豈得而動之
六三眇能視跛能履履虎尾咥人凶武人爲于大君
中爻巽錯震足下離爲目皆爲兌之毀折眇跛之
象也六畫卦三爲人位正居兌口人在虎口之中
虎咥人之象也三變則六畫皆乾矣以悅體而有
文明乃變爲剛猛武勇武之象也三人位武人之
象也曰武者對前未變離之文而言也陽大陰小
陰變爲陽大之象也故坤卦用六以大終變爲乾
君大君之象也咥人不咥人之反爲大君履帝位

之反○六三不中不正柔而志剛本無才德而自用自專不能明而强以爲明不能行而强以爲行以此履虎必見傷害故有是象占者之凶可知矣亦猶履帝位者必德稱其位而不疚武人乃强暴之夫豈可爲大君哉徒自殺其軀而已武人爲大君又占中之象也

象曰眇能視不足以有明也跛能履不足以與行也咥人之凶位不當也武人爲于大君志剛也

不足有明與行以陰柔之才言位不當者以柔居

剛也爻以位爲志六三陰柔才弱而志剛亦如師

卦之六三所以武人而欲爲大君

九四履虎尾愬愬終吉

四應初故履虎尾愬愬畏懼貌四多懼愬愬之象

也三以柔暗之才而其志剛猛所以觸禍四以剛

明之才而其志恐懼所以免禍天下之理原是如

此不獨象數然也○九四亦以不中不正履其虎

尾然以剛居柔故能愬愬戒懼其初雖不得即吉

而終則吉也

象曰愬愬終吉志行也

初曰獨行遠君也四曰志行近君也志行者柔順以事剛決之君而得行其志也始雖危而終則不危所謂終吉者此也葢危者始平易之道原是如此故三之志徒剛而四之志則行

九五夬履貞厲

夬者决也慨然以天下之事爲可爲主張太過之意葢夬與履皆乾兊上下相易之卦曰夬履者在履而當夬位也然彖辭與爻辭不同何也葢彖辭

以履之成卦言六爻皆未動也見其剛中正故善之爻辭則專主九五一爻而言以變爻而言也變離則又明燥而愈決矣故不同在下位者不患其不憂患其不能樂故喜其履坦在上位者不患其不樂患其不能憂故戒其夬履二之坦則正而吉者喜之也五之夬則正而危者戒之也○九五以剛中而履帝位則有可夬之資而挾可夬之勢矣又下應巽體爲臣下者皆容悅承順故有夬履之象然有所恃必有所害雖使得正亦危道也故其

占爲貞厲其戒深矣

象曰夬履貞厲位正當也

有中正之德而又當尊位傷于所恃又下卦悅體因悅方成其夬所以免之九五亦言位正當

上九視履考祥其旋元吉

視履作一句與素履夬履同例視者回視而詳審也中爻離目視之象也祥者善也三凶五厲皆非善也考其履之善必皆天理之節文人事之儀則下文其旋是也旋者周旋折旋也凡禮以義合而

截然不可犯者謂之方猶人之步履折旋也以天合而怡然不可解者謂之圓猶人之步履周旋也禮雖有三千三百之多不過周旋折旋而已考其善于周旋折旋之間則周旋中規折旋中矩矣豈不元吉○上九當履之終前無所履可以回視其履矣故有視履之象能視其履則可以考其善矣考其善而中規中矩履之至善者也占者如是不惟吉而且大吉也

象曰元吉在上大有慶也

大即元慶即吉非元吉之外別有大慶

䷊ 乾下坤上

泰者通也天地陰陽相交而和萬物生成故爲泰泰小人在外君子在内泰之象也序卦復而泰然後安故受之以泰所以次履此正月之卦

泰小往大來吉亨

小謂陰大謂陽往來以内外之卦言之由内而之外曰往由外而之内曰來否泰二卦同體文王相綜爲一卦故雜卦曰否泰反其類也小往大來者

言否內卦之陰往而居泰卦之外外卦之陽來而
居泰卦之內也
彖曰泰小往大來吉亨則是天地交而萬物通也上
下交而其志同也內陽而外陰內健而外順內君子
而外小人君子道長小人道消也
則是二字直管至消也天地以氣交氣交而物通
者天地之泰也上下以心交心交而志同者上下
之泰也陰陽以氣言健順以德言此二句造化之
小往大來也君子小人以類言此三句人事之小

往大來也內外釋往來之義陰陽健順君子小人釋大小之義

象曰天地交泰后以財成天地之道輔相天地之宜以左右民

后元后也道就其體之自然而言宜就其用之當然而言財成者因其全體而裁制使不過如氣化流行籠統相續聖人則爲之裁制以分春夏秋冬之節地勢廣邈經緯交錯聖人則爲之裁制以分東西南北之限此裁成天地之道也輔相者隨其

所宜而賛助其不及如春生秋殺此時運之自然高黍下稻亦地勢之所宜聖人則輔相之使當春而耕當秋而歛高者種黍下者種稻此輔相天地之宜也左右者扶植之意扶植以遂其生俾其亦如天地之通泰也陽左陰右有此象故曰左右

初九拔茅茹以其彙句征吉

變巽爲陰木草茅之象也茹者根也初在下根之象也彙者類也與蝟字同似豪豬而小滿身毛刺同類多故以彙爲類拔茅茹以其彙者言拔一茅

則其根茹牽連同類而起也征者仕進之意○當泰之時三陽同體有拔茅茹以其彙之象占者同德牽連而往則吉矣

象曰拔茅征吉志在外也

志在外卦之君故征吉

九二包荒用馮河不遐遺朋亡得尚于中行馮音憑

包字詳見蒙卦包荒者包乎初也初爲草茅荒穢之象也因本卦小往大來陽來乎下故包初馮河者二變則中爻成坎水矣河之象也河水在前乾

健利涉大川馮之象也用馮河者用馮河之勇往
也二居柔位故教之以勇二變與五隔河若馮河
而往則能就乎五矣二與初爲遐隔三四與五爲
遐不遐遺者不遺乎五也朋者初也三陽同體牽
連而進二居其中朋之象也故咸卦中爻咸乾四
居乾之中亦曰朋從朋亡者亡乎初而事五也尚
者尚往而事五也中行指六五六五小象曰中以
行願是也卦以上下交爲泰故以尚中行爲辭曰
得尚者慶幸之辭也若惟知包乎荒則必不能馮

河而就五矣必遐遺乎五矣必不能亡朋矣用馮河以下聖人教占者之辭陽來居内不向乎外有惟知包乎内卦之初遐遺乎外卦君上之象故聖人于初教之以征于二教之以尚舊註不識象所以失此爻之吉○當泰之時陽來于下不知有上故九二有包初之象然二五君臣同德天下太平賢人君子正當觀國用賓之時故聖人教占者用馮河之勇以奮其必爲之志不可因邇而忘遠君能忘其所邇之朋得尚往于中行之君以共濟其

泰則上下交而其志同可以濟光大之事業而泰
道成矣故其象占如此
象曰包荒得尚于中行以光大也
曰包荒兼下三句而言也孔子小象多是如此捨
相比溺愛之朋而尚往以事中德之君豈不光明
正大乾陽大之象也變離光之象也
九三无平不陂无往不復艱貞无咎勿恤其孚于食
有福陂碑為反
陂傾邪也无平不陂以上卦地形險夷之理言無

往不復以下卦天氣往來之理言艱者勞心焦思不敢慢易之意貞者謹守法度不敢邪僻般樂之意恤者憂也孚者信也勿恤其孚者不憂此理之可信也食者吞于口而不見也福者福祿也有福者我自有之福也食有福者天祿未終之意乾之三爻乾乾惕若厲艱貞无咎之象也變兑爲口食之象也○三當泰將極而否將來之時聖人戒占者曰居今泰之世者承平既久可謂平矣無謂平而不陂也陰往陽來可謂往矣無謂往而不復也

今三陽既盛正將陂將復之時矣故必艱貞而守正庶可保泰而无咎若或不憂此理之可信不能艱貞以保之是自食盡其所有之福祿矣可畏之甚也故戒占者以此

象曰无往不復天地際也

際者交際也外卦地內卦天天地否泰之交會正在九三六四之際也

六四翩翩不富以其鄰不戒以孚

此爻正是陰陽交泰翩翩飛貌言三陰群飛而來

也小畜曰富者乃陽爻也此曰不富者乃陰爻也泰否相綜中爻巽巽爲市利三倍富之象也又爲命令戒之象也言不待倚之以富而其鄰從之者甚于從富不待戒之以令而其類信之者速于命令也從者從乎陽也信者信乎陽也言陰交泰乎陽也陽欲交泰乎陰故初曰征二曰尚陰欲交泰乎陽故四曰不富以鄰不戒以孚言乃中心願乎陽也五曰帝乙歸妹言行願乎陽也此四爻正陰陽交泰所以說兩箇願字彖辭上下交而其志同

正在于此若三與上雖正應然陰陽之極不成交

泰矣故三陽之極則曰无往不復所以防城復于

隍于其始六陰之極則曰城復于隍所以表无往

不復于其終二復字相應○六四柔順得正當泰

之時陰向乎内已交泰乎陽矣故有三陰翩翩不

富不戒之象不言吉凶者陰方向内其勢雖微然

小人已來于内矣固不可以言吉然上有以祉元

吉之君上下交而其志同未見世道之否又不可

以言凶也

象曰翩翩不富皆失實也不戒以孚中心願也
皆失實者陰虛陽實陰往于外已久三陰皆失其陽矣今來與陽交泰乃中心之至願也故不戒而自孚

六五帝乙歸妹以祉元吉
中爻三五爲雷二四爲澤有歸妹之象故曰歸妹因本卦陰陽交泰陰居尊位而陽反在下故象以此也帝乙卽高宗箕子之例祉者福也以祉者以此得祉也卽泰道成也○泰已成矣陰陽交會五

以柔中而下應二之剛中上下交而其志同故有
王姬下嫁之象蓋享太平之福祉而元吉者占者
如是亦祉而元吉矣
象曰以祉元吉中以行願也
中者中德也陰陽交泰乃其所願故二曰尚五曰
歸一往一來之意也二曰中行五曰中行願上下
皆中正所謂上下交而其志同也四與陽心相孚
契故曰中心願五下嫁于陽則見諸行事矣故曰
行願惟得行其願則泰道成矣所以元吉

上六城復于隍勿用師自邑告命貞吝

坤爲土變艮亦土但有離象中虛外圍城之象也既變爲艮則爲徑路爲門闕爲果蓏城上有徑路如門闕又生草木則城傾圮不成其城矣復于隍之象也程子言掘隍土積累以成城如治道積累以成泰及泰之終將反于否如城土傾圮復于隍是也此復字正應无往不復復字師者興兵動衆以平服之也坤爲衆中爻爲震變爻象離爲戈兵衆動戈兵師之象也與復上六同中爻兌口告之

象也兌綜巽命之象也自者自近以及遠也邑字詳見謙卦○上六當泰之終承平旣久泰極而否故有城復于隍之象然當人心離散之時若復用師以平服之則勞民傷財民益散亂故戒占者不可用師遠討惟可自一邑親近之民播告之漸及于遠以諭其利害可也此收拾人心之舉雖亦正固然不能保邦于未危之先而罪已下詔于旣危之後亦可羞矣故其占者如此

象曰城復于隍其命亂也

命卽可以寄百里之命命字謂政令也蓋泰極而否雖天運之自然亦人事之致然惟其命亂所以復否聖人于泰終而歸咎于人事其戒深矣

䷋坤下乾上

否者閉塞不通也卦象卦德皆與泰反序卦物不可以終通故受之以否所以次泰此七月之卦

否之匪人不利句君子貞大往小來

否之匪人與履虎尾同人于野艮其背同例卦辭惟此四卦與卦名相連否之匪人者言否之者非

人也乃天也即大往小來也不利者即彖辭萬物不通天下无邦道長道消也君子貞者即儉德避難不可榮以祿也不言小人者易爲君子謀也大往小來者否泰相綜泰内卦之陽往而居否之外外卦之陰來而居否之内也文王當殷之末世親見世道之否所以發匪人之句後來孔子居春秋之否乃曰道之將行也與命也道之將廢也與命也孟子居戰國之否乃曰莫之爲而爲者天也莫之致而至者命也皆宗文王否否之匪人之句否之

匪人者天數也君子貞者人事也所以孔孟進以
禮退以義惟守君子之貞程朱以爲非人道也似
無道字意誠齋以爲用非其人似無用字意不如
只就大往小來說○言否之者非人也乃天也否
由于天所以占者不利丁否運之君子欲濟其否
豈容智力于間哉惟當守其正而已何也大往小
來匪人也乃天運之自然也天運既出于自然君
子亦將爲之何哉故惟當守其正而已
彖曰否之匪人不利君子貞大往小來則是天地不

交而萬物不通也上下不交而天下无邦也内陰而外陽内柔而外剛内小人而外君子小人道長君子道消也

釋大往小來四字與泰卦同上自爲上下自爲下則雖有邦國實與無邦國同矣故天下无邦

象曰天地不交否君子以儉德辟難不可榮以祿辟音避難去聲

儉者儉約其德斂其道德之光也坤爲吝嗇儉之象也辟難者避小人之禍也三陽出居在外避難

之象也不可榮以祿者人不可得而榮之以祿也非戒辭也言若不儉德則人因德而榮祿小人忌之禍即至矣今既儉德人不知我則不榮以祿故不榮以祿者正所以避難也

初六拔茅茹以其彚貞吉亨

變震爲蕃茅茹之象也否綜泰故初爻辭同貞者上有九五剛健中正之君三陰能牽連而志在于君則貞矣蓋否之時能從乎陽是小人而能從君子豈不貞○初在下去陽甚遠三陰同體故有拔

茅茹以其彙之象當否之時能正而志在于休否

之君吉而且亨之道也故教占者以此

象曰拔茅貞吉志在君也

貞者以其志在于君也故曰泰初九曰志在外此

變外爲君者泰六五之君不如否之剛健中正得

稱君也

六二包承小人吉大人否亨

包承者包乎初也二乃初之承曰包承者猶言將

承包之也大來乎下故曰包荒小來乎下故曰包

承既包乎承則小人與小人爲群矣小人與小人爲群大人與大人爲群不相干涉不相傷害矣否者不榮以休也○當否之時小來乎下故六二有包承之象既包乎承則小人爲群不上害乎大人矣故占者在小人則有不害正之吉在大人則身否而道亨也

象曰大人否亨不亂群也

陰來乎下陽往乎上兩不相交故不亂群

六三包羞

包者包乎二也三見二包乎其初三郎包乎二殊不知二隔乎陽故包同類若三則親比乎陽矣從陽可也乃不從陽非正道矣可羞者也故曰包羞

○六三不中不正親比乎陽當小來于下之時止知包乎其下矣而不知上有陽剛之大人在也乃舍四之大人而包二之小人羞孰甚焉故有是象占者之羞可知矣

象曰包羞位不當也

位不當者柔而志剛不能順從乎君子故可羞

九四有命无咎疇離祉

變巽爲命命之象也有命者受九五之命也四近君居多懼之地易于獲咎今變巽順則能從乎五矣故有命无咎疇者同類之三陽也離者麗也離祉者附麗其福祉也○九四當否過中之時剛居乎柔能從乎休否之君同群乎否則因大君之命而濟否之志行矣故不惟在我无咎獲一身之慶而同類亦並受其福祉也故其象占如此

象曰有命无咎志行也

濟否之志行

九五休否大人吉其亡其亡繫于苞桑

休否者休息其否也其亡其亡者危念不亡其亡

雖恐其亡也人依木息曰休中爻巽木五居木之

上休之象也巽為陰木一居巽之下陰木柔桑之

象也巽為繩繫之象也叢生曰苞叢者聚也柔條

細弱群聚而成叢者也此爻變離合坎為叢棘苞

之象也桑止可取其叢叢並不成其大已非楊柳松

柏之大矣又況叢聚而生則至小而至柔者也以

國家之大不繫于磐石之堅固而繫于苞桑之柔小危之甚也卽危如累卵之意此二句有音韻或古語也○九五陽剛中正能休時之否大人之事也故大人遇之則吉然下應乎否惟休否而已未傾否也故必勿恃其否之可休勿安其休之爲吉兢業戒懼念念惟恐其亡若國家繫于苞桑之柔小常畏其亡而不自安之象如此則否休而漸傾矣故教占者必儆戒如此繫于苞桑又其亡其亡之象也

象曰大人之吉位正當也

有中正之德而又居尊位與夫履同者亦恐有所

恃故爻辭有其亡其亡之句

上九傾否先否後喜

上文言休息其否則其否猶未盡也傾者倒也與

鼎之顛趾同言顛倒也本在下而今反上也否泰

乃上下相綜之卦泰陰上陽下泰終則復隍陽反

在上而否矣否陽上陰下否終則傾倒陽反在上

而泰矣此傾字之意也復隍復字應無往不復復

字傾否傾字應無平不陂陂字彼者傾邪也周公爻辭其精極矣變兑成悦喜之象也○上九以陽剛之才居否之終傾時之否乃其優爲者故其占爲先否後喜

象曰否終則傾何可長也

言無久否之理

易經集註卷之三終

明萬曆本周易集注

第三册

明 來知德撰

明萬曆三十八年刻本

山東人民出版社·濟南

周易集註卷之四

梁山來知德集註

䷌ 離下乾上

同人者與人同也天在上火性炎上一與天同同人之象也二五皆居正位以中正相同同人之義也又一陰而五陽欲同之亦同人也序卦物不可以終否故受之以同人所以次否

同人于野亨利涉大川利君子貞

彖辭明

彖曰同人柔得位得中而應乎乾曰同人同人曰同人于野亨利涉大川乾行也文明以健中正而應君子正也唯君子爲能通天下之志

以卦綜釋卦名以卦德卦體釋卦辭同人大有二卦同體文王綜爲一卦故雜卦曰大有衆也同人親也柔得位得中者八卦正位離在二今大有上卦之離來居同人之下卦則不惟得八卦之正位又得其中而應乾九五之中正也下與上相同故名同人卦辭同人于野者六二應乎乾乾在外卦

乃野外也故曰于野乾行指利涉大川二句盖乾
剛健中正且居九五之位有德有位故可以濟險
難同人于野雖六二得位得中所能同至于濟險
難則非六二陰柔所能也故曰乾行猶言乾之能
事也本卦錯師有震木坎水象所以利涉大川曰
乾行者不言象而言理也内文明則能察于理外
剛健則能勇于義中正則内無人欲之私應乾則
外合天德之公文明以健以德言中正而應以爻
言此四者皆君子之正道也惟君子能通天下之

志者君子即正也同人于野者六二也利涉大川者乾也君子貞則總六二九五言之○六二應乎九五之乾固名同人矣然同人卦辭乃曰同人于野亨利涉大川何也蓋六二應乾固亨矣至于利涉大川非六二也乃乾也曰利君子貞者何也蓋內外卦皆君子之正所以利君子正天下之理正而已矣人同此心同此理億兆之衆志雖不同惟此正理方可通之方可大同人心若私邪不正安能有于野之亨而利涉哉此所以利君子貞也

象曰天與火同人君子以類族辨物
類族者于其族而類之如父母之類皆三年之喪兄弟之類皆期年之喪是也辨物者于其物而辨之如三年之喪其服之麻極粗期年之喪稍粗以下漸細是也如是則同軌同倫道德可一風俗可同亦如天與火不同而同也凡大象皆有功夫故曰君子以以者用也若以類族爲人士爲士族農爲農族以辨物爲物蝶爲蝶物羽爲羽物則君子以三字無安頓而托空矣

初九同人于門無咎

變艮爲門門之象也于門者謂于門外也門外雖非野之可比然亦在外則所同者廣而無私昵矣

○初九以剛正居下當同人之初而上無係應故有同人于門之象占者如是則無咎也

象曰出門同人又誰咎也

所同者廣而無偏黨之私又誰有咎我者

六二同人于宗吝

凡離變乾而應乎陽者皆謂之宗葢乾乃六十四

卦陽爻之祖有祖則有宗故所應者爲宗若原是
乾卦則本然之祖見陽不言宗惟新變之乾則新
成祖矣所以見陽言宗也故睽卦六五亦曰宗統
論一卦則二五中正相應所以亨若論二之一爻
則是陰欲同乎陽矣所以可羞如履卦彖辭履帝
位而不疚至本爻則貞厲皆此意○同人貴無私
六二中正所應之五亦中正然卦取同人陰欲同
乎陽臣妾順從之道也溺于私而非公矣豈不羞
故其象占如此

象曰同人于宗吝道也

陰欲同乎陽所私在一人可羞之道也

九三伏戎于莽升其高陵三歲不興

離錯坎為隱伏伏之象也中爻巽為入亦伏之象也離為戈兵戎之象也莽草也中爻巽為陰木草之象也中爻巽為股三變為震足股足齊動升之象也巽為高高之象也三變中爻艮陵之象也離居三三之象也興發也伏戎于莽者伏其五之兵也升其高陵者窺其二之動也對五而言三在五

之下故曰伏對二而言三在二之上故曰升○九
三剛而不中上無應與欲同于二而二乃五之正
應恐九五之見攻故伏兵于草升高盼望將以敵
五而攘二然以理言二非正應理不直以勢言五
居尊位勢不敵故至三年之久而終不發其象如
此以其未發故占者不言凶
象曰伏戎于莽敵剛也三歲不興安行也
所敵者既剛且正故伏藏三歲不興者以理與勢
俱屈安敢行哉故不能行盖行者即興動而行也

安者安于理勢而不與也故曰安行安行即四困則之意

九四乘其墉弗克攻吉

墉墻也離中虛外圍墉之象也解卦上六變離亦曰墉泰卦上六變艮大象離曰城皆以中空外圍也此則九三爲六二之墉九四在上故曰乘二四皆爭奪非同人矣故不言同人三惡五之親二故有犯上之心四惡二之比三故有陵下之志六二其三國之荆州乎○四不中正當同人之時無應

與亦欲同于六二三爲二之墉故有乘墉攻二之
象然以剛居柔故又有自反而弗克攻之象能如
是則能改過矣故占者吉

象曰乘其墉義弗克也其吉則困而反則也

義者理也則者理之法則也義理不可移易故謂
之則當同而同者理也亦法則也不當同而不同
者理也亦法則也困者困窮也郎困而知之之困
也四剛強本欲攻二然其志柔又思二乃五之正
應義不可攻欲攻不可攻二者交戰往來于此心

故曰困困之一字非孔子不能識其九四之心也若生而知之知其不可攻學而知之知其不可攻則此心不困矣言乘其墉矣豈其力之不足哉特以義不可同故弗克攻耳其言吉者則困于心而反于義理之法則也困而則改過矣故言義弗克正理也困而反則九四功大也

九五同人先號咷而後笑大師克相遇（號平聲）

火無定體日鼓缶而歌而嗟且出涕沱若中孚象離曰或泣或歌九五又變離故有此象先號咷後笑

者本卦六爻未變離錯坎爲加憂九五隔于三四故憂而號咷及九五變則中爻爲兌悅故後笑旅先笑後號咷者本卦未變中爻兌悅故先笑及上九變則悅體震動成小過災眚之凶矣故後號咷必用大師者三伏莽四乘墉非大師豈能克此爻變離中爻錯震戈兵震動師之象也九五陽剛之君陽大陰小大師之象也且本卦錯師亦有師象

○九五六二以剛柔中正相應本同心者也但爲三四強暴所隔雖同矣不得遽與之同故有未同

時不勝號咷既同後不勝喜笑之象故聖人教占者曰君臣大分也以臣隔君大逆也當此之時爲君者宜興大師克乎强暴後方遇乎正應而後可若號咷則失其君之威矣故教占者占中之象又如此

象曰同人之先以中直也大師相遇言相克也

先者先號咷也以者因也中直與困卦九五中直同即中正也言九五所以先號咷者以中正相應必欲同之也相克者九五克三四也

上九同人于郊無悔

乾爲郊郊之象也詳見需卦國外曰郊郊外曰野皆曠遠之地但同人于野以卦之全體而言大同則能亨也故于野取曠遠大同之象此爻則取曠遠無所與同之象各有所取也○上九居同人之終又無應與則無人可同矣故有同人于郊之象既無所同則亦無所悔故其占如此

象曰同人于郊志未得也

無人可同則不能通天下之志矣志未得正與通

天下之志相反

☲☰ 乾下離上

大有者所有之大也火在天上萬物畢照所照皆其所有大有之象也一柔居尊衆陽並從諸爻皆六五之所有大有之義也序卦與人同者物必歸焉故受之以大有所以次同人

大有元亨

彖辭明

彖曰大有柔得尊位大中而上下應之曰大有其德

剛健而文明應乎天而時行是以元亨

以卦綜釋卦名以卦德卦體釋卦辭大有綜同人柔得尊位而大中者同人下卦之離往于大有之上卦得五之尊位居大有之中而上下五陽皆從之也上下從之則五陽皆其所有矣陽大陰小所有者皆陽故曰大有內剛健則克勝其私自誠而明也外文明則灼見其理自明而誠也上下應之者衆陽應乎六五也應天時行者六五應乎九二也時者當其可之謂天即理也天之道不外時而

已應天時行如天命有德則應天而時章之天討有罪則應天而時用之是也乾爲天因應乾故發此句時行即應天之實非時行之外別有應天也剛健文明者德之體應天時行者德之用有是德之體用則能享其大有矣是以元亨

象曰火在天上大有君子以遏惡揚善順天休命

火在天上無所不照則善惡畢照矣遏惡者五刑五用是也揚善者五服五章是也休美也天命之性有善無惡故遏惡揚善者正所以順天之美命

也

初九無交害匪咎艱則無咎

害者害我之大有也離爲戈兵應爻戈兵在前惡人傷害之象也故睽卦離在前亦曰見惡人夬乃同體之卦二爻變離亦曰莫夜有戎初居下位以凡民而大有家肥屋潤人豈無害之理離火尅乾金其受害也必矣無交害者去離尚遠未交離之境也九三爻離境故曰小人害也九三害字從此害字來匪咎者人來害我非我之咎也艱者艱難

以保其大有如夬之惕號也○初九居卑當大有之初應爻離火必有害我之乾金者然陽剛得正去離尚遠故有無交害匪咎之象然或以匪咎而以易心處之則必受其害矣惟艱則可保其大有而無咎也故又教占者以此

象曰大有初九無交害也

時大有而當其初所以去離遠而無交害

九二大車以載有攸往無咎

乾錯坤爲大輿大車之象也陽上行之物車行之

象也以者用也用之以載也變離錯坎坎中滿以載之象也大車以載之重九二能任重之象也二變中爻成巽巽爲股巽錯震震爲足股足震動有攸往之象也○九二當大有之時中德蓄積充實富有乃應六五之交孚故有大車以載之象有所往而如是則可以負荷其任佐六五虛中之君共濟大有之盛而無咎矣故其占如此

象曰大車以載積中不敗也

乾三連陽爻之卦皆曰積積聚之意小畜夬皆五

陽一陰同體之卦故小畜曰積德載此曰以載而又曰積中者言積陽德而居中也則小畜之積德載愈明矣夬九二小象曰得中道也小畜九二小象曰牽復在中皆此中之意敗字在車上來乾金遇離火必受尅而敗壞故初曰無交害三曰小人害則敗字雖從車上來亦害字之意曰中德所以不敗壞也曰積中不敗則離火不燒金矣六五厥孚交如與九二共濟大有之太平矣

九三公用亨于天子小人弗克

三居下卦之上故曰公五雖陰爻然居天位三非
正應故稱天子亨者陽剛居正不以大有自私亨
之象也卦本元亨故曰亨用亨于天子者欲出而
有爲以亨六五大有之治也九二中德止曰大車
以載不言亨于天子而九三反欲亨于天子何也
蓋九三才剛志剛所以用亨天子也同人大有相
綜之卦同人三四皆欲同乎二所以大有二三皆
欲共濟五之大有也小人指四也弗克者不能也
三欲亨于天子四持戈兵阻而害之因此小人所

以弗克亨于天子也蓋大有之四即同人之三四持戈兵即三之伏戎也[redacted]三變爲睽輿曳牛掣即小人之阻不得用亨也舊註作享者非用亨于天子猶言出而使天子亨大有之亨也○九三當大有之時亦欲濟亨通之會亨于天子而共保大有之治者也但當離乾交會之閒金受火制小人在前不能遽達故有弗克亨于天子之象占者得此不當如九二之有攸往也可知矣

象曰公用亨于天子小人害也

[illegible]小人害所以弗克亨于天子周公之無交害者

爻之遠于四也孔子之小人害者三之近于四也

九四匪其彭無咎

彭鼓聲又盛也言聲勢之盛也四變中爻為震震為鼓彭之象也變艮土其盛之象也○九四居大有之時已過中矣乃大有之極盛者也近君豈可極盛然以剛居柔故有不極其聲勢之盛之象無咎之道也故其占如此

象曰匪其彭無咎明辨晢也

晢明貌晢然其明辨也離明之象也明辨者辨其所居之地乃別嫌多懼之地辨其所遇之時乃盛極將衰之時也

六五厥孚交如威如吉

威如者恭已無爲平易而不防閑備具特有人君之威而已因六五其體文明其德中順又有陽剛群賢輔之即舜之無爲而治矣所以有此象○六五當大有之世文明中順以居尊位虛已誠信以任九二之賢不惟九二有孚于五而上下之陽系

皆以誠信歸之是其孚信之交無一毫之僞者也是以爲六五者賴羣賢以輔治惟威如而已此則不言而信不怒而民威于鈇鉞蓋享大有太平之福者也何吉如之故其象占如此

象曰厥孚交如信以發志也威如之吉易而無備也

誠能動物一人之信足以發上下相信之志也易而無備者凡人君任賢圖治若機心深刻而過于防閑預備則易生嫌隙决不能與所任用之賢厥孚交如矣惟平易而不防備則任賢勿貳去邪勿

疑方可享無爲之治矣威如卽恭巳易而無備卽

無爲若依舊註作戒辭則小象止當曰威如則吉

不應曰威如之吉也

上九自天祐之吉無不利

上九以剛明之德當大有之盛旣有崇高之富貴

而下有五六柔順之君剛明之羣賢輔之上九葢

無所作爲惟享自天祐助之福吉而無不利者也

占者有是德居是位斯應是占矣

象曰大有上吉自天祐也

言皆天之祐助人不可得而爲也上居天位故曰
天此爻止有天祐之意若繫辭又別發未盡之意
也如公用射隼止有解悖之意若成器而動又未
盡之意也言各不同皆發未盡之意豈拘泥于繫
辭者非

䷎ 艮下坤上

謙者有而不居之義山之高乃屈而居地之下謙
之象也止于其內而收斂不伐順乎其外而卑以
下人謙之義也序卦有大者不可以盈故受之以

謙故次大有

謙亨君子有終

君子三也詳見乾卦三爻艮終萬物故曰有終彖

辭明

彖曰謙亨天道下濟而光明地道卑而上行天道虧

盈而益謙地道變盈而流謙鬼神害盈而福謙人道

惡盈而好謙謙尊而光卑而不可踰君子之終也上時

掌反

濟者施也天位乎上而氣則施于下也光明者生

成萬物化育昭著而不可掩也卑者地位乎下也上行者地氣上行而交乎天也天尊而下濟謙也而光明則亨矣地卑謙也而上行則亨矣此言謙之必亨也虧盈益謙以氣言變盈流謙以形言變者傾壞流者流注卑下之地而增高也害盈福謙以理言惡盈好謙以情言此四句統言天地鬼神人三才皆好其謙見謙之所以亨也踰者過也言不可久也尊者有功有德謙而不居則功德愈光亦如天之光明也卑者有功有德謙而不居愈見

其不可及亦如地之上行也夫以尊卑之謙皆自
屈于其始而光而不可踰皆自伸于其終此君子
之所有終也

象曰地中有山謙君子以裒多益寡稱物平施
上下五陰地之象也一陽居中地中有山之象也
五陰之多人欲也一陽之寡天理也君子觀此象
裒其人欲之多益其天理之寡則廓然太公物來
順應物物皆天理自可以稱物平施無所處而不
當矣裒者減也

初六謙謙君子用涉大川吉

凡易中有此象而無此事無此理者于此爻涉大川見之盖金車玉鉉之類也周公立爻辭止因中爻震木在坎水之上故有此句而今就爻依理只得説能謙險亦可濟也○六柔謙德也初卑位也以謙德而居卑位謙而又謙也君子有此謙德以之濟險亦吉矣故古者用涉大川亦吉

象曰謙謙君子卑以自牧也

牧養也謙謙而成其君子何哉盖九三勞謙君子

萬民所歸服者也二並上與三俱鳴其謙四則撝

裂其謙五因謙而利侵伐初居謙之下位已卑矣

何所作爲哉惟自養其謙德而已

六二鳴謙貞吉

本卦與小過同有飛鳥遺音之象故曰鳴豫卦亦

有小過之象亦曰鳴又中爻震爲善鳴鳴者陽唱

而陰和也苟九家以陰陽相應故鳴得之矣故中

孚錯小過九二曰鶴鳴在陰又曰翰音登于天皆

有鳴之意鶴鳴小象曰中心願也此曰中心得也

言六二與九三中心相得所以相唱和而鳴也若舊註以謙有聞則非鳴謙乃謙鳴矣若傳以德充積于中見于聲音則上六鳴謙其志未得與鳴豫之凶皆說不去矣○六二柔順中正相比于九三盖勞謙君子也三謙而二和之與之相從故有鳴謙之象正而且吉者也故其占如此

象曰鳴謙貞吉中心得也

言六二與九三中心相得非勉强唱和也

九三勞謙君子有終吉

勞者勤也即勞之來之之勞中爻坎爲勞卦雖繫辭去聲讀然同此勞字也又中爻水木有井象君子以勞民勸相此勞字之象也艮終萬物三居艮之終故以文王卦辭君子有終歸之八卦正位艮在三所以此爻極善有終即萬民服舊註因繫辭有功而不德句遂以爲功勞殊不知勞乎民後方有功此爻止有勞而不伐意故萬民服○九三當謙之時以一陽而居五陰之中陽剛得正蓋能勞乎民而謙者也然雖不伐其勞而終不能掩其勞

萬民歸服豈不有終故占者吉

象曰勞謙君子萬民服也

陰爲民五陰故曰萬民衆陰歸之故曰服

六四無不利撝謙

撝者裂也兩開之意六四當上下之際開裂之象也撝謙者以撝爲謙也凡一陽五陰之卦其陽不論位之當否皆尊其陽而卑其陰如復之元吉師之錫命豫之大有得比之顯比剥之得輿皆尊其陽不論其位也六四才位皆陰九三勞謙之賢正

萬民歸服之時故開裂退避而去非檮昆謙更當發揮其謙也○六四當謙之時柔而得正能謙者也故無不利矣但勞謙之賢在下不敢當陽之承乃避三而去之故有以撝為謙之象占者能此可謂不違陰陽之則者矣

象曰無不利撝謙不違則也

則者陽尊陰卑之法則也撝而去之不違尊卑之則矣

六五不富以其鄰利用侵伐無不利

陽稱富小畜五陽故小象曰不獨富也陰皆不富故泰六四亦曰不富富與鄰皆指三以者用也中爻震爲長子二非正應故稱鄰言不用富厚之力但用長子帥師而自利用侵伐也坤爲衆中爻震此爻變離爲戈兵衆動戈兵侵伐之象此象亦同初六用涉大川但此則以變爻言也上六利用行師亦此象○五以柔居尊在上而能謙者也上能謙則從之者衆矣故有不富以鄰而自利用侵伐之象然用侵伐者因其不服而已若他事亦無不

利也占者有此謙德斯應是占矣

象曰利用侵伐征不服也

侵伐非黷武以其不服不得已而征之也

上六鳴謙利用行師征邑國

凡易中言邑國者皆坤土也升卦坤在外故曰升

虛邑晉卦坤在內故曰維用伐邑泰之上六曰自

邑告命師上六曰開國承家復之上六曰以其國

君凶訟六二變坤曰邑人三百戶益之中爻坤曰

爲依遷國大下體錯坤曰告自邑渙九五變坤曰

渙王居此日征邑國皆因坤土也○上六當謙之
終與三爲正應見三之勞謙亦相從而和之故亦
有鳴謙之象然六二中正既與三中心相得結親
比之好則三之心志不在上六而不相得矣故止
可爲將行師征邑國而已豈能與勞謙君子之賢
相爲唱和其謙哉
象曰鳴謙志未得也可用行師征邑國也
志未得者上六與九三心志不相得也六二與上
六皆鳴謙然六二中心得上六志未得所以六二

貞吉而上六止利用行師也

☷坤下
☳震上

豫者和樂也陽始潛閉于地中及其動而出地奮發其聲通暢和豫豫之象也内順外動豫之由也

序卦有大而能謙必豫故受之以豫所以次謙

豫利建侯行師

震長子主器震驚百里建侯之象中爻坎陷一陽統衆陰行師之象屯有震無坤則言建侯謙有坤無震則言行師此震坤合故兼言也

彖曰豫剛應而志行順以動豫豫順以動故天地如之而况建侯行師乎天地以順動故日月不過而四時不忒聖人以順動則刑罰清而民服豫之時義大矣哉

以卦體卦德釋卦名卦辭而極言之剛九四也剛應者一陽而衆陰從之也志行者陽之志得行也剛應志行豫也内順外動所以成其豫也故名豫

凡事合乎天理則順咈乎天理則逆順以動則一念一事皆天理矣天地如之者言天地亦不過如

我之順動也天地且不之違而况于人之建侯行師乎此其所以利也建侯行師雖大事較之天地則小矣天地以順動者順其自然之氣聖人以順動者順其當然之理不過者不差過也如夏至晝六十刻夜四十刻冬至晝四十刻夜六十刻之類是也不忒者不愆忒也如夏則暑冬則寒之類是也刑罰不合乎理惟乘一己喜怒之私故民不服若順動則合乎天理之公縱有刑罰亦天刑也故民服時義者豫中事理之時宜也即順動也此極

言而贊之也六十四卦時而已矣事若淺而有深
意曰時義大矣哉欲人思之也非美事有時或用
之曰時用大矣哉欲人别之也大事大變曰時大
矣哉欲人謹之也
象曰雷出地奮豫先王以作樂崇德殷薦之上帝以
配祖考
奮者奮發而成聲也作乃制禮作樂之作作樂以
崇德故聞樂知德殷盛也作樂乃朝廷邦國之常
然各有所主其樂不同惟萬物本乎天故有郊人

本乎祖故有廟是其用樂之最大者故曰殷薦故冬至祀上帝于圜丘而配之以祖必以是樂薦之季秋祀上帝于明堂而配之以考必以是樂薦之也中爻坎爲樂律樂之象五陰而崇一陽德崇德之象帝出于震上帝之象中爻艮爲門闕坎爲隱伏宗廟祖宗之象

初六鳴豫凶

鳴詳見鳴謙謙豫二卦同體文王綜爲一卦故雜卦曰謙輕而豫怠也謙之上六即豫之初六故二

爻皆言鳴震性動又決躁所以浚恒凶飛鳥凶○

初六與九四爲正應九四由豫初據其應與之常欲相從乎四而和之故有鳴豫之象然初位甲四近君乃權臣也正其志大行之時上下既懸絕且初又不中正應與之情乖矣豈能與四彼此唱和其豫不能唱和初之志窮矣凶之道也故占者凶

象曰初六鳴豫志窮凶也

惟志窮所以凶中孚鶴鳴子和曰中心願也六二鳴謙曰中心得也此心志相孚者也上六鳴謙曰

志未得也初六鳴豫曰志窮凶也此心志不相孚者也相孚者皆曰心不相孚者皆曰志此所以爲聖人之言

六二介于石不終日貞吉

凡物分爲兩間者曰介二變剛分坤爲兩間介之象也介于石者言操守之堅如石不可移易中爻艮石之象也不終日者不溺于豫見幾而作不待其日之晚也二變中爻離日居下卦之上不終日之象也八卦正位坤在二故貞吉○豫易以溺人

諸爻皆溺于豫獨六二中正自守安静堅確故有

此象正而且吉之道也故其占如此

象曰不終日貞吉以中正也

惟中正故不終日貞吉

六三盱豫悔遲有悔

盱者張目也中爻錯離目之象也盱人以爲豫者

九四當權三與親比幸其權勢之足憑而自縱其

所欲也盱與介相反遲與不終日相反二中正三

不中正故也○四爲豫之主六三陰柔不中不正

而近于四上視于四而溺于豫宜有悔者也故有此象而其占爲事當速悔若悔之遲則過而不改是謂過矣此聖人爲占者開遷善之門而勉之以速改也

象曰盱豫有悔位不當也

六三不中正故位不當

九四由豫大有得勿疑朋盍簪

由豫者言人心之和豫由四而致也本卦一陽爲動之主動而衆陰悅從故曰由豫大有得者言得

當得志之時必展其大行之志俾人皆享其和
由豫之象占者遇此故爲大有得衆人既樂從正
也○九四一陽居五陰之中衆所由以爲豫故有
勿疑朋盍簪者勿疑則以合于我者皆簪冠之歸人
下坤歸人之象也一陽麗于三陰之者皆簪之象也
簪者首笄也歸人冠上之簪所以總聚其髮者也
象也因九四才剛故教之以勿疑也盍者合也
中爻坎爲狐疑疑者中爻艮止坤順不疑之
大行其志以致天下之豫也四多懼故曰疑又

平豫大之福勿疑由豫于我者無同德之陽明而所以朋合于上下内外者皆陰柔之群小可也故又教占者必不可疑如此

象曰由豫大有得志大行也

剛應而無他爻以分其權故曰志大行

六五貞疾恒不死

中爻爲坎坎爲心病疾之象也曰貞疾者言非假疾疾之在外而可以藥石者也九四由豫人心追歸于四危之極矣下卦坤爲腹九四居卦之中爲

心即咸卦憧憧往來之爻也此正腹中心疾故謂之貞疾恒者常也言貞疾而常不死也周室衰微此爻近之○六五當豫之時柔不能立而又乘九四之剛權之所主衆之所歸皆在于四衰弱極矣故有貞疾之象然以其得中故又有恒不死之象即象而占可知矣

象曰六五貞疾乘剛也恒不死中未亡也

雖乘四爲剛所逼然柔而得中猶存虛位不死

上六冥豫成有渝無咎

冥者幽也暗也上六以陰柔居豫極爲昏冥于豫之象成者五陰同豫至上六已成矣然以動體變剛成離則前之冥冥者今反昭昭矣故又爲其事雖成然樂極哀生不免有悔心之萌而能改變之象占者如是則能補過矣故無咎

象曰冥豫在上何可長也

豫已極矣宜當速改何可長溺于豫而不反也

䷐震下兌上

隨者從也少女隨長男隨之象也隨綜蠱以艮下

而爲震以說上而爲兌隨之義也此動彼亦隨

之義也序卦豫必有隨故受之以隨所以次豫

隨元亨利貞無咎

隨元亨然動而說易至于詭隨故必利于貞得

無咎若所隨不貞則雖大亨亦有咎矣不可依穆

姜作四德

彖曰剛來而下柔動而說隨大亨貞無咎而天下隨

時隨時之義大矣哉

以卦綜卦德釋卦名又釋卦辭因著之剛來而下

柔者隨蠱二卦同體文王綜爲一卦故雜卦曰隨無故也蠱則飭也言蠱下卦原是柔今艮剛來居于下而爲震是剛來而下于柔也動而悅者下動而上悅也時者正而當其可也言大亨貞而無咎者以其時也時者隨其理之所在理在于上之隨下則隨其下理在于下之隨上則隨其上泰則隨其時之泰否則隨其時之否禹稷顔回是也譬之夏可以衣葛則葛冬可以衣裘則裘隨其時之寒暑而已惟其時則通變宜民邦家無怨近悅遠來

故天下隨時，故即贊之曰隨時之義大矣哉。此與艮卦時字同，不可依王肅本時字作之字。觀尾句不曰隨之時義，而曰隨時之義，大意自見。

象曰：澤中有雷，隨。君子以嚮晦入宴息。

嚮晦回歸者，日沒而息也；宴息者，安休息，即日入而息也。雷一日出地，一日入地，造化之理，有晝必有夜，有明必有晦。故人生天地間，有出必有入，有作必有息。其在人心，有感必有應，故有動必有靜，此造化之自然，非人事之強然也。故雷在地上則作樂薦帝雷在地中則閉關不省方雷在澤下則向晦宴息無非所以法天也震東方卦也日出暘谷兌西方卦也日入昧谷八月正兌之時雷藏于澤此向晦之象也澤亦是地不可執泥澤字中交巽爲入艮爲止入而止息之象也

初九官有渝貞吉出門交有功

隨卦初隨二二隨三三隨四四隨五五隨六六不論應與官者主也震長子主器官之象也渝者變而隨乎二也初爲震主性變動渝之象也故訟卦四

證不知入卦正位處在物乃極美之人所以通作
一中正所以從正吉之人有功則不失其所隨矣獲
象曰官有渝從正吉也出門交有功不失也
之人何貞吉也仰之故又言所以貞吉之故
所以貞吉者何哉蓋有出門隨人之招故又有功
不失其所隨矣從正而吉者也故占者貞吉然其
隨附正而隨之時繇而隨乎其二居中得正
功二爻皆有功之象也故九四小象亦曰功○初九
繇中爻爲震亦曰渝中爻艮門之象也一與四同

戒辭看

六二係小子失丈夫

中爻巽爲繩係之象也陰爻稱小子陽爻稱丈夫陽大陰小之意小子者三也丈夫者初也○六二中正當隨之時義當隨乎其三然三不正初得正故有係小子失丈夫之象不言凶咎者二中正所隨之時不能兼與也

象曰係小子弗兼與也

既隨乎三不能兼乎其初

六三係丈夫失小子隨有求得利居貞

丈夫者九四也小子者六二也得者四近君為大臣求乎其貴可以得其貴也中爻巽近市利三倍求乎其富可以得其富也○六三當隨之時義當隨乎其四然四不中正六二中正故有係丈夫失小子之象若有所求必有所得但利乎其正耳三不中正故又戒占者以此

象曰係丈夫志舍下也舍音捨

時當從四故心志捨乎下之二也

九四隨有獲貞凶有孚在道以明何咎

有獲者得天下之心隨于已也四近君爲大臣大臣之道當使恩威一出于上衆心皆隨于君若人心隨已危疑之道也故凶孚以心言内有孚信之心也道以事言凡事合乎道理也明者識保身之幾也有孚在孚以孚雖孚義稍異然皆有功夫若以象論變坎有孚之象也震爲大塗道之象也變坎錯離明之象也又中爻艮有光輝亦明之象也

○四當隨之時義當隨于其五然四爲大臣雖隨

有獲而勢陵于五故有有獲貞凶之象所以占者
凶然當居此地之時何以處此哉惟誠以結之道
以事之明哲以保其身則上安而下隨即無咎而
不凶矣故又教占者以此

象曰隨有獲其義凶也有孚在道明功也

義凶者有凶之理也有孚在道明功者言有孚在
道皆明哲之功也盖明哲則知心不可欺而内竭
其誠知事不可苟而外合于道所以無咎也周公
爻辭三者並言孔子象辭推原而歸功于明何以

驗人臣明哲爲先昔漢之蕭何韓信皆高帝功臣
信既求封齊復求王楚可謂有獲矣然無明哲不
知有獲貞凶之義卒及大禍何則不然帝在軍中
遣使勞何何悉遣子弟從軍帝大悅及擊陳豨遣
使拜何相國封五千戶何讓不受悉以家財佐軍
用帝又悅卒爲漢第一功臣身榮名顯若何者可
謂知明功臣者矣孔子明功之言豈不其驗哉

九五孚于嘉吉

八卦正位兌在六乃爻之嘉美者且上六歸山乃

嘉遯矣故曰孚于嘉○九五陽剛中正當隨之時

義當隨乎其上六故有孚嘉之象蓋隨之美者也占

者得此吉可知矣

象曰孚于嘉吉位正中也

惟中正故孚于嘉

上六拘係之乃從維之王用亨于西山

係即六二六三之係維亦係也係之又維之言係

而又係也詩縶之維之于焉嘉客是也言五孚于

六如此係維其相隨之心固結而不可解也如七

十子之隨孔子五百人之隨田横此爻足以當之
變乾王之象也指五也兑居西西之象也兑錯艮
山之象也六不能隨于世人見九五維係之極則
必歸之山矣隨蠱相綜故蠱卦上九不事王侯亦
有歸山之象亨者通也王用亨于西山者用通于
西山以求之也亨西山與謙卦用涉大川同皆因
有此象正所謂無此事此理而有此象也○上六
居隨之終無所隨從見九五相隨之極則遯而歸
山矣故有此象蓋隨之至者也占者得此吉可知

矣

象曰拘係之上窮也

上者六也窮者居卦之終無所隨也非凶也

☶☴ 巽下艮上

蠱者物久敗壞而蠱生也以卦德論在上者止息

而不動作在下者巽順而無違忤彼此委靡因循

此其所以蠱也序卦以喜隨人者必有事故受之

以蠱所以次隨

蠱元亨利涉大川先甲三日後甲三日

利涉大川者中爻震木在兑澤之上也先甲後甲
者本卦艮上巽下文王圓圖艮巽夾震木于東之
中故曰先甲後甲言巽先于甲艮後于甲也巽卦
言先庚後庚者伏羲圓圖艮巽夾兑方于西之中
故曰先庚後庚言巽先于庚艮後于庚也分甲于
蠱者本卦未變上體中爻震木下體巽木也分庚
于巽者本卦未變上體綜兑金下體綜兑金也十
干獨言甲庚者乾坤乃六十四卦之祖甲居于寅
坤在上乾在下爲泰庚居于申乾在上坤在下爲

否大往小來小往大來天地之道不過如此物不
可以終通物不可以終否易之爲道亦不過如此
所以獨言甲庚也曰先三後三者六爻也先三者
下三爻也巽也後三者上三爻也艮也不曰爻而
曰日者本卦綜隨日出震東日沒兌西原有此象
故少不言一日二日多不言九日十日而獨言先
三後三者則知其爲下三爻上三爻也明矣以先
甲用辛取自新後甲用丁取丁寧此說始乎鄭玄
不成其說矣○當蠱之時亂極必治占者固元亨

矣然豈靜以俟其治哉必歷涉艱難險阻以撥亂反正知其先之三爻乃巽之柔懦所以成其蠱也則因其柔懦而矯之以剛果知其後之三爻乃艮之止息所以成其蠱也則因其止息而矯之以奮發斯可以元亨而天下治矣

伏羲圓圖

乾　兌　離　震　巽　坎　艮　坤

文王圓圖

離　坤　兌　乾　坎　艮　震　巽

彖曰蠱剛上而柔下巽而止蠱蠱元亨而天下治也利涉大川往有事也先甲三日後甲三日終則有始天行也

以卦綜卦德釋卦名卦辭剛上而柔下者蠱綜隨隨初震之剛上而爲艮上六兌之柔下而爲巽也剛上則太尊而情不下達柔下則太卑而情難上通巽則諂止則惰皆致蠱之由所以名蠱旣蠱矣而又元亨何也盖造化之與人事窮則變矣治必因亂亂則將治故蠱而亂之終乃治之始也如五

胡之後生唐太宗五季之末生宋太祖是也治蠱者當斯時則天下治矣故占者元亨往有事猶言往有爲方天下壞亂當勇往以濟難若復巽懦止息則終于蠱矣豈能元亨終始即先後成言乎艮者終也齊乎巽者始也終則有始者如晝之終矣而又有夜之始夜之終矣而又有晝之始故亂不終亂亂之終乃其治之始治亂相仍乃天運之自然也故治蠱者必原其始必推其終知其蠱之爲始爲先者乃巽也則矯之以剛果知其蠱之爲終

爲後者乃艮也則矯之以奮發則蠱治而元亨矣

恒卦上體震綜艮下體巽故亦曰終則有始

象曰山下有風蠱君子以振民育德

山下有風則物壞而有事更新矣振民者鼓舞作

興以振起之使之日趨于善非巽之柔弱也此新

民之事也育德者操存省察以涵育之非艮之止

息也此明德之事也當蠱之時風俗頹敗由于民

德之不新民德不新由于巳德之不明故救時之

急在于振民振民又在于育德蓋相因之辭也

初六幹父之蠱有子考無咎厲終吉

艮止于上猶父道之無爲而尊于上也巽順于下猶子道之服勞而順于下也故蠱多言幹父之事幹者木之莖幹也中爻震木下體巽木幹之象也木有幹方能附其繁茂之枝葉人有才能方能振作其既隊墜之家聲故曰幹蠱有子者即禮記之幸哉有子也○初六當蠱之時才柔志剛故有能幹父蠱之象占者如是則能克蓋前愆喜其今日之維新忘其前日之廢隊墜因子而考亦可以無咎矣

但謂之蠱未免危厲知其危厲不以易心處之則終得吉矣因上六柔故又戒之以此

象曰幹父之蠱意承考也

意承考者心之志意在于承當父事克蓋前愆所以考無咎

九二幹母之蠱不可貞

艮性止止而又柔止則惰柔則晴又當家事敗壞之時子欲幹其蠱若以我陽剛中直之性直遂幹之則不惟不堪亦且難入即傷恩矣其害豈小惟

當居巳下意巽順將承使之身正事治則亦已矣故曰不可貞事父母幾諫是也若以君臣論周公之事成王成王有過則撻伯禽皆此意也易之時正在于此○九二當蠱之時上應六五六五陰柔故有幹母蠱之象然九二剛中以剛承柔恐其過于直遂也故戒占者不可貞委曲巽順以幹之可也

象曰幹母之蠱得中道也

得中道而不太過卽不可貞也

九三幹父之蠱小有悔無大咎

悔以心言悔者因九三過剛則幹蠱之事更張措置之間未免先後緩急失其次序所以悔也咎以理言然巽體得正能制其剛則其幹蠱必非私意妄行矣所以無大咎○九三以陽剛之才能幹父之蠱者故有幹蠱之象然過剛自用其心不免小有悔但爲父幹蠱其咎亦不大矣故其占如此

象曰幹父之蠱終無咎也

有陽剛之才方能幹蠱故周公僅許之而孔子深

許之也

六四裕父之蠱往見吝

裕寛裕也強以立事爲幹怠而委事爲裕正幹之反也往者以此而往治其蠱也見吝者立見其羞吝也治蠱如拯溺救焚猶恐緩不及事豈可裕○六四以隂居隂又當艮止柔而且怠不能有爲故有裕蠱之象如是則蠱將日深故往則見吝戒占者不可如是也

象曰裕父之蠱往未得也

未得者未得治其蠱也九三之剛失之過故悔厲
者漸趨于吉故終無咎六四之柔失之不及故吝
吝者漸趨于凶故往未得寧爲悔不可爲吝
六五幹父之蠱用譽
用者用人也用譽者因用人而得譽也二多譽
之象也周公曰用譽孔子二多譽之言蓋本于此
九二以五爲毋六五又取子道可見易不可典要
宋仁宗仁柔之主得韓范富歐辛爲宋令主此爻
近之○六五以柔居尊下應九二以剛中之才

而居巽體則所以承順乎五者莫非剛健大中之
德矣以此治蠱可得聞譽然非自能譽也用人而
得其譽也故其象占如此
象曰幹父用譽承以德也
承者承順也因巽體又居下故曰承言九二承順
以剛中之德也
上九不事王侯高尚其事
上事字事王侯以治蠱也下事字以高尚爲事也
耕于有莘之野而樂堯舜之道是也上與五三爻

以家事言則上爲父五爲母衆爻爲子觀諸爻以
幹父母言可知矣以國事言則五爲君下四爻爲
用事之臣上一爻爲不事之臣觀上一爻以王侯
言可知矣此易所以不可爲典要也蓋當蠱之世
任其事而幹蠱者則操巽命之權而行其所當行
不任其事而高尚者則體艮止之義而止其所當
止如鄧禹諸臣皆相光武以幹漢室之蠱獨子陵
釣于富春是也艮止不事之象變坤錯乾王侯之
象巽爲高高尚之象○初至五皆幹蠱上有用譽

之君下有剛中之臣家國天下之事已畢矣上九居蠱之終無係應于下在事之外以剛明之才無應援而處無事之地盖賢人君子不偶于時而高潔自守者也故有此象占者有是德斯應是占矣

象曰不事王侯志可則也

高尚之志足以起頑立懦故可則

周易集註卷之四終

周易集註卷之五

梁山來知德集註

兌下坤上

臨者進而臨逼于陽也二陽浸長以逼于陰故為臨十二月之卦也天下之物密近相臨者莫如地與水故地上有水則為比澤上有水則為臨序卦有事而後可大臨者大也蠱者事也韓康伯云可大之業由事而生二陽方長而盛大所以次蠱

臨元亨利貞至于八月有凶

臨綜觀二卦同體文王綜爲一卦故雜卦曰臨觀之義或與或求言至建酉則二陽又在上陰又逼迫陽矣至于八月非臨數至觀八箇月也言至建酉之月爲觀見陰之消不久也專以綜卦言

彖曰臨剛浸而長說而順剛中而應大亨以正天之道也至于八月有凶消不久也

以卦體卦德釋卦名卦辭浸者漸也言自復一陽生至臨則陽漸長矣此釋卦名說而順者內說而外順也說則陽之進也不逼順則陰之從也不逆

彖曰澤上有地臨君子以教思无窮容保民无疆

陰復長而凶矣

元亨利貞者此也然陰之浸豈長消哉至酉曰觀

以正也一誠通復豈不大亨以正哉文王卦辭曰

天道之自然也言天道陽長陰消消者此大亨

順者大亨也剛中而應柔中者以正也天之道者

彼此和順相應也此言臨有此善也剛浸長而悅

剛浸長逼迫乎陰然非有剛之强暴而逼迫也乃

剛中而應者九二剛中應乎六五之柔中也言雖

教者勞來匡直之謂也思者教之至誠惻怛出于心思也无窮者教之心思不至厭斁而窮盡也容者民皆在統馭之中也保者民皆得其所也無疆者無疆域之限也無窮與兑澤同其淵深無疆與坤土同其博大二者皆臨民之事故君子觀臨民之象以之

初九咸臨貞吉

咸皆也同也以大臨小者初九九二臨乎四陰也以上臨下者上三爻臨乎其下也彼臨乎此此臨

乎彼皆同乎臨故曰咸咸臨卦惟二陽故此二爻皆

稱咸臨九剛而得正故占者貞吉

象曰咸臨貞吉志行正也

初正應四亦正故曰正中爻震足故初行五亦行

九二咸臨吉无不利

咸臨與初同而占不同者九二有剛中之德而又

有上進之勢所以吉無不利

象曰咸臨吉无不利未順命也

未順命者未順五之命也五君位故曰命且兌綜

巽亦有命字之象本卦彖辭悅而順孔子恐人疑
此爻之吉無不利者乃悅而順五之命也故于小
象曰二之吉利者乃有剛中之德陽勢上進所以
吉利也未順五之命也

六三甘臨无攸利既憂之无咎

甘臨者以甘悅人而无實德也坤土其味甘兌爲
口甘之象也故節卦九五變臨亦曰甘節无攸利
者不誠不能動物也變乾乾三爻惕若憂之象也
○三居下之上臨人者也陰柔悅體又不由正故

有以甘臨人之象此占者所以无攸利也能憂
而改之斯无咎矣
象曰甘臨位不當也既憂之咎不長也
位不當者陰柔不中正也咎不長者能改過也
六四至臨无咎
六四當坤兌之交地澤相比蓋臨親切之至者所
以占者无咎
象曰至臨无咎位當也
以陰居陰故位當

六五知臨大君之宜吉（知音智）

變坎坎爲通智之象也知臨者明四目達四聰不自用而任人也應乾陽故曰大君知臨之知原生于九二故卽曰大君知者覺也智卽知也六五非九二不能至此宜者得人君之統體也○六五柔中居尊下任九二剛中之賢兼衆智以臨天下蓋得大君之宜者也吉可知矣占者有是德亦如是占也

象曰大君之宜行中之謂也

與初行正同六五中九二亦中故曰行中行中郎

用中中爻震足行之象也

上六敦臨吉无咎

敦厚也爻本坤土又變艮土敦厚之象初與二雖

非正應然志在二陽尊而應卑高而從下蓋敦厚

之至者○上六居臨之終坤土敦厚有敦臨之象

吉而无咎之道也故其象占如此

象曰敦臨之吉志在内也

志在内卦二陽曰志者非正應也

䷓ 坤下 巽上

觀者有象以示人而為人所觀仰也風行地上遍觸萬類周觀之象也二陽尊上為下四陰所觀仰觀之義也序卦臨者大也物大然後可觀故受之以觀所以次臨

觀盥而不薦有孚顒若觀官喚反

盥者將祭而潔手也薦者奉酒食以薦也有孚者信也顒者大頭也仰也爾雅顒顒君之德也大頭在上之意仰觀君德之意言祭祀者方盥手而未

薦人皆信而仰之矣觀者必當如是也自上示下曰觀去聲自下觀上曰觀平聲

彖曰大觀在上順而巽中正以觀天下觀盥而不薦有孚顒若下觀而化也觀天之神道而四時不忒聖人以神道設教而天下服矣觀皆去聲惟下觀而化平聲

以卦體卦德釋卦名又釋卦辭而極言之順者心于理無所乖巽者事于理無所拂中正即九五陽大陰小故曰大觀在上中正則所觀之道也言人君欲爲觀于天下者必所居者九五大觀之位所

具者順巽之德而後以我所居之中觀天下之不中所居之正觀天下之不正斯可以爲觀矣所以名觀下觀而化故人信而仰之所以有孚顒若者此也盥而不薦者神感也有孚顒若者神應也此觀之所以神也故以天道聖人之神道極言而贊之神者妙不可測莫知其然之謂天之神道非有聲色而四時代謝無少差忒聖人神道設教亦非有聲色而民自服從觀之神一而已矣

象曰風行地上觀先王以省方觀民設教上觀去聲下觀平聲

省方者廵狩省視四方也觀民者觀民俗也卽陳詩以觀民風納價以觀好惡也設教者因俗以設教也如齊之末業教以農桑衞之淫風教以有別是也風行地上周及庶物有歷覽周遍之象故以省方體之坤爲方方之象巽以申命設教之象

初六童觀小人无咎君子吝（觀平聲）

童者童稚也觀者觀乎五也中爻艮爲少男童之象也初居陽亦童之象故二居陰取女之象小人者下民也本卦陰取下民陽取君子无咎者百姓

日用而不知所以无咎也君子吝一句乃足上句之意故小象不言君子○初六當大觀在上之時陰柔在下去五最遠不能觀五中正之德輝猶童子之識見不能及遠故有童觀之象然其占在小人則无咎若君子豈无咎哉亦可羞吝矣見在小人則當无咎也

象曰初六童觀小人道也

不能觀國之光小人之道自是如此

六二闚觀利女貞觀平聲

闚與窺同門内窺視也不出戸庭僅窺一隙之狹者也曰利女貞則丈夫非所利矣中爻艮門之象也變坎爲隱伏坎錯離爲目目在門内隱伏處窺視之象也二本與五相應但二之前即門所以窺觀○六二陰柔當觀之時居内而觀外不出戸庭而欲觀中正之道不可得矣故有窺觀之象惟女子則得其正也故其占如此

象曰闚觀女貞亦可醜也

婦無公事所知者蠶織女無是非所議者酒食則

窺觀乃女子之正道也丈夫志在四方宇宙內事乃吾分內事以丈夫而爲女子之觀亦可醜矣

六三觀我生進退觀平聲

下爻皆觀乎五三隔四四已觀國之光三惟觀我生而已我生者我陰陽相生之正應也即上九也爲進退爲不果者巽也巽有進退之象故曰觀我生進退○六三當觀之時隔四不能觀國故有觀我生進退之人之象不言占之凶咎者陰陽正應未爲失道所當觀者也

象曰觀我生進退未失道也

道者陰陽相應之正道也

六四觀國之光利用賓于王觀平聲

光者九五陽明在上被四表光四方者也下坤土

國之象中爻艮輝光之象四承五賓王之象九五

王之象觀國光者親炙其盛快覩其休也賓者已

仕者朝覲于君君則賓禮之未仕者仕進于君君

則賓興之也觀卦利近不利遠六二中正又乃正

應乃曰闚觀則不利于遠可知矣○六四柔順得

正最近于五有觀光之象故占者利用賓于王

象曰觀國之光尚賓也

尚謂心志之所尚言其志意願賓于王朝

九五觀我生句君子无咎觀去聲

九五上九生字亦如六三生字皆我相生之陰陽也觀我生作句上九相同觀孔子小象可見矣觀我生者觀示乎我所生之四陰也即中正以觀天下也君子无咎對初爻小人无咎言下四陰爻皆小人上二陽爻皆君子小人當仰觀乎上故无咎

然初二四與九五皆陰陽相生故曰觀我生觀民
四之陰近于五往進之民也九五雖與六二正應
以初六陰爻也內卦三陰遠于五皆未之民也六
民自下四陰皆爲民之象也故姤九四曰遠民
象曰觀我生觀民也一觀字皆去聲
占如此
觀我生之象大觀在上君子于九五之道也故其象
中正以居尊位下之四陰皆其所觀示者也故有
君子尚觀示乎下故无咎○九五爲觀之主陽剛

也卽中正以觀天下之民也

上九觀其生句君子无咎觀去聲

上九雖在觀示之上然本卦九五有天下國家之責所以九五觀示乎諸爻諸爻仰觀乎九五曰我生者卽大有六五五陽皆其所有之意言下四陰惟我可以觀示他爻不可得而觀示之也若上九不在其位不任其事則無觀示之責止因在上位陰陽相生義當觀其生是空有觀生之位而已故不曰觀我生而曰觀其生者避五也是我字甚重

而其孚甚輕也君子无咎者九五與上九皆陽剛
在上故並君子之无咎也○上九以陽剛居觀之
極故有觀其生之象亦君子之无咎者故其象占
如此
象曰觀其生志未平也
志者上九之心志也平者均平也與九五平分相
同一般之意言周公爻辭九五觀我生而上九則
以其字易我字者何哉以上九之心志不敢與九
五同觀其民也故曰志未平也蓋觀示乎民乃人

君之事若上九亦觀示乎民則人臣之權與人君之權相爲均平而無二矣豈其理哉故上九陽剛雖與五同不過有觀生之位而已不敢以四陰爲我之民與九五平觀示之也

☲☳ 震下離上

噬嗑也噬合也頤中有物間之嗑而後合也上下兩陽而中虛頤之象也四一陽間于其中頤中有物之象也頤中有物必嗑而後合噬嗑之象也序卦嗑者合也可觀而後有所合所以次觀

噬嗑亨利用獄

噬嗑亨卦自有亨義也天下之事所以不得亨者
以其有間也噬而嗑則物本得而間之自亨通矣
此槩舉天下之事而言也利用獄者噬嗑中之一
事也

象曰頤中有物曰噬嗑噬嗑而亨剛柔分動而明雷
電合而章柔得中而上行雖不當位利用獄也

以卦體卦德二象卦綜釋卦名卦辭頤中有物則
其物作梗以人事論如寇盜姦宄治化之梗蠻夷

猾夏疆埸之梗以至君臣父子親戚朋友離貳讒
謗間于其中者皆頤中之梗也易卦命名立象各
有所取鼎也井也大過之棟也小過之飛鳥也遠
取諸物者也艮之背也頤之頤也噬嗑頤中之物
也近取諸身者也剛柔分者震剛離柔分居內外
內剛者齒也外柔者輔也動而明者震動離明也
雷電合者卦二象也蓋動不如雷則不能斷明不
如電則不能察惟雷電合則雷震電耀威明相濟
所謂動而明者愈昭彰矣此已前言噬嗑亨柔得

中而上行者本卦綜賁二卦同體文王綜爲一卦故雜卦曰噬嗑食也賁无色也言以賁下卦離之柔得中上行而居于噬嗑之上卦也蓋不柔則失之暴柔不中則失之縱柔得中則寛猛得宜有哀矜之念而又不流于姑息此其所以利用獄也若依舊註自益卦來則非柔得中而上行乃上行而柔得中矣不當位者以陰居陽也○頤中有物名噬嗑矣而曰亨者何也蓋凡噬物噬則頤分盡則頤合今未噬之先內剛外柔將噬之際動而明正

噬之時合而章先分後合又何物得以間之此所以噬嗑而亨也然以噬嗑之亨何事不利而獨利用獄者蓋六五以柔在上本不當位不足以致諸事之利獨以柔得中所以利用獄也

象曰雷電噬嗑先王以明罰勑法

罰者一時所用之法法者平日所定之罰明者辨也辨其輕重效電之明勑者正也正其國法效雷之威明辨其墨劓剕宮大辟以至流宥鞭朴金贖之數者正所以振勑法度使人知所畏避也勑字

本音賁相承作勑字

初九屨校滅趾无咎校音教

校足械也屨者以械加于足如納屨于足也中爻坎坎爲桎梏校之象也故上九亦言校趾者足趾也震爲足趾之象也滅者沒也遮沒其趾也變坤不見其震之足滅其趾之象也无咎者因其刑而懲創以爲善也屨校不懲必至荷校滅趾不懲必至滅耳不因其刑而懲創必至上九之惡積罪大矣安得无咎初九上九受刑之人中四爻則用刑

者○九居初無位下民之象也以陽剛而不柔順未有不犯刑者故有屨校滅趾之象趾乃人之所用以行者懲之于初使不得行其惡小人之福也故占者无咎

象曰屨校滅趾不行也

震性動滅其趾則不得動而行以為惡矣

六二噬膚滅鼻无咎

膚者肉外皮也凡卦中次序相近者言膚剝卦言膚者艮七坤八也睽卦言膚者兌二離三也此卦

言膚者離二震四也上六爻上言膚者皮也二言肉
者皮中之肉也四言胏者肉中連骨也以陽剛也
五陰柔又言肉矣爻位以次漸深噬肉以次漸難
然有膚胏之異脆而無骨噬而易嗑者也中四爻
有上下齒噬齧之象故四爻皆言噬此爻變合九色
為口噬之象也二乃治獄之人居其中初在下外
為膚噬其膚之象也故雜卦曰噬嗑食也正言此
四爻之噬也中爻艮艮為鼻鼻之象也二變則中
爻為離不見其艮之鼻滅其鼻之象也滅字與滅

趾滅耳同例卽朱子語錄所謂噬膚而沒其鼻于

器中是也言噬易嗑而深噬之也○六二柔順中

正聽斷以理故其治獄有噬膚滅鼻之易之象无

咎之道也故其占如此

象曰噬膚滅鼻乘剛也

剛者初之剛也入剛則性直獄內委曲皆不隱藏

已易于聽斷矣六二又以中正乘其剛以聽斷必

得其情故有噬膚滅鼻之易

六三噬腊肉遇毒小吝无咎腊音昔

腊肉者即六五之乾肉也今人以鹽火乾之肉也
離火在前三變又成離上火下火乾其肉之象也
九四六五離有乾象故二爻皆言乾而此言腊也
遇者逢也凡易中言遇者皆雷與火也睽九二變
震曰遇主于巷遇元夫者亦變震也豐遇配主遇
夷主小過大象坎錯離遇其妣遇其臣此雷火故
言遇毒毒者腊肉之陳久太肥者也說文云毒者
厚也五行志云厚味實腊毒師古云腊久也味厚
者為毒久文選張景陽七命云甘腊毒之味是也

噬腊遇毒者言噬乾肉而遇陳久太肥厚味之肉也中爻坎所以曰毒故師卦有此毒字○六三陰柔不中不正治獄而遇多年陳久煩瑣之事一時難于斷理故有噬腊遇毒之象亦小有吝矣然時當噬嗑于義亦无咎故其占又如此

象曰遇毒位不當也

以陰居陽

九四噬乾胏得金矢利艱貞吉乾音干胏音滓

胏乾肉之有骨者離爲乾乾之象也六五亦同此

象三四居卦之中乃獄情之難服者故皆以堅物象之金者剛也此爻正頤中之物陽金居二陰之間金之象也變坤錯乾亦金之象也矢者直也中爻坎矢之象也蓋九四正居坎之中坎得乾之中爻爲中男故此爻有金象有矢象若六五變爲乾止有金象無矢象矣故止曰得黃金且九四剛而不正故戒之以剛直六五柔中故戒之以剛中二爻皆曰得者教人必如此也艱者凛凛然惟恐一毫之少忽以心言也貞者兢兢然惟恐一毫之不

正以事言也周公此象蓋極精者非周禮鈞金束矢之說也○四居卦中獄情甚難故有噬乾胏堅物之象四以剛明之才治之宜即吉矣但四溺于二陰之間恐其徇于私而未甚光明故必如金之剛矢之直而又艱難正固則吉矣因九四不中正故教占者占中之象又如此

象曰利艱貞吉未光也

未光即屯九五夬九五之類

六五噬乾肉得黄金貞厲无咎

噬乾肉難于膚而易于乾胏者也乃所治之獄匪
難匪易之象黄者中也金者剛也變乾金之象也
乾錯坤黄之象也離得坤之中爻爲中女則離之
中乃坤土也故曰黄金貞者純乎天理之公而無
私也厲者存乎危懼之心而無忽也无咎者刑罰
當而民不寃也○六五居尊用刑于人人無不服
故有噬乾肉易嗑之象然恐其柔順而不斷也故
必如黄之中金之剛而又貞厲乃得无咎因六五
柔中故戒占者占中之象又如此

象曰貞厲无咎得當也當去聲

言必如此治獄方得當也

上九何校滅耳凶何荷音

何者負也謂在頸也中爻坎爲桎梏初則曰屨上則曰負以人身分上下而言也滅者遮滅其耳也坎爲耳痛滅耳之象也又離爲戈兵中爻艮爲手手持戈兵加于耳之上亦滅耳之象也○上九居卦之上當獄之終蓋惡極罪大怙終不悛者也故有何校滅耳之象占者如此凶可知矣

象曰何校滅耳聰不明也

聰者聞也聽也上九未變離明在上坎耳在下故聽之明今上九旣變則不成離明矣所以聽之不明也困卦坎有言不信夬四變坎聞言不信今旣聽之不明則不信人言矣坎旣心險又不信好言所以犯大罪

☲☶ 離下艮上

賁飾也爲卦山下有火山者百物草木之所聚下有火則照見其上品彙皆被光彩賁之象也序卦

嗑者合也物不可以苟合也故受之以賁所以次

噬嗑

賁亨小利有攸往賁彼為反

小利攸往亦為亨但亨之不大耳

彖曰賁亨柔來而文剛故亨分剛上而文柔故小利

有攸往天文也文明以止人文也觀乎天文以察時

變觀乎人文以化成天下

以卦綜卦德釋卦辭而極言之本卦綜噬嗑柔來

文剛者噬嗑上卦之柔來文賁之剛也柔指離之

陰卦剛則艮之陽卦也柔來文剛以成離明內而離明則足以照物動罔不臧所以亨分者又分下卦也分剛上而文柔者分噬嗑下卦之剛上而爲艮以文柔也剛指震之陽卦柔則離之陰卦也剛上而文柔以成艮止外而艮止則內而能知之外而不能行之僅可小利有攸往而已不能建大功業也故以其卦綜觀之柔來文剛剛上文柔是即天之文也何也蓋在天成象日月五星之運行不過此一剛一柔一往一來而已今本卦剛柔交錯

是賁之文即天之文也以其卦德觀之是即人之文也何也葢人之所謂文者不過文之明也而燦然有禮以相接文之止也而截然有分以相守今本卦内而離明外而艮止是賁之文即人之文也

觀天文以察時變觀人文以化成天下賁之文不其大哉變者四時寒暑代謝之變也化者變而爲新成者久而成俗

象曰山下有火賁君子以明庶政无敢折獄

明離象无敢艮象庶者衆也繁庶小事如錢穀出

納之類折獄則一輕重出入之間民命之死生所係乃大事也曰无敢者非不折獄也不敢輕折獄也再三詳審而後發之意此即小利有攸往之理因內明外止其取象如此賁與噬嗑相綜噬嗑利用獄者明因雷而動也賁不敢折獄者明因艮而止也

初九賁其趾舍車而徒舍音捨

賁其趾者道義以文飾其足趾也舍者棄也徒者徒行也舍車而徒即賁其趾也言舍車之榮而徒

行是不以徒行爲辱而自以道義爲榮也中爻震
與坎震趾之象也坎車之象也變艮止而又止舍
之象也初比二而應四比二則從乎坎車矣應四
則從乎震趾矣然升乎車者必在上方可乘易中
言乘者皆在上也言承者皆在下也初在下無乘
之理故有舍坎車而從震趾之象觀小象乘字可
見○初九剛德明體蓋内重外輕自賁于下而隱
者也故有舍非義之車而安于徒步之象占者得
此當以此自處也

象曰舍車而徒義弗乘也

初在下無可乘之理

六二賁其須

在頤曰須在口曰髭在頰曰髯須不能以自動隨頤而動則須雖美乃附于頤以爲文者也本卦綜噬嗑原有頤象今變陽則中爻爲兌口矣口旁之文莫如須故以須象之○六二以陰柔居中正三以陽剛得正皆無應與故二附三而動猶須附頤而動也故有賁其須之象占者附其君子斯無愧

于賁矣

象曰賁其須與上興也

與者相從也興者興起也二陰爻從三陽興起者

也

九三賁如濡如永貞吉

如前語辭濡沾濡也離文自飾賁如之象也中爻

坎水自潤濡水之象也永貞者長永其貞也九三

本貞教之以永其貞也吉者陰終不能陵也○九

三以一陽居二陰之間當賁之時陰來比已爲之

左右先後蓋得其賁而潤澤者也故有賁如濡如之象然不可溺于所安也占者能守永貞之戒斯吉矣

象曰永貞之吉終莫之陵也

陵者侮也能永其貞則不陷溺于陰柔之中有所嚴憚終莫之陵侮矣

六四賁如皤如白馬翰如匪寇婚媾皤白波反

皤白也四變中爻爲巽白之象也賁如皤如者言未成其賁而成其皤也非賁如而又皤如也中爻

震爲馵足爲的顙馵白足顙白顛白馬之象也舊
註不知象故言人白則馬亦白無是理矣翰如者
馬如翰之飛也中爻坎坎爲亟心之馬翰如之象
也寇指三婚媾指初○六四與初爲正應蓋相爲
賁者也乃爲九三所隔而不得遂故未成其賁而
成其皤然四往求于初之心如飛翰之疾不以三
之隔而遂已也使非三之寇則與初成婚媾而相
爲賁矣是以始雖相隔而終則相親也即象而占
可知矣與屯六二同

事王侯隨卦上六維之亦曰西山則上九乃山林
賤肆志乃山林高蹈之賢聲乃回體之卦上九不
果蓏林木園之象也此丘園指上九上九賁白賁
艮故六四與其丘艮為果蓏又居中爻震木之上
艮為山丘之象也故頤卦指上九為丘頤卦中爻

六五賁于丘園束帛戔戔吝終吉（戔音殘）

守正三不能求故終无過尤
以陰居陰故當位疑者疑懼其三之親比也六四
象曰六四當位疑也匪寇婚媾終无尤也

之賢無疑矣兩疋爲束陰爻兩坼束之象也坤爲帛此坤土帛之象也戔與殘同傷也艮錯兑爲毁折戔之象也束帛傷戔即今人之禮繳也本卦上體下體皆外陽中虛有禮繳之象上戔下戔故曰戔戔陰吝嗇故曰吝○六五文明以止之主當賁之時下無應與乃上比上九高蹈之賢故有光賁丘園束帛以聘之象然賁道將終文反于質故又有戔戔之象以此爲禮有似于吝然禮薄意勤禮賢下士乃人君可喜之事占者得此吉可知矣

象曰六五之吉有喜也
艮錯兌爲悦故曰有喜得上九高賢而文之豈不
喜
上九白賁无咎
賁文也白質也故曰白受采上九居賁之極物極
則反有色復于無色所以有白賁之象文勝而反
于質无咎之道也故其象占如此
象曰白賁无咎上得志也
文勝而反于質退居山林之地六五之君以束帛

聘之豈不得志此以人事言者也若以卦綜論之此文原是噬嗑初爻剛上文柔以下居上所以得志

☷☶ 坤下艮上

剝者落也九月之卦也五陰在下一陽在上陰盛陽孤勢將剝落而盡剝之義也至高之山附著于地有傾頹之勢剝之象也序卦賁者飾也致飾然後亨則盡矣故受之以剝所以次賁

剝不利有攸往

不利有攸往言不可有所往當儉德避難所以爲
君子謀也
象曰剥剥也柔變剛也不利有攸往小人長也順而
止之觀象也君子尚消息盈虛天行也
以卦體卦德釋卦名卦辭剥者陽剥也所以剥之
者陰也五之陰上進而欲變乎上之一陽也以卦
體言之小人長也陰邪之聲勢方張也以卦象言
之内順外止有順時而止之象人當觀此象也觀
小人之時時不可往觀一卦之象象自不往所以

不利有攸往消息者盈虛之方始盈虛者消息之已成消息盈虛四字皆以陽言復者陽之息姤者陽之消乾者陽之盈坤者陽之虛此正陽消而將虛之時也天行者天道自然之運也天運之使然君子亦惟以是爲尚與天時行而已旣不可往又豈可往哉君子二句又推原不利有攸往之故

象曰山附於地剝上以厚下安宅

上謂居民之上一陽在上之象也厚下者厚民之生省刑罰薄稅歛之類也宅者上所居之位非宅

自下起故以足言之一陽在上五陰剝下有宅象
剝牀以足者剝落其牀之足也蔑震足之象也剝
初六剝牀以足蔑貞凶
生民則治剝之道也
人剝君子成剝之義象以上厚下取義乃人君厚
民惟邦本本固邦寧之意卦以下剝上取義乃小
安宅者言厚于下而不剝下者君正所以自安其宅也
言之所以上九亦以廬言者以有廬之象也厚于下
合也因艮體一陽覆于下上有宅合之象故以宅

盧象牀象蔑者滅也蔑貞者蔑其正道也指上九也方剝足而即言蔑貞如履霜而知堅冰至也○初六陰剝在下有剝牀以足之象剝牀以足猶未見其凶然其剝足之勢不至蔑貞而不已故戒占者如此此聖人爲君子危而欲其自防于始也

象曰剝牀以足以滅下也

以滅下則漸而上矣見其端甚微知其必有蔑貞之禍

六二剝牀以辨蔑貞凶

辨者牀之幹也不曰幹而曰辨者謂牀之下足之上分辨處也蔑貞同初

象曰剝牀以辨未有與也

與者陽也凡爻中陽以應陰陰以應陽方謂之應與相比亦然二本陰爻有陽爻之應或有陽爻之比則有與矣今比乎二者初也初陰也應乎二者五也五亦陰也前後左右皆無應與之陽則上九乃孤陽矣豈不蔑貞故初知其蔑貞而二亦知其必有此凶也

六三剥之无咎

三雖與上九爲正應不可言剥然在剥卦之中猶不能離乎剥之名之語助辭衆陰方剥陽而三獨與之爲應是小人中之君子也去其黨而從正雖得罪于私黨而見取于公論其義無咎矣占者如此故无咎剥以近陽者爲善應陽者次之近陽者六五是也故无不利應陽者此爻是也故無咎

象曰剥之无咎失上下也

上下謂四陰三居四陰之中不與之同黨而獨與

一陽爲應與衆所失者上下之陰而所得者上九
之陽也推其爻四小人所以得一君子
六四剝牀以膚凶
初足二辨三牀之上四乃上體居牀之上乃牀上
人之膚也剝牀而及其肌膚切身矣故不言蔑
貞而直曰凶
象曰剝牀以膚切近災也
言禍已及身而不可免也
六五貫魚以宮人寵无不利

此正象辭所謂順而止之也魚貫者魚之貫串而相次以序五陰列兩旁之象也本卦大象巽此爻變巽巽有魚象詳見中孚巽爲繩貫之象也以者后妃以之也五君位爲衆陰之長故可以以之魚陰物宫人衆妾乃陰之美而受制于陽者艮錯兌爲少女宫人之象也以宫人寵者統領宫人以次上行進御而獲其寵也一陽在上五率其衆陰本卦原有此象且内順外止本卦原有此德陰順則能從乎陽艮止則必不剝陽矣无不利者陰聽命

于陽乃小人聽命于君子也故无不利非程傳別
設義之説○六四以剝其膚而凶至六五陰長陽
消之極矣然本卦順而且止故陰不剝陽有貫魚
以宫人寵反聽命于陽之象此小人之福而君子
之幸也故占者无不利
象曰以宫人寵終无尤也
五以陰剝陽今率其類以聽命于陽有何過尤
上九碩果不食君子得輿小人剝廬
碩果者碩大之果陽大陰小碩之象也艮爲果果

之象也不食者在枝間未食也諸陽皆消一陽在
上碩果獨在枝上之象也此爻未變艮錯兌爲口
猶有可食之象此爻一變則爲坤而無口矣不食
之象也果碩大不食必剝落朽爛矣故孔子曰剝
者爛也果剝落朽爛于外其中之核又復生仁猶
陽無可盡之理窮上反下又復生于下也輿者物
賴之以載猶地之能載物也變坤坤爲大輿輿之
象也一陽復生于地之下則萬物皆賴之以生此
得輿之象也廬者人賴之以覆猶天之能覆物也

五陰爲廬一陽蓋上爲廬之椽兂今一陽旣剝于上則國破家亡人無所覆庇以安其身此剝廬之象也上一畫變此窮上也故曰剝剝則陰矣故曰小人下一畫新生此反下也故曰得得則陽矣故曰君子蓋陽剝于上則必生于下生之旣終則必剝于上未剝之先陽一畫在上故其象似廬旣剝之後陽生于下則上一畫又在下矣故其象似輿

○諸陽消剝已盡獨上九一爻故有碩果不食之象今上九一爻旣變則純陰矣然陽無可盡之理

既剝于上必生于下故生于下者有君子得輿而爲民所載之象剝于上者有小人剝廬終無所用之象占者得此君子小人當自審矣

象曰君子得輿民所載也小人剝廬終不可用也

民所載者民賴之以承載也廬所賴以安身者也今既剝矣終何用哉必不能安其身矣國破家亡小人無獨存之理載字從輿字上來不可用從剝字上來

䷗震下坤上

復者來復也自五月一陰生後陽一向在外至十
月變坤今冬至復來反還于內所以名復也序卦
物不可以終盡剝窮上反下故受之以復所以次
剝
復亨出入无疾朋來无咎反復其道七日來復利有
攸往
先言出而後言入者程子言語順是也出者剛長
也入者剛反也疾者遽迫也言出而剛長之時自
一陽至五陽以漸而長是出之時未嘗遽迫也入

而剛反之時五月一陰生九月之剝猶有一陽至十月陽變十一月陽反以漸而反是入之時未常遽迫也朋者陰牵連于前朋之象也故豫卦損卦益卦泰卦咸卦皆因中爻三陽三陰牵連皆得稱朋也自外而之内曰來言陰自六爻之二爻雖成朋黨而來然當陽復之時陽氣上行以漸而長亦無咎病也復之得亨者以此道猶言路言剛反而復之道路也七日來復者自姤而遯否觀剝坤復凡七也即七日得之意蓋陽極于六陰極于六極

則反矣故七月來復也无疾咎者復之亨也七日來復復之期也利有攸往復之占也大抵姤復之理五月一陰生爲姤一陰生于內則陽氣浮而在外矣至于十月坤陰氣雖盛而陽氣未常息也但在外耳譬之妻雖爲主而夫未常亡故十一月一陽生曰剛反反者言反而歸之于內也十一月一陽生而復一陽生于內則陰氣浮而在外矣至于四月乾陽氣雖盛而陰氣未常息也但在外耳譬之夫雖爲主而妻未常亡故五月一陰復生天地

雖分陰陽止是氣不過一內一外而已一內一外即一升一沉一盛一衰一代一謝也消息盈虛循環無端所以言剝言復

彖曰復亨剛反動而以順行是以出入无疾朋來无咎反復其道七日來復天行也利有攸往剛長也復其見天地之心乎

以卦德卦體釋卦辭而贊之剛反謂剛長反者言剝之剛窮上反下而爲復也長者言復之剛自下進上歷臨泰而至于乾也以其既去而來反也故

則惻隱羞惡辭讓是非性善之端也故六爻以復
地生物之心無一息之間斷也一陽之復在人心
之時天地之心幾于滅息矣今一陽來復可見天
地之心者天地無心生之不息者乃其心也剝落
日來復陽剛用事君子道長所以利有攸往見天
天行者陰陽消息天運之自然也故反復其道七
上體乃坤順以順而動所以出入往來无疾无咎
初剛長言已復之後行亦動也言下體震動然
亨以其既反而長也故利有攸往剛反言其方復之

靈爲義此孔子贊辭曰天地間無物可見天地之
心唯此一陽初復萬物未生見天地之心若是三
陽發生萬物之後則天地之心盡散在萬物不能
見矣天地之心動後方見聖人之心應事接物方
見
象曰雷在地中復先王以至日閉關商旅不行后不
省方
先王者君之先王后者今之時王一陽初復萬物
將發生之時當上下安靜以養微陽商旅不行者

下之安靜也后不省方者上之安靜也人身亦然
月令齋戒掩身是也以卦體論陰爻貫魚商旅之
象陽爻橫亘于下閉關之象陽君不居五而居初
潛居深宫不省方之象以卦象論震爲大塗中開
大路旅之象坤爲衆商旅之象震綜艮艮止不行
之象闔戶爲坤閉關之象坤爲方方之象
初九不遠復无祗悔元吉
不遠者失之不遠也祗者適所以之辭適者往也
至也人有過失必至徵色發聲而後悔悟此則困

心衡慮者也惟自此心而失之又自此心而知之自此心而知之又自此心而改之此則不遠即復不至于悔者也○初九一陽初生于下復之主也居于事初其失不遠故有不遠能復于善無至于悔之象本善而吉之道也故其占如此

象曰不遠之復以修身也

爲學之道無他惟知不善則速改以從善而已復則人欲去而天理還修身之要何以加此

六二休復吉

休者休而有容也人之有善若己有之者也以其
才位皆柔又變悅體所以能下其初之賢而復○
六二柔順中正近于初九見九之復而能下之故
有休復之象吉之道也故其占如此
象曰休復之吉以下仁也
復初爻本頑果不食窮上反下其核又生仁所以
取此仁字復禮爲仁初陽復即復于仁也故曰以
下仁
六三頻復厲无咎

頻者數也三居兩卦之間一復既盡一復又來有頻之象與頻巽同頻復者頻失而頻復也厲者人心之危也无咎者能改過也不遠之復者顏子也頻復則日月一至諸子也○六三以陰居陽不中不正又處動極復之不固故有頻失頻復之象然當復之時既失而能知其復較之迷復者遠矣故當頻失之時雖不免危厲而至于復則无咎也故其占如此

象曰頻復之厲義无咎也

頻復而又頻失雖不免于厲然能改過是能補過矣揆之于義故无咎

六四中行獨復

中行者在中行也五陰而四居其中中之象也凡卦三四皆可言中益卦三四皆言中行是也此爻變震應爻亦震震爲足行之象也獨復者不從其類而從陽也故孔子以從道象之○六四柔而得正在羣陰之中而獨能下應于陽剛故有中行獨復之象曰獨復則與休者等矣蓋二比而四應也

象曰中行獨復以從道也

初之象曰以修身也二曰仁四曰道修身以道修道以仁仁與道皆修身之事二比而近故曰仁四應而遠故曰道小象之精極矣

六五敦復无悔

敦者厚也有一毫人欲之雜非復有一毫人欲之間非復敦復者信道之篤執德之堅不以久暫而或變者也不遠復者善心之萌敦復者善行之固无悔者反身而誠也敦臨敦復皆因坤土○六五

以中德居尊位當復之時故有敦厚其復之象如是則心與理一無可悔之事矣故占者无悔

象曰敦復无悔中以自考也

考者成也言有中德自我而成其敦復也不由于人之意初乃復之主二以下仁而成休復四以從道而成獨復皆有資于初以成其復惟五以中德而自成不資于初故曰自无祇悔者入德之事无悔者成德之事故曰考

上六迷復凶有災眚用行師終有大敗以其國君凶

至于十年不克征

坤爲迷迷之象也迷復者迷其復而不知復也坤本先迷今居其極則迷之甚矣以者與也並及之意因師敗而並及其君有傾危之憂也坤爲衆師之象也變艮大象離離爲戈兵衆人以戈兵而震動行師之象也國者坤之象也詳見謙卦十者土數成于十也不克征者不能雪其耻也災眚者凶也用師以下則災眚之甚又凶之大者也復卦何以言行師以其敵陽也剝復相綜陽初復陰極盛

正龍戰于野之時曰終有大敗者陽上進知其終
之時必至于夬之无號也○上六陰柔居復之終
故有迷復之象占者得此凶可知矣是以天災人
眚雜然並至天下之事無一可爲者若行師則喪
師辱君至于十年之久猶不能雪其恥其凶如此
象曰迷復之凶反君道也
反君道者反其五之君道也六五有中德敦復无
悔上六居坤土之極又無中順之德所以反君道而
凶

周易集註卷之五終

周易集註卷之六

梁山來知德集註

䷘ 震下乾上

无妄者至誠無虛妄也史記作無所期望蓋惟本无妄所以凡事盡其在我而于吉凶禍福皆委之自然未常有所期望所以无妄也以天道言實理之自然也以聖人言實心之自然也故有正不正之分蓋震者動也動以天爲无妄動以人則妄矣

序卦復則不妄故受之以无妄所以次復

无妄元亨利貞其匪正有眚不利有攸往

惟其无妄所以不期望若處心未免于妄而匪正則無道以致福而妄欲徼福非所謂无妄之福有過以召災而妄欲見災非所謂无妄之災此皆未免容心于禍福之間非所謂无妄也豈不有眚若真實无妄之人則純乎正理禍福一付之天而無苟得幸免之心也

彖曰无妄剛自外來而爲主於内動而健剛中而應大亨以正天之命也其匪正有眚不利有攸往无妄

○以卦綜卦德卦體釋卦辭言文王卦辭元亨利
命之實理天身而誠者也若自外來豈得為天命
而外健故大亨剛中而應故正天命者至誠乃天
无虛妄所以有人之告而不利有攸往也內動
又性虛動又自外來動以人不動以天非至誠
來居无妄之下卦而為震也剛自外來作主于內
大畜時也无妄綜也剛自外來者大畜上卦之艮
本卦綜大畜一卦同體文王綜為一卦故雜卦曰
之往何之矣天命不祐行矣哉

貞之外而又言其匪正有眚不利有攸往者以剛
自外來而爲主于內也若本卦動而健以剛中而
應柔中則大亨以正矣大亨以正實天之命也天
命實理無一毫人欲之私此文王卦辭所以言元
亨也若以外來者爲主則有人欲之私非反身而
誠天命之實理即匪正矣欲往也將何之哉是以
天命不祐有眚而不利也此所以文王卦辭言元
亨而又利貞也若舊註以剛自外來爲自訟來則
非自外來乃自內來矣

象曰天下雷行物與无妄先王以茂對時育物
茂者盛也物物對時而言之所育者極其盛大
非止一物也即如雷地豫之殷薦時若因雷發
生萬物對其所育之時如孟春犧牲毋用牝之
類是也天下雷行震動發生一物各具一太極是
物物而與之无妄者天道之自然也茂對時育物
得節愛養輔相裁成使物物各遂其无妄之性者
聖人之當然也
初九无妄往吉

爻與象辭不同者爻以一爻之定體而言象以全
體相綜大畜而言○九以陽剛之德居无妄之初
有所動所謂動以天也且應爻亦剛無係戀之私
是一感一應純乎其誠矣何吉如之故占者往則
吉
象曰无妄之往得志也
誠能動物何往而不遂其心志
六二不耕穫不菑畬則利有攸往
耕者耕也穫者秋斂也菑者田之一歲墾而方

成者畬者田之三歲墾而已熟者農家始而耕終
而穫始而菑終而畬不耕穫者不方耕而即望其
穫也不菑畬者不方菑而即望成其畬也耕也菑
也即明其道也穫也畬也即功也曰不耕穫不菑
畬即明其道不計其功也觀小象未富可見矣若
程傳不首造其事本義无所爲於前無所冀於後
將道理逼講空了乃禪學也吾儒聖人之學進德
修業盡其理之當然窮通得喪聽其天之自然修
身俟命此正所謂无妄也豈一點道理不進空空

寂寂謂之无妄哉初爲地位二爲田故九二曰見
龍在田震居東二三皆陰土水臨土上春耕之象
也震爲禾稼中爻艮爲手禾在手穫之象也中爻
巽下卦震上入下動菑畬之象也故禾耨取諸益
○六二柔順中正當无妄之時無私意期望之心
故有不耕穫不菑畬之象言雖爲于前無所望于
後占者必如此則利有攸往矣
象曰不耕穫未富也
言未有富之心也此富字雖曰未有此心然亦本

于象蓋巽爲市利小畜上體乃巽小象曰不獨富也此卦中爻巽曰未富者未入巽之位也

六三无妄之災或繫之牛行人之得邑人之災

本卦大象離此爻又變離離爲牛牛之象也中爻巽爲繩又艮爲鼻繩繫牛鼻之象也震爲足行之象也三爲人位人在震之大塗行人之象也三居坤土得稱邑又居人位邑人之象也此爻居震動之極牛失之象也又變離錯坎坎爲盜亦牛失之象也或者設或也即假如二字假牛以明无妄之

災乃六三也即邑人也○六三陰柔不正故有此

象言或繫牛于此乃邑人之牛也牛有所繫本不

期望其走失偶脱所繫而爲行人所得邑人有失

牛之災亦適然不幸耳非自已有以致之故爲无

妄之災即象而占可知矣

象曰行人得牛邑人災也

行人得牛而去邑人不期望其失牛而失牛故爲

无妄之災

九四可貞无咎

可者當也九陽剛健體其才亦可以有爲者但下
無應與無所係戀而無妄者也占者得此但可守
此无妄之正道卽無咎矣若妄動又不免有動也
象曰可貞无咎固有之也
固有者本有也無應與則無係戀而无妄則无妄
乃九四之本有也
九五无妄之疾勿藥有喜
五變則中爻成坎坎爲心病疾之象也中爻巽木
艮石藥之象也中爻巽綜兌悅喜之象也意外之

變雖聖人亦不能無但聖人廓然大公物來順應
來則照而去不留無意必固我之私是以意外之
來猶无妄之疾耳如舜之有苗周公之流言皆无
妄之疾也雖敷文教而有苗格公孫碩膚德音不
瑕大舜周公之疾不藥而自愈矣○九五陽剛中
正以居尊位而下應亦中正无妄之至也如是而
猶有疾乃无妄之疾不當得而得者故勿藥自愈
其象占如此
象曰无妄之藥不可試也

試者少嘗之也无妄之疾勿藥者以无妄之藥不
可嘗也若嘗而攻治則反爲妄而生疾矣故不可
輕試其藥止可聽其自愈
上九无妄行有眚无攸利
下應震足行之象也九非有妄但時位窮極不可
行耳故其象占如此
象曰无妄之行窮之災也
无妄未有不可行者以時位耳與亢龍同故二小
象亦同

䷙ 乾下艮上

大者陽也其卦乾下艮上以陽畜陽所畜之力大非如巽以陰畜陽所畜之力小故曰大畜又有蘊畜之義又有畜止之義序卦有无妄然後可畜故受之以大畜所以次无妄

大畜利貞不家食吉利涉大川

中爻兌口在外四近于五之君當食祿于朝不家食之象也何以言食本卦大象離故彖辭曰輝光日新者因大象離也離錯坎又象頤有飲食自養

之象因錯坎水中爻震木所以有涉大川之象又

本卦錯萃萃大象坎若以卦體論四五中空有舟

象乾健應四五上進有舟行而前之象應乎天者

以卦德論其理也彖辭爻辭皆各取義不同貞者

正也利于正道如多識前言往行以畜其德是也

吉者吾道之大行也言所蘊畜者皆正則畜極而

通當食祿于朝大有作爲以濟天下之險也

彖曰大畜剛健篤實輝光日新其德剛上而尚賢能

止健大正也不家食吉養賢也利涉大川應乎天也

以卦德卦綜卦體釋卦名卦辭剛健者內而存主也篤實者外而踐履也剛健無一毫人欲之陰私篤實無一毫人欲之虛假則闇然日章光輝宣著其德自日新又新所以積小高大以成其畜也名大畜者以此剛健乾象篤實艮象二體相合離象故又言輝光日新剛上者大畜綜无妄无妄下卦之震上而爲大畜之艮也上而爲艮則陽剛之賢在上矣是尚其賢也止健者止居上而健居下禁民之强暴也此二者皆大正之事所以利貞若以

止健爲陽剛君子則又非大正矣養賢者食祿
以養賢也應天者下應乎乾也天者時而已矣既
負蘊畜之才又有乾健之力所以當乘時而出以
濟天下之險難也惟剛上則賢人在上故能尚賢
故能成艮而止健故能兌口在外卦而食祿于外
故能六五得中而應乎乾此四者皆卦綜剛上之
功也
象曰天在山中大畜君子以多識前言往行以畜其
德

天者一氣而已氣貫乎地中天依乎地地附乎天雲雷皆自地出故凡地下空虛深處皆是天故曰天在山中多識即大畜之意乃知之功夫也古聖賢之嘉言善行皆理之所在皆古人之德也君子多識之考跡以觀其用察言以求其心則萬理會通于我而我之德大矣此君子體大畜之功也中爻震足行之象兌口言之象

初九有厲利已已夷止反

乾三陽爲艮所畜故內外之卦各具其義內卦受

畜以自止爲義以陰陽論若君子之受畜于小人也外卦能畜以止人爲義以上下論若在位之禁止强暴也易主于變易所以取義不窮已者止也厲者不相援而反相擠排危厲之道也○初九陽剛乾體志于必進然當大畜之時爲六四所畜止而不得自伸故往則有危惟止則不取禍矣故教占者必利于止也

象曰有厲利已不犯災也

災卽厲也止而不行則不犯災矣

九二輿說輹說音脫輹音服

乾錯坤爲輿輿之象也中爻兌爲毁折脫輹之象也輿賴輹以行脫則止而不行矣○九二亦爲六五所畜以有中德能自止而不進故有輿說輹之象占者凡事不冐進斯無尤矣

象曰輿說輹中无尤也

惟有中德故無妄進之尤

九三良馬逐利艱貞曰閑輿衞利有攸往

此爻取藴畜之義乾爲良馬良馬之象也中爻震

爲作足之馬乾馬在後追逐震馬之象也兩馬因震動而追逐遇艮止不得馳上利艱貞之象也中爻兌口乾爲言曰之象也乾錯坤輿之象也陰爻兩列在前衞之象也考工記車有六等戈也人也殳也戟也矛也軫也皆衞名良馬逐者用功如良馬追逐之速也即九三終日乾乾夕惕若之意艱者艱難其思慮恐其失于太易也貞者貞固其作爲恐其失于助長也曰者自嘆之辭閑者習也習其車輿與其防衞也閑習有優游自得之意曰閑

輿衛者自嘆其當閑輿衛也言當此大畜之時爲人所畜止摧抑果何所事哉亦惟自閑輿衛以求往乎天衢耳輿者任重之物衛者應變之物以人事論君子不當家食以一身而任天下之重者輿也當涉大川以一身而應天下之變者衛也必多識前言往行之理畜其剛健篤實之德以德爲車以樂爲御忠信以爲甲冑仁義以爲干櫓涵養于未用之時以待時而動此閑輿衛之意也閑輿衛又利艱貞之象也舊註以不相畜而俱進殊不知

卦名大畜下體非自止則蘊畜也無進之意蓋觀童牛之牿則知當有厲利已矣觀豶豕之牙則知當輿說輹矣觀何天之衢則知用功當良馬逐矣所以小象言上合志所以當取蘊畜之義惟蘊畜方能畜極而通何天之衢○九三以陽居健極當大畜之時正多識前言往行用功不已之時也故有良馬追逐之象然猶恐其過剛鋭進惟當艱貞從容以待時故又有日閑輿衛之象如是自然畜極而通利有攸往矣故教戒占者必當如此

象曰利有攸往上合志也

上合志者謂上九之志與之相合也三與上九情

雖不相孚然皆居二體之上其志皆欲畜極而通

應與之志相合所以利有攸往

六四童牛之牿元吉

童者未角之稱牿者施橫木于牛角以防其觸卽

詩所謂福衡者也此爻變離離爲牛牛之象也艮

本少又應初童牛之象也變離錯坎牿之象也艮

手中爻震木手持木而施之角亦牿之象也○六

本卦大象離錯坎承之象也五變中爻又成離

六五豶豕之牙吉豶音焚

曰之悅喜之象也

上不勞于棰制下不傷于刑誅故可喜四正當位

象曰六四元吉有喜也

少而成功多大善而吉之道也故元吉

故有梏童牛之象占者知此則止惡于未形用力

以陽剛居卦之下其勢甚微于此止之爲力甚易

四艮體居上當乾之時與初相應當初者也初

矣豶者犗也騰也乃走豕也與童牛之梏一句同例童字與豶字同梏字與牙字同中爻震足性動豶之象也牙者埤雅云以杙繫豕也乃杙牙非齒牙也杜詩鳧雛入漿牙坡詩置酒看君中戟牙荆公槎牙死樹鳴老烏阿房賦簷牙高啄又將軍之旗曰牙立于帳前謂之牙帳考工記輪人牙也者所以爲固抱也所以蜀人呼棹牙橈牙床牙則牙字乃古今通用非齒牙也詩椓之丁丁丁丁杙聲也以木入土所以有聲也今船家繫纜椿謂之橜

亦曰杙牙者椿上杈丫牙也蓋以絲繫矢曰弋故從弋所以繩繫木曰杙杙參巽爲繩繫之象也巽木杙之象也言以繩繫走豕于杙牙也舊註因宫刑或曰犗刑遂以爲去其勢但天下無閹人之豕所以此豶字止有騰字意無犗字意牛馬豕皆人之所畜者故大畜並言之○六五以柔中居尊位當畜乾之時畜乎其二者也故有豶豕之牙之象占者如此則強暴梗化者自屈服矣故吉

象曰六五之吉有慶也

慶卽喜但五君位所畜者大故曰慶卽一人有慶也

上九何天之衢亨

此畜極而通之義何胡可切音荷儋也負也儋卽擔字楊子擔石是也詩何蓑何笠皆音荷靈光賦荷天衢以元亨莊子背負青天皆此意鄭康成亦言肩荷是也上陽一畫象擔二陰垂𩌏于兩邊有擔挑之象言一擔挑起天衢也卽陳白沙所謂明月清風作兩頭一挑挑到魯尼丘也因卦體取此

象無此實事金車玉鉉之類是也上爲天位天之
象也四達謂之衢艮綜震爲大塗衢之象也以人
事論天衢乃朝廷政事之大道也觀小象曰道大
行可知矣○畜之既久其道大行正不家食擔負
廟廊之重任涉大川擔當國家之險阻此其時矣
故有何天衢之象占者得此亨可知矣
象曰何天之衢道大行也
道大行者不家食涉大川無往而莫非亨也道字
即衢字

䷚ 震下艮上

頤口旁也口食物以自養故取養義爲卦上下二陽内含四陰外實内虛上止下動故名爲頤序卦物畜然後可養故受之以頤所以次大畜

頤貞吉觀頤自求口實

本卦大象離目觀之象也陽實陰虛實者養人虛者求人之養自求口實者自求養于陽之實也震不求艮艮不求震惟自求同體之陽故曰自求爻辭見之

彖曰頤貞吉養正則吉也觀頤觀其所養也自求口實觀其自養也天地養萬物聖人養賢以及萬民頤之時大矣哉

釋卦辭極言養道而贊之觀其所養者觀其所以養人之道正不正也指上下二陽也觀其自養者觀其求口實以自養之正不正也指中間四陰也本卦頤原從口無養德之意惟頤養得正則養德即在其中矣不但養人自養以至天地聖人養萬物養萬民無非養之所在故曰頤之時大矣哉與

大過解華同

象曰山下有雷頤君子以慎言語節飲食

帝出乎震萬物得養而生成言乎艮萬物得養而成君子慎言語以養其德節飲食以養其體言語飲食動之象慎也節也止之象此處方說出養德

初九舍爾靈龜觀我朶頤凶舍音捨

大象離龜之象也應爻艮止中空靈龜止而不食服氣空腹之象也朶者垂朶也震反生朶之象也垂下其頤以垂涎乃欲食之貌也爾者四也我者

初也靈龜以靜止爲養朶頤以震動爲養故爾四
而我初大象離目又觀之象也○初九陽剛乃養
人者也但其位卑下不能養人及民又乃動體當
頤養之初正上止下動之時惟知有口體之欲舍
六四而不養故有舍爾靈龜觀我朶頤之象飲食
人賤凶之道也故其占如此
象曰觀我朶頤亦不足貴也
飲食之人則人賤之故不足貴
六二顛頤拂經于丘頤征凶

顛者頂也指外卦也拂者除也去也違悖之意諸爻皆求養于同體之陽不從應與故有顛拂之象顛頤者求養于上也拂經者違悖養于同體之常經也山阜曰丘土之高者艮之象也于丘頤者求養于外卽顛頤也凶者求食于權門必見拒而取羞也〇六二陰柔不能自養必待養于陽剛然震性妄動不求養于初而求養于外則違養道之常理而行失其類矣故教占者當求養于初若于丘頤不惟不得其養而往則凶也故其象占如此

者貽吉○六二陰柔不中正本乃動體至三則動
否止所以下三爻養于動者皆凶上三爻養于止
者中爻坤土之成數也初用者皆不得用其養也口
之正應也貞者正也上乃正應亦非不正也十年
拂頤者違拂所養之道不求養于初而求養于上
六三拂頤貞凶十年勿用无攸利
頤徃失其類矣故曰失類曰行者震足之象也
養道各從其類一二養于初四五養于上合一頤
象曰六二征凶行失類也

極而妄動矣故有拂頤之象占者得此雖正亦凶

至于十年之久理極數窮亦不可往其凶至此

象曰十年勿用道大悖也

震爲大塗道之象也大悖即拂頤

六四顛頤吉虎視眈眈其欲逐逐无咎眈都含切

顛者頂也與六二同顛頤者求養于上也吉者得

養道之常經也艮爲虎虎之象也天下之物自養

于内者莫如龜求養于外者莫如虎龜自養于内

内卦初舍之故凶虎求養于外外卦上施之故吉

爻辭之精至此眈者視近而志遠也變離目視之

象也應爻初爲地位虎行垂首下視于地視近也

而心志乃求養于天位之上志遠也故以眈字言

之視下卦眈也志上卦眈也故曰眈眈陰者人欲

之象也下卦二陰欲也上卦二陰欲也人欲重疊

追逐而來故曰逐逐眈者四求養于上也逐者上

施養于四也○六四當頤養之時求養于上故有

顛頤之象吉之道也故占者吉然四求養于上上

施養于四四得所養矣故又有視眈欲逐之象以

求養而得逐逐之欲似有過咎矣然養得其正故

吉者不惟吉而又无咎也

象曰顛頤之吉上施光也施去聲

施者及也布散惠與之義詳見乾卦雲行雨施言

上養及于四也光者艮篤實光輝其道光明也變

離日亦光之象也

六五拂經居貞吉不可涉大川

拂經者五與内卦爲正應亦如二之求養于上違

悖養于同體之常道也故二五皆言拂經居者靜

以守之也貞者求養于同體之陽乃任賢養民之
正道也吉者恩不自出而能能養人也不可涉大
川者言不可自用以濟人也涉川必乾剛五柔故
不可涉○六五居尊能自養人者也但陰柔不正
無養人之才又與內卦爲正應故亦有拂經之象
然養賢及民君道之正故教占者順以從上守此
正道則吉不可不量巳之力而當濟人之任也

象曰居貞之吉順以從上也

中爻坤順故曰順言順從上而養人也

上九由頤厲吉利涉大川

由者從也九以陽剛居上位是天下之養皆從上九以養之也厲者上而知君賴我以養也則恐專權僭逼而此心無一事之或忽下而知民由我以養也則常握髮吐哺而此心無一時之或寧此上九之所謂厲也故戒之以厲而後許之以吉也凡易言涉大川取乾者以卦德也以乾天下至健德行恒易以知險也需同人大畜是也取水木者以卦體也渙蠱未濟謙或取中爻或取卦變是也取

中虛者以卦象也益中孚頤是也五不可涉大川

上九利涉大川方見五賴上九以養人○上九以陽剛之德居尊位六五賴其賢以養人故有由頤之象然位高任重必厲而後吉即天下有險阻亦可以濟之而不失其養也其占又如此

象曰由頤厲吉大有慶也

得所養下之慶亦君上之慶故大

䷛ 巽下兌上

大過大者陽也陽過于陰也乾坤也坎離也山雷

也澤風也此八卦也乾與坤錯坎與離錯澤風與山雷相錯風澤與雷山相錯六十四卦惟此八卦相錯其餘皆相綜澤本潤木之物今乃滅沒其木是大過矣又四陽居中過盛此所以名大過也不然四陽之卦亦多何以不名過因其居中相聚而盛所以得名也序卦頤者養也不養則不可動故受之以大過所以次頤

大過棟橈利有攸往亨　橈乃教反

梁上屋脊之木曰棟所以乘椽瓦者也木曲曰橈

本末弱而棟不正有如木之曲也椽垂簷以漸而

下曰宇此卦大象坎坎爲棟坎主險陷橈之象也

又爲矯輮亦橈曲之象也若以理論本弱則無所

承末弱則無所寄附此卦上缺下短亦有橈之象

既棟橈矣而又利有攸往何也蓋橈以成卦之象

言利有攸往亨則以卦體卦德之占言

彖曰大過大者過也棟橈本末弱也剛過而中巽而

說行利有攸往乃亨大過之時大矣哉說音悅

以卦體卦德釋卦名卦辭而嘆其大陽大陰小本

卦大者過故名大過本謂初末謂上弱者陰柔也
古人作字本末皆從木來木下加一畫陽取根株
回緩故爲本木上加一畫陽取枝葉向榮故爲末
剛過者四陽也而中者二五也雖三四亦可言中
故復卦四曰中行益卦三四皆曰中行也巽而悅
行者内巽而外行之以悅也若以人事論體質本
是剛毅足以奮發有爲而又用之以中不過于剛
德性本是巽順足以深入乎義理而又行之以和
不拂乎人情所以利有攸往乃亨大過之時者言

人知而求天知樂世不見知而不悔也此必有大
回俗而求同理天下非之而不顧也无悶者不求
鮮則无悶也蓋亦有獨立不懼之時不懼者不求
上一句大過之象下一句大過之行非達則不懼
象曰澤滅木大過君子以獨立不懼遯世无悶
其大與頤反其事同
蓋無其時不可過有其時無其事亦不可過故廣
堯舜禪受湯武放伐雖過其事而不過乎理是也
入于大過之時行大過之事適其時當其事也知

過人學問義理見得明有大過人操守脚根立得

定方幹得此事

初六藉用白茅无咎

藉者薦也承薦其物也因上承四剛故曰藉茅者

草也巽陰木爲茅故泰卦變巽曰茅否卦大象巽

亦曰茅巽爲白白茅之象也无咎者敬慎不敗也

○初九當大過之時陰柔巳能慎矣又居巽體之

下則慎而又慎者也亦如物不錯諸地而有所藉

可謂慎矣而又藉之以茅茅又用夫白白則至潔

之物矣是慎之大過者也故有此象然慎雖大過
以其居大過之初雖大過而不過故古者无咎
象曰藉用白茅柔在下也
陰柔居巽之下
九二枯楊生稊老夫得其女妻无不利
巽爲楊楊之象也木生于澤下者楊獨多故取此
象楊乃木之弱者四陽之剛皆同爲木但二五近
本末之弱故以楊言曰枯者取大過乎時之義故
二五皆言枯也至三四則成乾之堅剛故言棟稱

木稚也二得陰在下故言生稊稊者下之根生也五得陰在上故言生華華者上之枝生也根生則生生不息枝生則無生意矣下卦巽錯震長男也老夫之象故稱老夫老夫者再娶女之夫也應爻兌兌乃少女也女妻之象故稱女妻女妻者未嫁而幼者也九五兌錯艮少男也士夫之象故稱士夫士夫乃未娶者應爻巽爲長女老婦之象也故稱老婦老婦者已嫁而老者也周公爻辭其精至此舊註不知象以二五皆比于陰殊不知九二

下卦反稱老夫九五上卦反稱士夫近初者言老近上者言少說不通矣○九二陽剛得中當大過之時而應于少女故取諸物有枯楊生稊取諸身有老夫得其女妻之象可以成生育之功矣故占者無不利

象曰老夫女妻過以相與也

此慶幸之辭言陽方大過之始得少陰以之相與則剛柔相濟過而不過可以成生育之功矣故占者无不利

九三棟橈凶

變坎爲棟又木堅多心棟之象也因坎三四皆以棟言因巽二五皆以楊言文王棟橈本末皆弱周公棟橈因初之弱○九三居内卦下陰虚弱下虚弱則上不正故有棟橈之象占者之凶可知矣

象曰棟橈之凶不可以有輔也

同體之初虚弱無輔助也

九四棟隆吉有它吝

變坎亦有棟象隆者隆然而高起也它者初也三

四皆棟四居外卦陰虛在上非如三之陰虛在下也上虛下實則有所承載故有棟隆之象占者固吉矣然下應乎初若以柔濟之則過于柔矣其棟決不能隆吝之道也故又戒占者以此

象曰棟隆之吉不橈乎下也

因外卦虛在上實在下所以不橈故曰不橈乎下也不可以有輔者下虛故也不橈乎下者下實故也

九五枯楊生華老婦得其士夫无咎无譽

兌綜巽又楊之象也生華者楊開花則散漫終無益于枯也老婦士夫詳見九二爻下○九五以陽剛應乎過極之長女乃時之大過而不能生育者也故有枯楊生華老婦得其士夫之象占者得此揆之于理雖無罪咎而老婦反得士夫亦非配合之美矣安得又有譽哉故其象占如此

象曰枯楊生華何可久也老婦士夫亦可醜也

何可久言終散漫亦可醜言非配合言且不惟不能成生育之功而配合非宜亦可醜也

上六過涉滅頂凶无咎

頂者首也變乾為首頂之象也當過之時遇兌澤之水過涉之象也澤水在首滅沒其頂之象也以二陰爻論之初藉用白茅大過于慎者也以其居卦之初故不凶而无咎上過涉滅頂大過于濟者也以其居卦之終故有凶而无咎○上六處大過已極之時勇于必濟有冒險過涉之象然才弱不能以濟故又有滅頂之象過涉滅頂必殺身矣故占者必凶然不避艱險慷慨赴死殺身成仁之事

也故其義无咎

象曰過涉之凶不可咎也

无咎者上六本无咎也不可咎者人不得而咎之

也以人事論過涉之凶雖不量其淺深以取禍然

有死難之節而無苟免之羞論其心不論其功論

是非不論利害人惡得而咎之

䷜ 坎下坎上

習重習也坎坎陷也其卦一陽陷于二陰之中此

坎陷之義也坎爲水者四陰土坎也二陽坎中之

水也天一生水所以象水也上坎下坎故曰重險

序卦物不可以終過故受之以坎所以次大過

習坎有孚維心亨行有尚

維者繫也尚者有功可嘉尚也身在坎中所可自

主者獨此心耳人之處險占得此者能誠信以維

係于其心安于義命而不僥倖苟免則此心有主

利害禍福不能摇動是以脫然無累而心亨矣由

是洞察時勢惟取必于理而行之故可出險有功

所以行有尚九二九五中實有孚之象陷于坎中

而剛中之德自若維心亨之象

象曰習坎重險也水流而不盈行險而不失其信維心亨乃以剛中也行有尚往有功也天險不可升也地險山川丘陵也王公設險以守其國險之時用大矣哉

以卦象卦德卦體釋卦名卦辭而極言之上險下險故曰習坎水流不盈者足此通彼未常泛濫而盈滿也行險即水流以其專赴于壑故曰行險行此險陷未常失其不盈之信是天下之有孚者莫

過于水矣故教占者有孚剛中者二五陽剛在內
則以理爲主光明正大而無一毫行險僥倖之私
所以亨也故蒙卦比卦皆坎皆曰以剛中心亨則
洞見乎事機之變自可以拯溺亨屯出險而有功
也蓋存主于內者理不足以勝私則推行于外者
誠必不能動物故剛中則心亨心亨則往有功而
出險矣此內外功效之自然也天險者無形之險
也地險者有形之險也設者置也設險者置險也
無形而欲其有形也大而京師都會則披山帶河

據其形勝以爲險也小而一郡一邑則築城鑿池
據其高深以爲險也此則在人之險因無形而成
有形欲其與天地同其險者也坎月之象錯離日
之象中爻震雷之象錯巽風之象日月風雷故曰
天險不然天蒼然而已何處有險因卦中有天象
所以言天險也四坤土地之象也中爻艮土山丘
陵之象也本卦坎川之象也九五居尊王公之象
也中爻艮止守之象也坤土中空國之象也故益
卦三陽三陰而曰爲依遷國時用者時有用也險

之爲用上極于天下極于地中極于人故以大言哉贊之與睽蹇同

象曰水洊至習坎君子以常德行習教事行下孟反

洊再至也下於内水之方至也上於外水之洊至也水洊習則恒久而不已是天下之有恒者莫如水也君子體之常德行者以此進德也習教事者以此教民也德行常則德可久教事習則教不能

初六習坎入于坎窞凶

窞者坎中小坎旁入者也水性本下而又居動之

下坎體本陷而又入于窞則陷中之陷矣○初六
陰柔居重險之下其陷益深故有在習坎而又入
坎窞之象占者如是則終于淪汲而無出險之期
凶可知矣
象曰習坎入坎失道凶也
剛中維心孚出險之道也今陰居重險之下則與
剛中維心孚相反失出險之道矣所以凶
九二坎有險求小得
曰有險則止于有險而已非初與三入坎窞之甚

矣中爻震錯巽巽爲近市利求得之象也故隨卦

中爻巽亦曰隨有求得變坤陽大陰小求小得之

象也○九二處于險中欲出險而未能故爲坎有

險之象然剛雖得中雖亦有孚維心但在險中僅

可求小得而已若出險之大事則未能矣故其象

占如此

象曰求小得未出中也

未出險中

六三來之坎坎險且枕入于坎窞勿用

之者往也來之者來往也內外皆坎來往之象也
下坎終而上坎繼坎坎之象也故乾九三曰乾乾
中爻震木橫于內而艮止不動枕之象也險且枕
者言面臨乎險而頭枕乎險也初與三皆入坎窞
而二止言有險者二中而初與三不中正也勿用
者言終無出險之功無所用也○六三陰柔又不
中正而履重險之間故其來也亦坎往也亦坎蓋
往則上坎在前是前遇乎險矣來則下坎在後是
後又枕下險矣前後皆險將入于坎之窞而不能

復出故有此象占者得此勿用可知矣

象曰來之坎坎終无功也

處險者以出險為功故曰終无功與往有功相反

六四樽酒句簋貳句用缶句納約自牖終无咎

四變中爻離巽木離中虛樽之象也坎水酒之象也中爻震竹簋乃竹器之象也缶瓦器所以盛酒漿者比卦坤土中虛初變震有離象故曰缶離卦鼓缶此變離故曰缶漢書擊缶而歌烏烏貳者副也言樽酒而簋副之也言一樽之酒貳簋

之食樂用瓦缶皆非薄至約之物也納約自牖者自進于牖下陳列此至約之物而納進之也在墻曰牖在屋曰囱牖乃受明之處變離牖之象也此與遇主于巷同意皆其坎陷艱難之時故不由正道也蓋樽酒簋貳用缶見無繁文之設納約曰自見無儐介之儀世故多艱非但君擇臣臣亦擇君所以進麥飯者不以爲簡而雪夜幸其家以嫂呼臣妻者不以爲瀆也修邊幅之公孫述宜乎爲井底蛙矣○六四柔順得正當國家險難之時近九

五剛中之君剛柔相濟其勢易合故有簡約相見之象占者如此庶能共謀出險之計始雖險陷終得无咎矣

象曰樽酒簋貳剛柔際也

剛五柔四際者相接際也五思出險而下求四思出險而上交此其情易合而禮薄亦可以自通也

九五坎不盈祇既平无咎祇作坻

祇水中小渚也詩宛在水中坻是也坎不盈者坎水猶不盈滿尚有坎也平者水盈而平也坻既平

則將盈而出險矣坎不盈者見在之辭秖既平者逆料之辭言一時雖未平將來必平也无咎者出險而太平也○九五猶在險中以地位言故有坎不盈之象然陽剛中正其上止有一陰計其時亦將出險矣故又有秖既平之象若未平未免有咎既平則无咎矣故占者无咎也

象曰坎不盈中未大也

中者中德也未大者時也中德雖具而值時之艱未大其顯施而出險也

上六係用徽纆寘于叢棘三歲不得凶纆音墨
係縛也徽纆皆索名三股曰徽二股曰纆此爻變
巽其爲繩又爲長徽纆之象也寘者置也囚禁之
意坎爲叢棘叢棘之象也今之法門囚罪人之處
以棘刺圍墻是也言縛之以徽纆而又囚之于叢
棘之中也三歲不得者言時之久而不得脫離也
坎錯離三之象也○上六以陰柔居險之極所陷
益深終無出險之期故有此象占者如此死亡之
禍不能免矣故凶

象曰上六失道凶三歲也

道者濟險之道即有孚維心以剛中也今陰柔失

此道所以有三歲不得之凶

䷝ 離下 離上

離者麗也明也一陰附麗于上下之陽麗之義也

中虛明之義也離爲火火無常形附物而明邵子

所謂火用以薪傳是也序卦坎者陷也陷必有所

麗故受之以離火中虛而暗以其陰也水中實而

明以其陽也有明必有暗有晝必有夜理之常也

所以次坎

離利貞亨畜牝牛吉

六二居下離之中則正六五居上離之中則不正故利于正而後亨牛順物牝牛則順之至也畜牝牛者養順德也養順德于中者正所以消其炎上之燥性也故吉

彖曰離麗也日月麗乎天百穀草木麗乎土重明以麗乎正乃化成天下柔麗乎中正故亨是以畜牝牛吉也

釋卦名義並卦辭五爲天位故上離有日月麗天之象此以氣麗氣者也二爲地位故下離有百穀草木麗土之象此以形麗形者也離附物故有氣有形重明者上離明下離明也上下君臣皆麗乎正則可以化成天下而成文明之俗矣柔麗乎中正者分言之六五麗乎中六二麗乎中正也總言之柔皆麗乎中正也惟其中正所以利貞而後亨惟柔中正而後亨所以當畜牝牛養其柔順中正之德而後吉也

象曰明兩作離大人以繼明照于四方

作者起也兩作者一明而兩作也言今日明明日又明也繼明如云聖繼聖也以人事論乃日新又新緝熙不已也照于四方者光被四表也大人以德言則聖人以位言則王者其所謂明者內而一心外而應事接物皆明也是以達事理辨民情天下之邪正得失皆得而見之不必以察為明而明照于四方矣重明者上下明也繼明者前後明也彖言二五君臣故以重明言之象言明兩作皆君

也故以繼明言之

初九履錯然敬之无咎

履者行也進也錯者雜也交錯也詩傳云東西爲交邪行爲錯本爻陽剛陽性上進本卦離火火性炎上皆有行之之象故曰履又變艮綜震足亦履之象也艮爲徑路交錯之象也然者助語辭錯然者剛則躁明則察二者交錯于胸中未免東馳西走惟敬以直内則安靜而不躁妄主一而不過察則敬者醫錯之藥也故无咎无咎者剛非躁明非

察也○初九以剛居下而處明體剛明交錯故有
履錯然之象惟敬則无此咎矣故教占者以此
象曰履錯之敬以辟咎也辟音避
避者迴也敬則履錯之咎皆迴避矣
六二黄離元吉
黄中色坤爲黄離中爻乃坤土黄之象也離者附
麗也黄離者言麗乎中也即柔麗乎中正也以人
事論乃順以存心而不邪側順以處事而不偏倚
是也吉者無所處而不當也八卦正位離在二故

元吉○六二柔麗乎中而得其正故有黃離之象
占者得此大吉之道也故元吉
象曰黃離元吉得中道也
得中道以成中德所以凡事無過不及而元吉
九三日昃之離不鼓缶而歌則大耋之嗟凶
變震爲鼓鼓之象也離爲大腹又中虛缶之象也
中爻兌口歌與嗟之象也缶乃常用之物鼓缶者
樂其常也凡人歌樂必用鐘鼓琴瑟則非樂其常
矣若王羲之所謂年在桑榆賴絲竹陶寫卽非樂

其常矣蓋絲竹乃富貴所用之物貧賤無絲竹者
將何陶寫哉故鼓缶而歌者卽席前所見之物以
鼓之乃安其常也人壽八十曰耋喜則歌憂則嗟
嗟者歌之反○重離之間前明將盡後明當繼之
時也故有日昃之象然盛衰倚伏天運之常人生
至此樂天知命鼓缶而歌以安其日用之常分可
也此則達者之事也若不能安常以自樂徒戚戚
于大耋之嗟則非爲無益適自速其死矣何凶如
之故又戒占者不當如此

象曰日昃之離何可久也

日既傾昃明豈能久

九四突如其來如焚如死如棄如

突者竈突也離中虛竈突之象也突如其來如者下體之火如竈突而炎上也火性炎上三之舊火既上于四而不能回于其三四之新火又發五得中居尊四之火又不敢犯乎其五上下兩無所容則火止于四而已故必至于焚如死如成灰棄如而後已也如者助語辭此爻㬥秦似之秦法如火

始是舊火也一卦新火也故至死棄而後已故惟

下三在下卦之上故曰來此來而下者也火性上

四在上卦之下故曰來此來而上者也來而下必

至焚當而後已焚而上必至死棄而後已○四不

中正當兩火相接之時不能容于其中故有此象

占者之凶可知矣

象曰突如其來如无所容也

三焚上而不能及三不能容也五中尊而不敢犯

五不能容也

六五出涕沱若戚嗟若吉

涕沱貌離錯坎涕若之象也又加憂戚之象也中爻兌口嗟之象也出涕沱若者憂懼之徵于色也戚嗟若者憂懼之發于聲也二五皆以柔麗乎剛二之辭安五之辭危者二中正五不正故也〇六五以柔居尊而守中有文明之德然附麗于剛强之間若不恃其文明與其中德能憂懼如此然後能吉戒占者當如此

象曰六五之吉離王公也離音麗

王指五公指上九離王公者言附麗于王之公也
王與公相麗陰陽相資故吉不言四者四無所容
而上九能正邦也

上九王用出征有嘉句折首句獲匪其醜无咎

王指五離爲日王之象也用者用上九也五附麗
于上九用之之象也有嘉者嘉上九也即王三錫
命也折首獲匪其醜即可嘉之事也離爲戈兵變
爲震動戈兵震動出征之象也王用上九專征可
謂寵之至矣爲上九者若不分其首從而俱殲之

是火炎崑崗安得可嘉哉又安得无咎哉折首者
折取其魁首卽截厥渠魁也獲匪其醜者執獲不
及其小醜卽脅從罔治也乾爲首首象陽醜象陰
明夷外卦錯乾故曰大首本爻乾陽且離爲上槁
折其首之象也本卦陽多陰少陰乃二五君臣無
羣小之醜獲匪其醜之象也无咎者勇足以折首
而仁及于小醜也王用出征有嘉一句折首一句
獲匪其醜一句○上九以陽剛之才故有王用出
征有嘉之象又當至明之極首從畢照故又有出

征惟折其首不及于醜之象乃无咎之道也故其象占如此

象曰王用出征以正邦也

征之爲言正也寇賊亂邦故正之

周易集註卷之六終

周易集註卷之七

梁山來知德集註

周易下經

艮下兌上

咸者感也不曰感者咸有皆義男女皆相感也艮爲少男兌爲少女男女相感之深莫如少者蓋艮止則感之專兌悅則應之至此咸之義也序卦有天地至然後禮義有所錯天地萬物之本男女人倫之始上經首乾坤者天地定位也下經首咸恒

者山澤通氣也位欲其對待而分繫辭天地定位一條是也故天地分爲二卦氣欲其流行而合繫辭剛柔相摩一條是也故山澤合爲一卦

咸亨利貞取女吉取七具反

彖辭明蓋八卦正位艮在三兌在六艮屬陽三則以陽居陽兌屬陰六則以陰居陰三爲艮之主六爲兌之主男女皆得其正所以亨貞吉

彖曰咸感也柔上而剛下二氣感應以相與止而說男下女是以亨利貞取女吉也天地感而萬物化生

聖人感人心而天下和平觀其所感而天地萬物之
情可見矣

釋卦名義又以卦綜卦德卦象釋卦辭而極言之
感者感而應也無應不爲感矣本卦二體初陰四
陽二陰五陽三陽上六陰皆陽感而陰應陰感而陽
應故曰感也取其交相感之義也凡天下之事無
心以感之者寂也不能感也有心以感之者私也
非所感也惟心雖感之而感之至公無所容心于
其閒則無所不感矣故卦去其心而彖加其心彖

上而剛下者本卦綜恒二卦同體文王綜爲一卦故雜卦曰咸速也恒久也柔上者恒下卦之巽上而爲咸之兊也剛下者恒上卦之震下而爲咸之艮也二氣者山澤之氣也因二氣剛柔一上一下剛感而柔應之柔感而剛應之即山澤通氣也故恒卦亦曰上下相與也此感之所以亨也止而説者人心之説易失其正惟止而説則無徇情縱欲之私此所以利貞也男下女者以艮之少男下于兊之少女也凡婚姻之道無女先男者必女守貞

靜男先下之則爲得男女之正此所以取女吉也
化者氣化生者形生萬物化生者天地以氣感萬
物而萬物無不通也和者無乖戾平者無反側聖
人以德感天下而天下無不通也觀其所感者由
感通之道引而伸之也寂然不動者性感而遂通
者情天地萬物之情可見者見天地萬物之情不
過此感通也

象曰山上有澤咸君子以虛受人

澤性潤下土性受潤澤之潤有以感乎山山之虛

有以受乎澤咸之象也虚者未有私以實之也受者受人之善也人之一心寂然不動感而遂通者虚故也中無私主則無感不通聞一善言見一善行沛然若决江河矣苟有私意以實之如有所好樂是喜之私實于中矣有所忿懥是怒之私實于中矣既有私意則先入者爲主而感通之機窒雖有至者將拒而不受矣故山以虚則能受澤心以虚則能受人

初六咸其拇拇茂后反

拇足大指也艮綜震足之象也故以拇言之以理
論初在下亦拇之象咸其拇猶言咸以其拇也拇
豈能感人特以人身形體上下之位象所感之淺
深耳六爻皆然○初六陰柔又居在下當感人之
時志雖在外然九四說之初六止之特有感人之
心而無感人之事故有感其拇之象所以占無吉
凶

象曰咸其拇志在外也

外者外卦也初與四爲正應所感雖淺然觀其拇

之動則知其心志已在外卦之九四矣

六二咸其腓凶居吉

腓足肚也拇乃枝體之末離拇升腓漸進于上則較之咸其拇者其感不甚淺矣凶者以上應九五而凶也感皆主于動但九五君位豈可妄動以感之故凶居者非寂然不動也但不妄動耳蓋此爻變巽爲進退且性入上體兌悅情悅性入必不待其求而感若居則不感矣不感則不變尚爲艮體之止故設此居吉之戒○六二陰柔當感人之時

咸之漸進故有感其腓之象然上應九五不待其
求而感之故占者不免于凶若安其居以待上之
求則得進退之道而吉矣故又教占者以此

象曰雖凶居吉順不害也

順者中正柔順之德也不害者不害其感也言居
者非戒之以不得相感也蓋柔順之中德本靜而
不動能居而守是德則不至有私感之害也

九三咸其股執其隨往吝

股者髀也居足之上腰之下不能自由隨身而動

者也中爻為巽股之象也執者固執也專主也執其隨者股乃硬執之物固執而惟主于隨也以陽而從陰以人事論乃以君子而悅小人之富貴故可羞吝然九三以陽剛之才而居下之上是宜自得其正道以感于物矣然所居之位應于上六陽好上而悅陰上居悅體之極三往而從之故有咸股執隨之象占者以是而往羞吝不必言矣

象曰咸其股亦不處也志在隨人所執下也

處者居也即六二居言之居因艮止故言居言處

處則不隨隨則不處曰亦者承二爻而言言六二陰柔以不處而凶處而吉陰柔隨人不足惟矣今九三剛明宜乎卓然自立則所執王者乃高明自重之事有何可羨今乃亦不處而志在隨人則所執者卑下之甚不其可羞乎亦不處惜之之辭所執下鄙之之辭

九四貞吉悔亡憧憧往來朋從爾思

貞者正而固也此心不思乎正應之陰柔則廓然太公物來順應正而固矣吉者誠無不動也悔亡

者内省不疚也憧憧往來貌往來者初感乎四二感乎五三感乎六者往也六感乎三五感乎二四感乎初者來也四變上下成坎中爻成離來之坎坎窞如來如者往來之象也朋者中爻三陽牽連也故曰朋泰三陽牽連亦曰朋損六五三陰也益六二三陰也復九四三陰也故皆以朋稱之也思者四應乎初之陰初乃四之所思也五應乎二之陰二乃五之所思也三應乎六之陰六乃三之所思也爾者呼其心而名之也朋從爾思者言四與

三五共從手心之所思也四居股之上脢之下乃
心也心之官則思思之象也心統乎百體則三與
五皆四之所屬矣故可以兼三五而稱朋也○九
四乃心爲咸之主以陽居陰而失正又應乎初之
陰柔不免悔矣故戒占者此心能正而固則吉而
悔亡形于其感無所不感矣若此心憧憧往來惟
相從乎爾心之所思則溺于陰柔不能正大光明
而感應之機窒矣又豈能吉而悔亡故戒占者以
此

象曰貞吉悔亡未感害也憧憧往來未光大也

不正而感則有害貞則未爲感之害也往來於心

者皆陰私又豈能正大光明

九五咸其脢无悔脢音梅

脢背脊肉不動者也脢雖在背然居口之下心之

上蓋由拇而腓而股而心而脢而口六爻以漸而

上也初與四應故拇與心皆在人身之前二與五

應故腓與脢皆在人身之後三與上應故股與輔

頰皆在兩旁而舌則居中焉雖由拇以漸而上然

對待之精至此諸爻動而無靜非所感者也此爻
靜而不動不能感者也○九五以陽居悅體之中
比于上六上六悅體之極陰陽相悅則九五之心
志惟在此末而已所以不能感物不能感物則亦
猶脢之不動也故有咸其脢之象悔生于動旣不
能動而感則亦无悔矣故占者无悔

象曰咸其脢志末也

末者上六也大過上體亦兌卦彖辭本末弱末指
上六可見矣九五應二而比六小象獨言志末何

也。二乃艮體止而不動。六乃悅體又悅之極。則九五之心志雖在此未而不在二矣。所以言志末。亦如謙卦九三比二六二鳴謙則中心得上六正應鳴謙則志未得是也。人君感人心而天下和平者。以其廓然大公。物來順應也。今志在末。豈能感人。所以僅得无悔。

上六。咸其輔頰舌。

輔者口輔也。近牙之皮膚。與牙相依。所以輔相頰舌之物。故曰輔頰。頰面旁也。輔在內。頰在外。舌動則輔應而頰從之三者相須用事皆所用以言者故周公兼舉之兌爲口舌輔頰舌之象也咸卦有人身象上陰爻爲口中三陽爲腹背下有腿脚象故周公六爻自拇而舌○上六以陰居悅之終處咸之極感人以言而無其實故其象如此蓋小人女子之態蘇秦張儀之流也

象曰咸其輔頰舌滕口說也

滕張口騁辭貌見說文口說豈能感人

䷟巽下震上

恒久也男在女上男動乎外女順乎内人理之常故曰恒又見彖辭皆恒之義也序卦夫婦之道不可以不久也故受之以恒言夫婦偕老終身不變者也蓋咸少男在少女之下以男下女乃男女交感之義恒長男在長女之上男尊女卑乃夫婦居室之常論交感之情則少爲親切論尊卑之序則長當謹嚴所以次咸

恒亨无咎利貞利有攸往

恒之道可以亨通恒而能亨乃无咎也恒而不可

以亨非可恒之道也爲有咎矣如君子恒于善故
无咎小人恒于惡焉得无咎然恒亨而後无咎何
也蓋恒必利于正若不正豈能恒如孝置之而塞
乎天地溥之而横乎四海如此正方得恒故利貞
恒必利有攸往達之家邦萬古不窮如孝施之後
世而無朝夕方謂之恒如不可攸往不謂之恒矣
利貞不易之恒也恒之利者也利有攸往不巳之
恒也亦恒之利者也故恒必兩利恒字廣韻玉篇
皆有下一畫獨易經無下一畫與无字同不同各

經無字

彖曰恒久也剛上而柔下雷風相與巽而動剛柔皆應恒恒亨无咎利貞久於其道也天地之道恒久而不已也利有攸往終則有始也日月得天而能久照四時變化而能久成聖人久於其道而天下化成觀其所恒而天地萬物之情可見矣

釋卦字義又以卦綜卦象卦德釋卦名卦辭而極言之恒者長久也若以恒字論左旁從立心右旁從一日言立心如一日久而不變也剛上而柔下

天地之道恒久而不已者也惟其恒久不已
故利貞若久非其道亦不能恒矣且恒久莫過于
由之路天地之正道也惟久于其道故亨故无咎
无咎利貞者以久于其道也蓋道者天下古今共
以應剛柔之感此四者皆理之常故曰恒亨
男動作于外女巽順于内人理之常剛以應柔柔
理剛上柔下分之常迅雷烈風交助其勢氣之常
也柔下者成上卦之兌下而爲恒之巽也陰陽之
者木卦綜成剛上者成下卦之艮上而爲恒之震

所以攸往不窮蓋凡人事之攸往至于終而不能恒久者以其終而不能又始也終而不能始則自終而止有止息間斷非恒久不已者矣安能攸往惟天地之道晝之終矣而又有夜之始夜之終矣而又有晝之始寒之終矣而又有暑之始暑之終矣而又有寒之始終則有始循環無端此天地所以恒久也此恒所以必利有攸往而後謂之恒也若有所往不能終始循環不窮則與天地不相似安得謂之恒哉得天者附麗于天也變化者寒而

立者止于此而不遷也方者大中至正之理之

象曰雷風恒君子以立不易方

恒

物時不生嗇成物時不成此之謂變恒久得謂之

物萬古此恒也若嗇春時爲夏嗇秋時爲久嗇生

其所恒可見萬古此天地萬古此恒也萬古此萬

成者化之而成其實終也此極言恒久之道言觀

久成者以其成功也久于其道者仁漸義摩也化

言者而柔以相盪相推不終變于陽化爲陰也

不可易者也如爲人君止于仁爲人臣止于敬是也不易方者非膠于一定也理在于此則止而不遷如冬之寒理在于衣裘則衣裘而不易其葛夏之暑理在于衣葛則衣葛而不易其裘是也巽性入入而在内震性動出而在外二物各居其位不易方之象也故曰不易方

初六浚恒貞凶无攸利

浚深也浚井之浚浚字生于巽性入之入字來初六爲長女之主九四爲長男之主乃夫婦也巽性

入始與夫交之時即深求以夫婦之常道四動而決躁安能始交之時即能從其所求貞者初與四爲正應所求非不正也凶者驟而求之深彼此不相契合也无攸利者有所往則夫婦反目矣蓋初陰居陽位四陽居陰位夫婦皆不正皆有氣質之性所以此爻不善下三爻皆以妻言初爻凶者妻求夫之深而凶也三貞吝者妻敗節而見黜也上三爻皆以夫言四無禽者夫失其剛而無中饋之具也五凶者夫順從其妻而凶也○初與四爲正

應婦責備夫以夫婦之常道亦人情之所有者然必夫婦居室之久情事孚契而後可以深求其常道也但巽性務入方交四之始即深以夫婦之常道求之則彼此之情未免乖矣故有浚恒之象占者如此則雖貞亦凶而無攸利也

象曰浚恒之凶始求深也

求者中饋之酒漿罷皿衣服首飾之類也

九二悔亡

以陽居隂本有悔矣以其久中故其悔亡亡者失

之于初而改之于終也
象曰九二悔亡能久中也
可久之道中焉止矣人能恒久于中豈止悔亡孔
子之言蓋就周公之爻辭而美之也
九三不恒其德或承之羞貞吝
陽德居正故得稱德不恒其德者改節也居巽之
極爲進退爲不果改節之象也以變坎爲狐疑此
心不定亦改節之象也長女爲長男之婦不恒其
德而改節則失其婦之職矣既失其職則夫不能

容而婦被黜矣或者外人也承者進也羞者致滋
味也變坎有飲食之象羞之象也因婦見黜外人
與夫進其羞也貞若九三位正也若依舊註羞作
羞耻則下吝字重言羞矣○九三位雖得正然過
剛不中當雷風交接之際雷動而風從不能自守
故有不恒其德或承之羞之象雖正亦可羞矣故
戒占者如此

象曰不恒其德无所容也

无所容者夫不能容其婦而見黜也所以便

進其羞也

九四田无禽

應爻爲地道又震爲大塗故曰田與師卦田有禽之田同本卦大象與師卦大象皆與小過同故皆曰禽應爻巽爲鸛亦禽之象也應爻深入與井下卦同巽故皆曰無禽也師卦所應剛實故有禽本卦所應陰虚故无禽○九四以陽居陰久非其位且應爻深入故有田无禽之象既無禽則不能與妻備中饋之具夫非其夫矣故其象占如此

象曰久非其位安得禽也

久非其位則非所久而久矣故不得禽

六五恒其德貞婦人吉夫子凶

丈夫用剛用柔各適其宜以柔順爲常是因人成事矣所以凶此爻變兌兌爲少女又爲妾婦人之象也婦人以順爲正故吉○六五恒其中德正矣故有恒其德貞之象但剛而中可恒也柔而中婦人之常非夫子之所當常也故占者有吉有凶又如此

象曰婦人貞吉從一而終也夫子制義從婦凶也

從一者從夫也婦人無專制之義惟在從夫順從乃其宜也制者裁制也從婦者從婦人順從之道也夫子剛果獨斷以義制事若如婦人之順從委靡甚矣豈其所宜故凶

上六振恒凶振去聲

振者奮也舉也整也振恒者振動其恒也如宋時祖宗本有恒久法度王安石以祖宗不足法乃紛更舊制正所謂振恒也凶者不惟不能成事而反

憤事也在下入乃巽之性浚恒也在上動乃震之性振恒也方恒之始不可浚而乃浚既恒之終不可振而乃振故兩爻皆凶○上六陰柔本不能固守其恒者也且居恒之極處震之終恒極則反常震終則過動故有振恒之象占者之凶可知矣

象曰振恒在上大无功也

大无功者不惟无功而大无功也曰大者上而无益于國家下而不利于生民安石靖康之禍是也

☶☰ 艮下乾上

遯者退避也六月之卦也不言退而曰遯者退止有退後之義無避禍之義所以不言退也爲卦天下有山山雖高其性本止天之陽性上進違避而去故有遯去之義且二陰生于下陰漸長小人漸盛君子退而避之故爲遯也序卦恒者久也物不可以久居其所久則變變則去此理之常所以次恒

遯亨小利貞

亨爲君子言也君子能遯則身雖遯而道亨小者

陰柔之小人也指下二陰也利貞者小者利于正而不害君子也若害君子小人亦不利也

彖曰遯亨遯而亨也剛當位而應與時行也小利貞浸而長也遯之時義大矣哉浸字鵃切

以九五一爻釋亨以下二陰爻釋利貞而贊之遯而亨者惟遯乃亨見其不可不遯也剛指五當位者當中正之位而應者下與六二相應也時行言順時而行也身雖在位而心則遯此所以謂之時行也九五有中正之德六二能承順之似亦可以

不必于遯然二陰浸而長時不可以不遯知時之當遯與時偕行此其所以亨也浸者漸也浸而長其勢必至于害君子故戒以利貞時義大者陰雖浸長尚未盛大且九五與二相應其陽漸消之意皆人之所未見而忽畧者是以苟且留連而不能決去也當此之時使不審時度勢則不知遯若眷戀祿位又不能遯惟有明哲保身之智又有介石見幾之勇方能鴻冥鳳舉所以嘆其時義之大漢元成之時弘恭石顯得志于内而蕭望之劉向朱

雲皆得巨禍桓靈之際曹節王甫得志于內而李
膺陳蕃竇武皆被誅戮者均不知遯之時義者也
易中大矣哉有二有贊美其所係之大者豫革之
類是也有稱嘆其所處之難者大過遯之類是也
象曰天下有山遯君子以遠小人不惡而嚴遠袁萬反
惡者惡聲厲色疾之已甚也嚴者以禮律身無可
議之際而凛然不可犯也不惡者待彼之禮嚴者
守已之節天下有山天雖無意于絕山而山自不
能以及乎天遯之象也故君子以遠小人不惡而

嚴曰不惡而嚴則君子無心于遠小人而小人自

遠與天之無心于遠山而山自絕于天者同矣遠

小人艮止象不惡而嚴乾剛象

初六遯尾厲勿用有攸往

遯者居當遯之時也尾者初也因在下故曰尾厲

者天下賢人君子皆以遯去是何時也豈不危厲

往者往而遯去也本卦遯乃陽剛與陰不相干涉

故不可往且初在下無位又陰柔所居不正無德

無位無德則無聲聞不過凡民耳與遯去之賢人

君子不同遯之何益○初六居下當遯之時亦危厲矣但時雖危厲而當遯者非初之人故教占者勿用遯去但晦處以俟時可也

象曰遯尾之厲不往何災也

不遯有何災咎所以勿用有攸往

六二執之用黃牛之革莫之勝說勝音升說音脫

執者執縛也艮性止執之象也黃中色指二應爻錯坤牛之象也勝者任也脫者解脫也能勝其脫欲脫即脫矣莫之勝脫者不能脫也言執縛之以

黃牛之皮與九五相交之志堅固不可脫也本卦遯者乃陽初與二陰爻皆未遯故此爻不言遯字

○二陰浸長近于上體之四陽已凌迫于陽矣然二與五爲正應二以中正順應乎五五以中正親合乎二正所謂剛當位而應不凌迫乎陽可知矣故有執之用黃牛之革莫之勝說之象占者當是時亦當如是也

象曰執用黃牛固志也

堅固其二五中正相合之志也

九三繫遯有疾厲畜臣妾吉

繫者心維係而眷戀也高祖有疾手敕惠帝曰吾得疾隨困以如意母子相累其餘諸兒皆足自立兒猶小也曹瞞臨死持姬女而指季豹以示四子曰以累汝因泣下此皆所謂繫也中爻爲巽巽爲繩繫之象也繫遯者懷祿徇私隱忍而不去也疾者利欲爲纏魔困苦之疾也厲者禍伏于此而危厲也臣者僕也妾者女子也指下二陰也乃三所繫戀之類也蓋臣妾也宫室也利祿也亢不

出于天理之公而出于人欲之私者皆陰之類也
皆人之所係戀者也本卦止言臣妾者因二陰居
下位故也畜者止也與剝卦順而止之同止之使
制于陽而不陵上也艮畜止象又爲閽寺臣之象
又錯兌妾之象○九三當陰長陵陽之界與初二
二爻同體下比于陰故有當遯而係戀之象既有
所繫則不能遯矣蓋疾而厲之道也然艮性能止
惟剛正自守畜止同體在下之二陰馭之以臣妾
之正道使制于陽而不陵上斯吉矣故又教占者

必如此

象曰繫遯之厲有疾憊也畜臣妾吉不可大事也

疾憊者疲憊于私欲困而危矣不可大事者出處

去就乃丈夫之大事知此大事方知其遯若畜止

臣妾不過以在我艮止之性禁令之爾乃小事也

九三繫遯能此小事亦即吉矣豈能決斷其出處

去就之大事哉

九四好遯君子吉小人否好呼報反否方有反

三比二故曰繫四應初故曰好好者愛也繫者縛

也愛者必眷戀而縛縛者因喜悅而愛其實一也
好遯者又好而又遯也好者爵位利祿愛慕之事
也遯者審時度勢見幾之事也好者四也遯者九
也陽居陰位陽可爲君子陰可爲小人故可好可
遯也所以聖人設小人之戒否者不也○九四以
剛居柔下應初六故有好而不遯之象然乾體剛
健又有遯而不好之象占者顧其人何如耳若剛
果之君子則有以勝其人欲之私止知其遯不知
其好得以遂其潔身之美故吉矣若小人則狥欲

忘反止知其好不知其遯遯豈所能哉故在小人則否也

象曰君子好遯小人否也

君子剛果故好而知遯必于其遯小人陰柔故好而不知其遯惟知其好矣

九五嘉遯貞吉

嘉遯者嘉美乎六二也當二陰浸長之時二以艮體執之以黃牛之革不凌犯乎陽其志可謂堅固矣爲君者不嘉美以正其志安能治遯故貞吉人

君無逃遯之理玄宗幸蜀安得爲嘉○九五陽剛
中正有治遯之才者也當天下賢人君子遯去之
時下應六二之中正見六二之志固乃褒嘉之表
正其志以成其不害賢人君子之美正而且吉之
道也故其象占如此
象曰嘉遯貞吉以正志也
二之固志者堅固其事上之志臣道中正之心也
五之正志者表正其臣下之志君道中正之心也
二五小象皆同言志字所以知五褒嘉乎二

上九肥遯无不利

肥者疾憊之反遯字從豚故初六言尾上九言肥皆象豚也以陽剛之賢而居霄漢之上睟面盎背莫非道德之豐腴手舞足蹈一皆仁義之膏澤心廣體胖何肥如之無不利者天子不得臣諸侯不得友堯雖則天不屈飲犢之高武既應人終全孤竹之節理亂不聞寵辱不驚何利如之○諸爻皆疑二陰之浸長心既有所疑而戚戚則身亦隨之而疾瘠矣安能肥乎惟上九以陽剛而居卦外去

桑最遠無所係應獨無所疑蓋此心超然于物外者也故有肥遯之象占者无不利可知矣

象曰肥遯无不利无所疑也

无所疑者不疑二陰之浸長而消陽也无所疑所以逍遥物外不至于愁苦而瘠

䷡ 乾下震上

大壯者大者壯也大謂陽也四陽盛長故爲大壯二月之卦也爲卦震上乾下乾剛而震動大壯之義也又雷之威震于天上聲勢壯大亦大壯之義

也序卦遯者退也物不可以終遯故受之以大壯遯者陽衰而遯也壯者陽盛而壯也衰則必盛消長循環之理所以次遯

大壯利貞

陽壯則占者吉亨不必言矣然君子之所謂壯者非徒以其勢之盛乃其理之正也故利于正陰之進不正則小人得以陵君子故遯言小者利于貞陽之進不正則君子不能勝小人故大壯言大者利于貞大壯綜遯二卦本是一卦故卦下之辭如

此
彖曰大壯大者壯也剛以動故壯大壯利貞大者正
也正大而天地之情可見矣
以卦體卦德釋卦名又釋利貞之義而極言之陽
長過中大者壯也蓋正月泰陽雖長而未盛三月
夬陽已盛而將衰皆不可以言壯惟四陽則壯矣
且乾剛震動剛則能勝其人欲之私動則能奮其
必爲之志何事不可行哉此其所以壯也卦體則
勢壯卦德則理壯所以名壯大者正也言大者自

無不正也凡陽明則正陰濁則邪自然之理故利于貞若不貞則非大矣正大者正則無不大也天地之情者覆載生成所發之情也一通一復皆一誠之貫徹豈不正旣正豈不大故曰正大蓋大者壯以氣言乃壯之本體也大者正以理言所以運壯之道也正大而天地之情可見又推極上天下地莫非此正大之理非特人爲然也一陽來復見天地之心四陽見其情仁者天地之心情則其所發也

象曰雷在天上大壯君子以非禮弗履

非禮者人欲之私也履者踐履也非禮弗履則有以克勝其人欲之私矣此惟剛健以動者可能矯哉其强何壯如之雷在天上大壯者以聲勢而見其壯也君子非理弗履大壯者以克勝其私而見其壯也

初九壯于趾征凶有孚

震爲足又初在下趾之象也征凶者往則必裁抑擯斥也孚者自信其陽剛之正德也初以陽居陽

乾之剛未盛也故有孚至三則乾剛極矣故貞厲
○初九陽剛處下當壯之時壯于進者也故有壯
趾之象以是而往凶之道也然陽剛居正本有其
德故教占者惟自信其德以甘窮困不可有所往
往則凶矣
象曰壯于趾其孚窮也
既無應援又卑下無位故曰窮當壯進之時有其
德而不能進進則必凶乃處窮之時矣故惟自信
其德以自守可也是其孚者不得已也因窮也故

曰其事窮賢人君子不偶于時棲止山林者多是

如此

九二貞吉

中則無太過不恃其强而猛于必進所以此爻貞

吉○九二以陽剛當大壯之時居中而不過于壯

蓋正而吉者也故其占如此

象曰九二貞吉以中也

以中者居中位也與解卦得中道未濟中以行正

同中立而不倚强哉矯九二有焉

九三小人用壯君子用罔貞厲羝羊觸藩羸其角羸力爲切

罔者無也言不用也君子以義理爲勇以非禮弗履爲大壯故不用壯也羝羊壯羊也羸者瘦也病也羝羊恃其强壯乃觸其藩其角出于藩之外易去而難反不能用其力是角之壯者反爲藩所困制而弱病矣故曰羸其角也本卦大象兌中爻爲兌皆羊之象故諸爻皆以羊言之震爲竹爲葦藩之象也觸藩者用壯之象也陽居陽位故曰貞羸

角者又貞厲之象也〇九三過剛不中又當乾體之終交震動之際乃純用血氣之强過于壯者也然用壯爲小人之事君子以義理爲主豈其所用哉故聖人戒占者曰惟小人則用壯君子則不用也苟用其壯雖正亦厲亦如羊之觸藩羸角也壯其可恃哉戒之之嚴故占中之象又如此

象曰小人用壯君子罔也

言用壯者小人之事君子則無此也

九四貞吉悔亡藩決不羸壯于大輿之輹

貞吉悔亡者惟正則吉而悔亡也決破也藩決不羸承上文而言也三前有四之阻隔猶有藩焉四前二陰則藩決而可前進矣震爲大塗兑爲附決藩決之象也輹與輻同車輪之中幹也車之敗常在折輹輹壯則車强矣四變坤大輿之象也壯于大輿之輹言尚往而可進也此二句又貞吉悔亡之象也○九四當大壯之時以陽居陰不極其剛前無困阻而可以尚往矣故其占中之象如此

象曰藩決不羸尚往也

尚往者前無困阻而可以上進也

六五喪羊于易无悔易音亦

易即場田畔地也震爲大塗場之象也○本卦四陽在下故名大壯至六五無陽則喪失其所謂大壯矣故有喪羊于易之象既失其壯則不能前進僅得无悔而已故其象占如此

象曰喪羊于易位不當也

位不當者以柔居五位也

上六羝羊觸藩不能退不能遂无攸利艱則吉

震錯巽爲進退退遂之象也艱者處之艱難而不忽慢也吉者无攸利者終得攸利也六五已喪羊矣而上六又羝羊觸藩者蓋六五以一爻言也上六則合一卦而言也三則剛之極上則動之吉所以爻象皆同○上六壯終動極所以觸藩而不能退然其質本柔又不能遂其進也故有觸藩不能退遂之象占者之无攸利可知矣然猶幸其不剛而不妄進也若占者能艱以處之則得以遂其進而吉矣

象曰不能退不能遂不詳也艱則吉咎不長也

詳者慎密也不詳者當壯終動極之時不能度勢

而行審幾而進也既詳則能艱矣咎者不能退不

能遂之咎也惟艱則能詳而咎不長矣心思之艱

難所以能詳識見之詳明所以方艱

☷☲ 坤下離上

晉者進也以日出地上前進而明也不言進而言

晉者進止有前進之義無明之義晉則有進而光

明之義所以不言進也序卦物不可以終壯故受

之以晉蓋物既盛壯則必前晉所以次大壯

晉康侯用錫馬蕃庶晝日三接

康侯安國之侯也錫者賜與也蕃庶見其恩之者隆三接見其禮之者頻坤錯乾馬之象中爻艮綜震震爲蕃蕃蕃之衆庶者衆也坤爲衆庶之象蕃庶者言所錫之馬衆多也晝日離之象離居三之象艮爲手相接之象日者君也坤者臣也坤爲邑國日在地上照臨其下國之侯有寵而錫馬三接之象易止有是象無是事如棟橈金車玉鉉之類

皆是也諸儒不知象乃以周官校人大行人實之失象旨矣

彖曰晉進也明出地上順而麗乎大明柔進而上行是以康侯用錫馬蕃庶晝日三接也

釋卦名又以卦象卦德卦綜釋卦辭明出地上者離日出于地之上也順而麗乎大明者坤順而附麗乎大明也柔進而上行者晉綜明夷因二卦同體文王綜爲一卦故雜卦曰晉晝也明夷誅也言明夷下卦之離進而爲晉上卦之離也若以人事

論明出地上乃世道維新治教休明之時也順以臣言大明以君言順者小心承順也麗者猶言攀龍鱗附鳳翼也柔進而上行則成虛中矣是虛中下賢之君而居于五之位也上句以時言中句以臣之德言下句以君言言爲康侯者必際是時備是德遇是君方得是寵也

象曰明出地上晉君子以自昭明德

地乃陰土譬之人欲之私自者我所本有也日本明入于地則晦矣猶人之德本明但溺於人欲之

初六晋如摧如貞吉罔孚裕无咎摧音崔

所以二象皆以自字言之

故君子以之自強至明莫如日故君子以之自昭

曰明非大學舊註虛靈不昧之謂也至健莫如天

乎天地橫乎四海如杲日當空人人得而見之故

也天下無道外之德即五倫體之于身也此德豈

淺其自昭之實也明德者即行道而有得于我者

者格物致知以去其蔽明之私誠意正心修身以

私則暗矣故自昭其明德亦猶日之出地也自昭

晉如者升進也摧者崔嵬之崔高也中爻艮山在坤土之上崔之象也四近君又陽爻故有崔如之象若以爲摧如則與小象獨行正不相合矣依鄭爲南山崔崔之崔是也貞者盡其在我不畔援茍且汲汲以求進也吉者終得遂其進也罔孚者二三不信之也中爻坎爲狐疑不信之象也當升進之時衆人逼欲進初畀下故二三不見信觀小象曰獨行正六三曰衆允可知矣裕者不以進退爲欣戚從容以處之而我之自修者猶夫初也无咎

者不失其身也貞卽下文罔孚裕无咎○初六以陰居下當升進之時而應近君之四故有晉如摧如之象占者守正則吉矣設或不我見信不可急于求信惟寬裕以處之則可以无咎矣若求信之心切則不免枉道失身安得无咎此所以利貞則吉也

象曰晉如摧如獨行正也裕无咎未受命也

獨行者獨進也中爻艮綜震足行之象也正者應與之正道也言升進之時四陽在上近乎其君赫

赫崔嵬初又卑下衆人不進而初獨進之似不可
進矣然四與初爲正應進之亦正道也未害其爲
進也未受命者離日在上未受君王之命也未受
命則無官守所以得綽綽有餘裕應四未應五故
曰未受命六二曰受茲介福于王母二受字相同
中爻艮爲手有授受之象故文王卦辭曰接初二
爻皆言受皆有手象

六二晉如愁如貞吉受茲介福於其王母

中爻坎爲加憂爲心病愁之象也其所以愁者四

乃大臣中鼫鼠之小人也近君而據下三爻升進之路二欲升進無應援五陰桼二愁五之不斷四邪僻二愁四之見害此其所以愁也貞者中正之德也初六之貞未有貞而勉之也六二之貞因其本有而教以守之也吉者中正之德久而必彰上之人自當求之下文所言受介福于王母是也介者大也受介福者應六五大明之君因其同德而任用之加之以寵祿也王母者六五也離爲日王之象也離爲中女母之象也○六二中正上無應

援故有欲進而愁之象占者如是而能守正則吉
而受福矣
象曰受茲介福以中正也
以中正者以六二有此中正之德也八卦正位坤
在二所以受介福詳見雜說
六三衆允悔亡
坤爲衆衆之象也允者信也初罔孚未允也二愁
如猶恐未允也三則允矣悔亡者亡其不中正之
悔也○六三不中正當欲進之時宜衆所不信而

有悔矣然所居之地近乎離明又順體之極有順
上向明之志則所謂不中正者皆因親近其大明
而中正矣是以衆皆信之同下二陰上進故有衆
允之象而占者則悔亡也
象曰衆允之志上行也
上者大明也上行者上順麗于大明也上從大明
之君衆志之所同也
九四晉如鼫鼠貞厲鼫音石市亦切
鼫鼠廣韻以爲螻蛄則非鼠矣玉篇以爲形大如

鼠頭似兎尾有毛青黄色則又鼠之異者也蔡邕以爲五技鼠能飛不能過屋能緣不能窮木能遊不能度谷能穴不能掩身能走不能先人則飛鼠也郭景純以爲形大如鼠好在田中食粟豆則田鼠也廣韻鼫字與碩字同一類二字從石皆音石詩碩鼠刺貪碩大也陽大陰小此爻陽故爲大鼠即詩之碩鼠無疑矣中爻艮變爻亦艮鼠之象也鼠竊人之物然晝則伏藏夜則走動蓋不敢見日而畏人者也離爲日晉者晝也鼠豈能見之哉但

當進之時見衆人俱進彼亦同進不復畏其晝矣
貞者當進之時九四晉如非不正也○九四不中
不正當晉之時竊近君之位居三陰之上上而畏
六五大明之知下而畏三陰羣小之忌故有鼫鼠
日下惟恐人見之象占者如是雖正亦危矣
象曰鼫鼠貞厲位不當也
位不當者不中不正也
六五悔亡失得勿恤往吉无不利
恤者憂也中爻坎爲加憂恤之象也五變則中爻

不成坎故不憂而勿恤矣火無定體倏然而活倏然而沒失得其常事也凡易中遇離或錯離或中爻離皆言失得二字如比卦九五錯離曰失前禽隨卦六三變離曰失小子隨有求得噬嗑九四曰得金矢六五曰得黃金坎卦錯離六二曰求小得明夷九三曰得其大首解卦九二錯離曰得黃矢鼎卦初六曰得妾震卦六二變中爻為離曰七日得漸卦中爻離六四曰得其桷豐卦六二曰得疑疾旅九四曰得資斧巽上九變坎錯離曰喪其資

斧得失得喪皆一意也既濟六二曰七日得未濟
上九曰失是則或失或得不以爲事者乃離之本
有也非戒辭也本卦以象論日出地上乃朝日也
非日中之昃以德論居大明之中而下順從之以
卦變論爲飛龍在天之君六爻獨此爻善所以小
象曰往有慶也悔亡者中以行正也失得勿恤者
虛中則廓然太公不以失得累其心也故吉无不
利○六五柔中爲自昭明德之主天下臣民莫不
順而麗之是以事皆悔亡而心則不累于得失持

此以往蓋吉而无不利者也占者有是德斯應是占矣

象曰失得勿恤往有慶也

往有慶即吉无不利

上九晉其角維用伐邑厲吉无咎貞吝

晉其角與姤其角同晉極明終日已晚矣角在首之上晉其角言欲進而前無其地矣甚言其前無所進也維者維繫也繫戀其三之陰私也陽繫戀乎陰私皆不光明之事所以孔子小象但陽比于

陰者皆曰未光離爲戈兵坤爲衆此爻變震衆人戈兵震動伐邑之象也故離卦上九變震亦曰王用出征邑卽内卦坤之陰土也詳見謙卦伐邑卽同人伏戎于莽之意凡易經爻辭無此事而有此象如此類者甚多厲吉无咎者言其理也言邑若理可以伐雖危厲亦吉而无咎也吉无咎卽下文之貞也貞吝者言雖當伐亦可羞也○上九明已極矣又當晉之終前無所進此心惟繫戀乎三爻所應之陰私而已故有晉其角維用伐邑之象夫

繫戀其私以伐邑其道本不光明然理若可伐而
伐之事雖危厲亦吉而无咎但前無所進既不能
成康侯光明之業反繫戀其私以伐邑雖邑所當
伐其事故貞亦可羞矣安得吉而无咎哉故戒占
者以此
象曰維用伐邑道未光也
此爻變震下乃順體陰陽相應性順情動豈有光
明之事
☷☲離下坤上

夷者傷也爲卦坤上離下日入地中明見其傷與晉相綜故曰明夷序卦晉者進也進而不已必有所傷理之常也所以次晉

明夷利艱貞

艱貞者艱難委曲以守其貞也蓋暗主在上去之則忘國又有宗國同姓不可去者比之則失身又當守正然明白直遂守正又不免取禍所以占者利艱貞以守正而自晦其明也

象曰明入地中明夷內文明而外柔順以蒙大難文

王以之利艱貞晦其明也內難而能正其志箕子以之艱乃旦反

以卦象釋卦名又以文王釋卦德以箕子釋卦辭內文明者離也外柔順者坤也此本卦之德也蒙者遭也以蒙大難者言以此德而遭此明傷之時也文王以之者言文王遭紂之囚用此卦之德所以內不失巳外得免禍也晦其明者晦其明而不露也大難關天下之難內難一家之難正其志者不失其正也不失其正又不顯其正是謂晦其明

而利艱貞之義也箕子爲紂近親外而狎狂內而明哲是卽晦其明也故曰箕子以之大抵箕子之難雖與文王同其艱貞然文王爲西伯散宜生之徒以珍物美女獻于紂而西伯卽出羑里矣若箕子狎狂則必要君知其貞狂左右國人亦知其貞狂再不識其狎狂至牧野之師誅君弔民方釋箕子之囚箕子逃之朝鮮武王以朝鮮封之因以洪範授于武王人方知其不狂則箕子艱貞難于文王多矣故以艱貞係箕子之下要之天命與周故

文王之明夷處之易天命廢殷故箕子之明夷處之難雖人爲實天意也文王箕子一而已矣

象曰明入地中明夷君子以涖衆用晦而明

坤爲衆故言涖衆用晦而明者不用明爲明用晦爲明也言我本聰明睿知乃不顯其明若似不明者以晦爲明此之謂用晦而明也若以晉明夷相綜並論之地在下日在上明在外也君子以之則絕去其人欲之私以自昭明德亦如日之極其高明常升于萬物之上此修己之道當如是也地在

上日在下明在内也君子以之則存其寛厚渾合之德去其刻薄殘忍之私以之蒞衆如小過必赦使人不求備罪疑惟輕脅從罔治之類皆是也古之帝王冕而前旒以蔽其明黈纊塞耳以蔽其聰亦此意此則居上之寛治人者當如是也故明夷之大象曰蒞衆用晦而明修己治人二卦之象盡之矣

初九明夷于飛垂其翼君子于行三日不食有攸往主人有言

明夷于飛者傷其飛之翼也垂其翼者其翼見傷
而垂嚲也離爲雉鳥之象也此爻變艮獨一陽在
中卦之中爲鳥身初與六上下爲翼故小過初六
曰飛上六亦曰飛皆以翼言也此爻居初故曰垂
翼也垂其翼而猶能飛則傷亦未太重矣三日不
食者離居三三之象也離爲日三日之象也離中
虛又爲大腹空腹不食之象也于行者方見幾而
欲行也不食者自悲其見傷而不食也此爻舊指
伯夷耻食周粟之事有攸往者于行而長往也中

爻震足行而長往之象也主人者所適之主人對君子之言也有言者主人不相合言語譏傷其君子也外卦錯乾乾爲言有言之象也象爲飛占爲行爲往象爲垂翼占爲不食有言象占俱分明○初九陽明在下當傷之時故有飛而垂翼之象占者不惟方行而有不食之厄及長往而猶有言語之譏此其時之所遭不可得而避者安其義命可也

象曰君子于行義不食也

義之所在見幾而作不食可也

六二明夷夷于左股用拯馬壯吉

夷于左股言傷之猶未在上體也以去暗君雖不如初之遠然亦不得言近故以足之上股象之中爻爲震震錯巽股之象也此爻變中爻爲兌兌綜巽亦股之象也明夷象人身故初二爲股三四爲腹五上爲首股居下體蓋以人身上下爲前後也凡易中言左者皆後字詳見師卦並本卦六四拯者救也此爻變乾爲健爲良馬馬健壯之象也言

用健壯之馬以救之則吉矣文王囚于羑里夷于
左股也散宜生之徒獻珍物美女用拯馬壯也脫
羑里之囚得專征伐吉也○六二去暗主稍遠故
有傷下體左股之象然二有中正之德能速以救
之則吉矣故其象占如此
象曰六二之吉順以則也
順者外柔順也則者法則也言外雖柔順而內實
文明有法則也所以用拯馬壯也因六二中正故
言順以則

九三明夷于南狩得其大首不可疾貞

南狩者去南方狩也離爲火居南方南之象也離爲戈兵中爻震動戈兵震動出征遠討之象也大首者元惡也坤錯乾乾爲首首之象也居天位大首之象也不可疾者不可亟也九三雖剛明臣也上六雖昏暗君也必遲遲以俟之出于萬一不得已如天命未絕人心尚在則一日之間猶爲君臣也征者伐暴救民其事正也故不可疾惟在于貞若亟亟以富天下爲心是疾而不貞矣○九

六四入于左腹獲明夷之心于出門庭

心不然以暴易暴安能行兩辭之志

民也得其民者得其心也故微子去箕子必大得民

志無有伊尹之志則可之志固得天下有道得其

象曰南狩之志乃大得也

之德斯應是已矣

也故有不可疾惟主于貞之戒占者有成湯之武

主爲應故有向明除害得其大首之象然不可亟

陽剛居明體之上而居于至暗之下正與上六暗

此爻指微子言蓋初爻指伯夷二爻指文王三爻指武王五爻指箕子上六指紂則此爻乃指微子無疑矣左腹者微子乃紂同姓左右腹心之臣也坤爲腹腹之象也此爻變中爻爲巽巽爲入入之象也因六四與上六同體故以腹心言之然必曰左腹者右爲前左爲後今人言左遷師卦六四左次是也六四雖與上六同體然六五近上六在前六四又隔六五在後是六五當入其右而六四當入其左矣故以左言之坤爲黑腹中乃黑暗幽隱

之地也心者心意也明夷者紂也明夷之心者紂之心意也出門庭者遯去也中爻震綜艮艮爲門門之象也震足動出門庭之象也言微子終日在腹裏左邊黑暗幽隱之中已得明夷之心意知其暴虐無道必亡天下不可輔矣于是出門庭而歸周書云吾家耄遯于荒又曰我不顧行遯正此爻之意也○六四陰柔得正與上六同體已于幽暗之中得其暴虐之心意故有入腹獲心之象于是出門庭而遯去矣占者得此亦當遠去也

象曰入于左腹獲心意也
凡人腹中心事難以知之今入于左腹已得其心意知其不可輔矣微子所以去也
六五箕子之明夷利貞
六五居至闇之地近至闇之君然有柔中之德晦其明而正其志所以佯狂受辱也居明夷如箕子乃貞之至矣故占者利于貞諸爻以五爲君位故周公以箕子二字明之上六以登天二字明之又凡三與上六爲正應曰得其大首皆欲人知上六

之爲君也易不可爲典要者以此然周公爻辭必
以上六爲君者何也蓋九三明之極惟武王可以
當之上六闇之極惟紂可以當之若六五有柔中
之德又非紂之所能當也
象曰箕子之貞明不可息也
不可息者耿耿不昧常存而不息也明不可息者
言明可晦不可息以其在内不露所以爲貞也
上六不明晦初登于天後入于地
不明晦者日落不明而晦也初登于天者日在地

上也後入于地者日在地下也本卦原是日在地下傷其明名爲明夷上六爲明夷之主至此則明夷成矣故復以明夷之本象言之○上六以陰居坤土之極昏闇之至者也惟其昏闇之至不明而晦是以初則尊爲天子居可傷人之勢專以傷人之明爲事終則自傷而墜厥命欲爲匹夫而不可得矣故有日落不明而晦初雖登天而後入地之象其象如此而占者可知矣

象曰初登于天照四國也後入于地失則也

照四國以位言言日居天上能照四國亦如人君高位得傷人之勢也失則以德言言爲人君止于仁視民如傷者也豈可以傷人爲事哉君以傷人爲事失其君之則矣是以始而登天以傷人而終于自傷也文王之順以則者外柔順而內實文明凡事通有法則文王之所以興紂之失則者居坤順之極而內實昏暗凡事通失法則紂之所以亡故二六皆言則字

周易集註卷之七終

明萬曆本周易集注

第四册

明 來知德撰

明萬曆三十八年刻本

山東人民出版社·濟南

周易集註卷之八

梁山來知德集註

☲☴ 離下巽上

家人者一家之人也八卦正位巽在四離在二此卦巽以長女而位四離以中女而位二二四皆得八卦正位又九五六二內外各得其正皆家人之義也序卦夷者傷也傷于外者必反于家故受之以家人所以次明夷

家人利女貞

言占者利于先正其內也以占者之身而言也非女之自貞也蓋女貞乃家人之本治家者之先務正雖在女而所以正之者則在丈夫故曰利女貞

彖曰家人女正位乎內男正位乎外男女正天地之大義也家人有嚴君焉父母之謂也父父子子兄兄弟弟夫夫婦婦而家道正正家而天下定矣

釋卦名卦辭而推言之男女二字一家之人盡之矣父母亦男女也曰男女即卦名也女正位乎內男正位乎外正即卦辭之貞也本義上父初子之

說非也巽幼清以五爲巽女之夫三爲離女之夫
亦非也惟依彖辭女正男正二句則卦名卦辭皆
在其中矣言女正位乎內男正位乎外男女正乃
天地間大道理原是如此所以利女貞嚴乃尊嚴
非嚴厲之嚴也尊無二上之意言一家父母爲尊
必父母尊嚴內外整肅如臣民之聽命于君然後
父尊子卑兄友弟恭夫制婦順各盡其道而後家
道正正家而天下定矣定天下係于一家豈可不
利女貞此推原所以當女貞之故

象曰風自火出家人君子以言有物而行有恒

風自火出者火熾則炎上而風生也自内而及外之意知風自火出之象則知風化之本自家而出而家之本又自身出也有物者有實物也言之不虚也言孝則實能孝言弟則實能弟也有恒者能恒久也行之不變也孝則終身孝弟則終身弟也言有物則言顧行行有恒則行顧言如此則身修家齊風化自此出矣

初九閑有家悔亡

閑者防也闌也其字从門从木木設于門所以防
閑也又變艮艮爲門又爲止亦門闌止防之意也
閑有家者閑一家之衆使其父父子子兄兄弟弟
夫夫婦婦也○初九以離明陽剛處有家之始離
明則有豫防先見之明陽剛則有整肅威如之吉
故有閑其家之象以是而處家則有以潛消其一
家之瀆亂而悔亡矣故其象占如此
象曰閑有家志未變也
九五爲男剛健得正六二爲女柔順得正在初之

時正志未變故易防閑也

六二无攸遂在中饋貞吉

攸者所也遂者專成也无攸遂者言凡閫外之事皆聽命于夫無所專成也饋者餉也以所治之飲食而與人飲食也饋食內事故曰中饋中爻坎飲食之象也言六二無所專成惟中饋之事而已自中饋之外一無所專成也○六二柔順中正女之正位乎內者也故有此象占者如是貞則吉矣

象曰六二之吉順以巽也

順以巽者順順從而卑巽乎九五之正應也易小象言順以巽者三蒙六五中爻爲順變爻爲巽漸六四變乾錯坤爲順未變爲巽本卦亦變乾錯坤爲順應爻爲巽三順以巽皆同

九三家人嗃嗃悔厲吉婦子嘻嘻終吝嗃呼落反

家人者主乎一家之人也惟此爻獨稱家人者三當一卦之中又介乎二陰之間有夫道焉蓋一家之主方敢嗃嗃也嗃嗃嚴大之聲嘻嘻歎聲婦者皃婦也子者皃子也○九三過剛不中爲衆人之

主故有嗃嗃之象占者如是不免近于傷恩一時至於悔厲然家道嚴肅倫敘整齊故漸趨于吉夫曰嗃嗃者以齊家之嚴而言也若專以嗃嗃爲主而無惻怛聯屬之情使婦子不能堪而至有嘻歎悲怨之聲則一家乖離反失處家之節不惟悔厲而終至於吝矣因九三過剛故又戒占者以此

象曰家人嗃嗃未失也婦子嘻嘻失家節也

節者竹節也不過之意不過于威不過于愛也處家之道當威愛並行家人嗃嗃者威也未失處家

之節也若主于威而無愛使婦子不能容則反失
處家之節矣
六四富家大吉
巽爲近市利三倍富之象也又變乾爲金爲玉亦
富之象也承乘應皆陽則上下内外皆富矣記曰
父子篤兄弟睦夫婦和家之肥也肥字即富字因
本卦六爻皆中正而吉所以説此富字亦因本爻
有此象也旨家庭之間不孝不弟無仁無義縱金
玉滿堂將何爲哉然則周公之所謂富者必有所

指歸觀孔子小象之順在位可知矣○六以柔順之體而居四得正下三爻乃一家之人皆所管攝者也初能閑家二位乎內而主中饋三位乎外而治家之嚴家豈不富而四又以巽順保其所有惟享其富而已豈不大吉是以有富家之象而占者大吉也

象曰富家大吉順在位也

以柔順居八卦之正位故曰順在位見前八卦正位圖

九五王假有家勿恤吉（假音格）

假至也自古聖王未有不以修身正家爲本者所謂刑于寡妻至于兄弟以御于家邦是也有家即初之有家也然初之有家家道之始五之有家家道之成大意謂初閑有家二主中饋三治家嚴四巽順以保其家故皆吉然不免有憂恤而後吉也若王者至于有家不恤而知其吉矣蓋中爻坎憂恤之象此爻出于坎之外故勿恤○九五剛健中正臨于有家之上蓋身修家齊家正而天下治者

也不憂而吉可知矣故其占如此

象曰王假有家交相愛也

交相愛者彼此交愛其德也五愛二之柔順中正足以助乎五二愛五之剛健中正足以刑乎二非如常人情欲之愛而已以周家論之以文王爲君以太姒爲妃以王季爲父以大任爲母以武王爲子以邑姜爲婦以周公爲武王之弟正所謂父父子子兄兄弟弟夫夫婦婦也彼此皆有德故交愛其德非止二五之愛而已孔子曰無憂者其惟文

王乎惟其交相愛所以無憂恤

上九有孚威如終吉

一家之中禮勝則離寡恩者也樂勝則流寡威者也有孚則至誠惻怛聯屬一家之心而不至乖離威如則整齊嚴肅振作一家之事而不至瀆亂終吉者長久得吉也○上九以剛居上當家人之終故言正家長久之道不過此二者而已占者能誠信威嚴則終吉矣

象曰威如之吉反身之謂也

反身修身也如言有物行有恒正倫理篤恩義正衣冠尊瞻視凡反身整齊之類皆是也如是則不惡而嚴一家之人有不威之畏矣

☲☱ 兌下離上

睽字從目目火睛也目主見故周公爻辭初曰見惡人三曰見輿曳上曰見豕負塗皆見字之意若從耳亦曰睽蓋耳聾之甚也睽乖異也爲卦上離下兌火炎上澤潤下二體相違睽之義也又中少二女同居志不同亦睽之義也序卦家道窮必乖

故受之以睽家道窮者教家之道理窮絕也無教家之道理則乖異矣所以次家人睽綜家人家人離之陰在二巽之陰在四皆得其正睽則兌之陰居三離之陰居五皆居陽位不得其正不正則家道窮故曰家道窮必乖故受之以睽

睽小事吉

彖辭明

彖曰睽火動而上澤動而下二女同居其志不同行說而麗乎明柔進而上行得中而應乎剛是以小事

言天地睽而其事同也男女睽而其志通也萬物睽而其事類也睽之時用大矣哉

以卦象卦德卦綜卦體釋卦名卦辭極言其理而贊之火炎上澤潤下物性本然之睽中女配坎少女配艮人情必然之睽故名睽兌說離明說麗乎明也柔進而上行者睽綜家人二卦同體文王綜爲一卦故雜卦曰睽外也家人內也言家人下卦之離進而爲睽之上卦六得乎五之中而下應乎九二之剛也三者皆柔之所爲柔本不能濟

事爻當睽乖之時，何由得小事吉？然說麗明，則有德；進乎五，則有位；應乎剛，則有輔。因有此三者，是以小事吉也。事同者，知始作成化育之事同也。志通者，夫唱婦隨交感之情通也。事類者，聲應氣求感應之機類也。天地不睽，不能成造化；男女不睽，不能成人道；萬物不睽，不能成物類。此其時用所以大也。與坎蹇同。

象曰：上火下澤，睽；君子以同而異。

同者理，異者事。天下無不同之理，而有不同之事。

異其事而同其理所以同而異如禹稷顔回同道而出處異微子比干箕子同仁而去就死生異是也彖辭言異而同象辭言同而異此所以爲聖人之言也

初九悔亡喪馬勿逐自復見惡人無咎喪息浪反

喪者喪去也中爻坎爲亟心之馬馬亟心倏然喪去喪馬之象也勿逐自復者不追逐而自還也兌爲悅體凡易中言兌者皆勿逐自復如震之六二變兌亦勿逐七日得旣濟六二變兌亦勿逐七日

得是也坎為盜惡人之象也中爻應爻離持戈兵亦惡人之象也故大有初爻曰無交害二爻曰小人害也曰小人則指離矣見惡人者惡人來而我即見之不以惡人而拒絕也離為目見之象也○初九當睽乖之時上無應與相援若有悔矣然陽剛得正故占者悔亡但時正當睽不可強求人之必合故必去者不追惟聽其自還求者不拒雖惡人亦見之此善于處睽者也能如是則悔亡而无咎矣故又教占者占中之象如此

象曰見惡人以辟咎也辟音避

當睽之時行動即有咎病故惡人亦不拒絕而見之者所以避咎也咎即睽乖之咎

九二遇主于巷无咎

遇者相逢也詳見噬嗑六三遇毒巷有二街巷也里巷也兌錯艮艮爲徑路里巷之象也應爻離中虛街巷之象也離爲日主之象也當睽之時君臣相求必欲拘堂陛之常分則賢者無自而進矣遇主于巷者言不在廊廟之上而在于巷道之中如

鄧禹諸臣之遇光武是也。○九二以剛中而居悅
體，上應六五。六五正當人心睽乖之時，柔弱已甚，
欲思賢明之人以輔之。二以悅體兩情相合，正所
謂得中而應乎剛也。故有遇主于巷之象，占者得
此睽而得合矣，故无咎。
象曰：遇主于巷，未失道也。
本卦離爲戈兵，中爻離亦爲戈兵，兌爲毁折，中爻
又爲坎陷，言君臣相遇于巷，豈不失道哉？然當天
下睽乖之時，外而前有戈兵，後有戈兵，中原坎陷，

內而主又柔務國勢毀折分崩離析正危迫之秋非但君擇臣臣亦擇君之時也得一豪傑之士即足以濟睽矣況又正應乎聖人見得有此象所以周公許其无咎孔子許其未失道也所以易經要玩象

六三見輿曳其牛掣其人天且劓无初有終掣音徹劓魚器反

上卦離爲目見之象也見者六三與上九並見之也又爲牛牛之象也中爻坎輿之象也曳之象也曳者拖也引也掣者挽也兌錯艮爲手挽之象也

其人天者指六三與上九也六三陰也居人位故曰人上九陽也居天位故曰天周公爻辭之玄至此錯艮又爲鼻鼻之象也刑割去鼻曰劓鼻之上有戈兵劓之象也艮又爲閽寺刑人不曰閽寺而曰劓者戈兵之刑在卦之上體也若閽寺則在下體矣然非真割鼻也鼻者通氣出入之物六三上九本乃正應見其曳掣怒氣之發如割鼻然故取此象且者未定之辭言非真割鼻也大意言車前必有牛六三在車中後二曳其車前四掣其牛所

以上九見之而發怒也此正所謂无初也此皆本爻自有之象易惟有此象無此事如入于左腹之類是也後儒不悟象所以將此等險辭通鶻突放過去了○六三不中不正上應上九欲與之合然當睽乖之時承乘皆不正之陽亦欲與之相合曳掣不能行上下正應見其曳掣不勝其怒故有此象然陰陽正應初雖睽乖而終得合也故其象占如此

象曰見輿曳位不當也无初有終遇剛也

陰居陽位故不當遇剛者遇上九也

九四睽孤遇元夫交孚厲无咎

元者大也夫者人也陽爲大人陰爲小人指初爲大人也交孚者同德相信也厲者兢兢然危心以處之惟恐交孚之不至也○九四以陽剛當睽之時左右之鄰皆陰柔之小人孤立而無助者也故有睽孤之象然性本離明知初九爲大人君子與之同德相信故又有遇元夫交孚之象然必危心以處之方可无咎故又教占者如此

象曰交孚無咎志行也

志行者二陽同德而相與濟睽之志行也蓋睽者乖之極孤者睽之極二德交孚則睽者可合孤者有朋志可行而難可濟不特无咎而已也

六五悔亡厥宗噬膚往何咎

宗孚詳見同人六二噬膚詳見噬嗑六二言相合甚易如噬膚之柔脆也九二遇主于巷曰主者尊之也六五厥宗噬膚曰宗者親之也臣尊其君君親其臣豈不足以濟天下之睽〇六五當睽之時

以柔居尊宜有悔矣然質本文明柔進上行有柔中之德下應剛中之賢而虛已下賢之心甚篤故悔可亡有厥宗噬膚之象惟其合之甚易所以悔亡也占者以是而往睽可濟矣故无咎也

象曰厥宗噬膚往有慶也

往則可以濟睽故有慶

上九睽孤見豕負塗載鬼一車先張之弧後說之弧匪寇婚媾往遇雨則吉說吐活反

九四之孤以人而孤也因左右皆陰爻也上九之

狐自孤也因猜疑而孤也見者上九自見之而疑也負者背也塗者泥也離錯坎坎爲豕又爲水豕負塗之象也坎爲隱伏載鬼之象也又爲弓又爲狐疑張弓說弓心狐疑不定之象也變震爲歸妹男悅女女悅男婚媾之象也冦止九二九四又坎爲雨雨之象也遇雨者遇六三也雨則三之象也三居澤之上乃雨也○上九以陽剛處明終睽極之地猜疑難合故爲睽孤與六三本爲正應始見六三輿曳牛掣乃疑其爲豕又疑其非豕而乃鬼

方欲張弓射之又疑其非鬼乃脫弓而近于前乃六三也使非二四之寇上則早與六三成其婚媾矣始雖睽孤終而群疑亡又復相合故有此象往遇雨又婚媾之象也占者凡事必如是則吉

象曰遇雨之吉羣疑亡也

惟羣疑亡所以遇雨吉

䷦ 艮下坎上

蹇難也爲卦艮下坎上坎險艮止險在前見險而止不能前進蹇之義也序卦睽者乖也乖必有難

故受之以蹇所以次睽

蹇利西南不利東北利見大人貞吉

蹇難在東北文王圓圖艮坎皆在東北也若西南則無難矣所以利西南大人者九五也舊註坤方體順而易艮方體止而險又云西南平易東北險阻皆始于王弼弼曰西南爲地東北爲山後儒從之遂生此說而不知文王卦辭乃與解卦相綜也

彖曰蹇難也險在前也見險而能止知矣哉蹇利西南往得中也不利東北其道窮也利見大人往有功

也當位貞吉以正邦也蹇之時用大矣哉難乃旦反知音智

以卦德卦綜卦體釋卦名卦辭而贊之難者行不進之義也坎之德爲險居卦之前不可前進此所以名爲蹇也然艮止在後止之而不冒其險明哲保身者也不其智哉往得中者蹇綜解二卦同體文王綜爲一卦故雜卦曰解緩也蹇難也言解下卦之坎往而爲蹇上卦之坎所以九五得其中也訟卦剛來而得中者坎自需上卦來故曰來此卦解自下卦往故曰往其道窮者解上卦之震下而

爲蹇下卦之艮也蹇難在東北今下于東北又艮止不行所以其道窮文王圓圖東北居圓圖之下西南居圓圖之上故往而上者則入西南之境矣故往得中來而下者則入東北之境矣故其道窮往有功之往卽往得中之往故利見九五之大人則往有功當位者陽剛皆當其位也八卦正位坎在五艮在三今二卦陽剛皆得正位有貞之義故貞吉漸卦巽艮男女皆得正位故彖辭同若以人事論往得中者是所往得其地據形勝而得所安

也若非其地其道窮矣往有功者所依得其人也
蓋陽剛中正以居尊位則其德足以聯屬天下之
心其勢足以汲引天下之士故往有功正邦者所
處得其正正則行一不義殺一不辜而不爲所以
能明信義于天下而邦其底定矣有此三者方可
濟蹇故歎其時用之大與坎睽同

象曰山上有水蹇君子以反身修德

山上有水爲山所阻不得施行蹇之象也君子以
行有不得者乃此身之蹇也若怨天尤人安能濟

其蹇惟反身修德則誠能動物家邦必達矣此善于濟此身之蹇者也

初六往蹇來譽

往來者進退二字也本卦蹇字從足艮綜震震爲足故諸爻皆以往來言之譽者有智矣哉之譽也往以坎言上進則爲往入于坎矣來以艮言不進則爲來艮而止矣○六非濟蹇之才初非濟蹇之位故有進而往則冒其蹇退而來則來其譽之象占者遇此亦當有待也

象曰往蹇來譽宜待也
待者待其時之可進也
六二王臣蹇蹇匪躬之故
王者五也臣者二也外卦之坎王之蹇也中爻之坎臣之蹇也因二五在兩坎之中故以兩蹇字言之六二艮體有不獲其身之象故言匪躬匪躬者不有其身也言王臣皆在坎陷之中蹇而又蹇不能濟其蹇六二不有其身者因此蹇蹇之故也張巡許遠此爻近之○六二當國家蹇難之時主憂

臣辱故有王臣蹇蹇之象然六二柔順中正蓋事君能致其身者也故又有匪躬之象占者得此成敗利鈍非所論矣

象曰王臣蹇蹇終无尤也

力雖不濟心已捐生有何所尤初六以不往爲有譽六二以匪躬爲无尤有位無位之間耳

九三往蹇來反

來反者來反而比于二也此爻變坤爲水地比來反者親比于人之象也六二忠貞之臣但其才柔

不能濟蹇蹇而又蹇思剛明之人以協助之乃其本心所以喜其反也○九三陽剛得正當蹇之時與上六爲正應但爲五所隔故求反而比于同體之二三則資其二之巽順二則資其三之剛明可以成濟蹇之功矣故有往則蹇而來反之象占者得此亦宜反也

象曰往蹇來反内喜之也

内者内卦之二也二之陰樂于從陽故喜之

六四往蹇來連

遠者相連也許遠當禄山之亂乃對張巡曰君才十倍于遠由是帷帳之謀一斷于巡此六四之來連者也六二喜之者內之兄弟喜其己之有助也六四連之者外之朋友喜其人之有才也○六四近君當濟蹇矣但六四以陰柔之才無撥亂興衰之畧于是來連于九三合力以濟故其象如此占者凡事親賢而後可

彖曰往蹇來連當位實也

陽質陰虛實指九三與獨遠實之實同當位實者

言九三得八卦之正位實當其位也陽剛得其正
位則才足以有爲可以濟蹇矣
九五大蹇朋來
陽大陰小大者陽也即九五也言九五之君蹇也
朋指三即九五同德之陽三與五同功異位者也
上六來碩應乎三者也六四來連比乎三者也三
有剛實之才惟三可以濟蹇然三與五非比非應
不能從乎其五惟二與五應乃君臣同其患難者
餘四爻則不當其責者也朋來合乎二以濟蹇則

諸爻皆共濟其蹇矣自下而上曰往自上而下曰來今曰朋來則知六四三皆來合乎二也朋來之來即來反之來此爻變坤坤爲衆朋之象也自本爻言之所謂當位貞吉以正邦也自上下諸爻言之所謂利見大人往有功也所以大蹇朋來○九五居尊有陽剛中正之德當蹇難之時下應六二六二固匪躬矣而爲三者又來反乎二而濟蹇三之朋既來則凡應乎朋而來碩比乎朋而來連皆翕然並至以共濟其蹇矣故有大蹇朋來之象占

者有是德方應是占也

象曰大蹇朋來以中節也

中者中德也卽剛健中正之德也節者節制也言爲五者有剛健之中德足以聯屬之有九五之尊位足以節制之所以大蹇朋來也

上六往蹇來碩吉利見大人

碩者大也陽大陰小故言大不言大而言碩者九五巳有大字矣來碩者來就三也吉者諸爻皆未能濟蹇此獨能濟也見大人者見九五也○上六

才柔未能濟蹇且居卦極往無所之益以蹇耳九三乃陽剛當位衆志之所樂從者反而就之則可以共濟其蹇矣何吉如之若此者非因人成事也以九五大人之君方在蹇中上與三利見之共濟其蹇則往有功矣此其所以吉也故占者來碩則吉而見大人則利也若舊註來就九五則見大人爲重復矣且小象曰志在内也若就九五則志在外卦不在内卦矣

象曰往蹇來碩志在内也利見大人以從貴也

内指九三對外卦而言則曰内貴指九五對下賤而言則曰貴志内所以尚賢從貴所以嚴分

☳☵ 坎下震上

解者難之散也居險能動則出于險之外矣解之象也又雷雨交作陰陽和暢百物解散亦解之象也序卦蹇者難也物不可以終難故受之以解所以次蹇

解利西南无所往其來復吉有攸往夙吉解佳買反

夙早也此教占者之辭言解利西南當往西南若

不往來復于東北之地亦吉但往西南則早得吉不然來復于東北之地雖吉不若西南之早矣解與蹇相綜解卽解蹇難故文王有此辭无所往者蹇下卦乃艮止止則不往所以无所往也前儒不知文王序卦所以註蹇解二卦不成其說

彖曰解險以動動而免乎險解解利西南往得衆也其來復吉乃得中也有攸往夙吉往有功也天地解而雷雨作雷雨作而百果草木皆甲拆解之時大矣哉

以卦德卦綜釋卦名卦辭又極言而贊之險之爲物見天則訟見澤則困見山則蹇在外卦則屯惟坎險在内震動在外是動而出乎險之外得以免于險難所以名解也自下而上曰往自上而下曰來往得衆者解綜蹇蹇下卦之艮往而爲解上卦之震也震二三爻皆坤土坤爲衆故得衆也得中者蹇上卦之坎來而爲解下卦之坎也九二得中與訟卦剛來而得中同故蹇坎往上曰得中解坎來下曰得中也往有功即上文得衆也得衆故有功

來復東北止得中而已往西南則得衆有功所以早吉也天地解者雨出于天雷出于地也窮冬之時陰陽固結不通所以雷不隨雨及至陰陽交泰則氣解而雷雨交作由是形隨氣解而百果草木皆甲拆矣甲者萌甲拆者拆開解之時既至天地不能閉之而使不解則天地之所以成化功者此解也皆此解之時也所以為大

象曰雷雨作解君子以赦過宥罪

赦過宥罪君子之用刑原當如此非因大難方解

之後當如此也無心失理之謂過怨其不及而赦之不問有心爲惡之謂罪矜其無知而宥之從輕雷雨交作天地以之解萬物之屯赦過宥罪君子以之解萬民之難此正雜卦解緩之意

初六无咎

難既解矣六以柔在下而上有剛明者爲正應以濟其不及无咎之道也故其占如此

象曰剛柔之際義无咎也

剛柔際者剛柔相交際也方解之初宜安靜以休

息六之柔四之剛交相爲用則不過剛不過柔而所事皆得宜矣故于義无咎

九二田獲三狐得黄矢貞吉

坎爲狐狐之象也坎爲弓矢之象也中爻離離居三三之象也又爲戈兵戈兵震動田之象也變坤坤爲黄黄之象也狐媚物小人之象黄中色矢直物中直者君子之象即六五爻所言君子小人○九二陽剛得中上應六五爲之信任于國家大難方解之後蓋有衆直錯枉之權退小人而進君子

者也故能去邪媚得中直有田獲三狐得黃矢之
象正而且吉之道也故其占如此
象曰九二貞吉得中道也
居中而得中道也
六三負且乘致寇至貞吝
坎爲輿三居上乘之象也又爲盜寇之象也負者
小人之事輿者君子之器此二句雖孔子據理之
言然亦本卦象之所有者蓋三負四乘二四不中
不正乃小人也二得中乃君子也貞者位乃君所

與故正也負且乘固無以正得之之理如漢文帝寵鄧通擢爲太中大夫此負且乘也天子所擢豈不爲正後景帝將下吏是寇之至也此之謂貞而吝○六三陰柔不中不正而乃居下之上是小人竊高位而終必失之者也故有負乘致寇之象占者得此雖正亦可羞也

象曰負且乘亦可醜也自我致戎又誰咎也

誰咎者言我之咎也非人之咎也同人又誰咎也言人誰有咎我者也節又誰咎也言無所歸咎于

人也與節小異

九四解而拇朋至斯孚

而者涉也震爲足拇居足下三居震之下拇之象也二與四同功皆有陽剛之德故曰朋解而拇占中之象也若舊註以初爲拇則剛柔之際義无咎不當解者也惟負乘之小人則當解之矣○二與四爲同德之朋當國家解難之時四居近君之位當大臣之任而二爲五之正應則四與二皆同朝君子之朋也但四比于三間于負乘之小人則君

子之朋安得而至惟解去其小人則君子之朋自至而孚信矣故戒占者必如此

象曰解而拇未當位也

以陽居陰故未當位惟未當位故有解拇之戒

六五君子維有解吉有孚于小人

維者繫也文王坎卦有孚維心此卦上坎下坎故亦用此維字孚字君子者四與二也吉者君子用事小人遠退何吉如之孚者信也言信于小人而小人自退也○本卦四陰六五以陰居尊而三陰從

之乃宦官宮妾外戚之類也然六五近比于四又與九二爲正應皆陽剛之君子也六五君虛中下賢此心能維繫之則凡同類之陰皆其所解矣所以吉也何也蓋君子用事自能孚信于小人而小人自退矣此其所以有解而吉也故教占者必如此

象曰君子有解小人退也

君子維而有解則小人不必逐之而自退矣

上六公用射隼于高墉之上獲之无不利隼思尹切

上高而無位公也隼祝鳩也鶻屬鷙鳥之害物者也震爲鵠變爻爲雉鳥之象也坎爲弓居下卦自下射上之象也震錯巽高之象也墉者墻也高墉者王宮之墻也變離外闈中空近于六五之君高墉之象也故泰卦上六亦曰城九二坤位故曰田狐則坤之走者也上六天位故曰高隼則天之飛者也獲之者獲其隼也隼棲于山林人皆得而射之惟棲于王宮高墉之上則如城狐社鼠有所憑依人不敢射矣蓋六五之小人乃宮官宦妾上六

之隼則外戚之小人王莽之類是也○上六柔順得正而居尊位當動極解終之時蓋能去有所憑依之小人者也故有公用射隼于高墉而獲之象占者得此則小人悖逆之大患解之已盡矣故无不利

象曰公用射隼以解悖也

以下叛上謂之悖王莽是也繫辭別是孔子發未盡之意與此不同

䷨ 兌下艮上

損者減損也其卦損下剛卦益上柔卦此損之義也又澤深山高損其深以增其高此損之象也序卦解者緩也緩必有所失故受之以損所以次解

損有孚元吉无咎可貞利有攸往曷之用二簋可用享

有孚者言損不可聲音笑貌爲之必當至誠也凡曰損本拂人情之事或過或不及或不當其時皆非合正理而有孚也非有孚則不吉有咎非可貞之道不能攸往矣惟有孚則元吉也无咎也可貞

也利有攸往也有是四者矣曷之用者言何以用損也若問辭也二簋至薄亦可享于鬼神若荅辭也享鬼神當豐不當儉曰可用享言當損時至薄亦無害也

彖曰損損下益上其道上行損而有孚元吉无咎可貞利有攸往曷之用二簋可用享二簋應有時損剛益柔有時損益盈虛與時偕行

以卦綜釋卦名卦辭本卦綜益卦二卦同體文王綜爲一卦故雜卦曰損益盛衰之始也益卦柔卦

居上剛卦居下損下益上者損益下卦之震上行居損卦之上而爲艮也故其道上行如言柔進而上行也若以人事論乃剝民奉上民既貧矣君不能以獨富是上下俱損矣故名損時者理之當然勢之不得不然者也言文王之所謂二簋可用享者非常道也以其時當于損所以二簋也本卦損下卦之剛益上卦之柔亦非常道也以時當損下益上所以損剛益柔也蓋天下之理不過損益盈虛而已物之盈者盈而不已其勢必至于消消則

損矣物之虚者虚而不已其勢必至于息息則益矣是以時當盈而損也不能逆時而使之益時當虚而益也不能逆時而使之損此皆物理之常亦因時而有損益耳文王之二簋可用享者亦時而已不然致孝鬼神當豐豈可損乎

象曰山下有澤損君子以懲忿窒欲

澤深山高損下以增高損之象也懲者戒也窒者塞也忿多生于怒心剛惡也突兀而出其高如山况多忿如少男乎故當戒欲多生于喜心柔惡也

浸淫而流其深如水況多欲如少女乎故當塞忿
不懲必遷怒欲不窒必貳過君子修身所當損者
莫切于此

初九巳事遄往无咎酌損之

巳者我也本卦損剛益柔損下益上乃我之事也
郎韓子莫憂世事兼身事身事之意遄者速也酌
郎損剛益柔有時時字之意○本卦初剛四柔當
損初以益四故有巳事遄往之象占者得此固無
咎矣然損剛益柔有時不可以驟損必斟酌而後

損也故許其无咎而又戒之以此

象曰巳事遄往尚合志也

尚與上通指四也陰陽正應故合志四之志欲損其疾而初遄往合其志也

九二利貞征凶弗損益之

貞者即九二之剛中也中則正矣利者安中德以自守未有不利者也征者不守其剛中之德而有所往也凶者六五君位本卦性悅此爻變震以悅而動必容悅以媚上則流于不中不正矣所以凶

也弗損者弗損其剛中之德即貞也益者即利也蓋五雖柔而居剛非不足二雖剛而居柔非有餘所以損剛不能益柔也初以剛居剛且欲酌損況二居柔乎何以弗損而能益二乃五之正應為臣者能為正人君子豈不有益于君所以損則不益弗損則能益也○九二剛中當損剛之時志在自守弗損貞之道也故占者利于此貞若失此貞而有所往則凶矣蓋不變其所守正以益上故貞則吉而征則凶也

象曰九二利貞中以爲志也

德以中爲美志定則守斯定矣二中以爲志所以

弗損益之

六三三人行則損一人一人行則得其友

本卦綜益二卦原是陰陽相配之卦因損下益上

正在此爻所以發此爻辭也益卦下震三爲人位

人之象也震爲足行之象也又爲大塗行人之象

也中爻坤爲衆友之象也三人行者益下卦三爻

居于損之上三爻也即彖辭其道上行也損一人

者損六三也一人行卽六三也六三行上而居四也三行上而居四卽損下之三而益上之四也益卦下三爻乃一陽二陰今損一陰以居四則陰陽兩相配矣居四以初爲正應則得其友也兩相得則專三則雜亂三損其一者損有餘也兩也一人得友者益不足也兩也天地間陰陽剛柔不過此兩而已故孔子繫辭復以天地男女發之○本卦綜益損下益上此爻正損益上下交接之爻故有此象占者得此凡事當致一不可參以三而雜亂

也
象曰一人行三則疑也
一人行得友而成兩則陰陽配合而專一若三則
雜亂而疑矣所以損其一也
六四損其疾使遄有喜无咎
四變中爻爲坎坎爲心病疾之象也遄即初遄往
之遄初與四陰陽相合當損下之時初即以爲已
之事而遄往矣使其初果得遄往則有喜矣所以
加一使字兌悅在下喜之象也○六四陰柔得正

與初九爲正應賴其陽剛益已而損其疾故有損其疾之象使初能遄往則四得損其疾而有喜矣无咎之道也故其象占如此

象曰損其疾亦可喜也

賴初損疾亦可喜矣而況初之遄往哉

六五或益之十朋之龜弗克違元吉

兩龜爲一朋十朋之龜大寶也大象離龜之象也十者土之成數中爻坤十之象也坤土兩兩相比朋之象也本卦錯咸故咸九四亦曰朋從綜益益

之六二即損之六五特顛倒耳故亦曰十朋兩象相同或者不期而至不知所從來也弗克違者雖欲違之而不可得也○六五當損之時柔順虛中以應九二蓋有下賢之實心受天下之益者也故有此象占者得此元吉可知然必有是德方有是應也

象曰六五元吉自上祐也

與大有天祐旅上遠同蓋皆五之虛中也

上九弗損益之无咎貞吉利有攸往得臣无家

居損之時若用剛以損下非爲上之道矣安得无咎安得正而吉又安能行之而得人心也今不損下而自益是即益其下也九二弗損益之益其上上九弗損益之益其下所以大得志如此得臣者陽爲君陰爲臣三爲正應得臣之象也无家者此爻變坤有國無家之象也故師卦上六坤變艮則曰承家此爻艮變坤則曰無家可見矣若以理論乃國爾忘家無自私家之心也若用剛以損下是自私而有家矣〇上九居損之終則必變之以不

損居艮之極則必止之以不損當損下益上之時而能弗損以益下所以无咎也正而吉也利有攸往也得臣无家也占者有是德方應是占矣

象曰弗損益之大得志也

无咎貞吉利有攸往得臣无家豈不大得志

䷩ 震下巽上

益與損相綜益之震上而爲艮則損下以益上所以名損損之艮下而爲震則損上以益下所以名益序卦損而不已必益故受之以益所以次損

益利有攸往利涉大川

利有攸往者凡事無不利也利涉大川者言不惟利所往可以處常亦可以濟變

彖曰益損上益下民說無疆自上下下其道大光利有攸往中正有慶利涉大川木道乃行益動而巽日進无疆天施地生其益无方凡益之道與時偕行下下二字上遐嫁反下如字

以卦綜釋卦名以卦體卦象卦德釋卦辭而贊之損損上卦之艮益益下卦而爲震也民說无疆就

損益所及之澤而言也益在民也其道大光就損
益所行之事而言也益在君也人君居九重之上
而能膏澤及于閭閻之民則其道與乾坤同其廣
大與日月同其光明何大光如之卦本損上然能
損上以益下則並上亦益矣民益君益所以名益
九五以中正位乎上而六二以中正應之是聖主
得賢臣而慶澤自流于天下矣所以利有攸往也
木道乃行者亦如中孚之舟虛乃風中之木故木
道乃行中孚渙皆風木且本卦象離錯坎亦有水

象動而巽者動則有奮發之勇而不柔弱巽則有順入之漸而不鹵莽所以德崇業廣日進無疆此以卦德言也震乃剛卦爲天天施者初之陽也巽乃柔卦爲地地生者四之陰也天以一陽施于下則天道下濟而資其始地以一陰升于上則地道上行而資其生所以品物咸亨而其益無方此以卦體言也時者理之當其可也言凡益之道非理之本無而勉强增益之也乃理之當其可而後增益也如日日進無疆者以人事當然之理而益也

曰其益无方者以造化自然之理而益也理之所
在當益而益是以自我益之改過遷善不嫌其多
自人益之十朋之龜愈見其吉矣
象曰風雷益君子以見善則遷有過則改
風雷之勢交相助益益之道也善者天理也吾性
之本有也過者人欲也吾性之本無也理欲相爲
乘除去得一分人欲則存得一分天理人有善而
遷從則過益寡已有過而速改則善益增即風雷
之交相助益矣

初九利用爲大作元吉无咎

大作者厚事也如遷國大事之類是也故曰益以興利陽大陰小此爻陽故以大言之元吉以功言非諸爻以效言也○初剛在下爲動之主當益之時受上之益者也六四近君與初爲正應而爲六四所信任以其有剛明之才故占者利用爲大作然位卑任重則有所不堪者必其所作之事周悉萬全爲經久之良圖至于元會方可无咎苟輕用敗事必負六四之信任矣故戒占者以此

象曰元吉无咎下不厚事也

下者下位也厚事者大作也初位卑本不可以任厚事豈能无咎故必大善而後无咎也

六二或益之十朋之龜弗克違永貞吉王用享于帝吉

損之六五卽益之六二以其相綜特倒轉耳故其象同損受下之益此則受上之益十朋之龜者寵錫優渥之象也永貞吉者必長永貞固守其虚中之德而後可以常保其優渥之寵錫也王用享于

帝者言永貞虛中之心必如人君之對越在天小心翼翼也此一句又永貞之象乃占中之象也帝出震齊巽本卦下震上巽帝之象也○六二當益之時虛中處下蓋精白一心以事君本無求益之心而自得君之寵益者也故有或益十朋之龜弗克違之象然爻位皆陰又戒以永貞必事君如事天而後可以受此益也故又有王用享于帝之象占者必如是方吉也

象曰或益之自外來也

言不知所從來也與卦上九自外來同二則吉來上則凶來

六三益之用凶事无咎有孚中行告公句用圭

凶者險阻盤錯也如使大將出師及使至海外之國豈不是凶凶三之爻位本凶說文云凶象地穿交陷其中中爻坤地震極未有不陷者凶之象也无咎者凶事乃上之所益三不得與焉所以無咎也有孚者誠信也中行者中道可行之事也凶事乃太過之事故以中言之告公者告于四也故六四

曰中行告公從圭乃通信之物祭祀朝聘用之所以達誠信也六爻中虛有孚之象也巽綜兌兌爲口告之象也故夬外卦兌亦曰告自邑泰卦中爻兌亦曰自邑告命震爲王圭之象也用圭乃有孚之象又占中之象也有孚以下乃聖人教占者開凶事之路也○六三陰柔不中不正又居益下之極然當益下之時故有受上之益而用行凶事之象占者得此可以无咎若以陰柔不堪此凶事必當有孚誠信以中道可行之事告于公如用圭通

誠信爲庶乎凶事或可免也故又有中行告公用

圭之象教占者必如此

象曰益用凶事固有之也

固有之者本有之也言三之爻位多凶則凶事乃

三之本有也孔子三多凶之句本原于周公之爻

辭六十四卦惟謙卦三爻有吉字餘皆無故三多

凶

六四中行告公從利用爲依遷國爲字去聲

中行告公者卽三爻以中道可行之事而告于四

也從者巽性順從之象也爲字去聲凡遷國安民必爲其依而後遷依者依其形勝也依形勝即所以依民也如漢高祖之徙長安以其地阻三面可守獨以一面東制諸侯依其險而遷者也國有所依則不費其兵不費其財而民有所依矣宋太祖亦欲徙長安因晉王固諫乃嘆曰不出百年天下民力殫矣以四面受敵無所依也故周公不曰利用遷國而曰爲依遷國中爻坤國之象也損益相綜損卦艮之一陽下而遷爲益之初兌三之陰上

而遷爲益之四遷之象也九五坐于上而三陰兩列中空如天府前後一陽爲之藩屏有所憑依一統之象也故利用爲依遷國蓋遷國安民乃益下中行之大事則非凶事矣故三告而四從也○四陰得正有益下之志而又有益下之權者也三乃受四之益者若以中道可行之事告于四而四從之上下協謀則利用爲依遷國而凡事之可遷移者亦無不利也故其象如此占可知矣

象曰告公從以益志也

八卦正位巽在四四以益下爲志故告公從

九五有孚惠心勿問元吉有孚惠我德

惠者即益下之惠也心者益下之心也德者益下之政也二三皆受上之益者也則益之權在四矣三比四四有孚于四以中行告四四從之五比四有孚于四四不必告五五亦不必問四矣下于上曰告上于下曰問蓋正位在四知其必能惠下也所以勿問也故小象曰勿問之矣巽爲命綜兌爲口中爻坤錯乾爲言皆告問之象也故三爻四爻五

爻曰告曰問五爻變成艮矣艮止勿問之象也我者五自謂也元吉即有孚惠德也言四之惠者皆五之德也○九五陽德中正爲益下之主當益之時以益下之惠心有孚于四不必問而知其元吉矣何也蓋五孚于四五之心知四必能惠我之德也故有勿問之象而占者元吉

象曰有孚惠心勿問之矣惠我德大得志也

四之小象曰告公從五曰勿問之矣見告問二字爲重上下相聯屬也四曰以益志也五曰大得志

也見四以益下爲志而此則大得益下之志也看六爻要留心小象

上九莫益之或擊之立心勿恒凶

莫益者莫能益也此爻與恒卦九三同亦不恒其德者也所以下句言勿恒蓋巽爲進退不果勿恒之象也所以莫益也又變坎爲盜中爻艮爲手大象離爲戈兵坎錯離亦爲戈兵盜賊手持戈兵擊之象也此與蒙卦上九擊字相同適是有此象前儒不識象止以理度之就說求益不已放于利而

行多怨不奪不饜往往似此失易之旨殊不知益
卦不比損卦損剛益柔有時非恒常之道也若益
而不已則日進無疆其益無方所以立心當恒若
不恒不能益而不已則凶矣○上九以陽剛居益
之極極則變而不益矣故有莫益或擊之象所以
然者以其立心不恒也若益民之心恒久不變則
民説無疆矣安有擊之之凶哉惟其立心不恒所
以占者凶

象曰莫益之偏辭也或擊之自外來也

辭者爻辭也偏對正言言非爻辭之正意也正意

在下句言且莫言莫能益也此非到底之辭猶有

擊之之者此是正辭也自外來與六二同但分吉

凶耳

易經集註卷之八終

周易集註卷之九

梁山來知德集註

䷪ 乾下兌上

夬者決也陽決陰也三月之卦也其卦乾下兌上以二體論水在天上勢必及下決之象也以爻論五陽長盛一陰將消亦決之象也序卦益而不已必決故受之以夬所以次益

夬揚于王庭孚號有厲告自邑不利即戎利有攸往

揚于王庭孚號有厲皆指上六小人揚者得志放

肆之意于王庭在君側也五爲君王之象也兌錯艮爲門闕庭之象也故節卦中爻艮亦曰庭六與三爲正應故曰孚兌爲口舌號之象也故上六陰消曰无號六號呼其三與之孚契三在衆君子之中不敢與之相交則三亦危矣故有厲也此見小人難決也蓋容悅小人在君之側君聽信不疑孚者且危厲則不孚者可知矣此所以難決也告自邑者告同類之陽也如言告于本家之人也乾錯坤邑之象也坤爲衆又衆人之象也乾爲言告之

象也不即戎不尚武勇也言雖告于衆人亦不合力以尚武勇也方利有攸往而小人可決矣此正所謂決而和也非舊註正名其罪相與合力也若如此乃是即戎矣

彖曰夬決也剛決柔也健而說決而和揚于王庭柔乘五剛也孚號有厲其危乃光也告自邑不利即戎所尚乃窮也利有攸往剛長乃終也說音悅長丁丈反

釋卦名卦辭惟健則不怯以容其惡惟說則不猛以激其變健而說者德也決而和者事也一陰加

于五陽之上則君亦在下矣又與君同體又容悅
豈不肆于王庭三雖危能合正應而從君子所以
危而有光君側之小人豈可尚武勇尚武勇世道
亂矣故尚則必窮剛長陰自消矣
象曰澤上于天夬君子以施祿及下居德則忌
此象諸家泥滯程朱澮決二字所以皆說不通殊
不知孔子此二句乃生于澤字非生于夬字也蓋
夬乃三月之卦正天子春來布德行惠之時乃惠
澤之澤非水澤之澤也天者君也祿者澤之物也

德者澤之善也居者施之反也紂鹿臺之財居德也周有大賚施祿也下句乃是上句之意言澤在于君當施其澤不可居其澤也居澤乃人君之所深忌者

初九壯于前趾往不勝爲咎

震爲足本卦大象震又變巽錯震又居下故以足趾言之壯者大壯也四陽爲壯五陽爲夬前者初居下而欲急進于四陽大壯之位近九五以決上六故不曰趾而曰前趾也往者往決上六也旣曰

前又曰往則初九恙進而决之之情見矣凡所謂咎者皆以其背于理而爲咎病也若君子之決小人非背于理也但不量力不能勝小人反爲小人所傷則爲咎也故曰不勝爲咎○初九當夬之時是以君子欲决小人者也但在下位卑又無應與特剛而往故有此象其不勝小人可必矣故占者以不勝爲咎

象曰不勝而往咎也

一言往之前已知其不勝小人矣不慮勝而决所以

咎也

九二惕號莫夜有戎勿恤莫音暮

惕恤皆憂懼也剛居柔地內而憂懼之象也又變離錯坎爲加憂亦憂懼之象也號呼衆人也乾爲言外而呼號之象也二爲地位離日在地下莫夜之象也又離爲戈兵坎爲盜又爲夜又本卦大象震莫夜盜賊戈兵震動莫夜有戎之象也本卦五陽一連重剛有戎象所以卦爻爻辭皆言戎非真有戎也決小人之時喻言小人不測之禍也狄仁

桀拳拳以復盧陵王爲憂者惕也密結五王者號也卒能反周爲唐是亦有戎勿恤矣○九二當夬之時以剛居柔又得中道故能憂惕號呼以自戒備思慮周而黨與衆是以莫夜有戎變出于不測亦可以無患矣故教占者以此

象曰有戎勿恤得中道也

得中道者居二之中也得中則不恃其剛而能惕號不忘備戒所以有戎勿恤

九三壯于頄有凶君子夬夬獨行遇雨若濡有愠无

答

頄音逵面顴也乾爲首頄之象也夬夬者以心言也言去小人之心决而又决也獨行者陽性上行五陽獨此爻與上六爲正應獨行之象也上六陰爻又兊兊爲雨澤雨之象也濡者濕濡也言九三合上六之小人而若爲所汚也慍者見恨于同類之君子而嗔其與小人合也前儒不知此爻乃聖人爲占者設戒又不知夬夬乃君子之心故以爻辭爲差錯王允之于董卓溫嶠之于王敦此爻近之

○九三當夬之時以剛居剛又與上六爲正應聖人恐其不能決而和也故爲占者設其戒曰決去小人若壯見于頄目則事未成而幾先露反噬之凶不免矣惟其決小人之心夬而又夬而頄目則不夬夬而與之相合如獨行遇雨有所濕濡雖迹有可疑不免爲君子所慍然從容以觀其變委曲以成其謀然必能決小人也占者能如是可以免凶而無咎矣

象曰君子夬夬終無咎也

心夬決而面目相合是決而和矣所以終無咎

九四臀无膚其行次且牽羊悔亡聞言不信臀徒敦反次七私反且七餘反

人心出腹中之物皆在于臀臀字從殿殿者後也凡易中言臀者皆坎也坎爲溝瀆臀之象也故始九三變坎曰臀困下卦坎初六曰臀此爻變坎亦曰臀乾一兌二爲膚詳見噬嗑此爻變坎則不成一二矣故无膚也兌爲毀折亦无膚之象也次且即趑趄二字行不進也惟其臀無膚所以行不進也兌爲羊羊之象也牽羊者牽連三陽而同進也

兌綜巽爲繩牽連之象也觀大壯六五乾陽在下曰喪羊則此牽羊可知其牽三陽矣乾爲言下三陽之言也乃前告自邑之言也變坎爲耳痛聞言不信之象也所以困卦亦有有言不信之句蓋變坎則情險性健乃傲物也故聞言不信○九四以陽居陰不中不正有臀无膚行不進而不能決小人之象然當決之時不容不決也故教占者能牽連下三陽以同進用人成事則可以亡其不進之悔但不中不正之人不樂聞君子之言度其雖言

之亦不信也占者如是其有悔也必矣

象曰其行次且位不當也聞言不信聰不明也

位不當者不中正也聰者聽也聽之不能明其理也此原不信之由位不當以位言聽不明以變坎言

九五莧陸夬夬中行无咎

莧者莧菜也諸菜秋冬皆可種獨莧三月種之夬三月之卦故取象于莧亦如瓜五月生故姤取瓜象陸者地也地之高平曰陸莧乃柔物上六之象

也陸地所以生莧者上六乃陰土陸之象也莧陸夬
夬者即俗言斬草除根之患言欲決去其莧並其
所種之地亦決之上決者夬莧也下決者夬陸也
亦如王臣蹇蹇上蹇王之蹇也下蹇臣之蹇也決
而又決則根本枝葉皆以決去無復潛滋暗長矣
中行者五本居中得正爲近上六陰陽相比則心
事不光明能夬夬則復其中行之舊矣九三夬夬
以心言以應爻而言也九五夬夬以事言以親比
而言也蓋三居下位五則擅夬決生殺之權故與

三不同○九五當夬之時爲夬之主本居中得正
可以決小人者也但與上六相近不免溺于其私外
雖欲決而一時溺愛之心復萌則決之不勇矣故
必如決莧並其地而決之則可以去其邪心不爲
中德之累而无咎矣故其象占如此
象曰中行无咎中未光也
中未光者恐中德近陰未光明也故當夬而又夬
上六无號終有凶
上六當權之時號呼其正應之三今三正應夬夬

則正應不可號矣當權之時揚于王庭亦可以號呼而哀求于五今五相親比亦夬夬則五不可號矣故曰无號終有凶即小象終不可長占者之凶可知矣

象曰无號之凶終不可長也

言一陰在上不可長久終爲五陽所决去也

☴☰ 巽下乾上

姤遇也五月之卦也一陰生于下陰與陽遇以其本非所望而卒然値之如不期而遇者故爲姤也

序卦夬決也決必有所遇故受之以姤所以次夬

姤女壯勿用取女取七前反

一陰而遇五陽有女壯之象故戒占者勿用取女以其女德不貞決不能長久從一而終也幽王之得褒姒高宗之立武昭儀養鷙棄鶴皆出于一時一念之差而豈知後有莫大之禍哉故一陰生于五陽之下陰至微矣而聖人即曰女壯勿用取者防其漸也

彖曰姤遇也柔遇剛也勿用取女不可與長也天地

相遇品物咸章也剛遇中正天下大行也姤之時義大矣哉

釋卦名卦辭而極贊之取妻非一朝一夕之事故曰夫婦之道不可以不久也不可與長者言女壯則女德不貞不能從一而長久也上五陽天也下一陰地也品物咸亨者萬物相見乎離亨嘉之會也天地相遇止可言資始資生而曰咸章者品物在五月皆章美也剛指九二剛遇中正者九二之陽德遇乎九五之中正也遇乎中正則明良會而

庶事康其道可大行于天下矣姤本不善聖人義理無窮故又以其中之善者言之言一陰而遇五陽勿用取女因不善矣然天之遇地臣之遇君又有極善者存乎其中焉以一遇之閒而有善不善可見世之或治或亂事之或成或敗人之或窮或通百凡天下國家之事皆不可以智力求之惟其遇而已矣時當相遇莫之為而為莫之致而至遇之時義不其大矣哉

象曰天下有風姤後以施命誥四方

風行天下物無不遇姤之象也施命者施命令于天下也興利除害皆其命令之事也誥者告也曉諭警戒之意君門深于九重堂陛遠于萬里豈能與民相遇惟施命誥四方則與民相遇亦猶天之風與物相遇也乾爲君后之象又爲言誥之象又錯坤方之象巽乃命之象

初六繫于金柅貞吉有攸往見凶羸豕孚蹢躅柅女履反蹢音的躅直錄反

柅者收絲之具也金者籆上之孔用金也今人多

以銅錢爲之巽爲木柅之象也又爲繩繫之象也
變乾金之象也貞吉者言繫于金柅前無所往則
得其正而吉也若無所繫有所攸往往而相遇相
比之二正應之四則立見其凶也羸豕者小豕也
孚者誠也蹢躅者跳躑纏綿也言小豕相遇乎豕
即孚契蹢躅不肯前進此立見其凶可醜之象也
凡陰爻居下卦者不可皆以爲小人害君子如姤
有相遇之義觀有觀示之義此卦因以爲小人害
君子所以將九五極好之爻通說壞了○初六一

陰始生當遇之時陰不當往遇乎陽故教占者有繫于金柅之象能如此則正而吉矣若有所往立見其凶故又有羸豕蹢躅之象其戒深矣

象曰繫于金柅柔道牽也

牽者牽連也陰柔牽乎陽所以戒其往

九二包有魚无咎不利賓

包者包褁也詳見蒙卦九二魚陰物又美初之象也剝變巽曰貫魚井曰射鮒姤曰包魚皆以巽爲少女取象于陰物之美也言二包褁纒緜乎初猶

包魚也无咎者本卦主于相遇故无咎也不利賓者理不當奉及于賓也蓋五月包裹之魚必餒而臭矣所以不利于賓也巽爲臭魚臭不及賓之象也五陽纏綿一陰故于四爻五爻皆取包裹之象无咎以卦名取義不及賓以魚取義若以正意論初與四爲正應二既先包乎初則二爲主而四爲賓矣所以不利賓而四包無魚但易以象爲主故只就魚上說○九二與初本非正應彼此皆欲相遇乃不正之遇也故有五月包魚之象占者得此

僅得无咎然不正之遇已不可遂及于賓矣故不
利賓
象曰包有魚義不及賓也
五月包魚豈可及賓以義揆之不可及賓也
九三臀無膚其行次且厲无大咎
夬之九四與姤相綜倒轉即姤之九三所以爻辭
同○九三當遇之時過剛不中隔二未牽連乎初
相遇之難故有此象然不相遇則亦无咎矣故占
者雖危厲而无大咎也

象曰其行次且行未牽也
本卦主于相遇三其行未得與初牽連所以次且
九四包无魚起凶
初六不中不正卦辭以女壯勿取戒之矣若屯卦
六二與初相比不從乎初十年乃字蓋六二柔順
中正故也今不中不正所以舍正應而從二既從乎
二則民心已離矣九四才雖剛而位則柔據正應
之理起而與二相爭亦猶三國之爭荆州干戈無
寧日也豈不凶故不曰凶而曰起凶如言起釁也

○九四不中不正當遇之時與初爲正應初爲二所包故有包無魚之象九四不平與二爭之豈不起其凶哉故其象占如此

象曰无魚之凶遠民也

陰爲民民之象也故觀卦下陰爻曰觀民遠民者二近民而四遠民也

九五以杞包瓜含章有隕自天

杞枸杞也杞與瓜皆五月所有之物乾爲果瓜之象也因前爻有包魚之包故此爻亦以包言之含

章者含藏其章美也此爻變離有文明章美之意
又居中有包含之意故曰含章含卽杞之包章卽
瓜之美以杞包瓜卽含章之象也隕者從高而下
也有隕自天者言人君之命令自天而降下也巽
爲命乾爲天故命令自天而降孔子后以施命誥
四方一句本自周公有隕自天來故小象曰志不
違命且此爻變成鼎又正位凝命之君三箇命字
可證○九五當變之時有中正之德深居九重本
不與民相遇故有以杞包瓜含藏章美之象然雖

含藏中正之章美不示與民相遇及施命誥四方如自天而降亦猶天下之風無物不相遇也其相遇之大為何如哉占者有是德方應是占也

象曰九五含章中正也有隕自天志不捨命也（舍音捨）有中正之德所以含其中正之章美不發露也志者心志也含違也命者命令也雖不發露章美然心志不違施命誥四方所以有隕自天

上九姤其角吝无咎

與晋其角用同當遇之時高亢遇剛不過于初故有

姤其角之象吝之道也然不近陰私亦無咎矣故其占如此

象曰姤其角上窮吝也

居上卦之極故窮惟窮所以吝

䷬ 坤下兌上

萃者聚也水潤澤其地萬物羣聚而生萃之象也又上悅而下順九五剛中而二以柔中應之萃之由也序卦姤者遇也物相遇而後聚故受之以萃所以次姤

萃亨王假有廟利見大人亨利貞用大牲吉利有攸往

卦大象坎坎爲宮中爻巽艮巽木在艮闕之上皆廟之象也坎爲隱伏鬼神之象也九五中正大人之象也上亨字占得此卦者亨也下亨字見大人之亨也大象坎爲豕外卦兌爲羊內卦坤爲牛大牲之象也言當此萃時可以格鬼神可以見大人必亨但利于正耳凡物當豐厚不宜儉嗇凡事宜攸往不宜退止此敎占者處萃之時當如此也

彖曰萃聚也順以說剛中而應故聚也王假有廟致孝享也利見大人亨聚以正也用大牲吉利有攸往順天命也觀其所聚而天地萬物之情可見矣

以卦德卦體釋卦名又釋卦辭而極贊之內順乎外外悅乎內五以剛中而下交二以柔中而上應內外君臣皆相聚會所以名萃盡志以致其孝盡物以致其享聚以正者如蕭何張良諸臣一時聚會以從高祖聚也除暴秦正也能成一統之功亨也天命者天理之自然也以人事言卽當其可之

時也言時當豐而豐時當往而往者乃所以順其天理之自然也情者所以發出之情也陽倡陰和乾始坤生天地此聚也形交氣感聲應氣求萬物亦此聚也天地萬物之情聚而已矣

象曰澤上于地萃君子以除戎器戒不虞

澤字義多有水澤有雨澤有恩澤有潤澤澤在天上有恩澤之意所以施祿及下居德則忌此則有水澤潤澤之意所以生萬物而萃也除者去舊取新之意謂整理其敝壞也戒者備也虞者度也言

變出不測而不可虞度也衆萃必有爭奪之事故君子除戎器者非耀武也所以戒不虞也聖人之心義理無窮姤卦文王卦辭本不善聖人則發出姤之時義大一段本卦文王卦辭極善聖人又發出此一段蓋本卦錯大畜有離震二象戈兵震動故言戎器不虞又大象坎錯離中爻艮綜震亦有此象

初六有孚不終乃亂乃萃若號一握爲笑勿恤往无咎

孚者與四正應相孚信也有孚不終者陰柔之人不能固守所以孚不長久也欲萃之急不擇正應而與同類羣小相萃也號者呼也握者持也言呼九四近前而以手握持之也若者如也言當如此象也言有孚之心能若孚于前而以手握之不釋則有孚之心至矣雖爲衆人所笑勿恤此笑方得无咎也中爻巽爲進退有孚不終之象也坤爲迷亂之象也坤爲衆萃之象也兌爲口舌號之象也坤錯乾乾居一一之象也中爻艮手握持之象也

兌爲悅笑之象也大象坎爲加憂恤之象也今此爻變不成坎不憂矣勿恤之象也○初六陰柔與九四爲正應當萃之時比于同類之陰有有孚不終乃亂乃萃之象故教占者有孚堅固如將九四呼于前而以手握之以陰握陽雖不免爲人所笑然必勿恤此笑方得往而與九四爲聚也故无咎

象曰乃亂乃萃其志亂也

質本陰柔急于欲萃方寸已亂矣所以不暇擇其正應而萃也

六二引吉无咎孚乃利用禴
引開弓也與君子引而不發之引同本卦大象坎又此爻變坎坎爲弓引之象也凡人開弓射物必專心于物當物之中不偏于左不偏于右方得中箭蓋中德不變之象也二雖中正居羣小之中少偏私則非中矣故言引則吉无咎也中爻艮手故初曰一握握者手持之也二曰引引者手開之也皆手之象也吉者得萃于九五也无咎者二與九五皆同德又正應也孚者孚于五也利用禴者言

薄祭亦可以交神又與五相聚吉而无咎之象也
坎爲隱伏有人鬼之象此爻變坎成困故困之二
爻亦利享祀未濟坎亦言禴渙亦言有廟也此爻
變中爻成離禴夏祭故與既濟皆言禴○六二中
正上應九五之中正蓋同德相應者也二中德不
變故有引之之象占者得此不惟吉而且无咎矣
然能引則能孚信于五而與五相聚矣故有利用
禴之象其占中之象又如此
象曰引吉无咎中未變也

二本有中德惟能如引誠信而中則中德未變矣
所以吉而无咎
六二萃如嗟如无攸利往无咎小吝
此爻變艮成咸咸三爻亦往吝但咸以君子而隨
小人可羞之事此則以小人而聚小人所以僅小
吝也大象坎爲加憂兌爲口嗟歎之象也○六三
陰柔不中不正當萃之時欲萃者其本志也故有
萃如之象但上無應與不得相聚故有嗟如無攸
利之象然三之于上雖彼此陰爻無相偶之情能

往而從之我性順而彼性悅必能相聚可以无咎但不能萃剛明之人而萃陰柔羣小亦有小吝矣故其占如此

象曰往无咎上巽也

巽者三之中爻本巽也兌綜巽亦巽也上往以巽而從之我順而彼悅可以相聚者也故无咎

九四大吉无咎

大吉无咎與隨卦九四隨有獲同就時位上說不就理上說正所謂處不以其道得之富貴者也近

悅體之君臨歸順之民豈不大吉人誰咎病六爻初亂萃二引萃三嗟如五有悔六滯洟惟四不中不正而自然相聚衆之不勞心力故大吉時位自然非四勉强求之故无咎○九四不中不正居多懼之地本不吉有咎者也然近九五之君有相聚之權率三陰順而聚于五上悅下順則不勞心力而自能相聚矣若不論其九四之德惟以其萃論之蓋大吉无咎者也故有此象占者得此亦當如是也

象曰大吉无咎位不當也

位不當者不中不正也既不中正則大吉者亦不吉无咎者亦有咎矣周公就時位能萃之象上說孔子就理上說

九五萃有位无咎匪孚元永貞悔亡

匪者不也匪孚者不信于人也九四比羣陰在下以分其萃大吉无咎所以匪孚也元者元善也即陽剛中正之德也永貞者長永貞固也悔者五與上六相近同居悅體陰陽比暱恐其雖萃天下之

位而其德未甚光明所以悔也○九五當天下之
尊爲萃之主臣民皆萃可以无咎矣然四分其萃
未免匪孚上溺陰私未免有悔故必反巳自修俾
元善中正之德長永貞固斯悔亡而人孚矣戒占
者必如此

象曰萃有位志未光也

此爻與夬中未光相同蓋陰陽相悅此未光也又
變震爲情動性順此未光也變震成豫又和樂矣
此未光也陽與陰相聚會之時又悅又動又順又

和樂安能保其志之光明哉故曰志未光若依本

爻陽剛中正有何疚病

上六齎咨涕洟无咎

齎者持也遺也有所持而遺之之義中爻艮爲手

持遺之象也咨者咨嗟也自鼻出曰涕自目出曰

洟兑爲口咨之象也又爲澤涕洟之象也○上六

處萃之終求萃而不可得惟持遺咨嗟涕洟哀求

于五而已故有此象然憂思之過危者必平所以

无咎六爻皆无咎者水潤澤其地萬物羣聚而生

乃天地爲物不二生物不測之理也所以六爻皆

无咎

象曰齎咨涕洟未安上也

未安于上所以哀求其五

䷭ 巽下坤上

升者進而上也爲卦巽下坤上木生地中長而益

高升之象也又綜萃萃下卦之坤上升而爲升之

上卦亦升之象也序卦萃者聚也聚而上者謂之

升故受之以升所以次萃

升元亨用見大人勿恤南征吉

言占得此卦者大亨用見大人不可憂懼從南方行則吉所以元亨也不曰利見而曰用見者九二雖大人乃臣位六五之君欲用九二則見之也六四王用亨于岐山即此用字也勿恤者本卦大象坎有憂恤之象故教之以勿恤南征吉者文王圓圖巽東南之卦過離而至坤是巽升于坤故南征吉若東行則至震非升矣

彖曰柔以時升巽而順剛中而應是以大亨用見大

人勿恤有慶也南征吉志行也

以卦綜釋卦名以卦德卦體釋卦辭彖者坤土也本卦綜萃二卦同體文王綜爲一卦故雜卦曰萃聚而升不來也彖以時升者萃下卦之坤升而爲升之上卦也彖本不能升故以時升所以名升內巽外順則心不躁妄行不悖理又我有剛中之德而六五以順應之豈不能升所以元亨有慶者慶幸其道之得行勿恤者此也志行者心期其道之必行吉者此也有慶志行者即元亨也

象曰地中生木升君子以順德積小以高大

本卦以坤土生木而得名故曰君子以順德坤順之德即敬以直內義以方外也積者日積月累如地中生木不覺其高大也巽爲高高之象也

初六允升大吉

允者信也本卦原是坤土上升初與四皆坤土故允升○初六柔順居初當升之時與四相信而合志占者如是必能升矣故大吉

象曰允升大吉上合志也

與四合志故允升大畜九三與上九皆陽爻然本卦皆欲畜極而通故小象曰上合志也此卦初居内卦之初四居外卦之下因柔以時升皆欲升者也故小象亦曰上合志也

九二孚乃利用禴无咎

九二以陽剛居中六五以柔順應之蓋孚信之至者矣故有利用用薄祭亦可交神之象占者如是得遂其升而有喜矣故无咎升綜萃萃六二引者陰柔也此剛中故止言孚乃利用禴

象曰九二之孚有喜也

有喜者喜其得升也蓋誠信之至則君必信任之專得以升矣周公許之曰无咎孔子曰君臣相孚豈止无咎且有喜也中爻兌喜悅之象也

九三升虛邑

陽實陰虛上體坤有國邑之象詳見謙卦以三升四以實升虛故曰升虛邑或曰四邑爲丘四丘爲虛非空虛也乃丘虛也亦通○九三以陽剛之才當升之時而進臨于坤故有升虛邑之象占者得

此其升而無疑也可知矣

象曰升虛邑无所疑也

本卦六五之君陰柔九二之臣陽剛似君務臣强正人之所疑也况當升之時自臣位漸升于君位使四乃陽剛則逼其五矣安得而不疑今升虛邑陰土與五同體故無所疑

六四王用亨于岐山吉无咎

坤錯乾乾爲君王之象也王指六五也物兩爲岐故曰岐路兩路也坤土兩拆岐之象也隨卦兌爲

西故曰西山此兩拆故曰岐山中爻震綜艮山之象也則三四五皆山矣皆因有此象故以岐西二字別之前儒不知象乃曰岐山在西失象之旨矣此言岐山指四也亨者通也與公用亨于天子王用亨于西山亨字同王用亨于岐山者即用見大人也言六五欲用乎九二乃通于四而求之也四爻皆言升獨二與五爲正應故曰用禴四與五相比故曰用亨蓋君位不可升也二用禴而五用亨上下相用正所謂剛中而應也何吉如之故吉而

无咎○六四以柔居柔與五同體蓋順事乎五之至者也故六五欲用乎九二乃通乎四以求之故有王用亨于岐山之象吉而無咎之道也故其象占如此

象曰王用亨于岐山順事也

四本順體又以柔居柔得正順事乎五故五欲用乎九二乃通乎四以求之也四若非正則成容悅之小人安能通乎其二

六五貞吉升階

王用亨于岐山上孚乎下賢君之事也九二即覲君而升階下孚于上良臣之事也故先言貞吉之占而後言升階之象階者階梯也如梯之等差也

○六五以柔居尊下任剛中之賢乃通于四以求之貞而且吉者也九二當升之時因六五用六四之求即覲君而升階矣上下相孚故其占象如此

象曰貞吉升階大得志也

大得志即彖辭有慶志行也

上六冥升利不息之貞

冥與冥豫之冥同昏于升而不知止者也坤爲迷
冥之象也不息之貞天理也惟天理可以常升而
不已若富貴利達涉于人欲之私而非天理者則
有消長矣冥豫動體故教之以豫冥升順體故教
之以貞○上六居升之極乃昏于升而不知止者
也有冥升之象故聖人教占者曰升而不已惟利
不息之貞他非所利也爲占者開遷善之門如此
象曰冥升在上消不富也
消者消其所升之業也富者富有也凡升者乃天

理不息之貞則成富有之業矣若升其人欲之私往而不返滋而不止則盈者必虛泰者必否見其日消而不見其長消而不富矣故曰消不富也本卦下體巽巽爲富此爻外卦故曰不富亦如无妄二爻未入巽之位曰未富

☱☵ 坎下兌上

困者窮困也爲卦水居澤中枯涸無水困之義也又六爻皆爲陰所掩小人之揜君子窮困之象也序卦升而不已必困故受之以困所以次升

困亨貞大人吉无咎有言不信

此卦辭乃聖人教人處困之道也言當困之時占者處此必能自亨其道則得其正矣他卦亨貞言不貞則不亨是亨由于貞也此卦亨貞言處困能亨則得其貞是貞由于亨也然豈小人所能哉必平素有學有守之大人操持已定而所遇不足以戕之方得吉而无咎也若不能實踐躬行自亨其道惟欲以言求免其困人必不信而益困矣言處坎之險不可尚兌之口也二五剛中大人之象兌

爲口有言之象坎爲耳痛耳不能聽有言不信之

象

彖曰困剛揜也險以說困而不失其所亨其唯君子乎貞大人吉以剛中也有言不信尚口乃窮也說音悅

以卦體釋卦名又以卦德卦體釋卦辭坎剛爲兊柔所揜九二爲二陰所揜四五爲上六所揜此困之所由名也兊之揜坎上六之揜四五者小人在上位也如絳灌之揜賈誼公孫弘之揜董仲舒是也二陰之揜九二者前後左右皆小人也如曹節

侯覽輩之擠黨錮諸賢王安石惠卿之擠元祐諸賢是也險以說卦德也困而不失其所亨者人事也處險而能悅則是在困窮艱險之中而能樂天知命矣所者指此心也此道也言身雖困此心不愧不怍心則亨也時雖困此道不加不損道則亨也不于其身于其心不于其時于其道如羑里演易陳蔡絃歌顏子在陋巷不改其樂是也君子卽大人也貞大人吉者貞字在文王卦辭連亨字讀彖辭連大人者孔子恐人認貞字爲戒辭也剛中

者二五也剛中則知明守固居易俟命所以貞大人吉也貞大人者貞正大人也尚口乃窮者言不得志之人雖言亦不信也蓋以口爲尚則必不能求其心之無愧居易以俟命矣是不能亨而貞者也故聖人設此戒以尚口則自取困窮矣尚口如三上相書凡受人之謗不及巳自修而與人辨謗之類

象曰澤无水困君子以致命遂志

澤所以潴水澤无水是水下漏而上枯矣困之象

也致者送詣也命存乎天志存乎我致命遂志者不有其命送命于天惟遂我之志成就一箇是也患難之來論是非不論利害論輕重不論死生殺身成仁舍生取義幸而此身存則名固在不幸而此身死則名亦不朽豈不身困而志亨乎身存者張良之椎蘇武之節是也身死者比干文天祥陸秀夫張世傑是也

初六臀困于株木入于幽谷三歲不覿

此言困者皆柔揜剛小人困君子也臀背坎象詳見

夫卦人之體行則趾在下坐則臀在下故初言臀株者根株也乃木根也詩朝食於株諸葛亮表成都有桑八百株王荊公詩日月無根株皆言根也中爻巽木在坎之上初又居坎之下木根之象也坎爲隱伏幽谷之象也水在上幽谷在下則谷之中皆木根矣言入于幽谷之中而臀坐于木根之上也此倒言也因有臀字文勢必將困于株木之句居于臀下故倒言也若曰臀入于幽谷則不通矣覿見也坎錯離爲卦又居三三歲不覿之象也

不覿者不覿二與四也○初六以陰柔之才居坎陷之下當困之時遠而與四爲應近而與二爲比亦欲援剛而困君子矣然才柔居下故有坐木根入幽谷終不得見二四之象欲困君子而反自困即象而占可知矣

象曰入于幽谷幽不明也

此言不覿之故幽對明言二與四合成離有明象初居離明之下則在離明之外而幽矣所以二與四得見乎幽谷而入幽不明者不得見乎二四也

九二困于酒食朱紱方來利用亨祀征凶无咎紱音弗

困于酒食者言酒食之艱難窮困也如孔子之蔬食水飲顏子之簞食瓢飲儒行之并日而食是也酒食且困大于酒食者可知矣程傳是凡易言酒者皆坎也言食者皆兌也故需中爻兌言酒食未濟與坎皆言酒也朱紱者組綬用朱也方來者其德升聞而爲君舉用之也利用亨祀者亨者通也誠應之意乃象也亦如利用禴之意言當通之以祭祀之至誠也坎隱伏有人鬼象故言祀征凶者

當困之時往必凶也凶字即大象致命之意正所謂困而亨也所以无咎中爻離朱之象又巽繩紱之象坎乃北方之卦朱乃南方之物離在二之前故曰方來此即孔明之事困酒食者卧南陽也朱紱方來者劉備三顧也利用亨祀者應劉備之聘也征凶者死而後巳也无咎者君臣之義无咎也

○九二以剛中之德當困之時甘貧以守中德而爲人君之所舉用故有困于酒食朱紱方來之象故教占者至誠以應之雖凶而无咎也

象曰困于酒食中有慶也
言有此剛中之德則自亨其道矣所以有此朱紱方來之福慶
六三困于石據于蒺藜入于其宮不見其妻凶
兌錯艮艮爲石石之爲物堅而不納其質無情石在前困于石之象也據者依也坎爲蒺藜蒺藜乃有刺之物不可依據蒺藜在後據于蒺藜之象也坎爲宮宮之象也中爻巽爲入入其宮之象也此爻一變中爻成乾不成離目不見之象也坎爲中

男兌爲少女則兌乃坎之妻也兌之中宮坎之中宮皆陽爻非陰爻入其宮不見其妻之象也此爻一箇入字見字不輕下周公之爻辭極其精矣舊註不知象所以以石指四蒺藜指二宮指三妻指六也○六三陰柔不中不正當困之時亦欲揜二之剛而困君子矣但居坎陷之極所承所乘者皆陽剛孤陰在于其中前困者無情後據者有刺則一巳之室家且不能保將喪亡矣況能困君子乎故有此象所以占者凶

象曰據于蒺藜乘剛也入于其宫不見其妻不祥也
乘剛者乘二之剛也不祥者死期將至也此爻變
爲大過有棺槨象所以死期將至人豈有不見其
妻之理乃不祥之兆也殷仲文從桓玄照鏡不見
其面數日禍至此亦不祥之兆也
九四來徐徐困于金車吝有終
金車指九二坎車象乾金當中金車之象也自下
而上曰往自上而下曰來來徐徐者四來于初也
初覿乎四四來乎初陰陽正應故也○九四與初

爲正應不中不正志在于初故有徐徐而來于初之象然爲九二所隔故又有困于金車之象夫以陰困陽之時不能自亨其道猶志在于初固爲可羞然陽有所與終不能爲陰所困也故其占如此

象曰來徐徐志在下也雖不當位有與也

志在下者志在初也有與者四陽初陰有應與也且四近君故陰不能困井卦二五皆陽爻故曰无與

九五劓刖困于赤紱乃徐有說利用祭祀說音悅

兌錯艮鼻象變震足象截鼻曰劓去足曰刖上體兌爲毁折錯艮爲閽寺刑人下體中爻離爲戈兵又坎錯離亦爲戈兵上下體俱有刑傷劓刖之象也若以六爻卦畫論之九五爲困之主三陽居中上下俱陰坼亦劓刖之象也赤紱者臣之紱也中爻離巽與九二同紱乃柔物故亦以此象之三柔困赤紱之象也赤紱者四與二也四乃五之近臣三比之二乃五之遠臣三揜之故曰困于赤紱劓刖者君受其困也赤紱者臣受其困也兌爲悅悅

之象也乃徐有悅者言遲久必有悅不終于困也利用祭祀者乃徐有悅之象也蓋祭盡其誠則受其福矣教九五中正之德不可以聲音笑貌爲之也○九五當柔揜剛之時上下俱刑傷故有劓刖之象三柔比四而揜二故不惟劓刖又有困及于赤紱之象則君臣皆受其困矣然九五中正而悅體既有能爲之才又有善爲之術豈終于其困哉必徐有悅而不終于困也蓋能守此中正之德如祭祀之誠信斯有悅而受其福矣故教占者占中

之象又如此
象曰劓刖志未得也乃徐有說以中直也利用祭祀受福也
爲陰所掩故志未得以中直與同人九五同直即正也受福者中正之德如祭祀之誠信則受福而不受其困矣
上六困于葛藟于臲卼曰動悔有悔征吉
艮爲山爲徑路爲果蓏周禮蔓生曰蓏葛藟之類高山蹊徑臲卼不安兑錯艮有此象又正應坎爲

陷爲叢棘爲蒺藜亦皆葛藟之類之象蓋葛藟者纏束之物臲卼者危動之狀曰者自訟之辭也兌爲口變乾爲言曰之象也曰動悔者自訟其動則有悔亦將爲之何哉動悔之悔事之悔也上六之悔也有悔之悔心之悔悟也聖人教占者之悔也征者去而不困其君子也與蒙卦幾不如舍舍字同〇上六陰柔亦欲揜剛而困君子矣然處困之極反不能困故欲動而揜乎剛則纏束而不能行欲靜而不揜乎剛則又居人君之上危懼而不自

安是以自訟其動則有悔故有此象然處此之時顧在人之悔悟何如耳誠能發其悔悟之心去其陰邪之疾知剛之不可揜棄而去之可也故占者惟征則吉

象曰困于葛藟未當也動悔有悔吉行也

欲揜剛故未當有悔不揜剛故從吉而行

䷯巽下坎上

井者地中之泉也爲卦坎上巽下巽者入也水入于下而取于上井之義也巽爲水汲水者以木承

水而上亦井之義也序卦困于上者必反于下故受之以井所以次困

井改邑不改井无喪无得往來井井汔至亦未繘井羸其瓶凶

井綜困二卦同體文王綜爲一卦故雜卦曰井通而困相遇也改邑不改井者巽爲市邑在困卦爲兌在井爲巽則改爲邑矣若井則无喪无得在井卦坎往于上在困卦坎來于下剛居于中往來不改故曰往來井井易經與各經不同玄妙處正在

于此汔涸也巽下有陰沂涸之象也繘者井索也
巽爲繩繘之象也羸者弱也與羸其角同汲水之
人弱不勝其甁將甁墜落于井也中爻離甁之象
也在離曰缶在井曰甁曰甕皆取中空之意○言
井乃泉脉不可改變其德本無得喪而往來用之
者不窮濟人利物之功大矣若或井中原涸無水
以至或有水而人不汲又或不惟不得水或汲之
而羸其甁則無以成濟人利物之功故占者凶
彖曰巽乎水而上水井井養而不窮也改邑不改井

乃以剛中也汔至亦未繘井未有功也羸其瓶是以凶也

以卦德卦綜釋卦名卦辭凡井中汲水井上用一轆轤以井索加于其上用桶下汲方能取上是以桶入乎其水方能上也故曰巽乎水而上水巽字有木字入字二意文選殫極之綆斷幹綆即轆轤之索也養而不窮者民非水火不生活也改邑不改井者以剛居中在困卦居二之中在井卦居五之中往來皆井不可改變也未有功者井以得水

爲功井中水涸以至汲水之索未入于井皆無功
也若羸其瓶是不惟不得其水並汲水之具亦喪
亡矣豈不凶青苗之法安石之意將以濟人利物
而不知不宜于民反以致禍正羸其瓶之凶也
象曰木上有水井君子以勞民勸相
木上有水者水承木而上也勞者即勞之也勸者
即來之也相者即匡直輔翼也勞民勸相者言勞
之不已從而勸之勸之不已又從而相之也人有
五性之德即地脉井泉流行不息者也逸居而無

教則近于禽獸不能成井養不窮之功矣君子勞民勸相則民德可新父子有親君臣有義夫婦有別長幼有序朋友有信往來用之井井不窮矣是勞民勸相者君子之井也

初六井泥不食舊井无禽

陰濁在下泥之象也凡言食者皆兌口也今巽口在下不食之象也又巽爲臭不可食之象也坎有小過象凡易言禽者皆坎也故師六五曰田有禽以本卦坎又變坎也比卦九五失前禽以坎變坤

也恒大象坎此卦坎居上卦但二卦下卦皆巽巽深入禽高飛之物安得深入于井中故恒井二卦皆曰無禽井以得水濟井之口易汲爲善故初則不食二則漏三則求王明四則修井惟五六則水濟井口易于汲取故五上六獨善○初六陰濁在下乃井之深而不可浚渫者也則泥而不食成舊廢之井無井滂汲水之餘瀝而禽亦莫之顧而飲矣故有此象占者不利于用可知矣

象曰井泥不食下也舊井無禽時舍也舍音捨

陰濁在下爲時所弃捨

九二井谷射鮒甕敝漏

上陽爻下陰爻兩開谷之象也又變艮山下有井必因谷所生亦谷之象也坎爲弓在上射之象也巽爲魚鮒之象也鮒小魚莊子周視轍中有鮒魚焉曰我東海之波臣也又爾雅鱖小魚也注云似鮒子而黑俗呼爲魚婢江東呼爲妾魚曰臣曰婢曰妾皆小之意前儒以爲蝦蟆又以爲蝸牛皆非也巽綜兊爲毁折敝之象也下陰爻有坼漏之象

也坎水在上巽主入水入于下亦漏之象也○九二陽剛居中才德足以濟利但上無應與不能汲引而乃牽溺于初與卑賤之人相與則不能成井養不窮之功矣故以井言有旁水下注僅射其鮒之象以汲水言有破甕漏水之象占者不能成功可知矣

象曰井谷射鮒无與也

无與者无應與也所以比初射鮒

九三井渫不食爲我心惻可用汲王明竝受其福

渫者治井而清潔也中爻三變成震不成兌口不食之象也爲我心惻者我者三自謂也言可汲而不汲人爲我惻之也坎爲加憂惻之象也王明者指五也中爻三與五成離王明之象也可用汲王明者可求用汲于王明也汲字雖汲水其實汲引之汲並者三之井可食福也食三之井者亦福也九二比于初之陰爻不能成功故教九三求九五之陽明○九三以陽居陽與上六爲正應上六陰柔不能汲引則不爲時用而成濟人利物之功矣

故有井渫不食人惻之象所以然者以正應陰柔又無位故也可用汲者其惟舍正應而求五之王明乎若得陽明之君以汲引之則能成井養之功而並受其福矣故教占者必如此

象曰井渫不食行惻也求王明受福也

行惻者行道之人亦惻也三變中爻成震足行之象也求王明者五非正應故以求字言之孔子以周公爻辭忽然說起王明恐人不知指五所以加一求字也不求正應而求王明此易之所以時也

比卦六四舍正應而比五皆此意管仲舍子糾而事桓公韓信舍項羽而事高祖馬援舍隗囂而事光武皆舍正應而求王明者也

六四井甃无咎

甃者砌其井也陰列兩旁甃之象也初爲泥三之渫渫其泥也二射鮒四之甃甃其谷也旣渫且甃井日新矣寒泉之來井養豈有窮乎○六四陰柔得正近九五之君蓋修治其井以瀦畜九五之寒泉者也故有井甃之象占者能修治臣下之職則

可以因君而成井養之功斯无咎矣

象曰井甃无咎修井也

修井畜泉能盡職矣安得有咎

九五井洌寒泉食

洌井潔也五變坤爲井以陽居陽爲潔寒泉泉之美者也坎居北方一陽生于水中得水之正體故井潔而寒美也食者人食之也即井養而不窮也中爻兌口之上食之象也井以寒洌爲貴泉以得食爲功以人事論洌者天德之純也食者王道之

溥也黃帝堯舜禹稷周孔立養立教萬世利賴井冽寒泉食之者也○九五以陽剛之德居中正之位則井養之德已具而井養之功已行矣故有此象占者有是德方應是占也

象曰寒泉之食中正也

寒泉之食王道也中正者天德也

上六井收勿幕有孚元吉

收者成也物成于秋故曰秋收井收者井已成矣即小象大成之成也周公曰收孔子曰成一意也

幕者蓋井之具也坎口在上勿幕之象也言不蓋其井也有孚者信也齊口之水无喪无得用之不竭如人之誠信也元吉者勿幕有孚則澤及于人矣○上六居井之極井巳成矣九五寒泉爲人所食上六乃不揜其口其水又孚信不竭則澤及于人成井養不窮之功矣故有勿幕有孚之象占者之元吉可知矣

象曰元吉在上大成也

大成者井養之功大成也蓋有寒泉之可食使揜

其口人不得而食之或不孚信有時而竭則澤不及人安得爲大成今勿幕有孚則澤及人而井養之功成矣元吉以澤之所及言大成以功之所就言

周易集註卷之十

梁山來知德集註

䷰離下兑上

革者變革也澤在上火在下火燃則水涸水決則火滅又中少二女不相得故其卦爲變革也序卦井道不可不革故受之以革所以次井

革巳日乃孚元亨利貞悔亡巳音紀十干之名

巳者信也五性仁義禮智信惟信屬土故以巳言之不言戊而言巳者離兑皆陰卦故以陰土言且

文王圓圖離兑中間乃坤土故言巳也凡離火燒兑金斷裂者惟土可接續故月令于金火之間置一中央土十干丙丁戊巳而後庚辛言離火燒金必有土方可孚契之意巳日者離爲日也巳日乃孚者信我後革也言當人心信我之時相孚契矣然後可革也不輕于革之意元亨利貞悔亾者言除弊去害掃而更之大亨之道也然必利于正亨以正則革之當其可而悔亾矣蓋不信而革必生其悔惟亨而正則人心信我矣所以巳日乃孚而後

革也

彖曰革水火相息二女同居其志不相得曰革已日乃孚革而信之文明以説大亨以正革而當其悔乃亡天地革而四時成湯武革命順乎天而應乎人革之時大矣哉

以卦象釋卦名以卦德釋卦辭而極贊之火燃則水乾水決則火滅有相滅息之勢少女志在艮中女志在坎有不相得之情水火以滅息爲革二女以不能同居各出嫁爲革故曰革革而信之者言

革而人相信也東征西怨南征北怨革而信之之事也離之德明兑之德悅明則識事理而所革不苟悅則順時勢而所革不驟大亨者除弊興利一事之大亨也伐暴救民舉世之大亨也以正者揆之天理而順卽之人心而安也又亨又正則革之攸當所以悔亡正所謂革而信之也陽極則陰生而革乎陽陰極則陽生而革乎陰故陰往陽來而爲春夏陽往陰來而爲秋冬四時成矣命者王者易姓受命也王者之興受命于天故曰革命天命

當誅順天也人心共忿應人也天道改變世道遷
移此革之大者然要之同一時也時不可革天地
聖人不能先時時所當革天地聖人不能後時革
之時不其大哉故曰禮時為大順次之體次之宜
次之稱次之堯授舜舜授禹湯放桀武王伐紂時
也

象曰澤中有火革君子以治歷明時

水中有火水若盛則息火火或盛則息水此相革
之象也歷者經歷也次也數也行也過也葢日月

五綿之纏次也又作曆時者四時也治歷以明其時晝夜者一日之革也晦朔者一月之革也分至者一年之革也元會運世者萬古之革也

初九鞏用黃牛之革

離爲牛牛之象也中爻乾錯坤黃之象也鞏者固也以皮束物也束之以黃牛之革則固之至矣此爻變即遯之艮止矣艮止故不革所以爻辭同本卦以離大革兌金下三爻主革者也故二三言革上三爻受革者也故四言改五上六言變○初九當

革之時以陽剛之才可以革矣然居初位卑無可革之權上無應與無其革之人其不可有爲也必矣但陽性上行火性上炎恐其不能固守其不革之志故聖人戒占者曰革道匪輕不可妄動必固之以黄牛之革而後可所以其象如此

象曰鞏用黄牛不可以有爲也

無位無應之故

六二巳日乃革之征吉无咎

離爲日日之象也陰土巳之象也此爻變夬情悅

性健故易于革○六二以文明之才而柔順中正又上應九五之君故以皆孚而信之正所謂已日乃孚革而信之者也故有此象占者以此而往則人皆樂于耳目之新有更化善治之吉而無輕變妄動之咎矣故占者吉而无咎

象曰已日革之行有嘉也

應九五故有嘉即征吉二字也

九三征凶貞厲革言三就有孚

革言者革之議論也正應兊爲口言之象也中爻

乾爲言亦言之象也就者成也三就者商度其革之利害可否至再至三而革之議論定也離居三三就之象也故同人曰三歲不興未濟曰三年有賞于大國既濟曰三年克之明夷曰三日不食皆以離居其三也若坎之三歲不得困之三歲不覿解之田獲三品皆離之錯也漸之三歲不孕巽之田獲三品皆以中爻合離也豐之三歲不覿以上六變而爲離也周公爻辭其精至此○九三以剛居剛又居離之極蓋革之躁動而不能詳審者也

占者以是而往凶可知矣故雖事在所當革亦有危厲然當革之時不容不革故必詳審其利害可否至于三就則人信而相孚可以革矣故教占者必如此

象曰革言三就又何之矣

言議革之言至于三就則利害詳悉可否分明又復何之

九四悔亾有孚改命吉

改命者到此巳革矣離交于兊改夏之命令于秋

矣所以不言革而言改命如湯改夏之命而爲商武改商之命而爲周是也九四之位則改命之大臣如伊尹太公是也有孚者上而孚于五下而孚于民也○九四卦已過中已改其命矣改命所係匪輕恐有所悔然時當改命不容不改者也有何悔焉是以悔亡惟于未改之先所改之志孚于上下則自獲其吉矣故教占者如此

象曰改命之吉信志也

志者九四之志也信志者信九四所改之志也上

而信于君下而信于民必如是信我方可改命也

信乃誠信即爻辭孚字

九五大人虎變未占有孚

陽剛之才中正之德居尊位而爲革之主得稱大人兌錯艮艮爲虎虎之象也兌爲正西乃仲秋鳥獸毛毨變之象也乾之五則曰龍革之五則曰虎若以理論揖遜者見其德故稱龍征誅者見其威故稱虎三四之有孚者乃水火相交之際發占者之有孚也五之有孚即湯武未革命之先四海傒

後之思未占而知其有孚矣○九五以陽剛中正之才德當兌金肅殺之秋而爲順天應人之舉九四爲改命之佐已改其命矣是以爲大人者登九五之位而宇宙爲之一新故有大人虎變之象此則不待占决而自孚信者也占者有是德方應是占矣

象曰大人虎變其文炳也

文炳以人事論改正朔易服色殊徽號變犧牲制禮作樂炳乎其有文章是也

上六君子豹變小人革面征凶居貞吉

楊子曰貍變則豹豹變則虎故上六以豹言之革命之時如鼓刀之叟佐周受命此豹變者也又如蕭何諸臣或爲吏胥或販繒屠狗後皆開國承家列爵分土亦豹變者也即班孟堅所謂雲起龍驤化爲侯王是矣蓋九五既虎變而爲天子則上六即豹變而爲公侯若下句小人則百姓矣革面者言舊日而從于君者亦革也如民之從桀者不過面從而心實不從也及湯師之興則東征西怨

南征北怨面從之僞皆革而心眞實以向湯矣如民之從紂者不過面從而心實不從也及化行南國泰誓牧誓則面從之僞皆革而心眞實以向文武矣蓋以力服人者面從者也以德服人者中心悅而誠服也心從者也征凶者聖人作而萬物覩別有所往則爲梗化之民而凶矣屈者征之反也君子豹變者變其舊日之冠裳也小人革面者革其舊日之詐僞也○上六當世道革成之後而天命維新矣公侯則開國承家百姓則心悅誠服有

君子豹變小人革面之象故戒占者不守其改革之命而別有所往則凶能守其改革之命則正而吉也

象曰君子豹變其文蔚也小人革面順以從君也

其文蔚者冠裳一變人物一新也順以從君者兑爲悅悅則順卽中心悅而誠服也蔚本益母草其花對節相開亦如公侯相對而並列故以蔚言之豹次于虎獸不同也炳從虎蔚從草文之大小顯著不同也

䷱巽下離上

鼎者烹飪之器其卦巽下離上下陰爲足二三四陽爲腹五陰爲耳上陽爲鉉鼎之象也又以巽木入離火而致烹飪鼎之用也序卦革物者莫若鼎故受之以鼎所以次革

鼎元吉亨

彖辭明觀孔子彖辭是以元亨則吉字當從本義作衍文

彖曰鼎象也以木巽火亨飪也聖人亨以享上帝而

大亨以養聖賢巽而耳目聰明柔進而上行得中而應乎剛是以元亨亨竝庚反

以卦體釋卦名又以卦德卦綜卦體釋卦辭象者六爻有鼎之象也巽者入也以木入于火也亨煮也飪熟食也亨飪有調和之意故論語曰失飪不食象者鼎之體亨飪者鼎之用所以名鼎聖人者君也聖賢者臣也古人有聖德者皆可稱聖如湯誥稱伊尹爲元聖是也亨飪之事不過祭祀賓客而巳祭祀之大者無出于上帝賓客之重者無過

于聖賢亨上帝貴質故上曰亨亨聖賢貴豐故曰
大亨所以亨帝用特牲而亨聖賢有饔牲牢禮也
巽而耳目聰明者内而此心巽順外而耳目聰明
也離爲目五爲鼎耳故曰耳目皆有離明之德故
曰聰明柔進而上行者鼎綜革二卦同體文王綜
爲一卦故雜卦曰革去故也鼎取新也言革下卦
之離進而爲鼎之上卦也進而上行居五之中應
乎二之剛也若以人事論内巽外聰有其德進而
上行有其位應乎剛有其輔是以元亨

象曰木上有火鼎君子以正位凝命

正對偏倚言凝對散漫言正位者端莊安正之謂即齋明盛服非禮不動也凝者成也堅也命者天之命也凝命者天命凝成堅固國家安于盤石所謂協乎上下以承天休也鼎譬之位命譬之實鼎之器正然後可凝其所受之實君之位正然後可凝其所受之命鼎綜革故革亦言命孔子因大禹鑄九鼎象物成王定鼎于郟鄏卜世三十卜年七百所以說到正位凝命上去周烈王二十三年九

鼎震此不能正位凝命之兆也其後秦遂滅周取
九鼎則鼎所係匪輕矣故以鼎爲宗廟之寶器及
天寶五年宰臣李適之常列鼎俎具膳羞中夜鼎
躍相鬭不解鼎耳及足皆折豈以明皇不能正位
凝命而有幸蜀之禍與
初六鼎顛趾利出否得妾以其子无咎
巽錯震震爲足趾之象也巽爲長女位卑居下妾
之象也震爲長子子之象也鼎爲寶器王器者莫
若長子則子之意亦由鼎而來也顛趾者顛倒其

趾也凡洗鼎而出水必顛倒其鼎以鼎足反加于上故曰顛趾否者鼎中之汚穢也利出否者順利其出否也故孔子曰鼎取新也得者獲也得妾者買妾而獲之也以者因也因其子而買妾也言洗鼎之時趾乃在下之物不當加于其上今顛于上若悖上下之序矣然顛趾者不得已也以其順利于出否也亦猶一夫一婦人道之常旣有妻豈可得妾今得其妾若失尊卑之分矣然得妾者不得已也以其欲生子而不得不買妾也得妾以其子

又顛趾出否之象也○初六居下尚未烹飪正洗鼎之時顛趾以出否故有得妾以其子之象占者得此凡事跡雖若悖其上下尊卑之序于義則无咎也

象曰鼎顛趾未悖也利出否以從貴也

未悖者未悖于理也言以顛趾于鼎之上雖若顛倒其上下之序然洗鼎當如此未為悖理也貴對賤言鼎中之否則賤物也以從貴者欲將珍羞貴重之物相從以實于鼎中不得不出其否賤以濯

潔也

九二鼎有實我仇有疾不我能即吉

鼎有實者旣洗鼎矣乃實物于其中也陽實陰虛故言實仇者匹也對也指初也疾者陰柔之疾也即者就也言初雖有疾九二則剛中自守不能使我與之即就也此九二之能事非戒辭也○九二以剛居中能守其剛中之實德雖比于初而不輕于所與有鼎有美實我仇有疾不我能即而浼我實德之象占者如此則剛中之德不虧吉可知矣

象曰鼎有實愼所之也我仇有疾終无尤也

愼所之者愼所往也此一句亦言九二之能事非戒辭也言九二有陽剛之實德自能愼于所往擇善而交不失身于陰黨也終无尤者言我仇雖有疾然愼于所往不我能即而不失身于彼有何過尤哉

九三鼎耳革其行塞雉膏不食方雨虧悔終吉

三變爲離爲坎坎爲耳耳之象也革者變也坎爲耳痛耳革之象也三未變錯震足爲行三變則成

坎陷不能行矣行蹇之象也其行塞者不能行也離爲雉雉之象也坎爲膏膏之象也中爻兑三變則不成兑口不食之象也三變則内坎水外亦坎水方雨之象也鼎之所賴以舉行者耳也三居木之極上應火之極木火既極則鼎中騰沸併耳亦熾爇革變而不可舉移矣故其行塞也雨者水也虧者損也悔者鼎不可舉移而雉膏之美味不得其食不免至于悔也方雨虧悔者言耳革不食惟救之以水耳方雨則能虧損其騰沸熾爇之勢而

悔者不至于悔矣終吉者鼎可移美味可食也○

九三以陽剛居鼎腹之中本有美實之德但應與木火之極烹飪太過故有耳革行塞雉膏不食之象然陽剛得正故又有方雨虧悔之象占者如是始雖若不利終則吉也

象曰鼎耳革失其義也

義者宜也鼎烹飪之木火不可過不可不及方得烹飪之宜今木火太過則失烹飪之宜矣所以耳革也

九四鼎折足覆公餗其形渥凶

四變中爻爲震足之象也中爻兌爲毀折折之象也鼎實近鼎耳實巳滿矣今震動覆之象也餗者美糝也八珍之膳鼎之實也鼎以享帝養賢非自私也故曰公餗渥者霑濡也言覆其鼎而鼎之上皆霑濡其美糝也以人事論項羽之入咸陽安祿山之陷長安宗廟燒焚寶器披離不復見昔日彼都人士之盛其形渥之象也不可依晁氏其刑剭凶者敗國殺身也若不以象論以二體論離巽二

卦成鼎下體巽有足而無耳故曰耳革上體離有耳而無足故曰折足○九四居大臣之位任天下之重者也但我本不中不正而又下應初六之陰柔則委任亦非其人不能勝大臣之任矣卒至傾覆國家故有此象占者得此敗國殺身凶可知矣

象曰覆公餗信如何也

信者信任也言以餗委托信任于人今將餗覆之則所信任之人爲如何也

六五鼎黄耳金鉉利貞

五爲鼎耳黄中色五居中黄耳之象也此爻變乾金金鉉之象也以此爻未變而言則曰黄以此爻旣變而言則曰金在鼎之上受鉉以舉鼎者耳也在鼎之外貫耳以舉鼎者鉉也葢鉉爲鼎之繫繫于其耳二物不相離故竝言之○六五有虚中之德上比上九下應九二皆其剛明故有黄耳金鉉之象鼎旣黄耳金鉉則中之爲實者必美矣而占者則利于貞固也因陰柔故戒以此

象曰鼎黄耳中以爲實也

黄中色言中乃其實德也故云黄耳

上九鼎玉鉉大吉无不利

上九居鼎之極鉉在鼎上鉉之象也此爻變震震爲玉玉鉉之象也玉豈可爲鉉有此象也亦如金車之意鼎之爲器承鼎在足實鼎在腹行鼎在耳舉鼎在鉉鼎至于鉉厥成功矣功成可以養人亦猶井之元吉大成也故大吉无不利○上九以陽居陰剛而能柔故有溫潤玉鉉之象占者得此凡事大吉而又行无不利也占者有玉鉉之德斯應

是占矣

象曰玉鉉在上剛柔節也

剛柔節者言以陽居陰剛而能節之以柔亦如玉之溫潤矣所以爲玉鉉也

☳☳ 震下震上

震者動也一陽始生于二陰之下震而動也其象爲雷其屬爲長子序卦主器者莫若長子故受之以震所以次鼎

震亨震來虩虩笑言啞啞震驚百里不喪匕鬯虩音隙啞

音厄匕音妣

虩虩恐懼也虩本壁虎之名以其善于捕蠅故曰蠅虎因捕蠅常周環于壁間不自安寧而驚顧此用虩字之意震艮二卦同體文王綜爲一卦所以雜卦曰震起也艮止也因綜艮艮爲虎故取虎象非無因而言虎也啞啞笑聲震大象兌又中爻錯兌皆有喜悅言語之象故曰笑言匕是也以棘爲之長三尺未祭祀之先烹牢于鑊實諸鼎而加冪焉將薦乃舉冪以匕出之升于俎上鬯以秬黍酒

和鑾金以灌地降神者也人君于祭之禮親匕牲薦鬯而已其餘不親爲也震來虩虩者震也笑言啞啞者震而亨也此一句言常理也震驚百里不喪匕鬯處大變而不失其常此專以雷與長子言之所以實上二句意也一陽在坤土之中君王百里之象中爻艮手執之不喪之象中爻坎酒之象

○言震自有亨道何也蓋易之爲理危者使平易者使傾人能于平時安不忘危此心常如禍患之來虩虩然恐懼而無慢易之心則日用之間舉動

自有法則而一笑一言皆啞啞而自如矣雖或有非常之變出于倏忽之頃猶雷之震驚百里然此心有主意氣安閑雷之威震雖大而遠而主祭者自不喪匕鬯也此可見震自有亨道也不喪匕鬯乃象也非眞有是事也言能恐懼則致福而不失其所主之重矣

彖曰震亨震來虩虩恐致福也笑言啞啞後有則也震驚百里驚遠而懼邇也出可以守宗廟社稷以爲祭主也

易舉正出可以守句上有不喪匕鬯四字程子亦云今從之恐者恐懼也致福者生全出于憂患自足矣致福也後者恐懼之後也非震驚之後也則者法則也不違禮不越分即此身日用之常度也人能恐懼則操心危而慮患深自不違禮越分失日用之常度矣即俗言懼法朝朝樂也所以安樂自如笑言啞啞也驚者卒然遇之而動乎外懼者惕然畏之而變其中驚者不至于懼懼者不止于驚遠者外卦邇者内卦内外皆震遠邇驚懼之象

也出者長子已繼世而出也可以者許之之辭也
言禍患之來出于倉卒之間如雷之震遠邇驚懼
當此之時乃能處之從容應之暇豫不喪匕鬯則
是不懼由于能懼雖甚有可驚懼者亦不能動吾
之念也豈不可以負荷天下之重器乎故以守宗
廟能爲宗廟之祭主以守社稷能爲社稷之祭主
矣
象曰洊雷震君子以恐懼修省
洊者再也上震下震故曰洊修理其身使事事合

天理省察其過使事事遏人欲惟此心恐懼所以修省也恐懼者作于其心修省者見于行事

初九震來虩虩後笑言啞啞吉

將卦辭加一後字辭益明白矣初九九四陽也乃震之所以爲震者震動之震也二三五上陰也乃爲陽所震者震懼之震也初乃成卦之主處震之初故其占如此

象曰震來虩虩恐致福也笑言啞啞後有則也

解見前

六二震來厲億喪貝躋于九陵勿逐七日得

震來厲者乘初九之剛當震動之時故震之來者猛厲也億者大也億喪貝大喪其貝也十萬曰億豈不爲大六五小象曰大无喪可知矣貝者海中之介蟲也二變則中爻離爲蟹爲蚌貝之象也震爲足躋之象也中爻艮爲山陵之象也陵乘九剛九陵之象也又艮居七七之象也離爲日日之象也若以理數論陰陽各極于六七則變而反其初矣故易中皆言七日得躋者升也言震來猛厲大

喪此貨貝九二乃不顧其貝飄然而去避于九陵無心以逐之不期七日自獲此貝也其始也墮甑弗顧其終也去珠復還太王之避狄亦此意也〇六二當震動之時乘初九之剛故有此喪貝之象然居中得正此无妄之災耳故又有得貝之象占者得此凡事若以柔順中正自守始雖不免喪失終則不求而自獲也

象曰震來厲乘剛也

當震動之時乘九之剛所以猛厲不可禦

六三震蘇蘇震行无眚

蘇即穌死而復生也書曰后來其蘇是也言后來我復生也陰爲陽所震動三去初雖遠而比四則近故下初之震動將盡而上四之震動復生上蘇下蘇故曰蘇蘇中爻坎坎多眚三變陰爲陽陽得其正矣位當矣且不成坎體故无眚行者改徙之意即陰變陽也震性奮發有爲故敎之以遷善改過也唐肅宗遭祿山之變猶私與張良娣局戲不已可謂不知震行无眚者矣○六三不中不正屈

二震之間下震將盡而上震繼之故有蘇蘇之象所以然者以震本能行而不行耳若能奮發有爲恐懼修省去其不中不正以就其中正則自无眚矣言啞啞而无眚矣故教占者如此

象曰震蘇蘇位不當也

不中不正故不當

九四震遂泥

遂者無反之意泥者沉溺于險陷而不能奮發也上下坤土得坎水泥之象也坎有泥象故需卦井

卦皆言泥睽卦錯坎則曰負塗晋元帝困于五胡而大業未復宋高宗不能恢復中原皆其泥者也

○九四以剛居柔不中不正陷于二陰之間處震懼則莫能守欲震動則莫能奮是既無能爲之才而又溺于宴安之私者也故遂泥焉而不復反即象而占可知矣

象曰震遂泥未光也

未光者陷于二陰之間所爲者皆邪避之私無復正大光明之事矣所以遂泥也與夬卦萃卦未光

皆同

六五震往來厲億无喪有事

初始震爲往四洊震爲來五乃君位爲震之主故往來皆厲也億无喪者大无喪也天命未去人心未離國勢未至瓦解也有事者猶可補偏救弊以有爲也六五處震亦猶二之乘剛所以爻辭同億字喪字○六五以柔弱之才居人君之位當國家震動之時故有往來危厲之象然以其得中才雖不足以濟變而中德猶可以自守故大无喪而猶

能有事也占者不失其中則雖危无喪矣
象曰震往來厲危行也其事在中大无喪也
危行者往行危來行危一往一來皆危也其事在
中者言所行雖危厲而猶能以有事者以其有中
德也有是中德而能有事故大无喪
上六震索索視矍矍征凶震不于其躬于其鄰无咎
婚媾有言矍俱縛反
此爻變離離爲目視之象也又離火遇震動言之
象也故明夷之主人有言中孚之泣歌皆離火震

動也凡震遇坎水者皆言婚媾屯震坎也賁中爻震坎也睽上九變正中爻坎也此卦中爻坎也索者求取也言如有所求取不自安寧也矍者瞻視徬徨也六三蘇蘇上六索索矍矍三内震之極上外震之極故皆重一字也震不于其躬于其隣者謀之之辭也言禍患之來尚未及于其身方及其隣之時即早見預待天未陰雨而綢繆牖戶也孔斌曰燕雀處堂子母相哺竈突炎上棟宇相焚言魏不知隣禍之將及也此隣之義也婚媾者親近

也猶言夫妻也親近者不免于有言則疎遠者可
知矣○上六以陰柔居震極中心危懼不能自安
故有索索矍矍之象以是而往方寸亂矣豈能濟
變故占者征則凶也然所以致此者以其不能圖
之于早耳苟能于震未及其身之時恐懼修省則
可以免索索矍矍之咎然以陰柔處震極亦不免
婚媾之有言終不能笑言啞啞安于無事之天矣
防之早者且有言況不能防者乎婚媾有言又占
中之象也

象曰震索索中未得也雖凶无咎畏鄰戒也

中者中心也未得者方寸亂而不能笑言啞啞也畏鄰戒者畏禍已及于鄰而先自備戒也畏鄰戒方得无咎若不能備戒豈得无咎哉

☶☶艮下艮上

艮者止也一陽止于二陰之上陽自下升極上而止此止之義也又其象爲山下坤土乃山之質一陽覆冒于其上重濁者在下輕清者在上亦止之象也序卦震者動也物不可以終動止之故受之

以艮艮者止也所以次震

艮其背不獲其身行其庭不見其人无咎

此卦辭以卦綜言如井卦改邑不改井蹇卦利西南之類本卦綜震四爲人之身故周公爻辭以四爲身三畫之卦二爲人位故曰人庭則前庭五也艮爲門闕故門之内中間爲庭震行也向上而行面向上其背在下故以陽之畫初與四爲背艮止也向下而立面向下其背在上故以陽之畫三與上爲背上二句以下卦言下二句以上卦言言止

其背則身在背後不見其四之身行其庭則背在人前不見其二之人所以一止之間既不見其巳又不見其人也辭本玄妙令人難曉孔子知文王以卦綜成卦辭所以彖辭說一行字說一動字重一時字

彖曰艮止也時止則止時行則行動靜不失其時其道光明艮其止止其所也上下敵應不相與也是以不獲其身行其庭不見其人无咎也

以卦德卦綜卦體釋卦名卦辭言所謂艮者以

止也然天下之理無窮而夫人之事萬變如惟其
止而已豈足以盡其事理哉亦觀其時何如耳蓋
理當其可之謂時時當乎艮之止則止時當乎震
之行則行行止之動靜皆不失其時則無適而非
天理之公其道如日月之光明矣豈止无咎而巳
哉然艮之所以名止者亦非固執而不變遷也乃
止其所也惟止其所當然之理所以時止則止也
卦辭又曰不獲其身不見其人者蓋人相與乎我
則我即得見其人我相與乎人則人即能獲其我

今初之于四二之于五三之于上陰自爲陰陽自爲陽不相與應是以人不獲乎我之身而我亦不見其人僅得无咎而已若時止時行豈止无咎哉八純卦皆不相應與獨于艮言者艮性止止則固執不遷所以不光明而僅得无咎文王卦辭專以象言孔子彖辭專以理言

象曰兼山艮君子以思不出其位

兼山者內一山外一山兩重山也天下之理即位而存父有父之位子有子之位君臣夫婦亦然當

貴有富貴之位貧賤有貧賤之位患難夷狄亦各
有本然之位卽有當然之理思不出其位者正所
以止乎其理也出其位則越其理矣

初六艮其趾无咎利永貞

艮綜震震爲足趾之象也初在下亦趾之象也咸
卦亦以人身以漸而上○初六陰柔無可爲之才
能止者也又居初卑下不得不止者也以是而止
故有艮趾之象占者如是則不輕舉妄進可以无
咎而正矣然又恐其正者不能永也故又敎占者

以此

象曰艮其趾未失正也

理之所當止者曰正即爻辭之貞也爻辭曰利永貞象辭曰未失正見初之止理所當止也

六二艮其腓不拯其隨其心不快

腓者足肚也亦初震足之象拯者救也隨者從也二比三從三者也不拯其隨者不求拯于所隨之三也凡陰柔資于陽剛者皆曰拯渙卦初六用拯馬壯是也二中正入卦正位艮在三兩爻俱善但

當艮止之時二艮止不求救于三三艮止不退聽于二所以二心不快中爻坎爲加憂爲心病不快之象也○六二居中得正比于其三止于其腓矣以陰柔之質求三陽剛以助之可也但艮性止不求拯于隨則其中正之德無所施用矣所以此心常不快也故其占中之象如此

象曰不拯其隨未退聽也

二下而三上故曰退周公不快主坎之心病而言孔子未聽主坎之耳痛而言

九三艮其限列其夤厲薰心

限者界限也上身與下身相界限卽腰也夤者連也腰之連屬不絕者也腰之在身正屈伸之際當動不當止若艮其限則上自上下自下不相連屬矣列者列絕而上下不相連屬判然其兩段也薰與熏同火烟上也薰心者心不安也中爻坎爲心病所以六二不快九三薰心坎錯離火煙之象也

○止之爲道惟其理之所在而已九三位在腓之上當限之處正變動屈伸之際不當艮者也不當

艮而艮則不得屈伸而上下判隔列絕其相連矣
故危厲而心常不安占者之象如此

象曰艮其限危薰心也

不當止而止則執一不能變通外旣齟齬心必不
安所以危厲而薰心也

六四艮其身无咎

艮其身者安靜韜晦鄉隣有鬬而閉戶括囊无咎
之類是也○六四以陰居陰純乎陰者也故有艮
其身之象旣艮其身則無所作爲矣占者如是故

无咎

象曰艮其身止諸躬也

躬卽身也不能治人不能成物惟止諸躬而已故

爻曰艮其身象曰止諸躬

六五艮其輔言有序悔亡

序者倫序也輔見咸卦註艮錯兌兌爲口舌輔之

象也言之象也艮其輔者言不妄發也言有序者

發必當理也悔者易則誕煩則支肆則忤悖則違

皆悔也咸卦多象人面艮卦多象人背者以文王

卦辭艮其背故也○六五當輔出言之處以陰居陽未免有失言之悔然以其得中故又有艮其輔言有序之象而其占則悔亡也

象曰艮其輔以中正也

正當作止與止諸躬止字同以中而止所以悔亾

上九敦艮吉

敦與篤行之篤字同意時止則止貞固不變也山有敦厚之象故敦臨敦復皆以土取象○上九以陽剛居艮極自始至終一止于理而不變敦厚于

止者也故有此象占者如是則其道光明何吉如之

象曰敦艮之吉以厚終也

厚終者敦篤于終而不變也賁大畜蠱頤損蒙六卦上九皆吉者皆有厚終之意

易經集註卷之十終

明萬曆本周易集注

第五册

明 來知德撰

明萬曆三十八年刻本

山東人民出版社·濟南

周易集註卷之十一

梁山來知德集註

䷴ 艮下巽上

漸者漸進也、爲卦艮下巽上、有不遽進之義、漸之義也、木在山上、以漸而高、漸之象也、序卦艮者止也、物不可以終止、故受之以漸、所以次艮

漸女歸吉利貞

婦人謂嫁曰歸、天下之事、惟女歸爲有漸、納采問名、納吉、納徵、請期、親迎、六禮備而後成婚、是以漸

者莫如女歸也本卦不遽進有女歸之象因主于進故又戒以利貞

彖曰漸之進也女歸吉也進得位往有功也進以正可以正邦也其位剛得中也止而巽動不窮也

釋卦名又以卦綜釋卦德釋卦辭之字作漸字女歸吉者言必如女歸而後漸方善也能如女歸則進必以禮不苟于相從得以遂其進之之志而吉矣進得位者本卦綜歸妹二卦同體文王綜爲一卦故雜卦曰漸女歸待男行也歸妹女之終也言歸

妹下卦之兌進而爲漸上卦之巽得九五之位也，然不惟得位，文正之中也，正邦者成刑于之化也，即往有功也。此以卦綜言也。進不窮者，蓋進之之心愈急則進之之機益阻，今卦德內而艮止則未進之先蕭靜無求，外而巽順則將進之間相時而動，此所以進不窮也。有此卦綜卦德吉而利貞者以此。

象曰：山上有木，漸。君子以居賢德善俗。

習俗移人，賢者不免，故性相近而習相遠也。君子

法漸進之象擇居處于賢德善俗之地則耳濡目染以漸而自成其有道之士矣卽孟子引而置之莊嶽之間之意

初六鴻漸于干小子厲有言无咎

鴻鴈之大者鴻本水鳥中爻離坎離爲飛鳥居水之上鴻之象也且其爲物木落南翔氷泮北歸其至有時其群有序不失其時與序于漸之義爲切昏禮用鴻取不再偶于女歸之義爲切所以六爻皆取鴻象也小子者艮爲少男小子之象也內卦

錯兌外卦綜兌兌爲口舌有言之象也干水旁也

江干也中爻小水流于山故有干象厲者危厲也

以在我而言也言者譏言也以在人而言也无咎

者在漸之時非獵等以强進于義則无咎○初六

陰柔當漸之時漸進于下有鴻漸于干之象然少

年新進上無應與在我不免有小子之厲在人不

免有言語之傷故其占如此而其義則无咎也

象曰小子之厲義无咎也

小子之厲似有咎矣然時當進之時以漸而進亦

理之所宜以義揆之終无咎也

六二鴻漸于磐飲食衎衎衎苦旦反

磐大石也艮爲石磐之象也自干而磐則遠于水而漸進矣中爻爲坎飲食之象也故困卦九二言酒食需卦九五言酒食未濟上九言酒食坎卦六四言樽酒衎衎和樂也巽綜兌悅樂之象言鴻漸于磐而飲食自適也吉卽小象不素飽之意○六二柔順中正而進以其漸又上有九五中正之應故其象如此而其占則吉也

象曰飲食衎衎不素飽也

素飽即素飡也言爲人之臣食人之食事人之事義所當得非徒飲食而已也盖其德中正其進漸次又應九五中正之君非素飽也宜矣

九三鴻漸于陸夫征不復婦孕不育凶利禦寇

地之高平曰陸此爻坤陸之象也夫指三　艮爲少男又陽爻故謂之夫婦指四巽爲長女又陰爻故謂之婦本卦女歸故以夫婦言之征者往也不復者不反也本卦以漸進爲義三比上四漸進于

上溺而不知其反也婦孕者此爻合坎坎中滿孕之象也孕不育者孕而不敢使人知其育如孕而不育也蓋四性主入無應而奔于三三陽性上行又當進時故有此醜也若以變爻論三變則陽死成坤離絶夫位故有夫征不復之象既成坤則並坎中之滿通不見矣故有婦孕不育之象坎爲盜離爲戈兵故有寇象變坤故小象曰順相保○九三過剛當漸之時故有自磐而進于陸之象然上無應與乃比于親近之四附麗其醜而失其道矣

非漸之貞者也故在占者則有夫征不復婦孕不育之象凶可知矣惟禦寇之道在于人和令變坎成坤則同心協力順以相保故利也若以之漸進是枉道從人夫豈可

象曰夫征不復離羣醜也婦孕不育失其道也利用禦寇順相保也離力智切

離附著也陽子雲解嘲云丁傅董賢用事諸附離之者起家至二千石莊子附離不以膠漆皆此離也羣醜者上下二陰也夫征不復者以附離羣陰

溺而不反也失其道者淫奔之事失其夫婦之正
道也順相保者禦寇之道在于行險而順今變坎
成坤則行險而順矣所以能相保禦也鴈群不亂
飛則列陣相保三爻變坤有鴈陣象故曰順相保

六四鴻漸于木或得其桷无咎

巽爲木木之象也下三爻一畫横于上桷之象也
桷者椽也所以乘兊巽爲繩直故有此象又坎爲
宮四居坎上亦有桷象凡木之枝柯未必横而寛
平如桷鴻趾連而且長不能握枝故不棲木若木

之枝如桷則横平而棲之可以安矣或得者偶然之辭未必可得偶得之也巽爲不果或得之象无咎者得漸進也〇六四以柔弱之資似不可以漸進矣然巽順得正有鴻漸于木或得其桷之象占者如是則无咎也

象曰或得其桷順以巽也

變乾錯坤爲順未變爲巽巽正位在四故曰順巽

九五鴻漸于陵婦三歲不孕終莫之勝吉

高阜曰陵此爻變艮爲山陵之象也婦指二中爻

爲離中虛空腹不孕之象也離居三三歲之象也
三歲不孕者言婦不遇乎夫而三歲不孕也二四
爲坎坎中滿故曰孕三五中虛故曰不孕爻辭取
象精之極矣凡正應爲君子相比爲小人二比三
三比四四比五皆陰陽相比故此爻以三歲不孕
終莫之勝言終莫之勝者相比之小人終不得
以間之而五與二合也○九五陽剛當尊正應乎
二可以漸進相合得遂所願矣但爲中爻相比所
隔然終不能奪其正也故其象如此占者必有所

遲阻而後吉也

象曰終莫之勝吉得所願也

願者正應相合之願也

上九鴻漸于陸其羽可用爲儀吉

陸卽三爻之陸中爻水在山上故自干而陸此爻變坎又水在山上故又有鴻漸于陸之象巽性入又伏本卦主于漸進今進于上則進之極無地可進矣巽性伏入進退不果故又退漸于陸也蓋三乃上之正應雖非陰陽相合然皆剛明君子故知

進而又知退焉儀者儀則也知進知退惟聖人能之今上能退于三卽盡之志可則盇百世之師也故其羽可以爲儀曰羽者就其鴻而言之曰羽可儀猶言人之言行可法則也升卦與漸卦同是上進之卦觀升卦上六曰利不息之貞則此爻可知矣胡安定公以陸作逵者非也盖易到六爻極處卽反亢龍有悔之類是也○上九木在山上漸長至高可謂漸進之極矣但巽性不果進而復退于陸焉此則知進知退可以起頑立懦者也故有鴻

漸于陸其羽可用爲儀之象占者有是德即有是吉矣

象曰其羽可用爲儀吉不可亂也

不可亂者鴻飛于雲漢之間列陣有序與凡鳥不同所以可用爲儀若以人事論不可亂者富貴利達不足以亂其心也若富貴利達亂其心惟知其進不知其退惟知其高不知其下安得可用爲儀今知進又知退知高又知下所以可以爲人之儀則

䷵ 兌下震上

婦人謂嫁曰歸女之長者曰姊少者曰妹因兌爲少女故曰妹爲卦兌下震上以少女從長男其情又以悅而動皆非正也故曰歸妹序卦漸者進也進必有所歸故受之以歸妹漸有歸義所以次漸

歸妹征凶无攸利

彖辭明漸曰女歸自彼歸我也娶婦之家也此曰歸妹自我歸彼也嫁女之家也

彖曰歸妹天地之大義也天地不交而萬物不興歸

妹人之終始也說以動所歸妹也征凶位不當也无攸利柔乘剛也

釋卦名復以卦德釋之又以卦體釋卦辭言所謂歸妹者本天地之大義也盖物無獨生獨成之理故男有室女有家本天地之常經是乃其大義也何也盖男女不交則萬物不生而人道滅息矣是歸妹者雖女道之終而生育之事于此造端實人道之始所以為天地之大義也然歸妹雖天地之正理但說而動則女先乎男所歸在妹乃妹之自

爲非正理而實私情矣所以名歸妹位不當者二四陰位而居陽三五陽位而居陰自二至五皆不當也柔乘剛者三乘二之剛五乘四之剛也有夫屈乎婦婦制其夫之象位不當則紊男女内外之正柔乘剛則悖夫婦倡隨之理所以征凶无攸利

象曰澤上有雷歸妹君子以永終知敝

永對暫言終對始言永終者久後之意兌爲毁折有敝象中爻坎爲通離爲明有知象故知其敝天下之事凡以仁義道德相交洽者則久久愈善如

劉孝標所謂風雨急而不輟其音霜雪零而不渝其色此求終無敝者也故以勢合者勢盡則情踈以色合者色衰則愛弛垝垣復關之輩雖言笑于其初而桑落黃隕之嗟終痛悼于其後至于立身一敗萬事瓦裂其敝至此○雷震澤上水氣隨之而升女子從人之象也故君子觀其合之不正而動于一時情欲之私即知其終之有敝而必至失身敗德相為睽乖矣此所以欲善其終必慎其始

初九歸妹以娣跛能履征吉

爾雅長婦謂穉婦爲娣娣婦謂長婦爲姒即今妯娌相呼也又曲禮世婦姪娣盖以妻之妹從妻來者爲娣也古者諸侯一娶九女嫡夫人之左右媵皆以姪娣從送女從嫁曰媵以爾雅曲禮媵送考之幼婦曰娣盖從嫁以適人者也兊爲妾娣之象初在下亦娣之象兊爲毀折有跛之象震爲足足居初中爻離爲目目與足皆毀折所以初爻言足之跛而二爻言目之眇也若以變坎論坎爲曳亦跛之象也跛者行之不以正側行者也以嫡娣論

側行正所尊正室也若正行則是專正室之事矣故以跛象之○初九居下當歸妹之時而無正應不過娣妾之賤而已故爲娣象然陽剛在女子爲賢正之德但爲娣之賤則閨閫之事不得以專成今處悅居下有順從之義故亦能維持調護承助其正室但不能專成亦猶跛者側行而不能正行也占者以是而往雖其勢分之賤不能大成其內助之功而爲媵妾職分之當然則已盡之矣吉之道也故征吉

象曰歸妹以娣以恒也跛能履吉相承也

恒常也天地之常道也有嫡有妾者人道之常初在下位無正應分當宜于娣矣是乃常道也故曰以恒也恒字義又見九二小象相承者能承助乎正室也以其有賢正之德所以能相承故曰相承也以恒以分言相承以德言

九二眇能視利幽人之貞

眇者偏䏚也一目明一目不明也或目邪皆謂之眇觧見初九兑綜巽巽爲白眼亦有眇象中爻離

目視之象幽人之貞者幽人遭時不偶抱道自守
者也幽人無賢君正猶九二無賢婦衆爻言歸妹
而此爻不言者居兑之中乃妹之身是正嫡而非
娣也幽人一句詳見前履卦又占中之象也○九
二陽剛得中優于初之居下矣又有正應優于初
之無應矣但所應者陰柔不正是乃賢女而所配
不良不能大成内助之功故有眇者能視而不能
逺視之象然所配不良豈可因其不良而改其剛
中之德哉故占者利如幽人之貞可也

象曰利幽人之貞未變常也

一與之齊終身不改此婦道之常也今能守幽人之貞則未變其常矣故教占者如幽人之貞則利也初爻二爻小象孔子皆以恒常二字釋之何也蓋兊爲常則恒常二字乃兊之情性故釋之以此

六三歸妹以須反歸以娣

須賤妾之稱天文志須女四星賤妾之稱故古人以婢僕爲餘須反者顛倒之意震爲反生故曰反

○六居下卦之上本非賤者也但不中不正又爲

悅之主耆于容悅以事人則成無德之須賤而人莫之取矣故爲未得所適反歸乎娣之象初位卑歸以娣宜矣三居下卦之上何自賤至此哉德不稱位而成須故也不言吉凶者容悅之人前之吉凶未可知也

象曰歸妹以須未當也

未當者爻位不中不正也

九四歸妹愆期遲歸有時

愆過也言過期也女子過期不嫁人故曰愆期即

詩標梅之意因無正應以陽應陽則純陽矣故愆期有時者男女之婚姻自有其時也蓋天下無不嫁之女愆期者數有時者理若以象論中爻坎月離日期之之象也四一變則純坤而日月不見矣故愆期震春兌秋坎冬離夏四時之象震東兌西相隔甚遠所以愆期四時循環則有時矣○九四以陽應陽而無正應蓋女之愆期而未歸者也然天下豈有不歸之女特待時而歸歸之遲耳故有愆期遲歸有時之象占者得此凡事待時可也

象曰愆期之志有待而行也

行者嫁也天下之事自有其時愆期之心亦有待其時而後嫁耳爻辭曰有時象辭曰有待皆待時之意

六五帝乙歸妹其君之袂不如其娣之袂良月幾望吉

帝乙如箕子明夷高宗伐鬼方之類君者妹也此爻變兌兌爲少女故以妹言之諸侯之妻曰小君其女稱縣君宗之臣其妻皆稱縣君是也故不曰

妹而曰君焉袂衣袖也所以爲禮容者也人之著衣其禮容全在于袂故以袂言之良者美好也三爻爲娣乾爲衣三爻變乾故其衣之袂良五爻變兑成缺故不如三之良若以理論三不中正尚容餙五柔中不尚容餙所以不若其袂之良也月幾望者坎月離日震東兑西日月東西相望也五陰二陽言月與日對而應乎二之陽也曰幾者言光未盈蒲柔德居中而謙也月幾望而應乎陽又下嫁占中之象也○六五柔中居尊位有德而貴者

也下應九二以帝有德之女下嫁于人故有尚德

而不尚飾其服不盛之象女德之盛無以加此因

下嫁故又有月幾望而應乎陽之象占者有是德

則有是吉矣

象曰帝乙歸妹不如其娣之袂良也其位在中以貴

行也

在中者德也以貴者帝女之貴也行者嫁也有是

中德有是尊貴以之下嫁又何必尚其飾哉此所

以君之袂不如娣之袂良也

上六女承筐无實士刲羊无血无攸利
兊爲女震爲士筐乃竹所成震爲竹又仰盂空虛
無實之象也又變離亦中虛無實之象也中爻坎
爲血卦血之象也兊爲羊羊之象也震綜艮艮爲
手承之象也離爲戈兵刲之象也羊在下血在上
無血之象也凡夫婦祭祀承筐而採蘋蘩者女之
事也刲羊而實爲俎者男之事也今上與三皆陰
爻不成夫婦則不能供祭祀矣无攸利者人倫以
廢後嗣以絶有何攸利刲者屠也○上六以陰柔

居卦終而无應居終則過時无應則无配爲歸妹之不成者也故有承筐无實刲羊無血之象占者得此无攸利可知矣

彖曰上六无實承虛筐也

上爻有底匡中虛故曰承虛筐

䷶ 離下震上

豐盛大也其卦離下震上以明而動盛大之由也又曰雷電交作有盛大之勢乃豐之象也故曰豐亨卦得其所歸者必大故受之以豐所以次歸妹

豐亨王假之勿憂宜日中

亨者豐自有亨道也非豐後方亨也假至也必以王言者盒王者車書一統而後可以至此也此卦離日在下日已昃矣所以周公爻辭言見斗見沬者皆此意勿憂宜日中一句讀言王者至此勿憂宜日中不宜如是之昃昃則不能照天下也孔子乃足之曰日至中不免于昃徒憂而已文王已有此意但未發出孔子乃足之離日象文王象錯坎憂象

彖曰豐大也明以動故豐王假之尚大也勿憂宜日中宜照天下也日中則昃月盈則食天地盈虛與時消息而況於人乎況於鬼神乎

以卦德釋卦名又以卦象釋卦辭而足其意非明則動無所之冥行者也非動則明無所用空明者也惟明動相資則王道由此恢廓故名豐尚大者所尚盛大也非王者有心欲盛大也其勢自盛大也撫盈成之運不期侈而自侈矣宜照天下者遍照天下也日昃則不能遍照矣日中固照天下然

豈長日中哉蓋日以中爲盛日中則必昃月以盈爲盛月盈則必食何也天地造化之理其盈虛每因時以消息時乎息矣必至于盈時乎消矣必至于虛虛而息息而盈盈而消消而虛此必然之理數也天地盈虛與時消息天地且不常盈不虛而況于人與鬼神乎可見國家無常豐之理不可憂其宜日中不宜本卦之日昃也鬼神是天地之變化運動者如風雲雷雨凡陽噓陰吸之類皆是

象曰雷電皆至豐君子以折獄致刑

始而問獄之時法電之明以折其獄是非曲直必得其情終而定刑之時法雷之威以定其刑輕重大小必當其罪

初九遇其配主雖旬无咎往有尚

遇字詳見噬嗑六三配主者初爲明之初四爲動之初故在初曰配主在四曰夷主也四宜日中一句故爻辭皆以日言文王象豐以一日象之故曰勿憂宜日中周公象豐以十日象之故曰雖旬无咎十日爲旬言初之豐以一月論已一旬也言正

豐之時也○當豐之初明動相資故有遇其配主之象既遇其配則足以濟其豐矣故雖豐已一旬亦無災咎可嘉之道也故占者往則有尚

象曰雖旬无咎過旬災也

雖旬无咎周公許之之辭過旬咎也孔子戒之之辭過旬災者言盛極必衰也

六二豐其蔀日中見斗往得疑疾有孚發若吉

蔀草名中爻巽草之象也故大過下巽曰白茅泰卦下變巽曰拔茅屯卦震錯巽曰草昧皆以巽

爲陰柔之木也因王弼以蔀字爲覆暧後人編玉篇即改蔀覆也斗量名應爻震有量之象故取諸斗南斗北斗皆如量所以名斗易止有此象無此事亦無此理如金車玉鉉之類是也又如刲羊無血天下豈有殺羊無血之理所以易止有此象本卦離日在下雷在上震爲蕃草蕃盛之象也言草在上蕃盛日在下不見其日而惟見其斗也疑者援其所不及煩其所不知必致猜疑也疾者持方柄以內圓鑿反見疾惡也有孚者誠信也離中虛

有孚之象也發者感發開導之也若助語辭吉者至誠足以動人彼之昏暗可開而豐亨可保也貞字誠字乃六十四卦之樞紐聖人于事難行處不教人以貞則教人以有孚○六二居豐之時爲離之主至明者也而上應六五之柔暗故有豐其蔀不見其日惟見其斗之象以是昏暗之主往而從之彼必見疑疾有何益哉惟在積誠信以感發之則吉占者當如是也

象曰有孚發若信以發志也

志者君之心志也信以發志者盡一已之誠信以
感發其君之心志也能發其君之志則已之心與
君之心相爲流通矣伊尹之于太甲孔明之于後
主郭子儀之于肅宗代宗用此道也
九三豐其沛日中見沬折其右肱无咎沬音未
沛澤也沛然下雨是也乃雨貌沬者水源也故曰
涎沬濡沬跳沬流沬乃霡霂細雨不成水之意此
爻未變中爻兌爲澤沛之象也既變中爻成坎水
矣沬之象也二爻巽木故以草象之三爻澤水故

以沬象之周公爻辭精極至此王弼不知象以蔀爲覆曖後儒從之即以爲障蔽王弼以沛爲旆後儒亦以爲旆旆殊不知雷在上中爻有澤有風方取此沛沬之象何曾有旆之象哉相傳之謬有自來矣肱者手臂也震綜艮中爻兌錯艮艮爲手肱之象也又兌爲毀折折其肱之象也曰右者陽爻爲右陰爻爲左故師之左次明夷之左股左腹皆陰爻也此陽爻故以右言之右肱至便于用而人不可少者折右肱則三無所用矣无咎者德在我其

用與不用在人以義揆之无咎也○九三處明之
極而應上六之柔暗則明有所蔽故有豐其沛不
見日而見沫之象夫明既有所蔽則以有用之才
置之無用之地故又有折其右肱之象雖不見用
乃上六之咎也于三何尤哉故无咎
象曰豐其沛不可大事也折其右肱終不可用也
不可大事與遯卦九三同皆言艮止也葢建立大
事以保豐亨之人必明與動相資今三爻變中爻
成艮上雖動而不明矣動而又止安能大事哉其

不可濟豐也必矣周公爻辭以本爻未變言孔子
象辭以本爻既變言人之所賴以作事者在右肱
也令三爲時所廢是有用之才而置無用之地如
人折右肱矣所以終不可用
九四豐其蔀日中見斗遇其夷主吉
夷者等夷也指初也與四同德者也二之豐蔀見
斗者應乎其昏暗也四之豐蔀見斗者比乎其昏
暗也若以象論二居中爻巽木之下四居中爻巽
木之上巽陰木蔀之類也所以爻辭同言者明動

相資共濟其豐之事也○當豐之時比乎昏暗故
亦有豐蔀見斗之象然四與初同德相應共濟其
豐又有遇其夷主之象吉之道也故其象占如此
象曰豐其蔀位不當也日中見斗幽不明也遇其夷
主吉行也
幽不明者初二日中見斗是明在下而幽在上二
之身猶明也若四之身原是蔀位則純是幽而不
明矣行者動也震性動動而應乎初也
六五來章有慶譽吉

凡卦自下而上者謂之往自上而下者謂之來此來字非各卦之來乃召來之來也謂屈巳下賢以召來之也章者六二離本章明而又居中得正本卦明以動故豐非明則動無所之非動則明無所用二五居兩卦之中明動相資又非豐蔀見斗之說矣此易不可爲典要也慶者福慶集于巳也譽者聲譽聞于人也此爻變兊兊爲口有譽象吉者可以保豐亨之治也○六五爲豐之主六二爲之正應有章明之才者若能求而致之則明動相資

有慶與譽而吉矣占者能如是斯應是占也

象曰六五之吉有慶也

有慶方有譽未有無福慶而有譽者舉慶則譽在其中矣

上六豐其屋蔀其家闚其戶闃其无人三歲不覿凶

此爻與明夷初登于天後入于地相同以屋言者凡豐亨富貴未有不潤其屋者豐其屋者初登于天也蔀其家以下後入于地也蔀其家者草生于屋非復前日之炫燿而豐矣豐其蔀本周公爻辭

今將豐蔀二字分開則知上豐字乃豐之極下蔀字乃豐之反矣故小象上句以爲天際翔也闚者窺視也離爲目窺之象也閴者寂靜也閴其无人者戶庭寂靜而无人也三歲不覿者變離離居三也言窺其戶寂靜無人至于三年之久猶未見其人也凶者殺身亡家也泰之後而城復于隍豐之後而閴寂其戶處承平豈易哉○上六以柔暗之質居明動豐亨之極承平既久奢侈日盛故有豐其屋之象然勢極則反者理數也故離之明極必

反其暗有草塞其家而暗之象震之動極必反其靜有閴寂無人三年不覿之象占者得此凶可知矣

象曰豐其屋天際翔也闚其戶闃其无人自藏也

言豐極之時其勢位炙手可熱如翱翔于天際雲霄之上人可仰而不可即上六天位故曰天及爾敗壞之後昔之光彩氣熖不期掩藏而自掩藏矣權臣得罪披離之後多有此氣象

䷷艮下離上

旅羇旅也爲卦山内而火外内爲主外爲客山止
而不動猶舍館也火動而不止猶行人也故曰旅
序卦豐大也窮大者必失其居故受之以旅所以
次豐唐玄宗開元初海内富安行者雖萬里不持
寸兵及其天寶以後自恃承平以爲天下無復可
憂遂深居禁中以聲色自娛悉以政事委之李林
甫及祿山陷京師乃幸蜀遂有馬嵬之慘此窮極
于大者必失其居之驗也旅非專指商賈凡客于
外者皆是

旅小亨旅貞吉

小亨者亨之小也旅途親寡勢涣情踈縱有亨通之事亦必微小故其占爲小亨然其亨者以其正也道無往而不在理無微而可忽旅途之間能守此正則吉而亨矣小亨者占之亨也旅貞吉者聖人教占者處旅之道也

彖曰旅小亨柔得中乎外而順乎剛止而麗乎明是以小亨旅貞吉也旅之時義大矣哉

以卦綜卦德釋卦辭而嘆其大本卦綜豐二卦同

體文王綜爲一卦故雜卦曰豐多故親寡旅也豐下卦之離進而爲旅之上卦所以柔得中乎外卦而又親比上下之剛也明者已之明也非麗人之明也止而麗乎明與睽說而麗乎明同只是內止外明也羇旅之間柔得中不取辱順乎剛不招禍止而不妄動明而識時宜此四者處旅之正道也有此正道是以占者小亨若占者能守此旅之正道則吉而亨矣大本贊辭然乃嘆辭也言旅本小事必柔中順剛止而麗明方得小亨則難處者旅

初六旅瑣瑣斯其所取災

旅之象

火故亦言用刑明者火之象慎者止之象不留者

即前之不留于滯獄也非留于獄中也因繫而書

留者既決斷于明慎之後留罪者即罪之當留者

明其刑以罪之輕重慎其刑以罪之出入言不

象曰山上有火旅君子以明慎用刑而不留獄

與豫隨姤同

之時雖盡者於之義人不可以其小事而忽之也

瑣者細屑猥鄙貌初變則兩離矣故瑣而又瑣
者羈旅之間計財利得失之毫末也斯者此也取
災者自取其災也斯其所以取災者因此瑣瑣
自取災咎非由外來也旅最下則瑣取災旅處
上則欺來災凶必如彖之柔中順剛止而麗明方
得善且吉○初六陰柔在下蓋處旅而猥鄙細屑者
也占者如是則召人之輕侮而自取災咎矣故其
象占如此

象曰旅瑣瑣志窮災也

志窮者心志窮促淺狹也惟其志窮所以瑣瑣取

災

六二旅即次懷其資得童僕貞

即者就也次者旅之舍也艮爲門二居艮止之中即次得安之象也資者財也旅之用也中爻巽巽爲近市利三倍懷資之象也故家人六四富家大吉少曰童長曰僕旅之奔走服役者也艮爲少男綜震爲長男童僕之象也貞者良善不欺也陰爻中虛有孚貞信之象也○六二當旅之時有柔順

中正之德故有即次懷資童僕貞之象蓋旅之最
吉者也占者有是德斯應是占矣
象曰得童僕貞終无尤也
羇旅之中得即次懷資可謂吉矣若使童僕狡猾
則所居終不能安而資亦難保其不盜矣此心安
得不至怨尤所以童僕貞終无尤
九三旅焚其次喪其童僕貞厲
三近離火焚次之象也三變爲坤則非艮之男矣
喪童僕之象也貞者童僕之貞信者喪之也貞字

連童僕讀蓋九三過剛不中與六二柔順中正全
相反焚次與郎次反喪童僕貞與得童僕貞反得
字對喪字看故知貞字連童僕○九三居下之上
過剛不中居下之上則自高不能下人過剛則衆
莫之與不中則所處失當故有焚次喪童僕貞之
象危厲之道也故其象占如此
象曰旅焚其次亦以傷矣以旅與下其義喪也
焚次已傷困矣況又喪童僕貞乎但以義揆之以
旅之時而與下過剛如此宜乎喪童僕也何足爲

三惜哉下字即童僕
九四旅于處得其資斧我心不快
處者旅也息也旅處與即次不同即次者就其旅
舍已得安者也旅處者行而方處暫棲息者也艮
土性止離火性動故次與處不同資者助也即六
二懷資之資貨財貨金銀之類斧則所以防身者也
得資足以自利得斧足以自防皆旅之不可無者
離爲戈兵斧之象也中爻上兌金下巽木木貫乎
金亦斧之象也旅于處則有棲身之地非三之焚

次矣得資斧則有禦備之具非三之喪童僕矣離錯坎爲加憂不快之象此爻變中爻成坎亦不快之象○九四以陽居陰處上之下乃巽順以從人者也故有旅于處得其資斧之象但下應陰柔所托非人故又有我心不快之象占者亦如是也

六五射雉一矢亡終以譽命

離爲雉雉之象也錯坎矢之象也變乾乾居一之象也始而離則有雉矢二象及變乾則不見雉與矢矣故有雉飛矢亡之象譽者兌也兌悅體又

爲口以口悅人譽之象也凡易中言譽者皆兌如蠱卦用譽中爻兌也蹇卦來譽下體錯兌也豐卦慶譽中爻兌也命命令也以者用也言五用乎四與二也本卦中爻乃兌與巽兌爲譽巽爲命六五比四而順剛又應乎二之中正四乃兌二乃巽所以終得聲譽命令也如玄宗幸蜀及肅宗卽位于外德宗幸奉天皆天子爲旅也可謂雉飛矢亡矣後得郭子儀諸臣恢復故物終得其譽又得命令于天下如建中之詔是也○六五當羇旅之時以

其陰柔故有射雉雉飛矢亡之象然文明得中能順乎四而應乎二故終以譽命也占者凡事始凶終吉可知矣

象曰終以譽命上逮也

上者五也五居上體之中故曰上以四與二在下也逮及也言順四應二賴及于四二所以得譽命也

上九鳥焚其巢旅人先笑後號咷喪牛于易凶易音亦

離其爲木也科上槁巢之象也離爲鳥爲火中爻

巽爲木爲風鳥居風木之上而遇火火燃風烈焚
巢之之象也旅人者九三也乃上九之正應也三
爲人位得稱旅人先笑者上九未變中爻兑悦笑
之象也故與同行正應之旅人爲之相笑及焚其
巢上九一變則悦體變爲震動成小過災眚之凶
矣豈不號咷故先笑後號咷也離爲牛牛之象也
與大壯喪羊于易同易即埸田畔地也震爲大塗
有此象◎上九當羇旅窮極之時居卦之上則自
高當離之極則躁妄與柔中順剛止而麗明者相

次故以之即次則無棲身之地有鳥焚其巢一時變笑爲號咷之象以之懷資則無守衛之人有喪牛于易之象欲止無地欲行無資何凶如之故占者凶

象曰以旅在上其義焚也喪牛于易終莫之聞也

在上過于高亢宜乎見惡于人而焚巢既見惡于人則人莫有指而聞之者而牛不可獲矣錯坎爲耳痛故莫之聞

䷸ 巽下巽上

巽入也二陰伏于四陽之下能巽順乎陽故名爲巽其象爲風風亦取入義亦巽之義也序卦旅而無所容故受之以巽旅途親寡非巽順何以取容所以次旅

巽小亨利有攸往利見大人

小亨者以卦本屬陰又卑巽也惟其如是則才智不足以識遠任重僅可小亨雖小亨然利有所往蓋巽以從人人無不悦所以利有攸往然使失其所從未必利往縱使利往失其正矣故利見大德

之人此則因其從陽而教之以所從之人也

彖曰重巽以申命剛巽乎中正而志行柔皆順乎剛

是以小亨利有攸往利見大人

釋卦名又以卦體釋卦辭重巽者上下皆巽也申命者丁寧重複也非兩番降命也風之吹物無處不入無物不鼓動詔令之入人亦如風之動物也陸贄從狩奉天所下制書日以百計雖勇夫悍卒無不感動流涕則申命之際于人君亦大矣剛巽乎中正指九五巽乎中正者居巽卦之中正也志

行者能行其志也蓋剛居中正則所行當其理而無過中失正之弊凡出身加民皆建中表正而志以行矣此大人之象也柔指初與四剛指二三五

六惟柔能順乎剛是以小亨利有攸往惟剛巽乎中正故利見大人

象曰隨風巽君子以申命行事

前風去而後風隨之故曰隨風申命者隨風之象也申命者所以曉諭于行事之先行事者所以踐言于申命之後其實一事也商之盤庚周之洛誥

諄諄于言語之間者欲民曉知君上之心事所以
申命行事也故建中之詔雖不及商周而隨時救
弊亦未必無小補云

初六進退利武人之貞

巽爲進退進退之象也變乾純剛故曰武人故履
六三變乾亦曰武人皆陰居陽位變陽得稱武人
也葢陰居陽位則不正變乾則貞矣故曰利武人
之貞曰利武人之貞如云利陽剛之正也○初六
陰柔居下又爲巽之立乃早巽之過者也是以持

狐疑之心凡事是非可否莫之適從故有進退之象若此者以剛果之不足也苟能如武人之貞則有以矯其柔懦之偏不至于過巽矣故教占者如此

象曰進退志疑也利武人之貞志治也

進退者以陰柔居巽下是非可否莫之適從志疑故也惟疑則方寸已亂不能決進退矣若柔而濟之以剛則心之所之者有定見事之所行者有定守可進則決于進可退則決于退不特疑于兩可

不亂矣

九二巽在牀下用史巫紛若吉无咎

一陰在下二陽在上牀之象故詞以牀言巽性伏二無應于上退而比初心在于下故曰牀下中爻爲兌又巽綜兌兌爲巫史巫之象也又爲口舌爲毁爲附紛若之象也史掌卜筮曰史巫者善于卜吉凶之巫也故曰史巫非兩人也周禮女巫有府一人史四人胥四人離騷云巫咸將夕降兮懷椒糈而要之注巫咸古之神巫舍于筮吉凶者紛者

繽紛雜亂貌若助語辭巫者擊鼓擊缶婆娑其舞
手舞足蹈不安寧之事也必曰巫者男曰覡女曰
巫巽爲少女故以巫言之初乃陰爻居于陽位二
乃陽爻居于陰位均之過于卑巽者也初教之以
武人之貞教之以直前勇敢也二教之以巫之紛
若教之以抖擻奮發也初陽據陽位故教以男子
之武二陽據陰位故教以女人之紛爻辭之精至
此○二以陽處陰而居下無應乃比乎初故有巽
在牀下之象然居下體亦過于卑巽者必不自安

筮如史巫之紛若鼓舞動作則有以矯其柔懦之偏不惟得其吉而在我亦無過咎矣蓍占者當如是也

象曰紛若之吉得中也

得中者得中而不過于卑巽也凡小象一五言中字皆因中位又兼人事

九三頻巽吝

頻者數也三居兩巽之間一巽既盡一巽復來頻巽之象曰頻巽則頻失可知矣頻巽與頻復不同

頻復者終于能復也頻巽者終于不巽也○九三過剛不中又居下體之上本不能巽但當巽之時不容不巽矣然屢巽屢失吝之道也故其象占如此

象曰頻巽之吝志窮也

三本剛而位又剛已不能巽矣又乘剛安能巽曰志窮者言心雖欲巽而不得巽也

六四悔亡田獲三品

中爻離爲戈兵巽錯震戈兵震動田之象也離居

三三品之象也三品者初巽爲雞二兌爲羊三離

爲雉也○六四當巽之時陰柔無應承乘皆剛宜

有悔矣然以陰居陰得巽之正又居上體之下葢

居上而能下者也故不惟悔亡而且有田獲三品

之象占者能如是則所求必得而有功矣

象曰田獲三品有功也

八卦正位巽在四所以獲三品而有功

九五貞吉悔亡无不利无初有終先庚三日後庚三

日吉

先庚後庚詳見蠱卦五變則外卦爲艮成蠱矣先庚丁後庚癸其說始于鄭玄不成其說○九五居尊爲巽之主命令之所由出者也以其剛徤中正故正而又吉然巽順之體初時不免有悔至此則悔亡而无不利矣惟其悔亡而无不利故无初有終也然命令之出所係匪輕必原其所以始慮其所以終先庚三日後庚三日庚乎命令之出如風之吹物無處不入無物不鼓動矣占者必如是而吉也

象曰九五之吉位中正也

剛健中正未有不吉者曰悔亡者巽累之也故孔子止言九五之吉

上九巽在牀下喪其資斧貞凶

本卦巽木綜兌金又中爻兌金斧之象也又中爻離爲戈兵亦斧之象也陰乃巽之主陰在下四爻上亦欲比乎四故與二之巽在牀下同九三九五不言牀下者三過剛五居中得正也巽近市利三倍本有其資貨此爻變坎爲盜則喪其資貨矣且中爻

離兊斧象皆在下爻不相晉攝是喪其斧矣貞者巽本矣德也○上九居巽之終而陰居于下當巽之時故亦有巽在牀下之象但不中不正窮之極矣故又有喪其資斧之象占者得此雖正亦凶也

象曰巽在牀下上窮也喪其資斧正乎凶也

上窮者言上九之時勢也非釋巽在牀下也巽在牀下乃本卦之事當巽之時不容不巽者也正乎

䷹ 兊下兊上

凶即爻辭貞凶

兌說也一陰進于二陽之上喜悅之見于外也故
爲兌序卦巽者入也入而後說之故受之以兌所
以次巽

兌亨利貞

亨者因卦之所有而道之也貞者因卦之不足而
戒之也說則亨矣但陰陽相說易流于不正故戒
以利貞

彖曰兌說也剛中而柔外說以利貞是以順乎天而
應乎人說以先民民忘其勞說以犯難民忘其死說

之大民勸矣哉先西薦反，難乃旦反

釋卦名又以卦體釋卦辭而極言之兑說也與咸

感也同咸主其心說主其言故咸則無心之感兑

則無言之說也剛中指二五柔外指三上陽剛居

中中心誠實之象柔爻在外接物和柔之象外雖

柔說中實剛介是之謂說而貞故利貞易有天道

焉順天者上兑也有人道焉應人者下兑也揆之

天理而順故順天即之人心而安故應人天理人

心正而已矣若說之不以正則不能順應矣民忘

其勞如禹之隨山濬川周宣之城朔方是也民忘其死如湯之東征西怨吉甫薄伐玁狁之戰是也○說本有亨而又利貞者蓋體中剛則所存者誠而無不亨柔外恐說之不正故必正而後利也說得其正是以順天應人以之先民民忘其勞以之犯難民忘其死夫好逸惡死人情之常人忘勞忘死非人情也而忘之者以說而不自知其勞且死也易為而說也知聖人勞我以逸我死我以生我也是以說而自勸也夫勸民與民自勸相去

逵矣是以聖人大之曰說之大民勸矣哉此正之所以利也

象曰麗澤兌君子以朋友講習

麗者附麗也兩澤相麗交相浸潤互有滋益水就濕各以類而相從朋友之道不出乎此習者鳥數飛也其字从羽月令鷹乃學習借鳥以明學蓋習行所傳之業爲之習熟不已也講者資友講之以究其理習者我自習之以踐其事朋友之間從容論說以講之于先我又切實體驗以習之于後則

心與理相涵而所知者義理身與事相安而所能

者循固各能不能而其說在我矣

初九和兑之吉

和與中庸發而皆中節謂之和和字同謂其所發

者無乖戾之私皆情性之正道義之公也吉者無

惡無所求莫必達之意蓋惟能和順天應人豈

不吉○初九以陽爻居說體而處最下又無係應

之際說得其正者也故其象占如此

彖曰和兑之吉行未疑也

本卦說體不當陰陽相比二比三三比四五比六陰陽相比則不能無疑故夬卦上說體小象曰中未光也萃卦曰志未光也未光者因可疑而未光也故上六引兑亦曰未光本卦獨初爻無比無比則無所疑矣故曰行未疑也行者與人和悅也變坎爲狐疑疑之象也

九二孚兑吉悔亡

本卦無應與專以陰陽相比言剛中爲孚居陰爲悔蓋來兑在前私係相近因居陰不正所以不免

悔也○九二當兌之時承比陰柔說之當有悔矣
然剛中之德孚信內充雖比小人自守不失正所
謂和而不同也占者能如是以孚而說則吉而悔
亡矣
象曰孚兌之吉信志也
心之所存爲志信志即誠心一字于二剛實居中誠
信出于剛中之志豈又從小人而自失其九四辭
同氣乘事則人信孚則已信
六三來兌凶

自內至外爲往自外至內爲來凶者非惟不足以得人之與且有以取人之惡所以凶也何也蓋初剛正二剛中乃君子也說之不以道豈能說哉求親而反踈矣如弘覇嘗元忠之糞彭孫濯李憲之足丁謂拂萊公之鬚皆爲人所賤而至今猶有遺羞焉豈不凶〇三陰柔不中正上無應與近比于初與二之陽乃來求而悦之是自卑以求悦于人不知有禮義著矣故其占凶

象曰來兊之凶位不當也

陰柔不中正

九四商兌未寧介疾有喜

商者商度也中爻巽巽爲不果商之象也寧者安寧也兩間謂之介分限也故人守節亦謂之介四與三上下異體猶疆介然故以介言之比乎五者公也理也故不敢舍公而從私比乎三者私也情也故不能割情而就理此其所以商度未寧也商者四介者九○四承九五之中正而下比六三之柔邪故有商度未寧之象然質本陽剛若能介然

守正疾惡柔邪而相悅乎同體之五如此則有喜矣故戒占者如此

象曰九四之喜有慶也

與君相悅則得行其陽剛之正道而有福慶矣

九五孚于剥有厲

剥謂陰能剥陽者上六也剥卽剥卦消陽之名兌之九五正當剥之六五故言剥以人事論如明皇之李林甫德宗之盧杞皆以陰柔容悅剥乎陽者也孚者憑國家之承平恃一已之聰明以小人不

上六引兌

與履九五同

象曰孚于剝位正當也

者也故戒曰若孚信上六則有危矣

六上六陰柔爲說之主處說之極乃妄說以剝陽

應○九五陽剛中正當說之時而居尊位密近上

孚人所以設此有厲之戒蓋九五中正安得有

戒人國事曰爲之柔亂矣所以言厲因說體入身

足以惑孚于信之則以讒惑其心志以匡維敵其

引者開弓也心志專一之意與萃引吉之引同中爻離錯坎坎爲弓故用引字萃六二變坎故亦用引字本卦二陰三曰來兌止來于下其字猶緩其爲害淺至上六則悅之極矣故引兌開弓發矢其情甚急其爲害深故九五有厲○上六陰柔居悅之極爲悅之主專于悅五之陽者也故有引兌之象不言吉凶者五已有危厲之戒矣

象曰上六引兌未光也

未光者私而不公也蓋悅至于極則所悅者必暗

周易集註卷之十一 終

時之事不光明矣故萃卦上體乃悅亦曰未光

周易集註卷之十二

梁山來知德集註

䷺ 坎下巽上

渙者離散也其卦坎下巽上風行水上有披離解
散之意故為渙序卦兌者說也說而後散之故受
之以渙所以次兌

渙亨王假有廟利涉大川利貞

坎錯離離為日王之象也中爻艮艮為門闕又坎
為宮廟之象也又坎為隱伏人鬼之象也木在水

上利涉大川之象也王假有廟者王至于廟以聚之也此二句皆以彖言非真假廟涉川也假有廟者至誠以感之聚天下之心之象也涉大川者冒險以圖之濟天下之艱之象也如沛公約法三章以聚天下之心即假有廟之象也沛公當天下土崩瓦解正渙之時使不約法三章雖立千萬廟以聚祖之精神亦何益哉且當時太公留于項羽況祖考乎易蓋有此象而無此事無此理也利貞者戒之也

彖曰渙亨剛來而不窮柔得位乎外而上同王假有廟王乃在中也利涉大川乘木有功也

以卦綜釋卦辭本卦綜節二卦同體文王綜為一卦故雜卦曰渙離也節止也剛來不窮者言節上卦坎中之陽來居于渙之二也言剛來亦在下之中不至于窮極也柔得位乎外而上同者節下卦兌三之柔上行而為巽之四與五同德以輔佐乎五也八卦正位乾在五巽在四故曰得位故曰上同王乃在中者中爻艮為門闕之內即廟矣

今九五居上卦之中是在門闕之内矣故曰王乃在中也乘木者上卦巽木乘下坎水也有功者即利涉也因有此卦綜之德故能王乃在中至誠以感之以聚天下之心乘木有功冐險以圖之以濟天下之難此渙之所以亨也

象曰風行水上渙先王以享于帝立廟

享帝立廟在國家盛時說非土崩瓦解之時也與王假有廟不同孔子在渙字上生出此意來言王者享帝而與天神接立廟而與祖考接皆聚己之

精神以合天人之渙也風在天上天神之象水在
地下人鬼之象享帝則天人感通立廟則幽明感
通
初六用拯馬壯吉
坎爲亟心之馬馬壯之象也陳平交歡太尉而易
呂爲劉仁傑潛授五龍而反周爲唐皆拯急難而
得馬壯者也○初六當渙之初未至披離之甚猶
易于拯者也但初六陰柔才不足以濟之幸九二
剛中有能濟之具者初能順之託之以濟難是猶

拯急難而得馬壯也故有此象占者如是則吉也

象曰初六之吉順也

順二也

九二渙奔其机悔亡

奔者疾走也中爻震足坎本亟心奔之象也又當世道渙散中爻震動不已皆有出奔之象机木也出蜀中似榆可燒以糞稻田山海經云大尭之上多松栢多机是也中爻震木應爻巽木机之象也指五也○當渙之時二居坎陷之中本不可以濟

渙而有悔也然應九五中正之君君臣同德故出
險以就五有奔于其杌之象當天下渙散之時汲
汲出奔以就君得遂其濟渙之願矣有何悔焉故
占者悔亡
象曰渙奔其杌得願也
得遂其濟渙之願
六三渙其躬无悔
六三居坎體之上險將出矣且諸爻獨六三有應
援故无悔渙其躬者奮不顧身求援于上也〇六

三陰柔本不可以濟渙然與上九爲正應乃親自求援于上九雖以陰求陽宜若有悔然志在濟時故无悔也教占者必如此

象曰渙其躬志在外也

在外者志在外卦之上九也

六四渙其群元吉渙有丘匪夷所思

渙其群者渙其人也當渙之時土崩瓦解人各植黨如六國之爭衡田横之海島隗囂之天水公孫述之于蜀唐之藩鎮尾大不掉皆所謂群也攻無

多門勢無兩大脛大于股則難步指大于臂則難
把故當渙其群也六四能渙小人之私群成天下
之公道所以元吉柔得位乎外而上同豈不元吉
渙丘者渙其土也艮爲土丘之象也顧上卦艮故
曰丘顧此卦中爻艮故亦以丘言之渙其丘如漢
高祖封韓信爲齊王又爲楚王及陳豨反以四千
户封趙將是也夷者平常也言非平常之人思慮
所能及也如高祖以四千户封趙將左右諫曰封
此何功高祖曰非汝所知陳豨反趙地皆豨有吾

羽檄天下兵未有至者今計獨邯鄲兵耳吾何愛四千户蓋左右諫者乃平常之人匪夷所思于此見矣○六四上承九五當濟渙之任者也所居得正而下無應與則外無私交故有渙其群之象占者如是則正大光明無比黨携貳之私固大善而元吉矣然所渙者特其人耳若並其土而渙之則其元吉猶不殊于渙群但渙其群者人皆可能而渙其丘者必才智出衆之人方可能之殆非平常思慮之所能及也故又教占者以此

象曰渙其群元吉光大也

凡樹私黨者皆心之暗昧狹小者也惟無一毫之私則光明正大自能渙其群矣故曰光大也

九五渙汗其大號渙王居无咎

上卦風以散之下卦坎水汗之象也巽綜兌兌爲口號之象也五爲君又陽爻大號之象也散人之疾而使之愈者汗也解天下之難而使之安者號令也大號如武王克商武成諸篇及唐德宗罪已之詔皆是也王居者帝都也如赤眉入長安正渙

之時矣光武乃封更始爲淮陽王而定都洛陽是也又如徽欽如金正渙之時矣建炎元年皇后降書中外乃曰歷年二百人不知兵傳世九君世無失德雖舉族有北轅之釁而敷天同左袒之心乃眷贊王越居舊服高宗乃即位于南京應天府皆所謂渙王居也蓋卦中爻爲坤利用爲依遷國此爻一變亦中爻成坤故渙王居坎錯離離爲日王之象五乃君位亦有王之象孔子恐人不知王居二字故小象曰正位也曰正位義自顯明○九五

陽剛中正以居尊位當渙之時爲臣民者渙其躬
渙其群濟渙之功成矣乃誕告多方遷居正位故
有渙汗其大號渙王居之象雖其始也不免有土
崩瓦解之虞至此則恢復舊物大一統字矣以義
揆之則无咎也故其占爲无咎

象曰王居无咎正位也

光武諸將于中山上尊號不聽耿純進曰天下士
大夫捐親戚弃土壤從大王于矢石之間者其計
固望攀龍鱗附鳳翼以成其志耳今太王留時逆

衆不正號位恐士夫絶望計窮有去歸之思無爲久自苦也此即正位之意蓋京師天下根本當渙之時王者必定其所居之地以正其位位既正則人心無攜貳昔之渙者今統于一矣故渙王居者乃所以正位也

上九渙其血句去逖出无咎去去聲、

依小象渙其血作句血者傷害也渙其血者渙散其傷害也逖者遠也當渙之之時干戈擾攘生民塗炭民之逃移而去鄉土者多矣去逖出者言去

遠方者得出離其遠方而還遝也此爻變坎下應坎
坎爲血血之象也又爲隱伏遠方竄伏之象也○
上九以陽剛當渙之極方其始而渙散之時其傷
害其遠遯三者所不免也今九五誕告多方遷居
正位歸于一統非復前日之離散則傷害者得渙
散矣遠遯者得出離矣故有渙血去逖出之象而
其占則无咎也
象曰渙其血遠害也
渙其血去逖出則危者已安否者已泰其渙之害

遠矣故曰遠害也

䷻ 兌下坎上

節者有限而止也爲卦下兌上坎澤上有水其容有限若增之則溢矣故爲節序卦渙者離也物不可以終離故受之以節所以次渙

節亨苦節不可貞

五行以土爲正味稼穡作甘者以中央土也若火炎上則焦枯所以作苦不可貞者不可固守以爲常也凡人用財脩已皆有中道如天地之牛角繭

栗賓客之牛角尺損則用二簋萃則用大牲此中
道也若晏子之豚肩不揜豆梁武帝以麵爲犧牲
則非經常而不可久矣任止久速各有攸當或遠
或近或去或不去歸潔其身如屈原申屠狄之投
河陳仲子之三日不食許行之竝耕泄柳之閉門
皆非經常而不可久者也
彖曰節亨剛柔分而剛得中苦節不可貞其道窮也
說以行險當位以節中正以通天地節而四時成節
以制度不傷財不害民

以卦綜釋卦辭又以卦德卦體釋亨之義而極言之坎剛卦兌柔卦節渙相綜在渙則柔外而剛內在節則剛外而柔內則剛柔分也剛得中者二五也二五皆剛居中也言剛柔雖分內分外而剛皆得中此其所以亨也惟其中所以亨若苦節則不中矣不中則天理不順人情不堪難于其行所以窮也蓋窮者亨之反亨則不窮窮則不亨當位指九五八卦正位坎在五故以當位言之中正者五中正也通者推行不滯而通之天下也坎爲通故

以通言之蓋所謂節者以其說而行險也今說則易流遇險則止說而不流所以爲節且陽剛當九五之位有行節之勢以是位而節之九五具中正之全有體節之德以是德而通之此所以爲節之會故占者亨君以其極言之陽極陰生陰極陽生柔節之以剛剛節之以柔皆有所制而不過天地之節也天地有節則分至啓閉晦朔弦望四時不差而歲功成矣制者法禁也故天子之言曰制書度者則也分寸尺丈引爲五度十分爲寸十寸爲

尺十尺為丈十丈為引皆有所限制而不過節以制度是量入為出如周禮九賦九式有常數常規是也不傷者財不至于匱乏不害者民不苦于誅求蓋過乎節節不及乎節不傷不害惟聖人能之

象曰澤上有水節君子以制數度議德行（行下孟反）

古者之制器用宮室衣服莫不有多寡之數隆殺之度使賤不踰貴下不侵上是之謂制數度如繅一就二就之類是也得于中為德發于外為行議之者商度其無過不及而求歸于中如直溫寬

栗之類是也坎爲矯輮制之象兌爲口舌議之象
制者節民于中議者節身于中

初九不出戶庭无咎

中爻艮爲門門在外戶在内故二爻取門象此爻取戶象前有陽爻蔽塞閉戶不出之象也又應四險難在前亦不當出亦不出之象也此象所該者廣在爲學爲含章在處事爲括囊在言語爲簡默在用財爲儉約在立身爲隱居在戰陣爲堅壁繫辭止以言語一事言之无咎者不失身不失時也

○初九陽剛得正居節之初知前爻蔽塞又所應險難不可以行故有不出戶庭之象此則知節之時者也故占者无咎

象曰不出戶庭知通塞也

道有行止時有通塞不出戶庭者知其時之塞而不通也此塞字乃孔子取內卦之象

九二不出門庭凶

聖賢之道以中爲貴故邦有道其言足以興邦無道其默足以容九二當禹稷之位守顏子之節初

之无咎二之凶可知矣○九二前無蔽塞可以出門庭矣但陽德不正又無應與故有不出門庭之象此則惟知有節而不知通其節節之失時者也故凶

象曰不出門庭凶失時極也

極至也言失時之至惜之也初與二小象皆一意惟觀時之通塞而已初時之塞矣故不出戶庭无咎二時之通矣故不出門庭凶所以可仕則仕可止則止孔子爲聖之時而禹稷顔回同道者皆一

意也

六三不節若則嗟若无咎

兌爲口舌又坎爲加憂又兌悅之極則生悲嘆皆嗟嘆之象也用財恣情妄費則不節矣修身縱情肆欲則不節矣嗟者財以費而傷德以縱而敗豈不自嗟若助語辭自作之孽何所歸咎○六三當節之時本不容不節者也但陰柔不正無能節之德不節之後自取窮困惟嗟嘆而已此則不能節者也占者至此將何咎哉故無所歸咎

象曰不節之嗟又誰咎也

此與解卦小異詳見解卦

六四安節亨

安者順也上承九五之節順而奉行之也九五爲節
之主當位以節中正以通乃節之極至者四最近
君先受其節之節以脩身用時言者與其大
者而言耳若臣安君之節則非止一者蓋節者中
其節之義在坐爲不陵節之節在禮爲節文之節
在時爲樽節之節在信爲約節之節在臣爲名節

之節在君師爲節制之節故不止于修身用財○
六四柔順得正上承九五乃順其君而未行其節
者也故其象爲安其占爲亨
象曰安節之亨承上道也
承上道卽遵王之道
九五甘節吉往有尚
甘者樂易而無艱苦之謂坎變坤坤爲土其數五
其味甘甘之象也凡味之甘者人皆嗜之下卦乃
悅體又兌爲口舌甘節之象也諸爻之節節其在

我者九五之節以節節人者也臨卦六三居悅體之極則求悅乎人故无攸利節之九五居悅體之上則人悅乎我故往有尚吉者節之盡善盡美也往有尚者立法于今而可以垂範于後也蓋甘節者中正也往有尚者通也數度德行皆有制議而通之天下矣正所謂當位以節中正以通也○九五爲節之主節之甘美者也故占者不惟吉而且往有尚

象曰甘節之吉居位中也

中可以兼正故止言中

上六苦節貞凶悔亡

苦節雖本文王卦辭然坎錯離上正居炎上之地炎上作苦亦有苦象貞凶者雖無越理犯分之失而終非天理人情之安也蓋以事言無甘節之吉故貞凶以理言無不節之嗟故悔亡易以禍福配道義而道義重于禍福故大過上六過涉滅頂无咎而此曰悔亡見理之得失重于事之吉凶也○

上六居節之極蓋節之苦者也故有卦辭苦節之

象節既苦矣故雖正不免于凶然禮奢寧儉而悔

終得亡也

象曰苦節貞凶其道窮也

道窮見彖辭

䷼ 兊下巽上

孚信也爲卦二陰在内四陽在外而二五之陽皆

得其中以一卦六爻言之爲中虚以二體之二五

言之爲中實皆孚之象也又下説以應上上巽以

順下亦有孚義序卦節而信之故受之以中孚所

以次節

中孚豚魚吉利涉大川利貞

豚魚生于大澤之中將生風則先出拜乃信之自然無所勉強者也唐詩云河豚吹浪夜還風是也信如豚魚則吉矣本卦上風下澤豚魚生于澤知風故象之鶴知秋雞知旦三物皆信故卦爻皆象之利貞者利于正也若盜賊相約男女相私豈不彼此有孚然非天理之正矣故利貞

彖曰中孚柔在內而剛得中說而巽孚乃化邦也豚

魚吉信及豚魚也利涉大川乘木舟虛也中孚以利
貞乃應乎天也
以卦體卦德卦象釋卦名卦辭二柔在內而中虛
二剛居中而中實虛則內欲不萌實則外誘不入
此中孚之本體也而又下說上順上下交孚所以
孚乃化邦也若徒木立信乃出于矯強矣安能化
邦易舉正止有信及也三字無豚魚二字及者至
也言信至于豚魚則信出自然矣如此信此所以
吉也乘木舟虛者本卦外實中虛有舟虛之象至

誠以涉險如乘舟之虚以行乎澤之上又豈
有况爾之思所以利涉大川應乎天者信能正則
事事皆有天理所謂誠者天之道也貞應乎天所以
利貞
象曰澤上有風中孚君子以議獄緩死
聖人之于卦以八卦爲之體其所繫六十四卦中
錯之綜之上之下之皆其卦也如火留噬嗑文王
之意以有火之明有留之義乃可用獄孔子大象
言用獄者五卦取噬嗑之意豐取其留獄也旅與

賁艮綜震亦雷火也解則上雷而中爻爲火也下體錯離亦火也此爻則大象爲火而中爻爲雷也蓋孔子于易韋編三絕胸中之義理無窮所以無往而非其八卦不然風澤之與議獄援死何相干涉哉易經一錯一綜大象中爻觀此五卦自然默悟兌爲口舌議之象巽爲不果緩之象○議獄緩死者議獄罪當死矣乃緩其死而欲求其生也風入水受者中孚之象也議獄緩死則至誠惻怛之意溢于用刑之間矣

初九虞吉有他不燕

虞者樂也安也燕者喜也安也二字之義相近有他者其志不定而他求其所應也本卦三四皆陰爻六三則陰柔不正六四則得八卦之正位者因有此陰柔不正者隔于其中故周公方設此有他之戒若論本爻應爻則不容戒也○初九陽剛得正而上應六四四蓋柔上得正者也當中孚之初其志未變故有與六四相信而安樂之象占者如是則吉若不信于六四而别信于他則是不能安

樂其中孚矣故戒占者如此

象曰初九虞吉志未變也

方初中孚之志未變

九二鳴鶴在陰其子和之我有好爵吾與爾靡之和去聲

大象離雉象變震鵠象皆飛鳥之象也不言雉鵠而言鶴者鶴信故也鶴八月霜降則鳴兌乃正秋故以鶴言之中孚錯小過之遺音又兌爲口舌鳴之象也故謙豫二卦象小過皆言鳴在陰者鶴行

依洲嶼不集林木九居陰爻在陰之象也巽爲長女兌爲少女子母之象也好爵者懿德也陽德居中故曰好爵子與爾皆指五因中孚感應極至而無以加所以不論君臣皆呼子爾也言懿德人之所好故好爵雖我之所有而彼亦繫戀之也物之相愛者莫如子母之同心人之所慕者莫如好爵之可貴鶴鳴子和者天機之自動也好爵爾靡者天理之自孚也靡與縻同繫戀也巽爲繩繫之象也○九二以剛中居下有中孚之實而九五剛中

居上亦以中孚之實應之故有此象占者有是德
方有是感應也
象曰其子和之中心願也
誠意所願非九二求于九五也
六三得敵或鼓或罷或泣或歌
得敵者得對敵也指上九之應也言六三不正上
九亦不正也陰陽皆位不當所以曰得敵巽爲進
退爲不果作止之象又中爻震爲鼓鼓之象艮爲
止罷之之象本卦大象離錯坎坎爲加憂泣之象

兌爲口舌爲巫歌之象○六三陰柔不正而上應九之不正此爲悅之極彼爲信之窮皆相敵矣是以或鼓或罷而作止不定或泣或歌而哀樂無常其象如此占者不能孚信可知矣

象曰或鼓或罷位不當也

陰中陽位

六四月幾望馬匹亡无咎

月幾望者月與日對而從乎陽也本卦下體兌中爻震震東兌西日月相對故幾望曰幾者將望而

猶未望也因四陰爻近五陽爻故有此日月之象馬匹亡者震爲馬馬之象也此爻變中爻成離牛不成震馬矣馬匹亡之象也匹者配也指初九也曰亡者不與之交而絶其類也无咎者心事光明也○六四當中孚之時近君之位柔順得正而中孚之實德惟精白以事君不係戀其黨與者也故有月幾望馬匹亡之象占者能是則无咎矣

象曰馬匹亡絶類上也

絶其類應而上從五也

九五有孚攣如无咎

攣如卽鶴鳴子和我爵爾靡也靡字與攣字皆有固結而不可解之意靡者繫戀也攣者相連也如合九二共成一體包二陰以成中孚故有此象若以人事論乃委用專而信任篤虞庭之賡歌有商之一德是也无咎者上下交而德業成也○九五居尊位爲中孚之主剛健中正有中孚之實德而下應九二與之同德相信故其象占如此

象曰有孚攣如位正當也

與履不同履周公爻辭乃貞厲此則无咎

上九翰音登于天貞凶

禮記雞曰翰音而此亦曰翰音者以巽爲雞也因錯小過飛鳥遺之音故九二曰鶴鳴而此曰翰音也雞信物天將明則鳴有中孚之意巽爲高登天之象也又居天位亦登天之象也禮記註翰長也雞肥則音長考諸韻無長字之義翰羽也雞鳴則振拍其羽故曰翰音則翰音即雞鳴二字也登者升也言雞鳴之聲登聞于天也雞鳴本信但鳴

未幾而天明不能信之長久巽進退不果不長久之象也九二上孚于五在陰而子和上九不下孚于三翰音反登天其道蓋相反矣貞者信本正理也○上九居中孚之極極則中孚變矣蓋聲聞過情不能長久于中孚者也故有此象占者得此貞亦凶矣

象曰翰音登于天何可長也

言不能鳴之長登于天不過天將明一時而已

䷽ 艮下震上

小謂陰也爲卦四陰二陽陰多于陽小者過也故曰小過序卦有其信者必行之故受之以小過所以次中孚

小過亨利貞可小事不可大事飛鳥遺之音不宜上宜下大吉

小過錯中孚象離離爲雉乃飛鳥也既錯變爲小過則象坎矣見坎不見離則鳥已飛過微有遺音也易經錯綜之妙至此若以卦體論二陽象鳥身上下四陰象鳥翼中爻兌爲口舌遺音之象也遺

音人得而聽之則鳥低飛在下不在上與上六飛鳥離之者不同矣大過曰撓棟棟重物也故曰大過飛鳥輕物而又曰遺音故曰小過不宜上宜下又就小事言也如坤之居後不居先是也上經終之以坎離坎離之上頤與大過頤有離象大過有坎象方繼之以坎離下經終之以既濟未濟既濟未濟之上中孚與小過中孚有離象小過有坎象方繼之既濟未濟文王之序卦精矣○陰柔于人無所逆于事無所拂故亨然利于正也蓋大過則

以大者爲貞小過則以小者爲貞故可小事不可
大事然卦體有飛鳥遺音其過如是其小之象故
雖小事亦宜收斂謙退居下方得大吉惟小事而
又居下斯得時宜而貞矣可小事不可大事者當
小過之時宜下不宜上者行小過之事
彖曰小過小者過而亨也過以利貞與時行也柔得
中是以小事吉也剛失位而不中是以不可大事也
有飛鳥之象焉飛鳥遺之音不宜上宜下大吉上逆
而下順也

以卦體卦象釋卦名卦辭陽大陰小本卦四陰二陽是小者過也此原立卦名之義過而亨者言當小過之時不容不小過不小過則不能順時豈得亨惟小者過所以亨也時者理之當可也時當小過而小過非有意必之私也時之宜也乃所謂正也亦如當大過之時理在于大過不得不大過則以大過爲正也故過以利貞者與時行也以二五言柔順得中則處一身之小事能與時行矣所以小事吉以三四言凡天下之大事必剛徤中正之

君子方可爲之今失位不中則陽剛不得志矣所以不可大事卦體內實外虛有飛鳥之象爲故卦辭曰飛鳥遺之音不宜上者上卦乘陽且四五失位逆也宜下大吉者下卦承陽且二三得正順也惟上逆而下順所以雖小事亦宜下也無非與時行之意

象曰山上有雷小過君子以行過乎恭喪過乎哀用過乎儉行下孟反

山上有雷其聲漸遠故爲小過當小過之時可小

者過而不可大者過可以小過而不可甚過三者之過皆小者之過小過之會者也蓋當小過之時不容不過行不過乎恭則傲過甚則足恭喪不過乎哀則易過甚則滅性用不過乎儉則吝過甚則廢禮惟過恭過哀過儉則與時行矣

初六飛鳥以凶

因本卦有飛鳥之象故就飛鳥言之飛鳥在兩翼而初六上六又翼之銳者也故初與上皆言飛言凶以者因也因飛而致凶也○居小過之時宜下

不宜上初六陰柔不正而上從九四陽剛之動故
有飛鳥之象蓋惟知飛于上而不知其下者也凶
可知矣故占者凶

象曰飛鳥以凶不可如何也

不可如何莫能解救之意

六二過其祖遇其妣不及其君遇其臣无咎

遇字詳見噬嗑六三陽爲父陰爲母祖妣之象震
艮皆一君二民君臣之象三四陽爻皆居二之上
有祖象有君象初在下有妣象有臣象陰四故曰

過陽二故曰不及本卦初之與四上之與三皆陰
陽相應陰多陽少又陽失位似陰有抗陽之意故
二陽爻皆言弗過此爻不應乎陽惟與初之陰相
遇故曰遇妣遇臣也觀九四遇五曰遇上六隔五
曰弗遇可見矣蓋遇者非正應而卒然相逢之辭
言以陰論四陰二陽若孫過其祖矣然所遇者乃
妣也非遇而抗乎祖也以陽論二陽四陰若不及
在君過在臣矣然所遇者乃臣也非過而抗乎君
也若初之于四上之于三則祖孫君臣相爲應與

對敵而抗矣所以初與上皆凶此爻因柔順中正
所以過而不過○本卦陰過乎陽陰陽不可相應
六爻以陽應陰者皆曰弗過以陰應陽者則曰過
之六二柔順中正以陰遇陰不抗乎陽是當過而
不過无咎之道也故其象占如此
象曰不及其君臣不可過也
臣不可過乎君故陰多陽少不可相應
九三弗過防之從或戕之凶
弗過者陽不能過乎陰也兩字絕句本卦陰過乎

陽故二陽皆稱弗過防之者當備懼防乎其陰也
從者從乎其陰也何以衆陰欲害九三蓋九三剛
正邪正不兩立況陰多乎陽○九三當小過之時
陽不能過陰故言弗過然陽剛居正乃群陰之所
欲害者故當防之若不防之而反從之則彼必戕
害乎我而凶矣故戒占者如此
象曰從或戕之凶如何也
如何者言其凶之甚也
九四无咎弗過遇之往厲必戒勿用永貞

九四與九三不同九三位當九四位不當故言咎
弗過者弗過乎陰也遇之者反遇乎陰也三之陰
在下其性止故惟當防四之陰在上陽性上行且
其性動與之相比故遇也往者往從乎陰也永貞
者貞實之心長相從也○九四以剛居柔若有咎
矣然當小過之時剛而又柔正即所謂小過也故
无咎若其陽弗過乎陰亦如其三但四弗過乎陰
而反遇乎陰不當往從之若往從乎彼與之相隨
則必危厲所當深戒况相從而與之長永貞固乎

故又戒占者如此

象曰弗過遇之位不當也往厲必戒終不可長也

位不當者剛居柔位終不可長者終不可相隨而長久也所以有往厲勿用之戒舊註因不知三爻

四爻弗過二字絶句所以失旨

六五密雲不雨自我西郊公弋取彼在穴

本卦大象坎雲之象也中爻兌雨之象也又兌西巽東自西向東之象也以絲繫矢而射曰弋坎爲弓弋之象也又巽爲繩亦弋之象也坎爲隱伏又

坎出自穴入于穴皆穴之象也鳥之巢穴多在高
處今至五則已高而在上矣故不言飛而言穴本
卦以飛鳥遺音象卦體今五變成兑不成震鳥不
動在于穴之象也公者陽失位在四五居四之上
故得稱公也取彼者取彼鳥也鳥既在穴則有遯
避弋豈能取之雲自西而東者不能成其雨弋取
彼在穴者不能取其鳥皆不能小過者也蓋雨之
事大則雷雨小則微雨射之事大則狩小則弋如
有微雨是雨之小過矣能取在穴是弋之小過矣

令不雨不能取是不能小過也小畜以小畜大小過以小過大畜與過皆陰之得志也故周公小過之爻辭同文王小畜之卦辭○本卦宜下不宜上至外卦則上矣五以柔居尊而不正不能成小過之事故有此象占者亦如是也

象曰密雲不雨已上也

本卦上逆下順宜下不宜上今已高在上矣故曰已上也

上六弗遇過之飛鳥離之凶是謂災眚

此爻正與四爻相反四曰弗過遇之者言陽不能過乎陰而與五相比是弗過乎陰而適遇乎陰也此曰弗遇過之者言上六隔五不能遇乎陽而居于上位反過乎陽也因相反所以曰弗過遇之曰弗遇過之顛倒其辭者以此離之者高飛遠舉不能聞其音聲正與飛鳥遺之音相反凡陰多與陽者聖人皆曰有災眚故復卦上六亦言之○六以陰居動體之上處小過之極蓋過之高而亢者也陰過如此非陰之福也天災人眚薦至凶孰甚焉

故其象占如此

象曰弗遇過之已亢也

亢則更在上矣

䷾ 離下坎上

既濟者事之已成也爲卦水火相交各得其用又六爻之位各得其位故爲既濟序卦有過物者必濟故受之以既濟所以次小過

既濟亨小利貞初吉終亂

亨小者言不如方濟之時亨通之盛大也譬如日

之既昃不如日中之盛所以亨小而不能大也利貞者即泰之艱貞也日中則昃月盈則食無平不陂無往不復一治一亂乃理數之常方濟之時人心儆戒固無不吉矣及既濟之後人心恃其既濟般樂怠敖未有不亂者此雖氣數之使然亦人事之必然也故利于貞

彖曰既濟亨小者亨也利貞剛柔正而位當也初吉柔得中也終止則亂其道窮也

釋卦名亨小義又以卦體釋卦辭言既濟亨小者

非不亨也正當亨通之時也但濟曰既則亨小不如方濟之時亨通之盛大矣故曰既濟亨小者亨也非不亨也特小耳小字生于既字初三五陽居陽位二四六陰居陰位剛柔正而位當也剛柔正即是位當有貞之義故曰利貞初指六二二居内卦方濟之初而能柔順得中則思患深而豫防密所以吉也終止則亂者人之常情處平常無事之時則止心生止則心有所怠而不復進亂之所由起也處艱難多事之時則戒心生戒則心有所畏

而不敢肆此治之所由興也可見非終之爲亂也於其終而有止心此亂之所由生也不止亂安從生文王曰終亂孔子曰終止則亂聖人贊易之旨深矣其道窮者以人事言之怠勝敬則凶此人道以理而窮也以天運言之盛極則必衰此天道以數而窮也以卦體言之水在上終必潤下火在下終必炎上此卦體以勢而窮也今當既濟之後止心既生豈不終亂故曰其道窮

象曰水在火上既濟君子以思患而豫防之

患者蹇難之事象坎險防者見幾之事象離明思以心言豫以事言思患者慮乎其後豫防者圖之于先能如此則未雨而徹桑土未火而徙積薪天下之事莫不皆然非但既濟當如此也

初九曳其輪濡其尾无咎

坎爲輪爲狐爲曳輪狐曳之象也初在狐之後尾象在水之下濡象若專以初論輪在下尾在後皆初之象濡其尾者垂其尾于後而霑濡其水也輿賴輪以行曳其輪則不前獸必揭其尾而後涉濡

其尾則不濟皆不輕舉妄動之象也无咎者能保其旣濟也○九當旣濟之時尚在旣濟之初可以謹戒而守成者然初剛得其正不輕于動故有曳輪濡尾之象以此守成无咎之道故其象占如此

象曰曳其輪義无咎也

以此守成理當无咎

六二婦喪其茀勿逐七日得

二乃陰爻離爲中女婦之象也又應爻中男乃五之婦也茀者車後茀也卽今舟中蓬之類所以從

竹坎爲輿離中虛篚之象也近日書房皆寫茀茀
者草多也去茀遠矣坎爲盜離持戈兵喪茀之象
也此與屯卦六二相同屯乘剛故邅如班如此則
乘承皆剛故喪其茀矣婦人喪其篚則無遮蔽不
能行矣變乾居一前坎居六離爲日七日之象也
勿逐自得者六二中正久則妄求去正應合所以
勿逐自得也又詳見睽卦初九若以理數論陰陽
極于六七則變矣時變則自得蓋變則通之意○
二以中正之德而上應中正之君本五之婦也但

乘承皆剛與五不得相合故有婦喪第不能行之象然上下中正豈有不得相合之理但俟其時耳故又戒占者勿可追逐宜令其自得也又有此象

象曰七日得以中道也

中道者居下卦之中此六二之德也濟世之具在我故不求自得

九三高宗伐鬼方三年克之小人勿用

離爲戈兵變爻爲震戈兵震動伐國之象也鬼方者北方國也夏曰獯鬻商曰鬼方周曰獫狁漢曰

匈奴魏曰突厥三與上六爲應坎是比故曰鬼方坎爲隱伏鬼之象也變坤中爻爲方方之象也周公非空取鬼方二字也離居三三年之象也既變坤陽大陰小小之象也三居人位小人之象也變坤中爻成艮止勿用之象也周公爻象一字不空此所以爲聖人之筆也○既濟之時天下無事矣三以剛居剛故有伐國之象然險陷在前難以驟克故又有三年方克之象夫以高宗之賢其用兵之難如此而況既濟無事之世任用小人捨內治

而幸邉功未免窮兵厲民矣故既言用兵之難不可輕動而又言任人不可不審也教占者處旣濟之時當如此戒之深矣

象曰三年克之憊也憊蒲敗反

憊者病也時久師老財匱力困也甚言兵不可輕用

六四繻有衣袽終日戒

細密之羅曰繻凡帛皆可言故過關之帛曰繻袽者敝衣也四變中爻爲乾衣之象也錯坤爲帛繻

之象也又成成兌爲毁折敝衣之象也成卦爲旣濟本爻又得位猶人服飾之盛也濟道將華不敢恃其服飾之盛雖有繻不衣之而乃衣其敝衣也終日盡日也居離日之上離日已盡之象也戒者戒懼不安也四多懼戒之象也衣袽以在外言終日戒以心言○六四當出離入坎之時陰柔得正知濟道將華坎陷臨前有所疑懼故有有繻不衣乃衣其袽終日戒懼之象占者必如是方可保旣濟也

象曰終日戒有所疑也

疑者疑禍患之將至也

九五東鄰殺牛不如西鄰之禴祭實受其福

鄰者文王圓圖離居正南坎居正北震居正東兑居正西則東西者乃水火之鄰也故有東西之象

觀震卦上六變離爻辭曰不于其躬于其鄰則震兑又以南北爲隣矣殺牛不如禴祭者言當既濟之終不當侈盛當損約也五變坤牛之象離爲戈兵坎爲血見戈兵而流血殺之之象禴夏祭離爲夏

禴之象。坎爲隱伏。人鬼之象。又爲有孚誠心。祭人鬼之象。殺牛盛祭。禴薄祭。實受其福者。陽實陰虚。陽大陰小。小象曰吉大來也。大字即實字。吉字即福字。大與實皆指五也。言如此損約。則五吉而受其福矣。泰人否。聖人曰勿恤其孚。于食有福。既濟將終。聖人曰不如禴祭實受其福。聖人之情見矣。六四不衣美衣而衣惡衣。九二不尚盛祭而尚薄祭。皆善與處終亂者也。○五居尊位。當既濟之終。正終亂之時也。故聖人戒占者曰。濟將終矣。與其

修盛不如艱難菲薄以亨既濟之福若修盛則止
而亂矣故其戒之之義如此
象曰東鄰殺牛不如西鄰之時也實受其福吉大來也
之嘗作知因與音同屬時之說時節一篇應有時
之時言東鄰殺牛不如西鄰知時也蓋濟道終亂
之時此何時哉能知其時艱難菲薄以處之則自
有以亨其既濟之福矣吉大來者言吉來于大也
來字與損卦自外來也來字同
上六濡其首厲

初九卦之始故言濡尾者心有所畏懼而不敢遽涉也上六卦之終故言濡首者志已盈滿而惟知其涉也大過上六澤水之深矣故滅頂既濟上六坎水之深矣故濡首○既濟之極正終亂之時也故有狐涉水而濡首之象既濡其首已溺其身占者如是危可知矣

象曰濡其首厲何可久也

言必死亡

䷿ 坎下離上

未濟事未成之時也水火不交不相爲用其六爻皆失其位故爲未濟序卦物不可窮也故受之以未濟終焉所以次既濟

未濟亨小狐汔濟濡其尾无攸利

亨者言時至則濟矣特俟其時耳故亨也坎爲狐坎居下卦故曰小狐坎爲水爲隱伏穴處而隱伏往來于水間者狐也又爲心病故多狐疑既濟未濟二卦皆以狐言者此也水涸曰汔此指濟渡水邊水淺處言也濡其尾者言至中間深處即濡其

尾而不能涉矣此未濟之象也无攸利戒占者之辭○言未濟終于必濟故亨然豈輕于濟而得亨哉如小狐不量水中之淺深見水邊之淺涸果于必濟及濟于水之中乃濡其尾而不能濟矣如此求濟豈得濟哉占者无攸利可知矣故必識淺深之宜持敬畏之心方可濟而亨也

彖曰未濟亨柔得中也小狐汔濟未出中也濡其尾无攸利不續終也雖不當位剛柔應也

釋卦辭柔得中指六五陰居陽位得中則既不柔

蒻無爲又不剛猛債事未濟終于必濟所以亨前卦既濟之初吉者巳然之亨也柔中之舍于守成者也此卦未濟之亨者未然之吉也柔中之舍于撥亂者也未出中者未出險中也言止于水邊涸處濟之而未能出其險陷之中也濟而得濟謂之終今未出中則始雖濟而終不能濟是不能繼續而成其終矣然豈終于不濟哉蓋六爻雖失位故爲未濟然剛柔相應終有協力出險之功是未濟終于必濟此其所以亨也

象曰火在水上未濟君子以慎辨物居方

火炎上水潤下物不同也火居南水居北方不同也君子以之慎辨物使物以群分慎居方使方以類聚則分定不亂陽居陽位陰居陰位未濟而成既濟矣

初六濡其尾吝

獸之濟水必揭其尾尾濡則不能濟濡其尾者言不能濟也○初六才柔又無其位當未濟之時乃不量其才力而冒險以進不能濟矣吝之道也故

尾矣貞者得濟之正道也吉者終得以濟也○二
才力量其淺深不遽于進方可得濟不然必濡其
於為輪曳其輪者不遽然而進也凡濟度必濡其
九二曳其輪貞吉
首也
量其才力而進以至濡其尾亦不知其終之不濟
極者終也言彖雖濡其尾无攸利不續終也言不
象曰濡其尾亦不知極也
濟之初也

以陽剛之才當未濟之時居柔得中能自止而不輕于進故有曳其輪之象占者如是正而吉矣

象曰九二貞吉中以行正也

九居二本非其正以中故得正也

六三未濟征凶利涉大川

未濟者言出坎險可以濟矣然猶未濟也故曰未濟利涉大川者正卦爲坎變卦爲巽木在水上乘木有功故利涉大川征者行也初濡其尾行而未濟也二曳其輪不行也坎至于三則坎之極水益

深矣故必賴木以渡之方可濟也若不賴木而直
行則濡其尾而凶矣○陰柔不中正當未濟之時
病于才德之不足故征凶然未濟有可濟之道險
終有出險之理幸而上有陽剛之應若能涉險而
往賴之則濟矣故占者利于賴木以涉大川利涉
大川又占中賴陽剛之象也

象曰未濟征凶位不當也

以柔居剛

九四貞吉悔亡震用伐鬼方三年有賞于大國

震者懼也四多懼四變中爻爲震故以震言之伐
鬼方三年詳見既濟大國對鬼方而言則伐之者
爲大國鬼方爲小國也有賞于大國者三年鬼方
自順服故大國賞之惟其有賞故不言克之也既
濟言克之者鬼方在上仰關而攻克之甚難且水
乃尅火之物火又在下所以三年方克小象曰憊
者此也此則鬼方在下易于爲力故自屈服曰有
賞者如上之賞下也未濟與既濟相綜未濟九四
即既濟九三故爻辭同亦如損益相綜損之六五

即盍之六二夬姤相綜夬之九四即姤之九三所
以爻辭皆同也綜卦之妙至此○以九居四不正
而有悔也能勉而貞則吉而悔亡矣然以不貞之
資非臨事而懼何以能濟天下之事哉故必憂惕
敬懼之久則其志可行而有以賞其心志矣故占
者又有震用伐鬼方三年有賞于大國之象
象曰貞吉悔亡志行也
志行者已出其險濟之之志行也履之九四否之
九四睽之九四皆言志行以四多懼故也

六五貞吉无悔君子之光有孚吉

貞非戒辭乃六五之所自有无悔與悔亡不同无悔者自无悔也悔亡者有悔而亡也未濟漸濟故雖六五之陰而亦有暉光既濟漸不濟故雖九五之陽而必欲如西鄰之禴祭凡天地間造化之事富貴功名類皆如此○六五爲文明之主居中應剛虗心以求九二之共濟貞吉无悔矣故本之于身則光輝發越徵之于人則誠意相孚吉不必言矣占者有是德方應是占也文明卽君子之光中

虗即有孚

象曰君子之光其暉吉也

日光曰暉言如日光之盛蓋六五承乘應皆陽剛

君子相助為明故其暉吉

上九有孚于飲酒无咎濡其首有孚失是

六爻皆有酒象易中凡言酒者皆坎也上二爻離

錯坎亦酒也是字即无咎二字濡其首者二也坎

水至三坎水極深矣故涉之者濡其首既濟之上

六即未濟之六三也既濟言濡其首故上九與六

三爲正應即以濡其首言之○六五爲未濟之主資九二之剛中三涉川四伐國至于六五光輝發越已成克濟之功矣上九負剛明之才又無其位果何所事哉惟有孚于五飲酒宴樂而已此則近君子之光所有孚者是矣无咎之道也若以濡其首之三爲我之正應乃有孚于二與之飲酒則墜落于坎陷之中與三同濡其首所有孚飲酒者不是矣安得无咎哉故曰有孚失是教占者必如此

象曰飲酒濡首亦不知節也

周易集註卷十三

梁山來知德集註

繫辭上傳

天尊地卑乾坤定矣卑高以陳貴賤位矣動靜有常剛柔斷矣方以類聚物以羣分吉凶生矣在天成象在地成形變化見矣

天地者陰陽形氣之實體也乾坤者易中純陰純陽之卦名也卑高者天地萬物上下之位貴賤者易中卦爻上下之位也動者陽之常靜者陰之常

以天地論天動地靜以萬物論男外而動女內而靜雄鳴而動鳴伏而靜也剛柔者易中卦爻陰陽之稱也斷判斷乃自然分判非由人也方者東南西北之四方也方以類聚者以中國言之冀州之類與冀州相聚荆州之類與荆州相聚是也以外夷言之南倭之類與南倭相聚北虜之類與北虜相聚是也物者萬物也羣分者角之羣分別于毛毛之羣分別于羽羽之羣分別于祼是也吉凶即善惡以方言之中國四夷有內華外夷之善惡中

之極者變乎陽陽之極者化乎陰也○此一條言
見有榮有枯有生有死乎變化乎身中變化則陰
山川動植之屬兩間形象其中有往有來有隱有
謂事情所向吉凶不然矣象者曰月星辰之屬形者
言一動一靜一類一羣一形一象言之謂以方
列于兩間之表可見者故以一齊一甲一甲一
凶者身中卦爻占決之辭也此指聖人仰觀俯察
虎狼則恐此指陰陽變遷之介也故言凶生矣吉
圖九疇有者于心之善惡以物言之牛馬則善

天地萬物一對一待易之象也蓋未畫易之前一
部易經已列于兩間故天尊地卑未有易卦之乾
坤而乾坤已定矣卑高以陳未有易卦之貴賤而
貴賤已位矣動靜有常未有易卦之剛柔而剛柔
已斷矣方以類聚物以羣分未有易卦之吉凶而
吉凶已生矣在天成象在地成形未有易卦之變
化而變化已見矣聖人之易不過模寫其象數而
已非有心安排也孔子因之繫圓圖全易一對一
待陰錯乎陽陽錯乎陰所以發此條

是故剛柔相摩八卦相盪鼓之以雷霆潤之以風雨
日月運行一寒一暑乾道成男坤道成女乾知大始
坤作成物

八卦以天地水火山澤雷風八卦之象言非乾坎艮震巽離坤兌也若舊註以兩相摩而爲四四相摩而爲八則將下文日月男女說不通矣八卦者剛柔之體剛柔者八卦之性總則剛柔分則八卦摩盪者兩儀配對氣通乎間交感相摩盪也惟兩間之氣交感摩盪而後生育不窮得陽氣之健者

爲男得陰氣之順者爲女然成男雖屬乾道而男女所受之氣皆乾以始之成女雖屬坤道而男女所生之形皆坤以成之分之則乾男而坤女合之則乾始而坤終此造化一氣流行之妙兩在不可測者也知者知此事也作者能此事也蓋未成之物無所造作故言知已成之物會經長養故言作言乾惟知始物別無所知坤惟能成物別無所能此所以易簡也凡人之知屬氣屬魂凡人之能屬形屬魄故乾以知言坤以能言也大者完全之意

譬之生人止天一生水也而二之火爲心三之木
爲肝四之金爲肺五之土爲脾一身之骸骨臟腑
皆完全備具矣蓋不惟始而大始也○此一條言
天地陰陽之流行一施一受易之氣也言天地萬
物惟有此對待故剛柔八卦相爲摩盪于是鼓雷
霆潤風雨日月寒暑運行往來形交氣感男女于
是乎生矣故乾所知者惟始物坤所能者惟成物
無乾之施則不能成坤之終無坤之受則不能成
乾之始惟知以施之能以受之所以生育不窮孔

子因文王圓圖帝出乎震成言乎艮又文王序卦
陰綜乎陽陽綜乎陰所以發此條
乾以易知坤以簡能易則易知簡則易從易知則有
親易從則有功有親則可久有功則可大可久則賢
人之德可大則賢人之業易簡而天下之理得矣天
下之理得而成位乎中矣
易知者一氣所到生物更無疑滯此則造化之良
知無一毫之私者也故知之易簡能者乃順承天
不自作爲此則造化之良能無一毫之私者也故

能之簡蓋乾始坤成者乃天地之職司也使爲乾者用力之難爲坤者用力之煩則天地亦勞矣惟易乃造化之良知故始物不難惟簡乃造化之良能故成物不煩也人受天地之中以生其性分之天理爲我良知良能者本與天同其易而乃險不可知本與地同其簡而乃阻不可從者以其累于人欲之私耳故易則易知簡則易從易知者我易知乎此無私之理也易從者我易從乎此無私之理也非人知人從也下易字難易之易○此一條

言人成位乎中也言乾惟知大始是乾以易知矣坤惟能成物是坤以簡能矣人之所知如乾之易則所知者皆性分之所固有而無一毫人欲之艱深豈不易知人之所能如坤之簡則所能者皆職分之所當爲而無一毫人欲之紛擾豈不易從易知則此理之具于吾心者常洽浹親就不相支離疎隔故有親易從則此理之踐于吾身者常日積月累無有作輟怠荒故有功有親則日新不已是以可久有功則富有盛大是以可大可久則賢人

之德與天同其悠久矣可大則賢人之業與地同其慱大矣夫以易簡而天下之理得成賢人之德業則是天有是易吾之心亦有是易地有是簡吾之身亦有是簡與天地參而爲三矣易中三才成其六位者此也理得成位即致中和天地位萬物育之意賢人即聖人與天地並而爲三非聖人而何

右第一章　此章天尊地畢一條言天地對待之體剛柔相摩一條言天地流行之用乾以

易知一條則言人成位乎天地之中成位乎
中則天地之體用模寫于易者神而明之皆
存乎其人矣此三條孔子原易之所由作通
未說到易上去至第二章設卦觀象方言易
聖人設卦觀象繫辭焉而明吉凶剛柔相推而生變
化
設卦者文王周公將伏羲圓圖六十四卦陳列也
象者物之似總之有一卦之象析之有六爻之象
觀此象而繫之以辭以明一卦一爻之吉凶剛柔

相推者卦爻陰陽迭相為推也柔不一于柔柔有時而窮則自陰以推于陽而變生矣剛不一于剛剛有時而窮則自陽以推于陰而化生矣如乾之初九交于坤之初六則為震坤之初六交于乾之初九則為巽此類是也又如夬極而乾矣反下而又為姤剥極而坤矣反下而又為復此類是也易之為道不過辭變象占四者而已吉凶者占也占以辭而明故繫辭焉而明吉凶剛柔相推者象也變由象而出故剛柔相推而生變化

是故吉凶者失得之象也悔吝者憂虞之象也變化者進退之象也剛柔者晝夜之象也六爻之動三極之道也

是故者因上文也吉凶悔吝以卦辭言失得憂虞以人事言易言吉凶在人爲失得之象易言悔吝在人爲憂虞之象蓋人之行事順理則得逆理則失故辭有吉凶即人事失得之象虞者樂也憂則困心衡慮漸趨于吉亦如悔之自凶而趨吉也虞則志得意滿漸向于凶亦如吝之自吉而向凶也

所以悔吝卽憂虞之象所謂觀象繫辭以明吉凶者此也變化剛柔以卦畫言進退晝夜以造化言柔變乎剛進之象剛化乎柔退之象進者息而盈也退者消而虛也剛屬陽明晝之象柔屬陰暗夜之象進退無常故變化者進退之象晝夜一定故剛柔者晝夜之象三者三才也地位人位天位也三才卽六爻分之則六爻總之則三才極至也爻不極則不變動陽極則陰陰極則陽言六爻之變動者乃三才極至之道理如此也故曰道有變動

曰爻所謂剛柔相推而生變化者此也六爻之動

二句言變化之故

是故君子所居而安者易之序也所樂而玩者爻之

辭也

上二節言聖人作易之事此二節則教人之學易

也居者處也安者處而不遷樂者悅樂也玩者悅

樂而反覆玩味序者文王序卦也所居而安者文

王六十四卦之序所樂而玩者周公三百八十四

爻之辭文王序卦有錯有綜變化無窮若可遷移

矣然文王本其自然之畫而定之非有心安排也故不可遷移如乾止可與坤相錯不可與別卦相錯故孔子雜卦曰乾剛坤柔屯止可與蒙相綜不可與別卦相綜故孔子雜卦曰屯見而不失其居蒙雜而著故處而不遷此則教人學文王序卦學周公爻辭

是故君子居則觀其象而玩其辭動則觀其變而玩其占是以自天祐之吉无不利

辭因象而繫占因變而决靜而未卜筮時易之所

有者象與辭也動而方卜筮時易之所有者變與占也易之道一陰一陽即天道也如此觀玩則所趨皆吉所避皆凶靜與天俱動與天游冥冥之中若或助之矣故自天祐之吉无不利變即上變也言變則化在其中此則教人學文王周公辭變象占

右第二章　此章言聖人作易君子學易之事

彖者言乎象者也爻者言乎變者也吉凶者言乎其失得也悔吝者言乎其小疵也无咎者善補過也

彖謂卦辭文王所作者爻謂爻辭周公所作者象
指全體而言乃一卦之所具者如元亨利貞則言
一卦純陽之象變指一節而言乃一爻之所具者
如潛龍勿用則言初陽在下之變凡言動之間盡
善之謂得不盡善之謂失小不善之謂疵不明乎
善而誤于不善之謂過覺其小不善非不欲改而
彼時未改于是乎有悔覺其小不善猶及于改而
不能改或不肯改于是乎有吝悔未至于吉而猶
有小疵吝未至于凶而已有小疵善者嘉也嘉其

能補過也即上文言乎言字之例本有過而能圖回改復謂之補譬如衣有破處是過也帛則用帛補之布則用布補之此之謂補過吉凶失得之大不如悔吝之小悔吝疵病之小又不如无咎之爲善○彖言象爻言變則吉凶悔吝无咎之辭皆備矣故吉凶者言乎卦爻中之失得也悔吝者言乎卦爻中之小疵也无咎者善乎卦爻中之能補過也此釋彖爻之名義又釋吉凶悔吝无咎之名義也

是故列貴賤者存乎位齊大小者存乎卦辯吉凶者
存乎辭憂悔吝者存乎介震无咎者存乎悔是故卦
有大小辭有險易辭也者各指其所之
上文釋卦爻吉凶悔吝无咎之名義矣此則教人
體卦爻吉凶悔吝无咎之功夫也五存應四言一
善列貴賤句應爻者言乎其變齊大小句應彖者
言乎其象列者分列也六爻上體爲貴下體爲賤
齊者等也等分大小也陽大陰小陽大爲主者復
臨泰之類也陰小爲主者姤遯否之類也小往大

來大往小來皆其類也介者分也震者動也大小即所齊之大小也險易者即卦爻辭之險易也險者暗昧而艱深如文王卦辭履虎尾先甲後甲之類周公爻辭其人天且劓入于左腹之類是也易者明白而平易如文王卦辭謙君子有終漸女歸吉之類周公爻辭師左次同人于門之類是也之者往也各者吉凶悔吝无咎五者各不同也各指其所之者各指其所往之地也○言爻固言乎其變矣若列貴賤則存乎所變之位不可貴賤混淆

彖言乎其象矣若齊大小則存乎所繫之卦不
可大小象亂吉凶言乎失得矣若辭吉凶則存
乎其辭吉則趨之辭凶則避之悔吝言乎小
疵矣然不可以小疵而自恕必當于此心方動善
惡初介幾微之時則憂之則不至于悔吝矣无咎
因補過矣然欲動補過之心者必自悔中來也是
故卦與辭有大小險易之不同然皆各指于所
往之地如吉凶則趨之避之如悔吝則憂乎其介
如无咎存乎悔也此則教人觀玩辭爻吉凶悔

吝无咎之功夫也

右第三章　此章教人觀玩之事故先釋卦爻並吉凶悔吝无咎五者之名義而後教人體此卦爻並五者功夫也

易與天地準故能彌綸天地之道

準者均平也言易之書與天地均平也彌者彌縫包括周密合萬爲一而渾然無欠即下文範圍之意綸者絲綸條理分明析一爲萬而燦然有倫即下文曲成之意彌綸天地者如以乾卦言爲天爲

圜以至爲木果即一卦而八卦可知矣如以乾卦初爻潛龍言在君得之則當傳位在臣得之則當退休在士得之則當靜修在商賈得之則當待價在女子得之則當愆期在將帥得之則當左次即一爻而三百八十四爻可知矣豈不彌綸天地

仰以觀於天文俯以察於地理是故知幽明之故原始反終故知死生之說精氣爲物游魂爲變是故知鬼神之情狀

天垂象有文章地之山川原隰各有條理陽極而

陰生則漸幽陰極而陽生則漸明一日之天地如此終古之天地亦如此故者所以然之理也人物之始此陰陽之氣人物之終此陰陽之氣其始也氣聚而理隨以完故生其終也氣散而理隨以盡故死說者死生乃人之常談也人之陰神曰魄耳目之聰明是也人之陽神曰魂口鼻之呼吸是也死則謂之魂魄生則謂之精氣天地之所公共者謂之鬼神陰精陽氣聚而成物則自無而向于有乃陰之變陽神之伸也魂游魄降散而爲變則自

有而向于無乃陽之變陰鬼之歸也情狀猶言模樣○易與天地準者非聖人安排穿鑿強與之準也蓋易以道陰陽陰陽之道不過幽明死生鬼神之理而已今作易聖人仰觀俯察知幽明之故原始反終知死生之說知鬼神之所以爲鬼神者乃精氣爲物游魂爲變也故能知其情狀夫天地之道不過一幽一明一死一生一鬼一神而已而作易聖人皆有以知之此所以易與天地準也

與天地相似故不違知周乎萬物而道濟天下故不

過旁行而不流樂天知命故不憂安土敦乎仁故能愛知周音智

相似卽不違下文不過不憂能愛皆不違之事知周乎萬物者聰明睿知足以有臨所以道濟天下也不過雖指天地若以聖人論乃道濟天下德澤無窮舉天下不能過也如言天下莫能載焉之意與下文不過不同旁行者行權也不流者不失乎常經也天以理言仁義忠信是也命以氣言吉凶禍福是也樂天理則內重外輕又知命則惟修身

以俟所以不憂如困于陳蔡畏匡圍援琴執戈
而歌是也隨寓而安乎土胸中無爾我町畦又隨
寓而敦焉乎仁所行者皆立人達人之事所以能
愛不過不憂能愛皆指天地言至大不能過者天
地之體不憂者天地之性能愛者天地之情天地
之道不過如此而已故以此三者言之萬物天下
協不過二乎樂乎協不憂二乎仁乎協愛乎○此
言聖人與天地準也言聖人于天地之道豈特知
上文知之哉聖人則與天地相似也惟其與天地

相似故聖人之道皆不違乎天地矣何也天地至
大無外不能過者也聖人則知周乎萬物而道濟
天下故與天地相似同其不過天地無心而成化
鼓萬物而不與聖人同憂不憂者也聖人則旁行
不流樂天知命故與天地相似同其不憂天地以
生物爲心能愛者也聖人則安土敦仁故與天地
相似同其能愛是三者皆與天地相似者也惟其
相似所以作易與天地準也
範圍天地之化而不過曲成萬物而不遺通乎晝夜

之道而知故神无方而易无體

範如人範金使成形器圍如人墻圍使有界止化者天地之變化也天地陰而陽陽而陰本無邊闌本無窮盡聖人則範圍之範圍卽裁成天地之道治曆明時體國經野之類是也不過者不使之過也曲成萬物如裁之養之大以成大小以成小之類是也通者達也通達乎晝夜之道而知之也晝夜卽幽明死生鬼神也神指聖人卽聖而不可知之謂神易指易書無方所無形體皆謂無形迹也

○聖人既與天地相似故易能彌天地之道聖人則範圍天地而不過亦能彌之易能綸天地之道聖人則曲成萬物而不遺亦能綸之易書所具不過幽明死生鬼神之理也聖人則通乎晝夜之道而知亦能知幽明死生鬼神故聖則无方而易則无體易與天地準者因作易聖人亦與天地準也

右第四章　此章言易與天地準者因作易聖人亦與天地準也

一陰一陽之謂道

理乘氣機以出入一陰一陽氣之散殊即太極之

理各足而富有者也氣之迭運即太極之理流行

而日新者也故謂之道

繼之者善也成之者性也仁者見之謂之仁知者見

之謂之知百姓日用而不知故君子之道鮮矣見音現知音智

繼是接續不息之意書言帝降中庸言天命氣之

方行正所降所命之時人物之所公共之者也此

指人物未生造化流行上言之蓋靜之終動之始

靜極復動則貞而又繼之以元元乃善之長此繼

之者所以善也以其天命之本體不雜于形氣之
私故曰善成是凝成有主之意氣以成形而理亦
賦焉乃人物所各足之者也因物物各得其太極
無妄之理不相假借故曰性見發見也仁者知者
即君子○此一陰一陽之道若以天人賦受之界
言之繼之者善也成之者性也此所以謂之道也
雖曰善曰性然具于人身渾然一理無声無臭不
可以名狀惟仁者發見于惻隱則謂之仁知者發
見于是非則謂之知而後所謂善性者方有名狀

也故百姓雖與君子同具此善性之理但爲形氣

所拘物欲所蔽而知君子仁知之道者鮮矣

顯諸仁藏諸用鼓萬物而不與聖人同憂盛德大業

至矣哉富有之謂大業日新之謂盛德

仁者造化之心用者造化之功仁本在內者也如

春夏之生長萬物是顯諸仁用本在外者也如秋

冬之收斂萬物是藏諸用春夏是顯秋冬所藏之

仁秋冬是藏春夏所顯之用仁曰顯用曰藏互言

之也不憂者乾以易知坤以簡能無心而成化有

何所憂富有者無物不有而無一毫之虧欠日新者無時不然而無一毫之間斷天地以生物爲德以成物爲業○此一陰一陽之道若以天地言之自其氣之噓也則自内而外顯諸其仁自其氣之吸也則自外而内藏諸其用然天地無心而成化雖鼓萬物出入之機而不與聖人同憂此所以盛德大業不可復加也富有日新乃德業之實此一陰一陽之道在天地者也

生生之謂易成象之謂乾效法之謂坤極數知來之

謂占通變之謂事陰陽不測之謂神

效法者承天時行惟效法之而已極數者方卜筮之時究極其陰陽七八九六之數觀其所值何卦所值何爻以斷天下之疑故曰占通變者既卜筮之後詳通其陰陽老少之變吉則趨之凶則避之以定天下之業故曰事以其理之當然而言曰道以其道之不測而言謂之神非道外有神也○此一陰一陽之道若以易論之陽生陰陰生陽消息盈虚始終代謝其變無窮此則一陰一陽之道在

易書易之所由名者此也聖人作易之初不過此陰陽二畫然乾本陽而名爲乾者以其健而成象故謂之乾坤本陰而名爲坤者以其順而效法故謂之坤此則一陰一陽之道在卦者也故究極此一陰一陽之數以知來則謂之占詳通其一陰一陽之變以行事則謂之事此則一陰一陽之道在卜筮者也若其兩在不測則謂之神蓋此一陰一陽之道其見之于人則謂之仁知見之于天地則謂之德業見之于易則謂之乾坤占事人皆得而

右第五章　此章言一陰一陽之道不可名狀
其在人則謂之仁知在天地則謂之德業在
易則謂之乾坤占事言變其神也通章十
一箇謂字相同一陰一陽貫到底
測之惟言陽矣而陽之中未嘗無陰言陰矣而陰
之中未嘗無陽兩在不測則非天下之至神不能
與于此矣故又以神贊之
夫易廣矣大矣以言乎遠則不禦以言乎邇則靜而
正以言乎天地之間則備矣

廣言其中之所含大言其外之所包不禦者無遠不到而莫之止也靜者無安排布置之擾也正者六十四卦皆利于正也備者無所不有也下三句正形容廣大○夫易廣矣大矣何也盖易道不外乎陰陽而陰陽之理則遍體乎事物以遠言其理則天高而莫禦以邇言其理則地靜而不偏以天地之間而言則萬事萬物之理無不備矣此易所以廣大也

夫乾其靜也專其動也直是以大生焉夫坤其靜也

翕其動也闢是以廣生焉

天地者乾坤之形體乾坤者天地之情性專者專一而不他直者直遂而不撓翕者舉萬物之生意而收歛于内也闢者舉萬物之生意而發散于外也乾之性健一而實故以質言而曰大大者天足以包乎地之形也坤之性順二而虚故以量言而曰廣廣者地足以容乎天之氣也動者乾坤之相交也○易之所以廣大者一本于乾坤而得之也盖乾畫奇不變則其静也專變則其動也直坤畫

偶不變則其靜也翕變則其動也闢是以大生廣
生焉易不過模寫乾坤之理易道之廣大其原蓋
出于此

廣大配天地變通配四時陰陽之氣配日月易簡之
善配至德

配者相似也非配合也變通者陰變而通于陽陽
變而通乎陰也義者名義也卦爻中剛者稱陽柔
者稱陰故曰義易簡者健順也至德者仁義禮知
天所賦于人之理而我得之者也仁禮屬健義知

屬順○易之廣大得乎乾坤則易即乾坤矣由此觀之可見易之廣大亦如天地之廣大易之變通亦如四時之變通易所言陰陽之義與日月之陰陽相似易所言易簡之善與聖人之至德相似所謂遠不禦而近靜正天地之間悉備者在是矣此易所以廣大也

右第六章　此章言易廣大配天地

子曰易其至矣乎夫易聖人所以崇德而廣業也知崇禮卑崇效天卑法地天地設位而易行乎其中矣

成性存存道義之門

子曰二字後人所加窮理則知崇如天而德崇循理則禮卑如地而業廣蓋知識貴乎高明踐履貴乎著實崇效天則與乾知太始者同其知所謂洋洋發育萬物峻極于天者皆其知之崇也禮卑法地則與坤作成物者同其能所謂優優大哉三千三百者皆其禮之卑也天清地濁知陽禮陰天地設位而知陽禮陰之道卽行乎其中矣易字卽知禮也知禮在人則謂之性而所發則道義也門者

言道義從此出也○此言聖人以易而崇德廣業見易之所以爲至也蓋六十四卦三百八十四爻皆理之所在也聖人以是理窮之于心則識見超邁日進于高明而其知也崇循是理而行則功夫敦篤日就于平實而其禮也卑崇效乎天則崇之至矣故德崇卑法乎地則卑之至矣故業廣所以然者非聖人勉强效法乎天地也蓋天地設位而知陽禮陰之道已行乎其中矣其在人也則謂之成性渾然天成乃人之良知良能非有所造作而

然也聖人特能存之耳今聖人知崇如天則成性之良知已存矣禮卑如地則成性之良能又存矣存之又存是以道義之得于心爲德見于事爲業者自然日新月盛不期崇而自崇不期廣而自廣矣聖人崇德廣業以此此易所以爲至也

右第七章　此章言聖人以易崇德廣業見易之所以至也

聖人有以見天下之賾而擬諸其形容象其物宜是故謂之象

賾者口旁也養也人之飲食在口者朝夕不可缺
則人事之至多者莫多于口中日用之飲食也故
曰聖人見天下之賾賾蓋事物至多之象也若以
雜亂釋之又犯了下面亂字不如以口釋之則于
厭惡字親切擬諸形容乾爲圜坤爲大輿之類象
其物宜乾稱龍坤稱牝馬之類二其字皆指賾
聖人有以見天下之動而觀其會通以行其典禮繫
辭焉以斷其吉凶是故謂之爻
觀其會通全在天下之動上言未著在易上去會

者事勢之奏合難通者也卽嘉會足以合禮會字
但嘉會乃嘉美之會有善而無惡此則有善惡于
其間典禮卽合禮之禮蓋通卽典禮所存以事勢
而言則曰通以聖人常法而言則曰典禮典者常
法也禮卽天理之節文也如大禹揖遜與傳子二
者相奏合此會也然天下謳歌等皆歸之子此通
也若復揖遜不通矣則傳子者乃行其典禮也湯
武君與民二者相奏合此會也然生民塗炭當救
其民順天應人此通也若順其君不救其民不通

矣則誅君者乃行其典禮也所以周公三百八十
四爻皆是見天下之動觀其會通以行其典禮方
繫辭以斷其吉凶如剝卦五爻陰欲剝陽陰陽二
者相湊合而難通者也然本卦有順而止之之義
此通也合于典禮者也則繫貫魚以宮人寵之辭
無不利而吉矣離卦四爻兩火相接下三爻炎上
上五爻又君位難犯此二火湊合而難通者也然
本卦另無可通之處此悖于典禮者也則繫死如
弃如之辭無所容而凶矣

言天下之至賾而不可惡也言天下之至動而不可亂也擬之而後言議之而後動擬議以成其變化惡烏路反言助語辭惡厭也朝此飲食暮此飲食月此飲食年此飲食得之則生不得則死何常厭惡既見天下之賾以立其象是以不惟賾雖言天下之至賾而不可惡也既見天下之動以立其爻是以不惟動雖言天下之至動而不可亂也蓋事雖至賾而理則至一事雖至動而理則至靜故賾雖可惡而象之理犁然當乎心則不可惡也動雖可亂而爻

之理井然有條貫則不可亂也是以學易者比擬其所立之象以出言則言之淺深詳畧自各當其理商議其所變之爻以制動則動之仕止久速自各當其時夫變化者易之道也既擬易後言詳易後動則語默動靜皆中于道易之變化不在其易而成于吾身矣故舉鶴鳴以下七爻皆擬議之事以爲三百八十四爻之凡例云

鳴鶴在陰其子和之我有好爵吾與爾靡之子曰君子居其室出其言善則千里之外應之况其邇者乎

居其室出其言不善則千里之外違之況其邇者乎言出乎身加乎民行發乎邇見乎遠言行君子之樞機樞機之發榮辱之主也言行君子之所以動天地也可不慎乎和胡臥反靡音縻行下孟反見賢遍反

釋中孚九二義以此擬議于言行亦如乾坤之文言也但多錯簡詳見後篇考定居室在陰之象出言鶴鳴之象千里之外應之子和之象言者心之聲出乎身加乎民行者心之迹發乎邇見乎遠此四句好爵爾靡之象戸以樞爲主樞動而戸之闢

有明有暗弩以機爲主而弩之發或中或否亦猶言之出行之發有榮有辱也應雖在人而感召之者則在我是彼爲賓而我爲主也故曰榮辱之主動天地者言不特榮在我也言行感召之和氣足以致天地之祥不特辱在我也言行感召之乖氣足以致天地之異如景公發言善而熒惑退舍東海孝婦含冤而三年不雨是也言行一發有榮有辱推而極之動天地者亦此安得不慎所以擬議而後言動者以此

同人先號咷而後笑子曰君子之道或出或處或默或語二人同心其利斷金同心之言其臭如蘭

釋同人九五爻義以擬議于異同爻辭本言始異終同孔子則釋以迹異心同也斷金者物不能間也言利刃斷物雖堅金亦可斷不能阻隔也如蘭者氣味之相投言之相入如蘭之馨香也○同人以同為貴而乃言號咷而後笑者何也蓋君子之出處語默其迹迴乎不同矣然自其心觀之皆各適于義成就一箇是而已迹雖不同而心則同故

物不能間而言之有味宜乎相信而笑也

初六藉用白茅无咎子曰苟錯諸地而可矣藉之用茅何咎之有愼之至也夫茅之爲物薄而用可重也愼斯術也以往其无所失矣

釋大過初六爻義以擬議于敬愼錯置也置物者不過求其安今置之于地亦可以爲安矣而又承藉之以茅則益有憑藉安得有傾覆之咎故无咎者以其愼之至也夫茅之爲物至薄之物也今不以薄而忽之以之而獲无咎之善是其用則重矣

當大過之時以至薄之物而有可用之重此愼之之術也愼得此術以往百凡天下之事又有何咎而失哉孔子教人以愼術即孟子教人以仁術

勞謙君子有終吉子曰勞而不伐有功而不德厚之至也語以其功下人者也德言盛禮言恭謙也者致恭以存其位者也

釋謙九三爻義以擬議人之處功名勞者功之未成功者勞之已著不德者不以我有功而爲德也厚者渾厚不薄之意厚之至據其理而贊之非言

九三也語者言也以功下人者言厚之至不過以功下人也以功下人卽勞而不伐有功而不德也德者及人之德卽功勞也德欲及人常有餘禮欲視已常不足言者言從來如此說也勞謙則兼此二者矣○人臣以寵利居成功所以鮮克有終九三勞謙君子有終吉者何也蓋人臣勞而不伐有功而不德此必器度識量有大過人者故爲厚之至夫厚之至者不過言其以功下人耳知此可以論九三矣何也蓋人之言德者必言盛人之言禮

者必言恭今九三勞則德盛矣謙則禮恭矣德盛禮恭本君子修身之事非有心爲保其禄位而爲乎此也然致恭則人不與爭勞爭功豈不永保斯位所以勞謙有終吉者以此

亢龍有悔子曰貴而无位高而无民賢人在下位而无輔是以動而有悔也

重出

不出戶庭无咎子曰亂之所生也則言語以爲階君不密則失臣臣不密則失身幾事不密則害成是以

君子愼密而不出也

釋節初九爻義以擬議人之慎言語亂即下文失

臣失身害成也君不密如唐高宗告武后以上官

儀殺我廢汝是也臣不密如陳蕃乞宣臣章以示

宦者是也幾者事之始成者事之終如韓琦處任

守忠之事歐陽脩曰韓公必自有說此密幾事也

○不出戶庭无咎何也蓋亂之所生皆言語以爲

階如君之言語不密則害及其臣謀以弭禍而反

以嫁禍于臣臣之言語不密則害及于身謀以除

害而反得反噬之害不特君臣爲然凡天下之事有關于成敗而不可告人者一或不密則害成言語者一身之戶庭君子愼密不出戶庭者以此

子曰作易者其知盜乎易曰負且乘致寇至負也者小人之事也乘也者君子之器也小人而乘君子之器盜斯奪之矣上慢下暴盜斯伐之矣慢藏誨盜冶容誨淫易曰負且乘致寇至盜之招也

釋解六三爻義以擬議小人竊高位聖人作易以盡情僞故言知盜思若雖未奪而思奪之也上慢者

慢其上不忠其君下暴者暴其下不仁其民四盜

字皆言寇盜誨盜之盜冶字偷也冶者妖冶也粧

飾妖冶其容也此二句皆指坎也坎爲盜爲淫故

象卦言見金夫不有躬又言寇也盜之招卽自我

致戎◯作易者其知致盜之由乎易曰負且乘致

寇至夫負本小人之事而乘則君子之名器小人

而乘君子之名器盜必思奪之矣何也蓋小人竊

位必不忠不仁盜豈不思奪而伐之然奪發雖由

于盜而致其奪伐者實由自暴慢有以誨之亦猶

慢藏誨盜冶容誨淫也易之言正招盜而誨之之
意也作易者不歸罪于盜而歸罪于招盜之人此
所以知盜

右第八章　此章自中孚至此凡七乃孔子擬
議之辭而爲三百八十四爻之凡例亦不外
乎隨處以愼其言動而已即七爻而三百八
十四爻可類推矣

天一地二天三地四天五地六天七地八天九地十
伏羲龍馬負圖有一至十之數入知河圖之數而

不知天地之數人知天地之數而不知何者屬天
何者屬地故孔子郎是圖而分屬之天陽其數奇
故一三五七九屬天地陰其數偶故二四六八十
屬地
天數五地數五五位相得而各有合天數二十有五
地數三十凡天地之數五十有五此所以成變化而
行鬼神也
天數五者一三五七九其位有五也地數五者二
四六八十其位有五也五位者郎五數也言此數

在河圖上下左右中央天地各五處之位也相得者一對二三對四六對七八對九五與十對乎中央如賓主對待相得也有合者一與六居北二與七居南三與八居東四與九居西五與十居中央皆奇偶同居如夫婦之陰陽配合也二十有五者一三五七九奇之所積也三十者二四六八十偶之所積也變者化之漸化者變之成一二三四五居于圖之內者生數也化之漸也變也六七八九十居于圖之外者成數也變之成也化也變化者

一爲生數六爲成數生者即其成之謂便成者即
河圖一六居北爲水故水生于一而成于六所以
數成數此一節蓋孔子之圖說也若就河圖而言
即言大衍之數乾坤之策四營成易也何以爲生
鬼神行乎其間所以卜筮而知人吉凶也故下文
非屈伸往來也言天地之數五十有五成變化而
也故曰卜筮者先王所以使民信時日敬鬼神也
卜筮而言即下文神德行其知神之所爲之鬼神
數也即下文知變化之道之變化也鬼神指下文

其生之結果二七居南爲火三八居東爲木四九居西爲金五十居中央爲土皆與一六同

大衍之數五十其用四十有九分而爲二以象兩掛一以象三揲之以四以象四時歸奇於扐以象閏五歲再閏故再扐而後掛

衍與演同演者廣也衍者寬也其義相同言廣天地之數也大衍之數五十者蓍五十莖故曰五十也其用四十有九者演數之法必除其一方筮之初右手取其一策反于櫝中是也分二者中分其

策數之全置左以半置右以半此則如兩儀之對待故曰以象兩也掛者懸其一于左手小指之間也三者三才也左為天右為地所掛之策象人故曰象三揲之以四者謂數之也謂先置右手之策于一處而以右手四揲左手之策又置左手之策于一處而以左手四揲右手之策所以象春夏秋冬也奇者所揲四數之餘也扐者勒也四之後必有奇數或一或二或三或四左手者歸之于第四第三指之間右手者歸之于第三第

二揲之間而扐之也象閏者以其所歸之餘策而象日之餘也五歲再閏者一年十二月氣盈六日朔虛六日共餘十二日三年則餘三十六日分三十日爲一月又以六日爲後閏之積其第四第五年又各餘十二日以此二十四日湊前六日又成一閏此是五歲再閏也掛一當一歲揲左當二歲扐左則三歲一閏矣又揲右當四歲扐右則五歲再閏矣再扐而後掛者再扐之後復以所餘之蓍合而爲一爲第二變再分再掛再揲也獨言掛者

分二揲四皆在其中矣此則象再閏也

乾之策二百一十有六坤之策百四十有四凡三百有六十當期之日二篇之策萬有一千五百二十當萬物之數也期音基

策者乾坤老陽老陰過揲之策數也乾九坤六以四營之乾則四九三十六坤則四六二十四乾每一爻得三十六則六爻得二百一十有六矣坤每一爻得二十四則六爻得百四十有四矣當期之數者當一年之數也當者適相當也非以彼準此

也若以乾坤之策三百八十四爻總論之陽爻百九十二每一爻三十六得六千九百一十二策陰爻百九十二每一爻二十四得四千六百八策合之萬有一千五百二十當萬物之數也

是故四營而成易十有八變而成卦八卦而小成引而伸之觸類而長之天下之能事畢矣顯道神德行是故可與酬酢可與祐神矣子曰知變化之道者其知神之所爲乎

上文言數此則總言卦筮引伸觸類之無窮也營

者求也四營者以四而求之也如老陽數九以四求之則其策三十有六老陰數六以四求之則其策二十有四少陽數七以四求之則其策二十有八少陰數八以四求之則其策三十有二陰陽老少六爻之本故曰四營而成易十有八變而成卦者三變成一爻十八變則成六爻矣八卦者乾坎艮震之陽卦巽離坤兌之陰卦也言聖人作易止有此八卦亦不過小成而已不足以盡天下之能事也惟引此八卦而伸之成六十四卦如乾爲天

天風姤坤爲地地雷復之類觸此八卦之類而長之如乾爲天爲圜坤爲地爲母之類則吉凶趨避之理悉備于中天下之能事畢矣能事者下文顯道神德行酬酢祐神所能之事也道者吉凶消長進退存亡之道即天下能事之理德行者趨避之見于躬行實踐即天下能事之迹道隱于無不能以自顯惟有筮卦之辭則其理昭然于人不隱于茫昧矣德滞于有不能以自神惟人取决于筮則趨之避之民咸用以出入莫測其機緘矣惟其顯

道神德行則受命如嚮可以酬酢萬變如賓主之相應對故可與酬酢神不能自言吉凶與人惟有蓍卦之辭則代鬼神之言而祐助其下及故可與祐神不惟明有功于人而且幽有功于神天下之能事豈不畢變化者即上文蓍卦之變化也兩在不測人莫得而知之故曰神言此數出于天地天地不得而知也模寫于蓍卦聖人不得而知也故以神贊之子曰二字後人所加也

右第九章　此章言天地筮卦之數而贊其爲

神也

易有聖人之道四焉以言者尚其辭以動者尚其變以制器者尚其象以卜筮者尚其占

易之爲道不過辭變象占四者而已以者用也尚者取也辭者彖辭也如乾元亨利貞是也聞焉而以言者尚之則知其元亨知其當利于貞矣變者爻變也動者動作營爲也尚變者主于所變之爻也制器者結繩網罟之類是也尚象者網罟有離之象是也占者占辭也卜得初九潛龍則尚其勿

用之占是也

是以君子將有爲也將有行也問焉而以言其受命也如嚮无有遠近幽深遂知來物非天下之至精其孰能與於此嚮去声

此尚辭之事問即命也受命者受其問也以言二字應以言者尚其辭謂發言處事也未有有爲有行而靜默不言者嚮者向也即嚮明而治之嚮也言如彼此相向之近而受命親切也遠而天下後世近而瞬夕戸階幽則其事不明深則其事不淺

來物未來之吉凶也精者潔淨精微也○君子將有爲有行問之之于易易則受其問如對面問荅之親切以决未來之吉凶遠近幽深無不周悉非其辭之至精孰能與此故以言者尚其辭

參伍以變錯綜其數通其變遂成天地之文極其數遂定天下之象非天下之至變其孰能與於此

此尚變尚象之事參伍錯綜皆古語三人相雜曰參五人相雜曰伍參伍以變者此借字以言蓍之變乃分揲掛扐之形容也蓋十八變之時或多或

寡或前或後彼此相雜有參伍之形容故以參伍言之錯者陰陽相對陽錯其陰陰錯其陽也如伏羲圓圖乾錯坤坎錯離八卦相錯是也綜即今織布帛之綜一上一下者也如屯蒙之類本是一卦在下則爲屯在上則爲蒙載之文王序卦者是也天地二字即陰陽二字成文者成陰陽老少之文也蓋奇偶之中有陰陽純雜之中有老少陽之老少即天之文陰之老少即地之文物相雜故曰文即此文也定天下之象者如乾坤相錯則乾馬坤

牛之類各有其象震艮相綜則震雷艮山之類各有其象是也變者象之未定象者變之已成故象與變二者不離著卦亦不相離故參伍言著錯綜言卦所以十一章言圓而神卽言分以知也〇參伍其蓍之變錯綜其卦之數通之極之而成文成象則奇偶老少不滯于一端内外貞悔不膠于一定而變化無窮矣非天下之至變其孰能與于此故以動者尚其變以制器者尚其象

易无思也无爲也寂然不動感而遂通天下之故非

天下之至神其孰能與於此

此言尚占之事易者卜筮也著乃草無心情之物故曰無思龜雖有心情然無所作爲故曰無爲無心情無作爲則寂然而靜至蠢不動之物矣故曰寂然不動感者人問卜筮也通天下之故者知吉凶禍福也此神字卽是與神物之神上節就聖人辭上說故曰精就著卦形容上說故曰變此章著與龜上說乃物也故曰神 ○ 凡天下之物有思有爲其知識才能超出于萬物之表者方可以通大

下之故也今蓍龜無思無爲不過一物而巳然方
感矣而遂能通天下之故未嘗遲囘于其間非天
下之至神乎所以以卜筮者尚其占觀下文維神
也三字可見
夫易聖人所以極深而研幾也唯深也故能通天下
之志維幾也故能成天下之務維神也故不疾而速
不行而至子曰易有聖人之道四焉此之謂也
極深者究極其精深也探賾索隱鉤深致遠通神
明之德類萬物之情知幽明死生鬼神之情狀是

也研幾者研審其幾微也履霜而知堅氷之至剝
足而知蔑貞之凶之類是也維精故極深未有極
深而不至精者惟變故研幾未有知幾而不通變
者通天下之志即發言處事受命如嚮也成天下
之務即舉動制器成文成象也不疾不行即寂然
不動而速而至即感而遂通天下之故也○總以
辭變象占四者論之固至精至變至神矣然所謂
精者以聖人極其深也惟深也故至精而能通天
下之志所謂變者以聖人之研其幾也惟幾也故

至變而能成天下之務蓍龜無思無爲則非聖人
之極深研幾矣惟神而已惟神也故寂然不動感
而遂通天下之故不疾而速不行而至也夫至精
至變至神皆聖人之道而易之辭變象占有之故
易謂有聖人之道四者因此謂之四也
右第十章　此章論易有聖人之道四
子曰夫易何爲者也夫易開物成務冒天下之道如
斯而已者也是故聖人以通天下之志以定天下之
業以斷天下之疑

何爲者問辭也如斯而已者答辭也物乃遂知來
物之物吉凶之實理也開物者人所未知者開發
之也務者艱難之事爲人所欲爲者也成者成就
也冒天下之道者天下之道悉覆冒包括于卦爻
之中也以者以其易也易開物故物理未明易則
明之以通天下之志易成務故事業未定易則定
之以定天下之業易冒天下之道故志一通而心
之疑決業一定而事之疑決以斷天下之疑
是故蓍之德圓而神卦之德方以知六爻之義易以

貢聖人以此洗心退藏於密吉凶與民同患神以知來知以藏往其孰能與於此哉古之聰明叡知神武而不殺者夫（神已知來知字平声餘皆去声易音亦與音預夫音符）

圓者蓍數七七四十九象陽之圓也變化無方開于未卦之先可知來物故圓而神方者卦數八八六十四象陰之方也爻位各居定于有象之後可藏往事故方以知易者一圓一方交易變易屢遷不常也貢者獻也以吉凶陳獻于人也洗心者心之名也聖人之心無一毫人欲之私如江漢以濯

之又神又知又應變無窮具此三者之德所以謂之洗心猶書言人心道心詩言遐心以及赤心古心機心皆其類也非心有私而洗其心也退藏于密者此心未發也同患者同患其吉當趨凶當避也凡吉凶之幾兆端已發將至而未至者曰來吉凶之理見在于此一定而可知者曰往知來者先知也藏往者了然蘊畜于胸中也孰能與于此者問辭也古之聰明二句答辭也人自畏服不殺之殺故曰神武○蓍之德圓而神筮以求之遂知來

物所以能開物也卦之德方以知率而椄之旣有典常所以能成務也六爻之義易以貢吉凶存亡辭無不備所以能冒天下之道也聖人未畫卦之前已具此三者洗心之德則聖人卽蓍卦六爻矣是以方其無事而未有吉凶之患則三德與之而俱寂退藏于密鬼神莫窺則蓍卦之無思無爲寂然不動也及其吉凶之來與民同患之時則聖人洗心之神自足以知來洗心之智自足以藏往隨感而應卽蓍卦之感而遂通天下之故也此則用

神而不用蓍用智而不用卦無卜筮而知吉凶孰
能與于此哉惟古之聖人聰明睿智具蓍卦之理
而不假于蓍卦之物猶神武自足以服人不假于
殺伐之威者方足以當之也此聖人之心易乃作
易之本
是以明于天之道而察于民之故是興神物以前民
用聖人以此齋戒以神明其德夫
天道者陰陽剛柔盈虛消長自有吉凶其道本如
是也民故者愛惡情僞相攻相感吉凶生焉此其

故也神物者蓍龜也興者起而用之卽齋戒以神明其德也前民用卽通志成務斷疑也卜筮在前民用在後故曰前齋戒者敬也蓍龜之德無思無爲寂然不動感而遂通天下之故乃天下之至神者故曰神明聖人不興起而敬之百姓褻而弗用安知其神明聖人敬之則蓍龜之德本神明而聖人有以神明其德矣○聖人惟其聰明睿智是以明于天之道而察于民之故恐人不知天道民故之吉凶所當趨避也于是興神物以前民用使

其當趨則趨當避則避又恐其民之褻也聖人於
而信之以神明其德是以民皆敬信而神明之前
民用而民用不窮矣
是故闔戶謂之坤闢戶謂之乾一闔一闢謂之變往
來不窮謂之通見乃謂之象形乃謂之器制而用之
謂之法利用出入民咸用之謂之神
二氣之機靜藏諸用動顯諸仁者易之乾與坤也
二氣之運推遷不常相續不窮者易之變與通也
此理之顯於其迹呈諸象數涉諸聲臭者易之象

與器也此道修于其教甚慮示人百姓不知者易之法與神也乃者二氣之理也○聖人明于天之道而察于民之故固與神物以前民用矣百姓見易之神明以爲易深遠而難知也而豈終不易知哉是故易有乾坤有變通有形象有法神即今取此戶譬之戶一也闔之則謂之坤闢之則謂之乾又能闔又能闢一動一静不膠固于一定則謂之變既闔矣而復闢既闢矣而復闔往來相續不窮則謂之通得見此戶則涉于有迹非無器無具之

可比矣則謂之象既有形象必有規矩方圓則謂之器古之聖人制上棟下宇之時卽有此戶則謂之法度利此戶之用一出一入百姓日用而不知則謂之神卽一戶而易之理已在目前矣易雖神明豈深遠難知者哉

是故易有太極是生兩儀兩儀生四象四象生八卦八卦定吉凶吉凶生大業

太極者至極之理也理寓于象數之中難以名狀故曰太極生者加一倍法也兩儀者晝一奇以象

陽畫一偶以象陰爲陰陽之儀也四象者一陰之上加一陰爲太陰加一陽爲少陽一陽之上加一陽爲太陽加一陰爲少陰陰陽各自老少有此四者之象也八卦者四象之上又每一象之上各加一陰一陽爲八卦也曰八卦即六十四卦也下文昔者包犧氏之王天下也始作八卦以通神明之德以類萬物之情曰神明萬物則天地間無所不包括矣如乾爲天爲圜坤爲地爲母之類是也故六十四卦不過八卦變之而成之如乾爲天天風姤

坤爲地地雷復之類是也若邵子八分十六十六分三十二三十二分六十四不成其說矣定者通天下之志生者成天下之務蓋既有八卦則剛柔迭用九六相推時有消息位有當否故定吉凶吉凶既定則吉者趨之凶者避之變通盡利鼓舞盡神故生大業若無吉凶利害則人謀盡廢大業安得而生

是故法象莫大乎天地變通莫大乎四時縣象著明莫大乎日月崇高莫大乎富貴備物致用立成器以

爲天下利莫大乎聖人探賾索隱鉤深致遠以定天下之吉凶成天下之亹亹者莫大乎蓍龜亹音玄

天成象地效法之故曰法象萬物之生有顯有微皆法象也而莫大乎天地萬化之運終則有始皆變通也而莫大乎四時天文煥發皆懸象著明者而莫大乎日月崇高以位言貴爲天子富有四海是也物天地之所生者備以致用如服牛乘馬之類是也器乃人之所成者立成器以爲天下利用楫網罟之類是也凡天地間器物智者創之巧者

述之如蔡倫之紙蒙恬之筆非不有用有利也但
一節耳故莫大乎聖人事爲之太多者曰賾事幾
之幽僻者曰隱理之不可測度者曰深事之不可
驟至者曰遠探者討而理之索者尋而得之鉤者
曲而取之致者推而極之四字雖不同然以蓍龜
探之索之鉤之致之無非欲定吉凶昭然也亹亹
者勉勉不已也吉凶既定示天下以從違之路人
自勉勉不已矣此六者之功用皆大也聖人欲借
彼之大以形容蓍龜之大故以蓍龜終焉與毛詩

比體相同◯上文闔戸一節以易之理比諸天地間一物之小者然豈特小者爲然哉至于天地間至大之功用亦有相同者何也蓋易有太極是生兩儀兩儀生四象四象生八卦八卦定吉凶吉凶生大業是大業也所以成天下之亹亹者也試以天地之大者言之是故法象莫大乎天地變通莫大乎四時縣象著明莫大乎日月崇高莫大乎富貴備物致用立成器以爲天下利莫大乎聖人此五者皆天地間至大莫能過者也若夫探賾索隱

鈎深致遠以定天下之吉凶成天下之亹亹以生

其大業者則莫大乎蓍龜夫以小而同諸一物之

小大而同諸天地功用之大此易所以冒天下之

道也

是故天生神物聖人則之天地變化聖人效之天垂

象見吉凶聖人象之河出圖洛出書聖人則之易有

四象所以示也繫辭焉所以告也定之以吉凶所以

斷也

神物者蓍龜也天變化者日月寒暑往來相推之

類地變化者山峙川流萬物生長凋枯之類吉凶者日月星辰纏次循度晦明薄蝕也四象者天生神物之象天地變化之象垂象吉凶之象河圖洛書之象也○易之爲道小而一戸大而天地四時日月富貴聖人無有不合易誠冒天下之道矣易道如此豈聖人勉强自作哉蓋易之爲書不過辭變象占四者而已故易有占非聖人自立其占也天生神物有自然之占聖人則之以立其占易有變非聖人自立其變也天地變化有自然之變聖

人效之以立其變易有四象非聖人自立其象也天垂象見吉凶有自然之象聖人象之以立其象易有辭非聖人自立其辭也河出圖洛出書有自然之文章聖人則之以立其辭因天地生此四象皆自然而然所以示聖人者至矣聖人雖繫之以辭不過因此四象繫之以告乎人而已雖定之以吉凶不過因此四象定之以決斷其疑而已皆非聖人勉強自作也學易者能居則觀象玩辭動則觀變玩占易雖冒天下之道道不在易而在我矣

右第十一章　此章言易開物成務冒天下之道，然皆出于天地自然而然，非聖人勉强自作也

易曰自天祐之吉无不利子曰祐者助也天之所助者順也人之所助者信也履信思乎順又以尚賢也是以自天祐之吉无不利也

釋大有上九爻義天人一理故言天而即言人天之所助者順也順則不悖于理是以天祐之人之所助者信也信則不欺乎人是以人助之六五以

履信居中上九位君六五之上是履信也身雖在上比乎君而心未常不在君是思乎順也上賢與大畜剛上而尚賢同言聖人在上也上九履信思順而六五又尚賢此所以自天祐之吉无不利也上九居天位天之象應爻居人位人之象離中虚信之象中坤土順之象變震動思之象震爲足上九乘乎五履之象

子曰書不盡言言不盡意然則聖人之意其不可見乎子曰聖人立象以盡意設卦以盡情僞繫辭焉以

盡其言變而通之以盡意鼓之舞之以盡神

書本所以載言然書有限不足以盡無窮之言言本所以盡意然言有限不足以盡無窮之意立象者伏羲畫一奇以象陽畫一偶以象陰也立象則大而天地小而萬物精及無形粗及有象悉包括于其中矣本于性而善者情也拂乎性而不善者僞也僞則不情情則不僞人之情僞萬端非言可盡卽卦中之陰陽淑慝也既立其象又設八卦因而重之爲六十四以觀愛惡之相攻遠近之相取

以盡其情偽文王周公又慮其不能觀象以得意
也故又隨其卦之大小象之失得憂虞繫之辭以
盡其言使夫人之觀象玩占者又可因言以得意
而前聖之精藴盡以闡矣盡意盡情偽盡言皆可
以爲天下利又恐其利有所未盡於是教人于卜
筮中觀其卦爻所變卽動則觀其變而玩其占也
由是卽其所占之事而行之通達卽通變之謂事
也下文化裁推行是也則其用不窮而足以盡利
矣因變得占以定吉凶則民皆無疑而行事不倦

如以鼓聲作舞容鼓聲疾舞容亦疾鼓聲不已而舞容亦不已自然而然不知其孰使之者所謂盡神也盡利者聖人立象設卦之功盡神者聖人繫辭之功子曰宜衍其一○書不盡言言不盡意然則聖人之意終不可見乎蓋聖人仰觀俯察見天地之陰陽不外乎奇偶之象也于是立象以盡意然獨立其象則意中之所包猶未盡也于是設卦以盡意中情偽之所包立象設卦不繫之以辭則意中之所發猶未昭然明白也于是繫辭以盡其

意中之所發立象設卦繫辭易之體已立矣于是

敎人卜筮觀其變而通之則有以成天下之務而

其用不窮足以盡意中之利矣由是斯民鼓之舞

之以成天下之亹亹而其妙莫測足以盡意中之

神矣至此意斯無餘藴而聖人憂世覺民之心方

于此乎遂也

乾坤其易之緼耶乾坤成列而易立乎其中矣乾坤

毁則无以見易易不可見則乾坤或幾乎息矣

易者易書也緼者衣中所著之絮也乾坤其易之

縕者謂乾坤縕于易六十四卦之中非謂易縕于
乾坤兩卦之中也成列者一陰一陽對待也既有
對待自有變化毁謂卦畫不立息謂變化不行蓋
易中所縕者皆九六也爻中之九皆乾爻中之六
皆坤九六散布于二篇而爲三百八十四爻則乾
坤成列而易之本立乎其中矣易之所以爲易者
乾九坤六之變易也故九六毁不成列九獨是九
六獨是六則無以見其爲易易不可見則獨陽獨
陰不變不化乾坤之用息矣乾坤未嘗毁未嘗息

特以爻畫言之耳乾坤卽九六若不下箇緼字就
說在有形天地上去了
是故形而上者謂之道形而下者謂之器化而裁之
謂之變推而行之謂之通舉而措之天下之民謂之
事業
道器不相離如有天地就有太極之理在裏面如
有人身此軀體就有五性之理藏于此軀體之中
所以孔子分形上形下不離形字也裂布曰裁田
鼠化爲鴽周宣王時馬化爲狐化意自見矣化而

裁之者如一歲裁爲四時一時裁爲三月一月裁爲三十日一日裁爲十二時是也推行者將已裁定者推行之也如堯典分命羲和等事是化而裁之至敬授人時則推行矣通者達也如乾卦當潛而行潛之事則潛爲通如行見之事則不通矣當見而行見之事則見爲通如行潛之事則不通矣事者業之方行業者事之已著此五謂言天地間之正理聖人之敎化禮樂刑賞皆不過此理至于下文六存方說卦爻不然下文化而裁之二句說

不去矣蓋謂者名也存者在也上文言化而裁之名之曰變下文言化而裁之在乎其變字意各不同說道理由精而及于粗故曰形而上者謂之道說卦爻由顯而至于微故曰默而成之存乎德行

○陰陽之象皆形也形而上者超乎形器之上無聲無臭則理也故謂之道形而下者則囿于形器之下有色有象止于形而已故謂之器以是形而上下化而裁之則謂之變推而行之則謂之通及舉此變通措之天下之民則所以變所以通者皆

成其事業矣故謂之事業此畫前之易也與卦爻

不相干

是故夫象聖人有以見天下之賾而擬諸其形容象

其物宜是故謂之象聖人有以見天下之動而觀其

會通以行其典禮繫辭焉以斷其吉凶是故謂之爻

重出以起下文

極天下之賾者存乎卦鼓天下之動者存乎辭化而

裁之存乎變推而行之存乎通神而明之存乎其人

默而成之不言而信存乎德行

極究也賾多也天地萬物之形象千態萬狀至多而難見也卦之象莫不窮究而形容之故曰極天下之賾者存乎卦鼓起也動酬酢往來也天地萬物之事理酬酢往來千變萬化至動而難以占決也爻之辭莫不發揚其故以決斷之故曰鼓天下之動存乎辭卦即象也辭即爻也化裁者聖人卜筮觀其卦爻所變如乾初爻一變則就此變化而以理裁度之爲潛龍勿用乾卦本元亨利貞今曰勿用因有此變也故曰存乎變通者行之通達不

阻滯也裁度已定當推行矣今當勿用之時遂卽
勿用不泥于本卦之元亨利貞則行之通達不阻
滯矣故曰存乎通神者運用之莫測明者發揮之
極精下文默而成之不言而信是也無所作爲謂
之默曰默則不假諸極天下之賾之卦矣見諸辭
說之謂言曰不言則不托諸鼓天下之動之辭矣
成者我自成其變通之事也信者人自信之如著
龜也與奏假無言時靡有爭同意○極天下之賾
者存乎卦之象鼓天下之動者存乎爻之辭此卦

此辭化而裁之存乎其變推而行之存乎其通此本諸卦辭善于用易者也若夫不本諸卦辭神而明之則又存乎其人耳蓋有所爲而後成有所言而後信皆非神明惟黙而我自成之不言而人自信之此則生知安行聖人之能事也故曰存乎德行故有造化之易有易書之易有在人之易德行者在人之易也有德行以神明之則易不在造化不在四聖而在我矣

右第十二章　此章論易書不盡言言不盡意

而歸重于德行也

周易集註卷之十三終

明萬曆本周易集注

第六册

明 來知德撰

明萬曆三十八年刻本

山東人民出版社·濟南

周易集註卷之十四

梁山來知德集註

繫辭下傳

八卦成列象在其中矣因而重之爻在其中矣剛柔相推變在其中矣繫辭焉而命之動在其中矣吉凶悔吝者生乎動者也剛柔者立本者也變通者趣時者也重直龍反

八卦以卦之横圖言成列者乾一兌二離三震四陽在下者列於左巽五坎六艮七坤八陰在下者

列于右象者八卦形體之象不特天地雷風水火山澤之象凡天地所有之象無不具在其中也因而重之者三畫上復加三畫重乾重坤之類也陽極于六陰極于六因重成六畫故有六爻八卦成列二句言三畫八卦因而重之二句言六畫八卦至剛柔相推言六十四卦如乾爲天乾下變一陰之巽二陰之艮三陰之坤是剛柔相推也繫辭者繫六十四卦三百八十四爻之辭也命者命其吉凶悔吝也動者人之動作營爲即趨吉避凶也易

六十四卦三百八十四爻不過一剛一柔九六而已易有九六是爲之本無九六則以何者爲本故曰立本易窮則變變則通不變則不通有一卦之時有一爻之時時之所在理之所當然勢不得不然趣者向也○伏羲八卦成列雖不言象然既成八卦而文王之象已在卦之中矣伏羲八卦雖無爻然既重其六而周公六爻已在重之中矣六十四卦剛柔相推雖非占卜卦爻之變而卦爻之變已在其中矣各繫以辭雖非其動然占者值此爻

之辭則即玩此爻以動之而動即在其中矣繫辭以命而動在其中者何也蓋吉凶悔吝皆辭之所命也占者由所命之辭而動當趨則趨當避則避則動罔不吉不然則凶悔吝隨之矣吉凶悔吝生乎其動動以辭顯故繫辭以命而動在其中矣剛柔相推而變在其中者何也蓋剛柔者立本者也變通者趨時者也有剛柔以立其本而後可變通以趨其時使無剛柔安能變通變通由于剛柔故剛柔相推而變在其中矣

吉凶者貞勝者也天地之道貞觀者也日月之道貞
明者也天下之動貞夫一者也觀去声 夫音扶

貞者正也聖人一部易經皆利于正蓋以道義配
禍福也故爲聖人之書術家獨言禍福不配以道
義如此而詭遇獲禽則曰吉得正而斃焉則曰凶
京房郭璞是也勝者勝負之勝言惟正則勝不論
吉凶也如富與貴可謂吉矣如不以其道得之不
審乎富貴吉而凶者也貧與賤可謂凶矣如不以
其道得之能安乎貧賤凶而吉者也負乘者致其

冦舍車者貢其趾季氏陽貨之富貴顔回原憲之貧賤凡殺身成仁舍生取義過涉滅頂皆貞勝之意也觀者垂象以示人也道者天地日月之正理即太極也一者無欲也無欲則正矣孔子祖述堯舜者祖述其精一也故曰吾道一以貫之又曰所以行之者一也又曰天下之動貞夫一者也三一字皆同孔子没後儒皆不知一字之義獨周濂溪一人知之故其不得已又作入聖功夫字義○吉凶者以貞而勝不論其吉凶也何也天地有此正

理而觀故無私覆無私載日月有此正理而明故無私照天地日月且如此而況于人乎故天下之動雖千端萬緒惟貞夫一能無欲則貞矣有欲必不能貞惟貞則吉固吉凶亦吉正大光明與天地之貞觀日月之貞明皆萬古不磨者也豈論其吉凶哉

夫乾確然示人易矣夫坤隤然示人簡矣爻也者效此者也象也者像此者也爻象動乎內吉凶見乎外功業見乎變聖人之情見乎辭見賢遍反

確然健貌隤然順貌天惟有此貞一故確然示人以易地惟有此貞一故隤然示人以簡聖人作易爻也者不過效此貞一而作象也者不過像此貞一而立使不效像乎此則聖人之易與天地不相似矣此爻此象方動于卦之中則或吉或凶即呈于卦之外而功業即因變而見矣功業者成務定業也因變而見即變而通之以盡利也若聖人之辭不過于爻象之中因此貞一而繫之以辭也蓋教人不論吉凶以貞勝而歸于一者此則聖人繫

物十二教之類是也禁非者既道之以德又齊之

賦九式之類是也正辭者教之也教之以正也三

聚人者內而百官外而萬民也理財者富之也九

天道是位者乃所以成參贊之功者也故曰大寶

地三生物之成也大寶者聖人必居天位方可行

大德者易謂貞一之大德也生者天主生物之始

何以聚人曰財理財正辭禁民爲非曰義

天地之大德曰生聖人之大寶曰位何以守位曰仁

辭禁民之心指也故曰禁

以刑五刑五罰之類是也仁義者貞一之理也○天地有此貞一之大德惟以生物爲心故無私覆無私載聖人居大寶之位而與天地參是以守其位而正位凝命也則以仁曰仁即天地貞一之大德也居其位而理財正辭禁非也則曰義曰義即天地貞一之大德也仁以育之義以正之有此貞一無私之大德所以與天地參也易之爲書辭變象占專敎人以貞勝而歸于一者以此上繫首章舉天地易簡知能之德而繼之以聖人之成位見

聖人有以克配乎天地此作易之原易之體也下

繫首章舉天地易簡貞一之德而繼之以聖人之

仁義見聖人有以參贊乎天地此行易之事易之

用也

右第一章　此章論易而歸之于貞一

古者包犧氏之王天下也仰則觀象于天俯則觀法

于地觀鳥獸之文與地之宜近取諸身遠取諸物於

是始作八卦以通神明之德以類萬物之情

法法象也天之象日月星辰也地之法山陵川澤

也鳥獸之文有息者根於天飛走之類也地之宜無息者根于地草木之類也如書言兗之漆青之檿徐之桐是也非高黍下稻也伏犧時尚鮮食安得有此近取諸身氣之呼吸形之頭足之類也遠取諸物鱗介羽毛雌雄牝牡之類也通者理之相會合也類者象之相肖似也神明之德不外健順動止八者之德萬物之情不外天地雷風八者之情德者陰陽之理情者陰陽之迹德精而難見故曰通情粗而易見故曰類○包犧氏之王天下也

仰觀俯察與鳥獸之文與地之宜近取諸身遠取諸物見得天地間一對一待成列於兩間者不過此陰陽也一往一來流行于兩間者不過此陰陽也于是畫一奇以象陽畫一偶以象陰因而重之以爲八卦以通神明之德以類萬物之情

作結繩而爲網罟以佃以漁蓋取諸離罟音古佃音田

離卦中爻爲巽繩之象也網以佃罟以漁離爲目網罟之兩目相承者似之離德爲麗網罟之物麗于中者似之蓋取諸離者言繩爲網罟有離之象

非觀離而始有此也教民肉食自包犧始自此至
結繩而治有取諸卦象者有取諸卦義者
包犧氏沒神農氏作斲木爲耜揉木爲耒耒耨之利
以教天下蓋取諸益斲陟角反耜音似耒力對反耨奴豆反
耒耜者今之犁也耜者耒之首斲木使銳而爲之
令人加以鐵鏵謂之犁頭耒者耜之柄揉木使曲
而爲之二體皆木上入下動中爻坤土木入土而
動耒耜之象教民粒食自神農始
日中爲市致天下之民聚天下之貨交易而退各得

其所蓋取諸噬嗑

離日在上日中之象中爻艮爲徑路震爲大塗又爲足致民之象中爻坎水艮山羣珍所出聚貨之象又震錯巽巽爲市利三倍爲市聚貨之象震動交易之象巽爲進退退之象艮止各得其所之象此噬嗑之象也且天下之人其業不同天下之貨其用不同今不同者皆于市而合之以其所有易其所無各得其所亦猶物之有間者齧而合之此噬嗑之義也

神農氏没黄帝堯舜氏作通其變使民不倦神而化之使民宜之易窮則變變則通通則久是以自天祐之吉無不利黄帝堯舜垂衣裳而天下治蓋取諸乾坤

陽極則必變于陰陰極則必變于陽此變也陽變于陰則不至于亢陰變于陽則不至于伏此通也陽而陰陰而陽循環無端所以能久是以聖人之治天下民之所未厭者聖人不强而去之民之所未安者聖人不强而行之如此變通所以使民不

也蓋天地之理數窮則變變則通通則久羲農之
天下之民安之以爲宜權其宜之故變之而不倦
有以服之也亦神而化之而已權其神而化之故
之人皆歎析技藝趨之而不倦所以然者非聖人
開時已變矣三聖知時當變也而通其變使天下
有○羲農之時民朴野至黄帝堯舜時風氣漸
而化之所以使民宜之不然民以爲不便何宜之
以然者神也以漸而相忘于不言之中者化也神
倦不然民以爲紛更擾攘不倦有之而莫知其所

時人害雖消而人文未著衣食雖足而禮義未興故黄帝堯舜惟垂上衣下裳之制以明尊卑貴賤之分而天下自治者以窮則變是以神而化之與民宜之也蓋取諸乾坤者乾坤之理亦變化無爲此乾坤之義也乾坤之體亦上衣下裳之尊卑此乾坤之象也

刳木爲舟剡木爲楫舟楫之利以濟不通句致遠句以利天下蓋取諸渙刳口姑反剡以冉反

以濟不通句絶致遠句絶刳者剖而使空也刳木

中虛可以載物刳者斬削也刳木末銳可以進舟
濟不通者橫渡水也與濟人溱洧濟字同溪澗江
河或東西阻絕或南北阻絕皆不通也致遠者長
江天遠不能逆水而上不能放流而下皆不能致
遠也今有舟楫則近而可以濟不通遠而可以致
遠均之爲天下利矣濟不通卽下文引重之列致
遠卽下文致遠之列蓋取諸渙者下坎水上巽木
中爻震動木動于水上舟楫之象也且天下若無
舟楫不惟民不能彼此往來雖君臣上下亦阻絕

而不能往來天下皆渙散矣乘木有功以濟其渙

此渙之義也

服牛乘馬引重致遠以利天下蓋取諸隨

上古牛未穿此則因其性之順穿其鼻馴而服之

上古馬未絡此則因其性之健絡其首駕而乘之

中爻巽爲繩艮爲鼻又爲手震爲足服之乘之之

象也震本坤所變坤爲牛一奇畫在後者陽實而

大引重之象也兊本乾所變乾爲馬一偶畫在前

者大道開張致遠之象也牛非不可以致遠曰引

重者爲其力也馬非不可以引重曰致遠者爲其
鞭也蓋取諸隨者人欲服牛牛則隨之而服人欲
乘馬馬則隨之而乘人欲引重則隨之而引重人
欲致遠則隨之而致遠動靜行止皆隨人意此隨
之義也
重門擊柝以待暴客蓋取諸豫
中爻下艮爲門上震綜艮又爲門是兩門矣重門
之象也震動善鳴有聲之木柝之象也艮爲守門
閽人中爻坎爲夜艮又爲手繫柝之象也坎爲盜

暴客之象也上古外戶不閉至此建都立邑其中
必有官職府庫故設重門以禦之繫柝以警之以
待暴客豫者逸也又備也謙輕而豫怠逸之意也
恐逸豫故豫備

斷木爲杵掘地爲臼臼杵之利萬民以濟蓋取諸小
過

中爻兌爲毀拆斷與掘之象也上震木下艮土木
與地之象也大象坎陷臼舂之象也萬民以濟者
前此雖知粒食而不知脫粟萬民得此杵臼治米

極其精此乃小有所適而民用以濟者也

弦木爲弧剡木爲矢弧矢之利以威天下蓋取諸睽

弧弓也弦木使曲剡木使銳中爻坎木堅離木槁兑爲毁折弦木剡木之象也坎爲弓矢離爲戈兵又水火相息皆有征伐之意所以既濟未濟皆伐鬼方弧矢威天下之象也所以威天下者以其睽乖不服也故取諸睽

上古穴居而野處後世聖人易之以宫室上棟下宇以待風雨蓋取諸大壯

棟屋脊木也宇椽也棟直承而上故曰上棟宇兩垂而下故曰下宇二陰在上雷以動之又中爻兌爲澤雨之象也兌綜巽風之象也四陽相比壯而且健棟宇之象大過四陽相比故亦言棟大壯者壯固之義也

古之葬者厚衣之以薪葬之中野不封不樹喪期无數後世聖人易之以棺椁蓋取諸大過

衣之以薪蓋覆之以薪也葬之中野葬之郊野之土中也不封者無土堆而人不識也本卦象坎爲

隱伏葬之象也中爻乾爲衣厚衣之象也巽爲木
薪之象也棺之象也乾爲郊郊外中野之象也巽
爲入兊錯艮爲手又爲口木上有口以手入之入
棺之象也大過者過于厚也小過養生大過送死
惟送死可以當大事故取大過
上古結繩而治後世聖人易之以書契百官以治萬
民以察蓋取諸夬
結繩者以繩結兩頭中割斷之各持其一以爲他
日之對驗也結繩而治非君結繩而治也言當此

百姓結繩之時爲君者于此時而治也書文字也言有不能記者書識之契合約也事有不能信者契驗之百官以此書契而治百官不敢欺萬民以此書契而察萬民不敢欺取决者有書契則考核精詳稽驗明白亦猶君子之决小人小人不得以欺矣兌綜巽爲繩繩之象也乾爲言錯坤爲文言之有文書契之象也

右第二章　通章言制器尚象之事綱畧未郡所以足民食交易舟車所以通民財弦弓門

柝所以防民患杵臼以利其用衣裳以華其
身宫室以安其居棺槨以送其死所以爲民
利用安身養生送死無遺憾矣然百官以治
萬民以察卒歸之夬之書契者蓋器利用便
則巧僞生聖人憂之故終之以夬之書契焉
上古雖未有易之書然造化人事本有易之
理故所作事暗合易書正所謂畫前之易也
是故易者象也象也者像也彖者材也爻也者效天
下之動者也是故吉凶生而悔吝著也

是故二字承上章取象而言本擬曰材材幹也一卦之材即卦德也天下之動紛紜轇轕或出或處或默或語大而建侯行師開國承家小而家人婦子嘻嘻嗃嗃其變態不可盡舉效者效力也獻也與川嶽效靈效字同發露之意言有一爻之動即有一爻之變周公于此一爻之下即繫之以辭而效之所謂六爻之義易以貢也生者從此而生出也著者自微而著見也吉凶在事本顯故曰生悔吝在心尚微故曰著悔有改過之意至于吉則悔

之著也吝有文過之意至于凶則吝之著也原其
始而言吉凶生于悔吝要其終而言則悔吝著而
爲吉凶也○易卦者寫萬物之形象之謂也舍象
不可以言易矣象也者像也假象以寓理乃事理
彷彿近似而可以想像者也非造化之貞體也彖
者象之材也乃卦之德也爻者效天下之動者也
象之變也乃卦之趣時也是故伏羲之易惟像其
理而近似之耳至于文王有彖以言其材周公有
爻以效其動則吉凶由此而生悔吝由此而著矣

而要之皆據其象而已故舍象不可以言易也若學易者不觀其象乃曰得意在忘象得象在忘言正告子所謂不得于言勿求於心者也若舍此象止言其理豈聖人作易前民用以教天下之心哉

右第三章

陽卦多陰陰卦多陽其故何也陽卦奇陰卦偶其德行何也陽一君而二民君子之道也陰二君而一民小人之道也

震坎艮爲陽卦皆一陽二陰巽離兌爲陰卦皆一陰二陽陽卦奇陰卦偶者言陽卦以奇爲主震坎

民皆一奇皆出于乾之奇震以一索得之坎以再索得之艮以三索得之三卦皆出于乾之奇所以雖陰多亦謂之陽卦陰卦以偶爲主巽離兌皆一偶皆出于坤之偶巽以一索得之離以再索得之兌以三索得之三卦皆出于坤之偶所以雖陽多亦謂之陰卦陰雖二畫止當陽之一畫若依舊註陽卦皆五畫陰卦皆四畫其意以陽卦陽一畫陰四畫也陰卦陽二畫陰二畫也若如此則下文陽一君二民非二民乃四民矣陰二君一民非一民

乃二民矣蓋陰雖二畫止對陽之一畫故陽謂奇
陰謂偶所以說一陰一陽之謂道德行兼善惡與
上文故字相對何也與上文何也相對陽爲君陰
爲民一君二民乃天地之常經古今之大義如唐
虞三代海宇蒼生罔不率俾是也故爲君子之道
二君一民則政出多門車書無統如七國爭雄是
也故爲小人之道○陽卦宜多陽而反多陰陰卦
宜多陰而反多陽其故何也蓋以卦之奇偶論之
陽以奇爲主震坎艮三卦之奇皆出于乾三男之

卦故爲陽卦陰以偶爲主巽離兌三卦之偶皆出

于坤三女之卦故爲陰卦若以德行論之陽一君

而二民君子之道也震坎艮皆一君而二民正合

君子之道故陽卦多陰陰二君而一民小人之道

也巽離兌皆二君而一民正合小人之道所以陰

卦多陽

右第三章

易曰憧憧往來朋從爾思子曰天下何思何慮天下

同歸而殊塗一致而百慮天下何思何慮

此釋咸九四爻亦如上傳擬議之事下數節倣此慮不出于心之思但慮則思之深爾同歸而殊塗者同歸于理而其塗則殊一致而百慮者一致于數而其慮則百因殊故言同因百故言一致者極數有數存焉非人思慮所能爲也正所謂莫之致而至者命也以塗言之如父子也君臣也夫婦也朋友也長幼也如此之塗接乎其身者其殊也然父子有親之理君臣有義之理夫婦有别之理朋

友有信之理長幼有序之理使父子數者之相感吾惟盡其理而已有何思慮以慮言之如富貴也貧賤也夷狄也患難也如此之慮延乎其心者有百也然素富貴行乎富貴素貧賤行乎貧賤素夷狄行乎夷狄素患難行乎患難如使富貴數者之相感吾惟安乎其數而已有何思慮下文則言造化理物有一定自然之數吾身有一定自然之理而吾能盡其理安其數則窮神知化而德盛矣

日往則月來月往則日來日月相推而明生焉寒往

則暑來暑往則寒來寒暑相推而歲成焉往者屈也

來者信也屈信相感而利生焉尺蠖之屈以求信也

龍蛇之蟄以存身也信音申

以造化言之一晝一夜相推而明生一寒一暑相

推而歲成成功者退謂之屈方來者進謂之信一

往一來一屈一信循環不已謂之相感利者功也

日月有照臨之功歲序有生成之功也應時而往

自然而往應時而來自然而來此則造化往來相

感一定之數惟任乎氣之自運而已非可以思慮

而往也非可以思慮而來也以物理言之屈者乃所以爲信之地不屈則不能信矣故曰求必蟄而後存其身以奮發不蟄則不能存身矣應時而屈自然而屈應時而信自然而信此則物理相感一定之數惟委乎形之自然而已非可以思慮而屈也非可以思慮而信也正所謂一致而百慮也造化物理往來屈信既有一定之數則吾惟安其一致之數而已又何必百慮而憧憧往來哉

精義入神以致用也利用安身以崇德也

精者明也擇也專精也即惟精惟一之精言無一毫人欲之私也義者吾性之理即五倫仁義禮知信之理也入神者精義之熟手舞足蹈皆其義從心所欲不踰矩莫知其所以然而然也致用者詣于其用出乎身發乎邇也利用者利于其用加乎民見乎遠也安身者身安也心廣體胖四體不言而喻也惟利于其用無所處而不當則此身之安自無入而不自得矣既利用安身則吾身之德自不覺其積小高大矣〇以吾身言之精研其義至

于入神非所以求致用也而自足以爲出而致用之本利其施用無適不安非所以求崇德也而自足以爲入而崇德之資致者自然而致崇者自然而崇此則吾身內外相感一定之理也正所謂同歸而殊塗也故天下之塗雖有千萬之殊吾惟盡同歸之理精義入神以致用利用安身以崇德而已又何必論其殊塗而憧憧往來哉

過此以往未之或知也窮神知化德之盛也

過此者過此安一致之數盡同歸之理也以往者

前去也未之或知者言不知也言相感之道惟當安數盡理如此功夫過此則無他術無他道也故同歸之理窮此者謂之窮神一致之數知此者謂之知化能窮之知之則不求其德之盛而德之盛也無以加矣又何必憧憧往來也哉天下何思何慮者正以此蓋盡同歸之理是樂天功夫神以理言故言窮安一致之數是知命功夫化以氣言故言知理卽仁義禮知之理氣卽吉凶禍福之氣內而精義入神已有德矣外而利用安身又崇其德

內外皆德之盛故總言德之盛崇字作盛字非崇
外別有盛也一部易經說數即說理
易曰困於石據於蒺藜入於宮不見其妻凶子曰非
所困而困焉名必辱非所據而據焉身必危既辱且
危死期將至妻其可得見邪
釋困六三爻義非所困者在我非所困也非所據
者在人非所據也欲前進以榮其身不得其榮是
求榮而反辱也故名必辱欲後退以安其身不得
其安是求安而反危也故身必危辱與危死道也

故不見妻

易曰公用射隼于高墉之上獲之无不利子曰隼者禽也弓矢者器也射之者人也君子藏器于身待時而動何不利之有動而不括是以出而有獲語成器而動者也

釋解上六爻義此孔子别發一意與解悖不同括字乃孔子就本章弓矢上取來用蓋矢頭曰鏃矢末曰括括與筈同乃箭筈也管弦處也故書曰若虞機張往省括于度則釋括有四義結也至也檢

也包也詩曰之夕矣牛羊下括至之義也楊子或
問士曰其中也弘深其外也肅括檢之義也過秦
論包括四海包之義也此則如坤之括囊取閉結
之義動而不閉結言動則不遲疑滯拘左之左之
右之右之無不宜之有之貪深逢原之意也○隼
者禽也弓矢者器也射之者人也君子胷濟世之
具于身而又必待其時時既至矣可動則動何不
利之有蓋濟世之具在我則動而不括此所以出
而有獲无所不利也易曰公用射隼于高墉之上

獲之无不利者正言器已成矣而後因時而動也

子曰小人不耻不仁不畏不義不見利不勸不威不懲小懲而大誡此小人之福也易曰履校滅趾无咎此之謂也

釋噬嗑初九爻義可耻者莫如不仁小人則甘心不仁可畏者莫如不義小人則甘心不義利以動之而後爲善曰勸者即勸其爲仁爲義也威以制之而後去惡曰懲者即懲其不仁不義也故小有懲于前大有誡于後此則小人之福也不然不仁

不義不勸不懲積之旣久罪大而不可解矣何所

之有易曰屨校滅趾无咎者正此止惡于未形小

懲大誡爲小人之福之意也

善不積不足以成名惡不積不足以滅身小人以小

善爲无益而弗爲也以小惡爲无傷而弗去也故惡

積而不可掩罪大而不可解易曰何校滅耳凶

釋噬嗑上九爻義惟惡積而不可掩故罪大而不

可解何校滅耳凶者積惡之所致也

子曰危者安其位者也亡者保其存者也亂者有其

治者也是故君子安而不忘危存而不忘亡治而不忘亂是以身安而國家可保也易曰其亡其亡繫于包桑

釋否九五爻義安危以身言存亡以家言治亂以國言所以下文曰身安而國家可保也危者自以爲位可恒安者也亡者自以爲存可恒保者也亂者自以爲治可恒有者也惟安其位保其存有其治則志得意滿所以危亡而亂矣唐之玄宗隋之煬帝是也易敎人易者使傾正此意

子曰德薄而位尊知小而謀大力小而任重鮮不及矣易曰鼎折足覆公餗其形渥凶言不勝其任也知音智勝音升

釋鼎九四爻義德所以詔爵智所以謀事力所以當任鮮不及者鮮不及其禍也

子曰知幾其神乎君子上交不諂下交不瀆其知幾乎幾者動之微吉之先見者也君子見幾而作不俟終日易曰介于石不終日貞吉介如石焉寧用終日斷可識矣君子知微知彰知柔知剛萬夫之望

釋豫六二爻義諂者諂諛附氷山吠村莊者也瀆者瀆慢也不知其幾如劉柳交伾文竟陷其黨是也斷可識者斷可識其不俟終日也豫卦獨九四大有得蓋爻之得時者初與四應交乎四者也三與四比亦交乎四者也皆諂于其四矣獨二隔三不與四交上交不諂者也初六鳴豫凶不正者也二與之比二中正不瀆慢下交不瀆者也動之微即先見知微知彰也本卦止一剛初柔四剛知柔知剛也聖人之言皆有所據知幾其神與知微知

彰三句皆是贊辭○幾者人之所難知能知人之所不能知故曰神君子之交人上下之間不諂不瀆者以其有先見之明懼其禍之及已也故知幾惟君子何也蓋幾者方動之始動之至微良心初發吉之先見者也若溺于物欲非初動之良心延遲不決則不能見幾禍已及已見其凶而不見其吉矣惟君子見此幾即作而去不俟終日然見此幾之君子豈易能哉必其操守耿介修身反已無一毫人欲之私者方可能之易曰介于石不終日

貞吉夫以耿介如石之不可移易則知之之明去
之之决斷可以識其不俟終日矣蓋天下之事有
微有彰人之處事有柔有剛人知乎此方能見幾
也今君子既知其微又知其彰既知其所以柔又
知其所以剛四者既知則無所不知矣所以為萬
夫之望而能見幾也故贊其知幾其神

子曰顔氏之子其殆庶幾乎有不善未嘗不知知之
未嘗復行也易曰不遠復无祇悔元吉

釋復初九爻義殆者將也庶近也幾者動之微吉

之先見者也即下文有不善未嘗不知也言顔氏之子其將近于知幾乎知之未嘗復行故不貳過

天地絪縕萬物化醇男女構精萬物化生易曰三人行則損一人一人行則得其友言致一也

釋損六三爻義絪麻線也緼綿絮也借字以言天地之氣纏綿交密之意醇者凝厚也本醇酒亦借字也天地之氣本虚而萬物之質則實其實者乃虚氣之化而凝得氣成形漸漸凝實故曰化醇男女乃萬物之男女雌雄牝牡不獨人之男女也男

女乃父母萬物皆男女之所生也以卦象言地在中爻上下皆无有天將地纏綿之象故曰天地絪緼以二卦言少男在上少女在下男止女悅有男女搆精之象故以天地男女並言之致與喪致乎哀致字同專一也陰陽兩相與則專一本卦六爻應與皆陰陽相配故曰致一〇天地絪緼氣交也專一而不二故曰醇男女搆精形交也專一而不二故化生夫天地男女兩也絪緼搆精以一合一亦兩也所以成化醇化生之功易曰三人行則損

一人一人行則得其友者正以損一人者兩也得其友者兩也兩相與則專一若三則雜亂矣豈能成功所以爻辭言損一得友者以此

子曰君子安其身而後動易其心而後語定其交而後求君子修此三者故全也危以動則民不與也懼以語則民不應也无交而求則民不與也莫之與則傷之者至矣易曰莫益之或擊之立心勿恒凶易其之易以豉反

釋益上九爻義安其身者身無愧怍也危則行險矣易其心者坦蕩蕩也懼則長戚戚矣以道義交

則淡以成故定以勢利交則其以壞故無交修者安也易也定也修此三者則我體益之道全矣故不求益而自益若缺其一則立心不恒不能益矣全對缺言民者人也上與字黨與之與下與字取與之與莫之與卽上文民不與不應不與也傷之者卽擊之也安也易也定也皆立心之恒故曰立心勿恒凶

右第五章

子曰乾坤其易之門邪乾陽物也坤陰物也陰陽合

德而剛柔有體以體天地之撰以通神明之德

門者物之所從出者也陰陽二卦六十四卦三百八十四爻皆其所從出故爲易之門有形質曰物一奇象陽一偶象陰則有形質矣以二物之德言則陰與陽合陽與陰合而其情相得以二物之體言則剛自剛柔自柔而其質不同以者用也撰者述也天地之撰天地雷風之類也可得見者也德者理也神明之德健順動止之類也不可測者也可得見者易則以此二物體之不可測者易則以

此二物通之形容曰體發越曰通

其稱名也雜而不越於稽其類其衰世之意邪

一卦有一卦之稱名一爻有一爻之稱名或言物象或言事變可謂至雜矣然不過體天地之撰通神明之德而巳二者之外未嘗有踰越也但稽考其體之通之之類如言龍戰于野入于左腹獲明夷之心如此之類似非上古民淳俗朴不識不知之語也意者衰世民僞日滋所以聖人說此許多名物事類出者亦不得巳也

夫易彰往而察來而微顯闡幽開而當名辯物正言

斷辭則備矣

彰往者明天道之已然也陰陽消息卦爻之變象有以彰之察來者察人事之未然也吉凶悔吝卦爻之占辭有以察之日用所爲者顯也易則推其根于理數之幽以微之使人敬慎而不敢慢百姓不知者幽也易則就其事爲之顯以闡之使人洞曉而無所疑開而當名辯物者各開六十四卦所當之名以辯其物如乾馬坤牛乾首坤足之類不

使之至于混淆也正言斷辭者所斷之辭吉則正言其吉凶則正言其凶無委曲無迴避也如是則精及無形粗及有象無不備矣曰備者皆二物有以體其撰通其德也此其所以備也

其稱名也小其取類也大其旨遠其辭文其言曲而中其事肆而隱因貳以濟民行以明失得之報

狀馬遺音之類卦之稱名者小也負乘喪茀之類爻之稱名小者也肆陳也貳者副也有正有副猶兩也言既小又大既遠又文既曲又中既肆又隱

不滯于一邉故名爲貳失得者吉凶也報者應也

○易辭纖細無遺其稱名小矣然無非陰陽之理

默寓乎中而取類又大天地陰陽道德性命散見

于諸卦爻之中其旨遠矣然其辭昭然有文明白

顯然以示人而未常遠也卦爻之言委曲婉轉謂

之曲曲則若昧正理矣然曲而中乎典禮正直而

不私焉叙事大小本末極其詳備謂之肆肆則若

無所隱矣然理貫于大小本末之中顯而未必不

隱焉因此貳則兩在莫測無方無體矣宜乎濟斯

民日用之所行以明其吉凶之應也曰濟者皆二
物有以體其撰通其德此其所以濟也夫易皆二
物體其撰通其德則乾坤不其易之門耶
右第六章　此章言乾坤爲易之門
易之興也其于中古乎作易者其有憂患乎
易之興指周易所繫之辭易乃伏羲所作然無其
辭文王已前不過爲占卜之書而已至文王始有
彖辭教人以反身修德之道則易書之著明而興
起者自文王始也因受羑里之難身經乎患難故

柄者人之所執持者也人之盈滿者必喪厥德惟
之間有所依據亦猶室之有基址矣故爲德之基
有德爲居位而禮有實體修德以禮則所行實踐
德者行道而有得于身也履者禮也君子之所固
地也謙德之制也
固也損德之修也益德之裕也困德之辨也井德之
是故履德之基也謙德之柄也復德之本也恒德之
以免憂患之道也
所以之易無非處患難之道下文九卦聖人所用

卑已尊人小心畏義則其德日積亦猶物之有柄
而爲人所執持矣故爲德之柄人性本善其不善
者蔽于物欲也今知自反不善而復于善則善端
萌蘗之生自火燃泉達萬善從此充廣亦猶木之
有根本而枝葉自暢茂矣故爲德之本然有德在
我使不常久則雖得之必失之故所守恒久則長
久而堅固故恒者德之固也君子修德必去其所
以害德者如或忿慾方動則當懲窒損而又損以
至于無此乃修身之事故曰損者德之修也君子

之進德必取其有益于德者若見善而覺巳之有過則遷善改過以自益故曰益者德之裕也裕者充裕也人處平常不足以見德惟處困窮出處語默之間辭受取與之際最可觀德困而亨則君子窮斯濫則小人故爲德之辯井靜深有本而後澤及于物人涵養所畜之德必如井而後可施及于人也故爲德之地巽既順于理又其巽入細微事至則隨宜斷制故爲德之制此九卦無功夫無次第○此言九卦爲修德之具也聖人作易固有憂

患矣然聖人之憂患惟修其德而已聖人修德雖不因憂患而修然卦中自有修德之具如履謙復恒損益困井巽乃德之基之柄之本之固之修之裕之辯之地之制蓋不必六十四卦而九卦即爲修德之具矣

履和而至謙尊而光復小而辯於物恒雜而不厭損先難而後易益長裕而不設困窮而通井居其所而遷巽稱而隱易以豉反長知丈反稱去声

禮順人情故和和無森嚴之分則不至矣然節文

儀則皆天理精微之極至也和而至此履之才德
所以極其善也謙以自卑則不尊矣謙以自晦則
不光矣今謙自卑而人尊自晦而愈光尊而光此
謙之才德所以極其善也暗昧而小者則必不能
辯物矣今復一陽屈于羣陰暗昧之下雖陰盛陽
微以一陽之小而能知辯其五陰皆爲物欲所以
反其不善以復其善小而辯物此復之才德所以
極其善也事至而雜來者則必至于厭矣恒則雖
處轇轕之地而常德如一日雜而不厭此恒之才

德所以極其善也凡事之難者則必不易矣損則懲忿窒慾雖克己之最難然習熟之久私意漸消其後則易先難後易此損之才德所以極其善也凡事之長裕者則必至于設施造作矣益則日知其所亡月無忘其所能可謂長裕矣然非助長也長裕而不設此益之才德所以極其善也身之窮者則必不通矣困則身窮而道通窮而又通此困之才德所以極其善也人居其所者則必不能遷矣井雖居其所而不動然泉脉流通日迁徙而常

履以和行謙以制禮復以自知恒以一德損以遠害
字與書經九德而字同
不至不可以為德之基矣下八卦皆此一節而
修德之具也言履和而至所以為德之基者和而
以極其善也此正言九卦不德之善以見其能為
入而使則又形迹之不露神而隱此巽之才德所
不能隱矣巽則能順其理因時以稱其宜然其性
適均之謂稱則語下之執人皆稱而見之訓必
新居其所而遷施於其所之才德所以極其善也輕重

益以興利困以寡怨井以辯義巽以行權和行之行下孟反遠袁萬反以者用也行者日用所行之行迹也人有禮則安無禮則危禮以和之使之揆之理而順即之心而安無乖戾也制者制服之意禮太嚴截然不可犯謙以制之則和而至矣履即禮非有别禮也但上天下澤乃生定之禮生定之禮本有自然之和人之行禮若依其太嚴之體不免失之亢故用謙以制之則和矣自知者善端之復獨知之地也德不常則二三常則始終惟一時乃日新矣興利者遷

善改過則日益高明馴至美大聖神矣何利如之井以辯義者井泉流通日新不已遷徙于義非能辯義安能遷徙所以用井以辯之巽以行權者如湯武之放伐乃行權也然順乎天即巽順乎理也又應乎人皆同心同德東征西怨南征北怨是即巽之能相入也若離心離德安得謂之相入所以巽順乎理又能相入方能行權○上一節言九卦爲修德之具以之字發明之中一節言九卦之才德以而字發明之此一節言聖人用九卦以修德

以以字發明之是故行者吾德所行之行迹也恐其失于乖則用履以和之禮者吾德之品節也恐其失于嚴則用謙以制之擇善者吾身修德之始事也則用復以自知而擇之固執者吾身修德之終事也則用恒以一德而守之人欲者吾德之害也則用損以遠之天理者吾德之利也則用益以興之不知其命之當安未免怨天非所以修德也則用困以寡之不知性之當盡不能徙義非所以修德也則用井以辯之然此皆言修德之常經也

若有權變不可通常經者則用巽以行之能和行能制禮能自知能一德能遠害能興利能寡怨能辯義能行權則知行並進動靜交修經事知宜變事知權此九卦所以爲德之基之柄之本之固之修之裕之辯之地之制也以此修德天下有何憂患不可處哉

右第七章　此章論聖人以九卦修德

易之爲書也不可遠爲道也屢遷變動不居周流六虛上下无常剛柔相易不可爲典要惟變所適

書者卦爻之辭也不可遠不可離也以之崇德廣業以之居安樂玩皆不可離之意爲道者易之爲道也一陰一陽之謂道故曰道變動者卦爻之變動也不居者不居于一定也六虚者六位也虚對實言卦雖六位然剛柔往來如寄非實有也故曰六虚外三爻爲上内三爻爲下典猶冊之有典要猶體之有要典要拘于迹者也下文既有典常則以辭言之耳○易之爲書不可遠以其爲道也屢遷所以不可遠也何也易不過九六是九六也變

動不居周流于六虗之閒或自下而上或自上而下或剛易乎柔或柔易乎剛皆不可以爲一定之典要惟其變之所趨而已道之屢遷如此則廣大悉備無所不該此所以不可遠也

其出入以度外內使知懼又明於憂患與故无有師保如臨父母

出入以卦言即下文外內也出者自內而之外往也入者自外而之內來也度者法度也言所繫之辭其出入外內當吉則吉當凶則凶當悔則悔當

吝則吝各有一定之法度不可毫釐移易明于憂患者于出入以度之中又能明之也故者所以然之故也明其可憂又明其可憂之故明其可患又明其可患之故如勿用取女明其憂患也見金夫不有躬明其故也○易不可以爲典要若無一定之法度而人不知懼矣殊不知上下雖無常剛柔雖相易然其所繫之辭或出或入皆有一定之法度立于内外爻辭之閒使人皆知如朝廷之法度懼之而不敢犯也然豈特使民知懼哉又明于憂

患與故雖無師保之教訓而常若在家庭父母之側愛之而不忍違也旣惧之而不敢犯又愛之而不忍遺易道有益于人如此人豈可遠乎

初率其辭而揆其方旣有典常苟非其人道不虛行

初對旣言初者始也旣者終也率由也揆度也方道也或出或入或憂或患之方道也○易之爲書上下無常剛柔相易不可爲典要若不可揆其方矣然幸而有聖人之辭在也故始而由其辭以揆出入以度使民惧之方由其辭以揆憂患與故使

民愛之方始見易之爲書有典可循有常可蹈而向之不可爲典要者于此有典要矣故神而明之惟存乎其人率辭揆方何如耳茍非默而成之不言而信之人則不能率辭揆方屢變之道不可虚行矣豈能知易哉易之爲書不可遠如此

右第八章　此章言易不可遠率辭揆方存乎其人

易之爲書也原始要終以爲質也六爻相雜惟其時物也

質謂卦體初者卦之始原其始則二三在其中矣上者卦之終要其終則四五在其中矣卦必原始要終以爲體故文王之彖辭亦必原始要終以爲辭如屯曰元亨利貞蒙曰童蒙求我皆合其始終二體言之也若六爻之剛柔相雜則惟取其時物而已故周公之爻辭亦惟取諸時物以爲辭如乾之龍物也而有潛見躍飛之不同者時也漸之鴻物也而有于磐陸木之不同者時也○易之爲書也不過卦與爻而已一卦分而爲六爻六爻合而

爲一卦卦則舉其始終以爲體爻之剛柔雖相雜而不一然占者之决吉凶惟觀其所值之時所值之物而已雖相雜而實不雜也易之爲書蓋如此

其初難知其上易知本末也初辭擬之卒成之終

此言初上二爻初爻難知者以初爻爲爻之本方有初爻而一卦之形體未成是其質未明所以難知易知者上爻爲卦之末卦至上爻則其質已著其義畢露所以易知惟難知故聖人繫初爻之辭則必擬而議之當擬何象何占不敢輕率惟易知

故聖人繫上爻之辭不過因下文以成其終如乾初九曰潛龍上爻即曰亢龍是也

若夫雜物撰德辯是與非則非其中爻不備

物者爻之陰陽雜者兩相雜而互之也德者卦之德撰者述也內外二卦固各有其德如風山漸外卦有入之德內卦有止之德又自其中爻二五三四之陰陽雜而互之則二四有坎陷之德三五有離麗之德又撰成兩卦之德矣辯是與非者辯其物與德之是非也是者當于理也非者悖于理也

蓋爻有中有不中有正有不正有應與無應與則
必有是非矣故辯是與非非中爻不備○初與上
固知之有難易矣然卦理無窮內外有正卦之體
中爻又有合卦之體然後其義方無遺缺若夫錯
陳陰陽撰述其德以辯別其是非使徒以正卦觀
之而遺其合卦所互之體則其義必有不備者矣
噫亦要句存亡吉凶則居可知矣句知者觀其彖辭
則思過半矣要平声知音智
噫者嘆中爻之妙也亦要作句易經有一字作句

者如萃卦六二引吉无咎則一字作句也要者中也即中爻也說文身中曰要猶身中肉曰要勘今作腰言此亦不過六爻之要耳非六爻之全即知存亡吉凶也存亡者天道之消息吉凶者人事之得失居者本卦之不動也居則觀其象之居言不待六爻之動而知也彖辭文王卦下所繫之辭也○言此不過六爻中之要耳而存亡吉凶不待動爻而可知故學易者宜觀玩也若觀玩所思之精專不必觀周公分而爲六之爻辭但觀文王一卦

未分之彖辭則此心之所思者亦可以得存亡吉凶于過半况中爻之合兩卦者乎中爻成兩卦宜乎知存亡吉凶也

二與四同功而異位其善不同二多譽四多懼近也柔之爲道不利遠者其要无咎其用柔中也三與五同功而異位三多凶五多功貴賤之等也其柔危其剛勝耶

勝音升同功者二與四互成一卦三與五互成一卦皆知存亡吉凶其功同也善不同者二中四

不中故不同也不利遠者旣柔不能自立又遠于
君則孤臣矣所以不利要者約也用者發之于事
也柔中者柔而得中也三多凶者六十四卦惟謙
卦勞謙一爻許之以吉所以三多凶五爲君君則
貴有獨運之權故多功三爲臣賤不能專成故多
凶耶者疑辭也言柔居陽位則不當位而凶陽當
陽位則當位而吉此六十四卦之自定也今三多
凶者豈以柔居而凶五多功者豈以剛君之則能
勝其位而不凶耶六十四卦中亦有柔居陽位而

吉剛居陽位而凶者○二與四同功而異位二多
譽四多懼四之多懼者以其近于君有僭逼之嫌
故懼也二之多譽者以柔之為道本不利遠于君
但易不論遠近大約欲其无咎而已今柔居中位
發之于外莫非柔中之事則无咎矣此所以多譽
也三與五同功而異位三多凶五多功所以然者
以君貴臣賤故凶功不同也豈三乃陰居陽位則
凶五乃陽居陽位則勝耶非也乃貴賤之等使然
耳夫以中之四爻同功矣而有譽有懼有凶有功

可見六爻相雜惟其時物正體與互體皆然也聖人設卦立象繫辭不遺中爻者以此

右第九章　此章專論中爻

易之爲書也廣大悉備有天道焉有人道焉有地道焉兼三才而兩之故六六者非他也三才之道也

廣大者體統渾淪也悉備者條理詳密也兼三才若三才本各一因重爲六故兩其天兩其人兩其地也天不兩則獨陽無陰矣地不兩則獨陰無陽矣人不兩則不生不成矣此其所以兩也才者能

也天能覆地能載人能參天地故曰才三才之道
者立天之道曰陰與陽五爲陽上爲陰也立人之
道曰仁與義三爲仁四爲義也立地之道曰柔曰
剛初爲剛二爲柔也○易之爲書廣大悉備何也
以易三畫之卦言之上畫有天道焉中畫有人道
焉下畫有地道焉此之謂三才也然此三才使一
而不兩則獨而無對非三才也于是兼三才而兩
之故六六者豈有他哉三才之道本如是其兩也
天道兩則陰陽成象矣人道兩則仁義成德矣地

道兩則剛柔成質矣道本如是故兼而兩之非聖
人之安排也易之爲書此其所以廣大悉備也
道有變動故曰爻爻有等故曰物物相雜故曰文文
不當故吉凶生焉當都浪反
變動者潛見躍飛之類也等者剛柔大小遠近貴
賤之類也物者陽物陰物也爻不可以言物有等
則謂之物矣相雜者相間也一不獨立兩則成文
陰陽兩物交相錯雜猶青黃之相兼故曰文不當
者非專指陽居陰位陰居陽位也卦情若淑或以

不當爲吉剥之上九豫之九四是也卦情若愿反以當位爲凶大壯初九同人六二是也要在隨時變易得其當而已一變動之間即有物有文有吉凶非有先後也卦必舉始終而成體故上章以質言曰兼三才猶上章之所謂質也爻必雜剛柔而爲用故此章以文言曰變動者猶上章之所謂時物也○三才之道變動不居故曰爻爻也者言乎其變效天下之動者也爻有等故曰物物相雜故曰文文不當位故吉凶生焉夫一道也爲爻爲物

爲爻爲吉凶而皆出于易此其書所以廣大悉備

也

右第十章　此章言易廣大悉備

易之興也其當殷之末世周之盛德邪當文王與紂

之事邪是故其辭危危者使平易者使傾其道甚大

百物不廢懼以終始其要无咎此之謂易之道也易者

之易以鼓反

危者使平易者使傾此聖人傳心之言如以小而

一身論一飲一食易而不謹必至終身之疾一言

一語易而不謹必至終身之玷此一身易者之傾也以大而國家論越王臥薪嘗胆冬持氷夏持火卒擒吳王此危者之平也玄宗天寶已前海内冨庶遂深居禁中以聲色自娛悉以政事委之李林甫京師遂爲安祿山所陷此易者之傾也其道甚大百物不廢于此可見危使平易使傾卽書言殖有禮覆昏暴之意物者事也廢字卽傾字也若依小註萬物之理無所不具則全非本章危平易傾之易矣懼以終始者危懼自始至終惟恐其始危

而終易也〇易之興也其當殷之末世周之盛德耶當文王與紂之事耶惟當文王與紂之事是故玩其辭往往有危懼警戒之意蓋危懼則得平安慢易必至傾覆易之道也此道甚大雖近而一身遠而天下國家凡平者皆生于危凡傾者皆生于易若常以危懼爲心則凡天下之事物雖百有不齊然生全成于憂患未有傾覆而廢者矣故聖人繫易之辭懼以終始不敢始危而終易者大約欲人恐懼修省至于无咎而已此則易之道也

右第十一章

夫乾天下之至健也德行恒易以知險夫坤天下之至順也德行恒簡以知阻行去声易以豉反阻莊呂反

健順者乾坤之性德者乾坤蘊畜之德得諸心者也即日新盛德之德也行者乾坤生成之迹見諸事者也即富有大業之事也易簡者乾坤無私之理也險阻者乾坤至賾至動之事險者險難也易直之反阻者壅塞也簡靜之反惟易直無私者可以照天下巇險之情惟簡靜無私者可以察天下

煩蘊之故六十四卦利貞者無非易簡無私之理
而已此節止論其理言知險知阻乃健順德行易
簡之能事也未說道聖人與易至下文說心研慮
方說聖人八卦象告方說到易
能說諸心能研諸侯之慮定天下之吉凶成天下之
亹亹者是故變化云爲吉事有祥象事知器占事知
來
說音悅侯之二字衍吉作言
能者人皆不能而聖人獨能之也能字在前者字
在後者言能悅心研慮定天下吉凶成天下亹亹

者惟聖人也險阻之吉如大過過涉滅頂盡之利涉大川是也云爲卽言行二字變化卽欲動者尚其變變字吉字劉績讀作言今從之○聖人事未至則能以易簡無私之理悅諸心事既至則能以易簡無私之理研諸慮是卽乾坤之易簡矣是以險阻之吉者知其爲吉險阻之凶者知其爲凶而定天下之吉凶險阻之吉者則教人趨之險阻之凶者則教人避之而成天下之亹亹是故易必以動者尚其變也聖人則卽其易簡之理不必尚其

變而凡有所云爲自變化而莫測易必以言者尚
其辭也聖人則卽其易簡之理不必尚其辭而凡
事必有兆自前知而如神事之有形迹而爲器者
易必以制器者尚其象也聖人則知以藏往卽其
易簡之理而知其一定之器事之無形迹而爲來
者易必以卜筮者尚其占也聖人則神以知來卽
其易簡之理而知其未然之來此則聖人未卜筮
而知險知阻也

天地設位聖人成能人謀鬼謀百姓與能八卦以象

告爻彖以情言剛柔雜居而吉凶可見矣

凡人有事人謀在先及事之吉凶未决方决于卜筮所以說人謀鬼謀百姓與能也故書曰謀及乃心謀及卿士謀及庶人謀及卜筮先心而後人先人而後鬼輕重可知矣象者像也八卦成列象在其中矣凡卦中之畫及天地雷風乾馬坤牛之類也爻者效天下之動者也彖者材也皆有辭也情卽象之情陽有陽之情陰有陰之情乾馬有健之情坤牛有順之情剛柔卽九六也相雜則吉凶之

理自判然可見告者告此險阻也言者言此險阻
也見者見此險阻也○天地設位有易簡之理而
知險知阻此天地之能也聖人則以易簡之理悅
心研慮未卜筮而知險知阻矣然百姓不皆聖人
也于是聖人作易以成天地之能所以天下之事
雖至險至阻其來無端然明而既謀于人幽而又
謀于鬼不惟賢者可與其能雖百姓亦可以與能
矣然百姓亦可以與能者豈百姓于易簡之理亦
能悅心研慮哉蓋八卦以象告險阻爻彖以情言

險阻剛柔相雜以吉凶見險阻是以百姓雖至愚
然因聖人作易之書其所告所言所見自能知險
知阻矣所以聖人能成天地之能而百姓亦與能
也
變動以利言吉凶以情遷是故愛惡相攻而吉凶生
遠近相取而悔吝生情僞相感而利害生凡易之情
近而不相得則凶或害之悔且吝
卦以變爲主故以利言其言吉者利人也其言凶
者人則避之亦利也愛相攻家人九五是也惡相

攻同人九三是也遠相取恒之初六是也近相取豫之六三是也情相感中孚九二是也情者情實也對僞而言僞相感漸之九三是也曰相攻曰相取曰相感卽情也感者情之始動利害之開端也取則情已露而悔吝著矣攻則情至極而吉凶分矣卦爻中其居皆有遠近其行皆有情僞其情皆其愛惡也凡易之情者聖人作易之情也近者近乎相攻相取相感之情也與上文遠近之近不同不相得者不相得其易簡之理而與之違背也情

兼八卦剛柔故此節言卦爻之情下節言人之情

○易之爲書以象告以情言見吉凶百姓固可以與能矣而人之占卜者卦中之變動本教占者趨吉避凶無不利者也然變動中有吉有凶其故何也以其卦爻之情而遷移也是故情之險阻不同有愛惡相攻險阻之情則吉凶生矣有遠近相取險阻之情則悔吝生矣有情僞相感險阻之情則利害生矣凡易之情以貞爲主貞即易簡之理也情雖險阻不同若合乎易簡之理則吉矣利矣無

悔吝矣若近乎相攻相取相感之情而違背乎易簡之理則凶矣害矣悔且吝矣小而悔吝中而利害大而吉凶皆由此險阻之情而出此易所以以象告以情言見吉凶使人知所趨避者此也

將叛者其辭慙中心疑者其辭枝吉人之辭寡躁人之辭多誣善之人其辭游失其守者其辭屈

叛者背理慙者羞愧疑者可否未決枝者兩岐不一躁者急迫無涵養誣善之人或援正入邪或推邪入正故游蕩無實失守者無操持屈者抑而不

伸○相攻相取相感卦爻險阻之情固不同矣至于人之情則未易見也然人心之動因言以宣試以人險阻之情發于言辭者觀之蓋人情之險阻不同而所發之辭亦異是故將叛者其辭必慙中心疑者其辭必枝吉人之辭必寡躁人之辭必多誣善之人其辭必游失其守者其辭必屈夫吉者得易簡之理者也叛疑躁誣失守者失易簡之理者也人情險阻不同而其辭既異如此又何獨于聖人卦爻之辭而疑之可見易知險簡知阻本聖

人成天地之能而使百姓與能者亦不過以易簡
之理知其險阻而已
右第十二章　此章反復論易知險簡知阻蓋
天尊地卑首章言聖人以易簡之德成位乎
天地見聖人作易之原此章言聖人以易簡
之德知險知阻作易而使百姓與能見聖人
作易之實事也

周易集註卷之十四終

周易集註卷之十五

梁山來知德集註

說卦傳

昔者聖人之作易也幽贊於神明而生蓍參天兩地而倚數觀變於陰陽而立卦發揮於剛柔而生爻和順於道德而理於義窮理盡性以至於命

言蓍草乃神明幽助方生周公之爻定陽九陰六者非老變而少不變之說也乃參天兩地而倚數也參兩之說非陽之象圓圓者徑一而圍三陰之

象方方者徑一而圍四之説也蓋河圖天一地二
天三地四天五地六天七地八天九地十一二三
四五者五行之生數也六七八九十者五行之成
數也生數居河圖之内乃五行之發端故可以起
數成數居河圖之外則五行之結果故不可以起
數參之者三之也天一天三天五之三位也兩之
者二之也地二地四之二位也倚者依也天一依
一天三天三依天五而爲九地二依地四而爲六也
若以畫數論之均之爲三參之則三箇三兩之則

兩箇三矣聖人用蓍以起數九變皆三畫之陽則三其三而爲九此九之毋也則過揲之策四九三十六此九之子也參之是三箇十二矣九變皆二畫之陰則二其三而爲六此六之毋也則過揲之策四六二十四此六之子也兩之是兩箇十二矣均之爲十二參之則三箇兩之則兩箇也以至乾六爻之策二百一十有六乃三箇七十二合之也均之爲七十二參之則三箇兩之則兩箇矣總之乾策六千九百十二乃三箇二千三百四合之也

坤策四千六百八乃兩箇二千三百四合之也均之二千三百四參之則三箇兩之則兩箇矣此皆河圖生數自然之妙非聖人之安排也若夫七八亦乾坤之策但二五爲七三四爲七是一地一天不得謂參兩一三四爲八一二五爲八是一地二天亦不得謂之參兩以至過揲之策六爻之策萬物之數皆此參兩故周公三百八十四爻皆用九六者以生數可以起數成數不可以起數也觀變者六十四卦皆八卦之變陽變陰陰變陽也如乾

神明之德恒有以貫徹之不相悖戾拂逆也理于
天而言謂之命和順于道德者謂易中形上之道
性道德理性四者自其在人而言謂之義自其在
而不可移易謂之理自其各得其所賦之理謂之
由而言謂之道自其蘊畜而言謂之德自其散布
百八十四爻也易中所言之理一而已矣自其並
圖發揮于剛柔者指散剛柔于六十四卦而生三
二爻變則為臨是也詳見雜說八卦變六十四卦
初爻變則為姤二爻變則為遯坤初爻變則為復

義者六十四卦皆利于貞其要無咎者義也今與
道德不相違背則能理料其義凡吉凶悔吝無咎
皆合乎心之制事之宜矣窮理者謂易中幽明之
理以至萬事萬物之變皆有以研窮之也盡性者
謂易中健順之性以至大而剛常小而細微皆有
以處分之也至于命者凡人之進退存亡得喪皆
命也今既窮理盡性則知進知退知存知亡知得
知喪與天合矣故至于命也惟聖人和順于道德
窮理盡性是以文王發明六十四卦之彖辭周公

發明三百八十四爻之爻辭有吉有凶有悔有吝有無咎者皆理于義至于命也使非理義立命安能彌綸天地觀象玩辭觀變玩占自天祐之吉無不利也哉幽贊二句言蓍數也蓍與河圖皆天所生故先言此二句立卦者伏羲也生爻者周公也理義至命者文王周公之辭也上理字理料之理下理字義理之理自聖人之作易也下六句皆一意幽贊于神明參天兩地觀變于陰陽發揮于剛柔和順于道德窮理盡性一意也生也倚也立也

生也理也至也一意也聖人作易不過此六者而
已言著數卦爻而必曰義命者道器無二致理數
不相離聖人作易惟教人安于義命而已故兼天
人而言之此方謂之易非舊註極功之謂也故下
文言順性命之理以陰陽剛柔仁義並言之○言
易有著乃聖人幽贊於神明而生之易有數乃聖
人參天兩地而倚之易有卦乃聖人觀變于陰陽
而立之易有爻乃聖人發揮于剛柔而生之易彖
辭爻辭中有義乃聖人和順于道德而理之易彖

卦爻辭中有命乃聖人窮理盡性而至之

昔者聖人之作易也將以順性命之理是以立天之道曰陰與陽立地之道曰柔與剛立人之道曰仁與義兼三才而兩之故易六畫而成卦分陰分陽迭用柔剛故易六位而成章

性人之理命天地之理也陰陽以氣言寒暑往來之類是也剛柔以質言山峙川流之類是也仁義以德言事親從兄之類是也三者雖若不同然仁者陽剛之理義者陰柔之理其實一而已矣蓋天

地間不外形氣神三字如以人論骨肉者剛柔之體也呼吸者陰陽之氣也與形氣不相離者五性之神也理也特因分三才故如此分爾天無陰陽則氣機息地無剛柔則地維墜人無仁義則禽獸矣故曰立天立地立人兼三才而兩之者總分三才爲上中下三段而各得其兩初剛而二柔三仁而四義五陽而上陰也分陰分陽以爻位言分初三五爲陽位二四上爲陰位也既分陰分陽乃迭用剛柔之爻以居之或以柔居陰以剛居陽爲當

位以柔居陽以剛居陰爲不當位亦有以剛柔之交互居陰陽之位爲剛柔得中者故六位雜而成文章也○昔者聖人之作易也將以順性命之理而已非有所勉強安排也以性命之理言之立天之道曰陰與陽立地之道曰柔與剛立人之道曰仁與義而性命之理則根于天地具于人心者也故聖人作易將此三才兼而兩之六畫而成卦又將此三才分陰分陽迭用而成章者無非順此性命之理而已

右第二章

天地定位山澤通氣雷風相薄水火不相射八卦相錯數往者順知來者逆是故易逆數也射音石數色主反

相薄者薄激而助其雲雨也不相射者不相射害也相錯者陽與陰相對待一陰對一陽二陰對二陽三陰對三陽也故一與八錯二與七錯三與六錯四與五錯八卦不相錯則陰陽不相對待非易矣宋儒不知錯綜二字故以爲相交而成六十四卦殊不知此專說八卦逆數方得相錯非言六十

四卦也乾一兌二離三震四前四卦為往巽五坎
六艮七坤八後四卦為來數往者順數圖前四卦
乾一至震四往者之順也知來者逆知圖後四卦
巽五至坤八來者之逆也是故易逆數者言因錯
卦之故所以易逆數巽五不次于震四而次于乾
一也○惟八卦既相錯故聖人立圓圖之卦數往
者之既順知來者之當逆使不逆安而巽五即次
于震四之後則八卦不相錯矣是故四卦逆數巽
五復四次于乾一者以此

右第三章　此章言伏羲八卦逆數方得相錯

雷以動之風以散之雨以潤之日以晅之艮以止之

兑以說之乾以君之坤以藏之晅況晚反　說音悅

天地定位上章言八卦之對待故首之以乾坤此章言八卦對待生物之功故終之以乾坤乾坤始交而爲震巽震巽相錯動則物萌散則物解此言生物之功也中交而爲坎離坎離相錯潤則物滋晅則物舒此言長物之功也晅者明也終交而爲艮兑艮兑相錯止則物成說則物遂此言成物之

功也若乾則爲造物之主而于物無所不統坤則
爲養物之府而于物無所不容六子不過各分一
職以聽命耳

右第四章　此章言伏羲八卦相錯生物成物
之功

帝出乎震齊乎巽相見乎離致役乎坤說言乎兌戰
乎乾勞乎坎成言乎艮（說音悅　勞去聲）

此文王圓圖帝者陽也陽爲君故稱帝乾以君之
乃其証也且言帝則有王宰之意故不言陽而言

帝孔子下文不言帝止言萬物者亦恐人疑之也
出也齊也相見也致役也說也戰也勞也成也皆
帝也二言字助語辭震方三陽開泰故曰出致者
委也坤乃順承天故爲陽所委役至戌亥之方陽
剥矣故與陰戰曰戰乎乾者非與乾戰也陽與陰
戰于乾之方也伏羲圓圖之乾以天地之乾言文
王圓圖之乾以五行乾金之乾言至坎則以肅殺
相戰之後適值乎慰勞休息之期陽生于子故曰
勞至艮方陽已生矣所以既成其終又成其始

萬物出乎震震東方也齊乎巽巽東南也齊也者言萬物之潔齊也離也者明也萬物皆相見南方之卦也聖人南面而聽天下嚮明而治蓋取諸此也坤也者地也萬物皆致養焉故曰致役乎坤兑正秋也萬物之所說也故曰說言乎兑戰乎乾乾西北之卦也言陰陽相薄也坎者水也正北方之卦也勞卦也萬物之所歸也故曰勞乎坎艮東北之卦也萬物之所成終而所成始也故曰成言乎艮

潔齊卽姑洗之意春三月物尚有不出土者或有

未開花葉若彼此不得相見至五月物皆暢茂彼此皆相見故曰萬物皆相見夏秋之交萬物養之于土皆得向實然皆陽以委役之故曰致役乎坤至正秋陽所生之物皆成實矣故說至戌亥之月陽剝矣故與陰相戰于乾之方至子月萬物已歸矣休息慰勞于子之中故勞至冬春之交萬物已終矣然一陽復生故又成其始此因文王圓圖帝出乎震八句孔子解之雖八卦震巽離坤兌乾坎艮之序實春夏秋冬五行循環流行之序也蓋震

巽屬木木生火故離次之離火生土故坤次之坤土生金故兊乾次之金生水故坎次之水非土亦不能生木故艮次之水土又生木火此自然之序也若以四正四隅論離火居南坎水居北震動也物生之初故居東兊說也物成之後故居西此各居正位者也震陽木巽陰木故巽居東南巳方兊陰金乾陽金故乾居西北亥方坤陰土故居西南艮陽土故居東北此各居四隅者也

右第五章　此章言文王圓圖帝出乎震一節

言八卦之流行後一節言八卦流行生成物之功

神也者妙萬物而爲言者也動萬物者莫疾乎雷橈萬物者莫疾乎風燥萬物者莫熯乎火說萬物者莫說乎澤潤萬物者莫潤乎水終萬物始萬物者莫盛乎艮故水火相逮雷風不相悖山澤通氣然後能變化既成萬物也

神卽雷風之類妙卽動橈之類以其不可測故謂之神亦如以其主宰而言謂之帝也動鼓也橈散

也燥乾也澤地上中之水氣皆是也水者冬之水
天降雨露之屬皆是也逮及也謂相濟也既盡也
成生成也前節言伏羲之對待曰雷動風散者雷
風相對也曰雨潤日晅者水火相對也曰艮止兌
說者山澤相對也此節言文王之流行曰動萬物
者春也曰橈萬物者春夏之交也曰燥萬物者夏
也曰說萬物者秋也曰潤萬物者冬也曰終始萬
物者冬春之交也所以火不與水對山不與澤對
先儒不知對待流行而倡爲先天後天之說所以

本義于此二節皆云未詳殊不知二圖分不得先後譬如天之與地對待也二氣交感生成萬物者流行也天地有先後哉男之與女對待也二氣交感生成男女者流行也男女有先後哉所以伏羲文王之圖不可廢一孔子所以發二聖千載之秘者此也此節乃總括上四節二圖不可廢一之意所以先儒未詳其義○神也者妙萬物而爲言者也以文王流行之卦圖言之雷之動風之撓火之燥澤之說水之潤艮之終始其流行萬物固極其

盛矣然必有伏羲之對待水火相濟雷風不相悖山澤通氣然後陽變陰化有以運其神妙萬物而生成之也若止于言流行而無對待則男女不相配剛柔不相摩獨陰不生獨陽不成安能行鬼神成變化而動之撓之燥之説之潤之以終始萬物哉

右第六章　第三章天地定位第四章雷以動之言伏羲圓圖之對待第五章帝出于震一節言文王圓圖之流行此則總二聖之圖而

言文王之流行必有伏羲之對待而後可流

行也

乾健也坤順也震動也巽入也坎陷也離麗也艮止

也兌說也

此言八卦之情性乾純陽故健坤純陰故順震坎

艮陽卦也故皆從健巽離兌陰卦也故皆從順健

則能動順則能入此震巽所以爲動爲入也健遇

上下皆順則必溺而陷順遇上下皆健則必附而

麗此坎離所以爲陷爲麗也健極于上前無所往

必止順見于外情有所發必悅

右第七章

乾爲馬坤爲牛震爲龍巽爲雞坎爲豕離爲雉艮爲狗兌爲羊

馬性健其蹄圓乾象牛性順其蹄拆坤象龍蟄物遇陽則奮震之一陽動于二陰之下者也雞羽物遇陰則入巽之一陰伏于二陽之下者也豕性剛躁陽剛在內也雉羽文明陽明在外也狗止人之物羊悅群之物此遠取諸物如此

右第八章

乾爲首坤爲腹震爲足巽爲股坎爲耳離爲目艮爲手兌爲口

首尊而在上故爲乾腹納而有容故爲坤陽動陰靜動而在下者足也陽連陰拆拆而在下者股也坎陽在内猶耳之聰在内也離陽在外猶目之明于外也動而在上者手也拆而在上者口也此近取諸身如此

右第九章

乾天也故稱乎父坤地也故稱乎母震一索而得男故謂之長男巽一索而得女故謂之長女坎再索而得男故謂之中男離再索而得女故謂之中女艮三索而得男故謂之少男兑三索而得女故謂之少女

六子皆自乾坤而生故稱父母索者陰陽之相求也陽先求陰則陽入陰中而爲男陰先求陽則陰入陽中而爲女震坎艮皆坤體乾之陽來交于坤之初而得震則謂之長男交于坤之中而得坎則謂之中男交于坤之末而得艮則謂之少男巽離

兑皆乾體坤之陰來交于乾之初而得巽則謂之長女交于乾之中而得離則謂之中女交于乾之末而得兑則謂之少女三男本坤體各得乾之一陽而成男陽根于陰也三女本乾體各得坤之一陰而成女陰根于陽也此文王有父母六子之說故孔子發明之亦猶帝出于震孔子解之也

右第十章

乾爲天爲圜爲君爲父爲玉爲金爲寒爲氷爲大赤爲良馬爲老馬爲瘠馬爲駁馬爲木果

純陽而至健爲天故爲天天體圜運動不息故爲圜乾之主乎萬物猶君之主萬民也故爲君乾知太始有父道焉故爲父純粹爲王純剛爲金爲寒爲氷者氷則寒之凝也乾居亥位陽生于子也大赤盛陽之色也寒氷在子以陽之始言之大赤在午以陽之終言之良馬馬之健而純健之不變者也老馬健之時變者也瘠馬健之身變者也駁馬健之色變者也乾道變化故又以變言之木果圓之在上者也漢荀爽集九家易傳有爲龍爲直

爲衣爲言

坤爲地爲母爲布爲釜爲吝嗇爲均爲子母牛爲大輿爲文爲衆爲柄其於地也爲黑

純陰爲地資生爲母爲布者陰柔也且地南北經而東西緯亦布象也爲釜者陰虛也且六十四卦爲釜亦如坤包六十四卦也其靜也翕凝聚不施故爲吝嗇其動也闢不擇善惡之物皆生故爲均性順而生物生生相繼故爲子母牛能載物爲輿曰大輿者乃順承天之大也三畫成章故爲文偶

晝成群故爲衆柄者持成物之權黒者爲極陰之色苟九家有爲牝爲迷爲方爲囊爲裳爲黄爲帛

震爲雷爲龍爲玄黄爲旉爲大塗爲長子爲決躁爲蒼筤竹爲萑葦其於馬也爲善鳴爲馵足爲作足爲的顙其於稼也爲反生其究爲健爲蕃鮮 旉作車筤音郎萑音丸馵之樹反

震者動也爲雷者氣之動于下也爲龍者物之動于下也乾坤始交而成震兼天地之色故爲玄黄旉當作車字震動也車動物也此震之性當作車

也上空虛一陽橫于下有舟車之象故剥卦君子得輿小人剥廬陽剥于上有剥廬之象陽生于下則爲震矣有得輿之象此震之象當作車也且從大塗從作足馬則車誤作旉也明矣一奇動于内而二偶開張四通八達故爲大塗坤一索而得男故爲長子一陽動于下其進也鋭故爲决躁蒼者東方之色故爲蒼筤竹萑葦萑荻與蘆也與竹皆下本實而上幹虛陽下陰上之象也凡聲陽也上偶開口故爲善鳴爾雅馬左足白曰馵震居左故曰

馵作者兩足皆動也一陽動于下故爲作足顙者
額也的顙者白額之馬也震錯巽巽爲白故爲頭
足皆白之馬剛反在下故稼爲反生反生者根在
上也究者究其前之所進也陽剛震動勢必前進
故究其極而言之究其健者震進則爲臨爲泰爲
三畫之純陽矣故爲健究蕃者究其陽所生之物
也帝出乎震則齊乎巽相見乎離品物咸亨而蕃
盛矣故爲蕃究鮮者鮮謂魚震錯巽故爲魚也書
奏庶鮮食謂魚肉之類老子治大國如烹小鮮則

專言魚也究健究蕃者究一陽之前進也究鮮者
究一陽之對待也荀九家有爲玉爲鵠爲鼓
巽爲木爲風爲長女爲繩直爲工爲白爲長爲高爲
進退爲不果爲臭其於人也爲寡髮爲廣顙爲多白
眼爲近利市三倍其究爲躁卦
巽入也物之善入者莫如木故無土不穿氣之善
入者莫如風故無物不被坤一索乾而得巽故爲
長女木曰曲直繩直者從繩以取直而工則引繩
之直以制木之曲者也巽德之制故能制巽爲工

伏羲圓圖震始巽其震居東北爲言巽居西南爲日
蓋木方言則金方曰也陽長陰短陽向陰甲一陽
一陰又陽居其上陰居其下故爲長爲高爲風行無
常故進退風或東或西故不果臭以風而傳陰伏
于重陽之下鬱積不散故爲臭姤卦包無魚利賓
者以臭故也爲寡髮者髮屬血陰血不上行也廣
顙者闊額也陽氣獨上盛也眼之白者爲陽黑者
爲陰所以離爲目巽二白在上一黑沉于下故爲
白眼巽其本乾體爲金爲王利其利于乾也坤一索

而爲巽巽性入則乾之所有皆入于巽矣故近市
利三倍曰近者亦如市之交易有三倍之利也震
爲決躁巽錯震故其究爲躁卦亦如震之其究爲
健也震巽以究言者剛柔之始也荀九家有爲楊
爲鸛

坎爲水爲溝瀆爲隱伏爲矯輮爲弓輪其於人也爲
加憂爲心病爲耳痛爲血卦爲赤其於馬也爲美脊
爲亟心爲下首爲薄蹄爲曳其於輿也爲多眚爲通
爲月爲盜其於木也爲堅多心

水内明坎之陽在内故爲水陽畫爲水二陰夾之故爲溝瀆陽匿陰中爲柔所掩故爲隱伏矯者直而使曲輮者曲而使直水流有曲直故爲矯輮因爲矯輮弓與輪皆矯輮所成故爲弓輪陽陷陰中心危慮深故爲加憂心耳皆以虛爲體坎中實故爲病爲痛蓋有孚則心亨加憂則心病矣水在天地爲水在人身爲血爲赤者得乾之一畫與乾色同但不大耳乾爲馬坎得乾之中爻而剛在中故爲馬之美脊剛在内而躁故爲亟心柔在上故首

垂而不昂柔在下故蹄薄而不厚因下柔故又爲
曳盖陷則失健足行無力也多眚者險陷而多阻
因柔在下不能任重也上下皆虛水流而不滯故
通月者水之精從其類也盜能伏而害人剛強伏
匿于陰中故爲盜中實故木多心堅莿九家有爲
宮爲律爲可爲棟爲叢棘爲狐爲蒺藜爲桎梏
離爲火爲日爲電爲中女爲甲冑爲戈兵其於人也
爲大腹爲乾卦爲鱉爲蟹爲蠃爲蚌爲龜其於木也
爲科上槁蠃者騾力木反

離者麗也火麗木而生故爲火日者火之精電者
火之光故爲日爲電甲胄以堅象離之畫戈兵上
銳象離之性中虛故爲大腹乾音干火流燥故稱
血火就燥故稱乾外剛內柔故爲介物中虛故爲
木之科者科巢之家也家上故木上槁而孔家
有爲牝牛
艮爲山爲徑路爲小石爲門闕爲果蓏爲閽寺爲指
爲狗爲鼠爲黔喙之屬其於木也爲堅多節蓏並曰稞喙況廢反
山止于地故爲山一陽塞于外不通大塗與震相

反故爲徑路剛在坤土之上故爲小石上畫相連
下畫雙峙而虛故爲門闕木實植生曰果草實蔓生
生曰蓏實皆在上故爲果蓏閽人掌王宮中門之
禁止物之不應入者寺人掌王之内人及宫女之
戒令止物之不得出者艮剛止内柔故爲閽寺人
能止于物者在指物能止于物者在狗鼠之爲物
其剛在齒鳥之爲物其剛在喙黔者黒色鳥喙多
黒曰屬者不可枚舉也狗鼠黔喙皆謂前剛也坎
陽在内故木堅在心艮陽在上故木堅多節木枝

在上方有節苟九家有爲鼻爲虎爲狐
兑爲澤爲少女爲巫爲口舌爲毀折爲附決其於地
也爲剛鹵爲妾爲羊
澤乃潴水之地物之潤而見乎外者亦爲澤兑之
陰見乎外故爲澤坤三索於乾而得女故爲少女
女巫擊鼓婆娑乃歌舞悦神者也通乎幽者以言
悦乎神爲巫通乎頭者以言悦乎人爲口舌正秋
萬物條枯實落故爲毀折此以其時言也柔附于
剛剛乃決柔故爲附決震陽動故決躁兑陰悦故

附决兌非能自决乃附于剛而决也此以其勢言也兌金乃堅剛之物故爲剛說文云鹵西方鹹地兌正西故爲鹵少女從娣爲娣故爲妾内狠外說故爲羊荀九家有爲常爲輔頰

右第十一章　此章廣八卦之象

序卦傳

序卦者孔子因文王之序卦說此一篇之理以序之也一篇之理在所要孔子分明恐後儒雜亂文王之序卦故皆此一篇之理以序之其實本意事恐儒雜亂其卦也知大過以下便非孔子序卦可証訓後儒又象訟紛紜氏改正丘氏猶以爲不當措以經文旨不象訟所以序卦有功于易衆儒不知象說說序卦非聖人之書又說非聖人之蘊非聖人之精然不知序卦非爲

理設乃爲象設也如井蹇解無妄等卦辭使非序卦雜卦則不如文王之言何自而來也自孔子沒歷秦漢至今日叛經者皆因不知序卦雜卦也以此觀之謂序卦爲聖人之至精可也

有天地然後萬物生焉盈天地之間者唯萬物故受之以屯屯者盈也屯者物之始生也物生必蒙故受之以蒙蒙者蒙也物之穉也物穉不可不養也故受之以需需者飲食之道也飲食必有訟故受之以訟

盈者言乾坤之氣盈充塞于兩間也如有欠缺豈

能生物屯不訓盈言萬物初生之時如此鬱結未通必如此盈也物之始生精神未發若蒙昧然故屯後繼蒙蒙者蒙也上蒙字卦名下蒙字物之象也穉者小也小者必養而後長大水在天以潤萬物乃萬物之所需者需不訓飲食謂人所需于飲食者在養之以中正乃飲食之道也飲食人之所大欲也所需不如所欲則必爭乾餱以愆豕酒生禍故訟

訟必有衆起故受之以師師者衆也衆必有所比故

受之以比比者比也比必有所畜故受之以小畜物畜然後有禮故受之以履履而泰然後安故受之以泰泰者通也物不可終通故受之以否

争起而黨類必衆故繼之以師比者比也上比卦名下比相親附之謂也衆必有所親附依歸則聽其約束故受之以比人來相比必有以畜養之者無以養之何以成比故受之以小畜禮義生于富足物畜然後有禮故受之以履禮蓋人之所履非以禮訓履也人有禮則安無禮則危故受之以泰

治亂相仍如環無端無久通泰之理故受之以否
物不可以終否故受之以同人與人同者物必歸焉
故受之以大有有大者不可以盈故受之以謙有大
而能謙必豫故受之以豫豫必有隨故受之以隨以
喜隨人者必有事故受之以蠱
上下不交所以成否今同人于野利涉大川嚋昔
儉德辟難之君子皆相與出而濟否矣故繼之以
同人能一視同人則近悦遠來而所有者大矣故
大者皆爲吾所有所有既大不可以有自滿也故

受之以謙有大不盈而能謙則永保其所有之大
而中心和樂矣故受之以豫和樂而不拒絕乎人
則人皆欣然願隨之矣故受之以隨以喜隨人者
非無故也必有其事如臣之隨君必以官守言責
爲事弟子之隨師必以傳道解惑爲事故受之以
蠱
蠱者事也有事而後可大故受之以臨臨者大也物
大然後可觀故受之以觀可觀而後有所合故受之
以噬嗑嗑者合也物不可以苟合而已故受之以賁

賁者飾也致飾然後亨則盡矣故受之以剝

蠱者壞也物壞則萬事生矣事因壞而起故以蠱爲事可大之業每因事以生故受以臨臨者二陽進而逼四陰駸駸乎向于大矣臨不訓大臨者以上臨下以大臨小凡稱臨者皆大者之事也故以大釋之凡物之小者不足以動人之觀大方可觀德之大則光輝之著自足以起人之瞻仰業之大則勳績之偉自足以耀人之耳目故臨次以觀旣大而可觀則信從者衆自有來合之者故受以噬

嗑物不可以苟合又在乎賁以飾之不執贄則不足以成賓主之合不受幣則不可以成男女之合賁所以次合也賁者文飾也致者專事文飾之謂也文飾太過則爲亨之極亨極則儀文盛而實行衰故曰致飾亨則盡矣故繼之以剥

剥者剥也物不可以終盡剥窮上反下故受之以復復則不妄矣故受之以无妄有无妄然後可畜故受之以大畜物畜然後可養故受之以頤頤者養也不養則不可動故受之以大過物不可以終過故受之

以坎坎者陷也陷必有所麗故受之以離離者麗也
所謂剥者以其剥落而盡也然物不可以終盡既
剥盡于上則必復生于下故繼之以復復者反本
而復于善也善端既復則妄念不生妄動不萌而
不妄矣无妄則誠矣誠則好善如好好色惡惡如
惡惡臭然後可以畜德而至于大故受之以大畜
物必畜聚然後可養况我之德乎德既畜于己則可
以優游涵泳而充養之以至于化矣是可養也故
受之以頤頤者養之義也有大涵養而後有大施

設養則可動不養則不可動矣動者施設而見于用也故受之以大過大過者以大過人之才爲大過人之事非有養者不能也然天下之事中焉止矣理無大過而不已過極則陷溺于過矣故受之以坎坎者一陽陷于二陰之間陷之義也陷于險難之中則必有所附麗庶資其才力而難可免矣故受之以離離者一陰麗于二陽之間附麗之義也物不可以終通終否終盡終過以理之自然言也造化乃如此也有大者不可以盈不養則不可

動以理之當然言也人事乃如此也

右上篇

有天地然後有萬物有萬物然後有男女有男女然後有夫婦有夫婦然後有父子有父子然後有君臣有君臣然後有上下有上下然後禮義有所錯

有夫婦則生育之功成而有父子有父子則尊卑之分起而後有君臣有君臣則貴賤之等立而後有上下上下既立則有拜趨坐立之節有宮室車馬之等小而繁纓之微大而衣裳之垂其制之必

有文故謂之禮其處之必得宜故謂之義錯者交
錯也即八卦之相錯也禮義尚往來故謂之錯
夫婦之道不可以不久也故受之以恒恒者久也物
不可以久居其所故受之以遯遯者退也物不可以
終遯故受之以大壯物不可以終壯故受之以晉晉
者進也進必有所傷故受之以明夷
物不可以久居其所泛論物理也如人臣居寵位
之久者是也豈有夫婦不久居其所之理序卦止
有一端之理者正在于此遯者退也物不可以終

退故受之以大壯既壯盛則必進故受之以晉進而不已則知進不知退必有所傷矣亦物不可久居其所之意易之消息盈虛不過如此時止時行則存乎其人也

夷者傷也傷於外者必反其家故受之以家人家道窮必乖故受之以睽睽者乖也乖必有難故受之以蹇蹇者難也物不可以終難故受之以解解者緩也緩必有所失故受之以損

傷于外者其禍必及于家故受之以家人禍及于

家則家道窮困矣家道窮困則父子兄弟豈不相怨故受之以睽睽一家乖睽則内難作矣故受之以蹇凡人患難必有解散之時故受之以解緩則怠惰偷安廢時失事故受之以損

損而不已必益故受之以益益而不已必決故受之以夬夬者決也決必有所遇故受之以姤姤者遇也物相遇而後聚故受之以萃萃者聚也聚而上者謂之升故受之以升升而不已必困故受之以困

損而不已必益益而不已必決決去即損去之意

盛衰損益如循環然損不已必益益不已必損造化如此在易亦如此故曰損益盛衰之始也損者盛之始益者衰之始所以決字卽損字也夬與姤相綜夬柔在上剛決柔也姤柔在下柔遇剛也故決去小人卽遇君子所以夬受之以姤君子相遇則合志同方故受之以萃同志旣萃則乘時遘會以類而進故受之以升升自下而上不能不用其力升而不已則力竭而困憊矣故受之以困

困乎上者必反下故受之以井井道不可不革故受

之以革革物者莫若鼎故受之以鼎主器者莫若長子故受之以震震者動也物不可以終動止之故受之以艮艮者止也物不可以終止故受之以漸漸者進也進必有所歸故受之以歸妹得其所歸者必大故受之以豐豐者大也窮大者必失其居故受之以旅

一不能進而困于上則必反于下至下者莫若井也井養而不窮可以舒困矣故受之以井井久則穢濁不可食必當革去其故故受之以革革物之器

豐大而驕奢無度則必亡國故象曰失其所居之
則帝王大至善歸于聖賢則聖賢大故受之以豐
者必大細流歸于江海則江海大萬民歸于帝王
子之歸夫禮以漸而行故受之以歸妹得其所歸
也故受之以漸漸者進也進以漸而不驟者惟女
受之以艮艮者止也物不可以終止靜極而復動
以震震者動也物不可以終動則止之以靜故
祭用之而震為長子宜繼父而主祭者也故受之
主故而取新者莫若鼎故受之以鼎鼎重器也廟

位矣唐明皇宋徽宗是也故受之以旅旅而無所容故受之以巽巽者入也入而後說之故受之以兌兌者說也說而後散之故受之以渙渙者離也物不可以終離故受之以節節而信之故受之以中孚有其信者必行之故受之以小過有過物者必濟故受之以既濟物不可窮也故受之以未濟終焉

旅者親寡之時非巽順何所容苟能巽順雖旅困之中何往而不能入故受之以巽巽者入也人情

相拒則怒相入則悅入而後悅之故繼之以兌兌
者悅也人之氣憂則鬱結悅則舒散悅而後散之
故受之以渙渙者離也離披解散之意物不可以
終離離則散漫遠去而不止矣故受之以節節所
以止離也節者制之于外孚者信之于中節得其
道而上能信守之則下亦以信從之矣所謂節而
信之也故受之以中孚有者自恃其信而居其有
也必者不加詳審而必于其行也事當隨時制宜
若自有其信而必行之則小有過矣故受之以小

過有過人之才者必有過人之事而事無不濟矣故受之以既濟物至于既濟物之窮矣然物無終窮之理故受之以未濟終焉物不可窮乃一部易經之本旨故曰物不可以終通以至終離言物不可者十一皆此意也

雜卦傳

雜卦者雜亂文王之序卦也孔子將序卦一連者特借其一端之理以序之其實恐後學顛倒文王所序之卦也一端之理在所緩也又恐後

學以序卦爲定理不知其中有錯有綜有此二
體故雜亂其卦前者居于後後者居于前止將
二體兩卦有錯有綜者下釋其意如乾剛坤柔
比樂師憂是也使非有此雜卦象必失其傳矣

乾剛坤柔

此以錯言言乾坤之情性也文王序卦六十四卦
止乾坤坎離大過頤小過中孚八卦相錯蓋伏羲
圓圖乾坤坎離四正之卦本相錯四隅之卦兑錯
艮震錯巽故大過頤小過中孚所以相錯也

比樂師憂

此以綜言因二卦同體文王相綜爲一卦後言綜者倣此順在內故樂險在內故憂凡綜卦有四正綜四正者比樂師憂大有衆同人親之類也四隅之卦艮與震綜皆一陽二陰之卦艮可以言震震可以言艮兌與巽綜皆二陽一陰之卦兌可以言巽巽可以言兌如隨蠱咸恒之類是也有以正綜隅隅綜正者臨觀屯蒙之類是也前儒不知乎此所以言象失其傳而不知象即藏于錯綜之中因

一不細玩雜卦故也

臨觀之義或與或求

此以綜言君子之臨小人也有發政施仁之意故

與下民之觀君上也有仰止觀光之心故求曰或

者二卦皆可言與求也蓋求則必與與則必求

屯見而不失其居蒙雜而著

此以綜言見者居九五之位也居者以陽居陽也

八卦正位坎在五言九五雜于二陰之間然居九

五之位剛健中正故見而不失其居蒙九二亦雜

于二陰之間然爲發蒙之主故雜而著見皆以坎之上下言蒙之坎上而爲屯矣見而不失其居屯之坎下而爲蒙矣雜而又著

震起也艮止也

此以綜言震陽起于下艮陽止于上

損益盛衰之始也

此以綜言損上卦之艮下而爲益下卦之震帝出乎震故爲盛之始益上卦之巽下而爲損下卦之兊說言乎兊故爲衰之始震東兊西春生秋殺故

爲盛衰之始

大畜時也无妄災也

此以綜言大畜上卦之艮下而爲無妄下卦之震故孔子曰剛自外來而爲主于内無妄下卦之震上而爲大畜之艮故孔子曰剛上而尚賢止其不能止者非理之常乃適然之時得其不當得者非理之常乃偶然之禍

萃聚而升不來也

此以綜言升上卦之三陰下而爲萃之下卦三陰

同聚故曰萃萃下卦之三陰上而爲升之上卦三陰齊升故曰升惟升故不降下而來

謙輕而豫怠也

此以綜言謙之上六卽豫之初六故二爻皆言鳴謙心虛故自輕豫志滿故自肆

噬嗑食也賁無色也

此以綜言賁下卦之離上而爲噬嗑之上卦故孔子曰柔得中而上行噬嗑上卦之離下而爲賁之下卦故孔子曰柔來而文剛頤中有物食其所有

白賁無色文其所無

兌見而巽伏也

此以綜言與震艮同震艮以陽起止于上下此則

以陰見伏于上下

隨無故也蠱則飭也

此以綜言隨則以蠱止卦艮之剛下而爲震故孔

子曰剛來而下柔蠱則以隨上卦兌之柔下而爲

巽故孔子曰剛上而柔下隨無大故故能相隨蠱

有大故故當整飭

剥爛也復反也

此以繇言剥則生意斬盡而歸于無復則生意復萌而反于有

晉晝也明夷誅也

此以繇言明夷下卦之離進而為晉之上卦故孔子曰柔進而上行明在上而明著明在下而明傷

井通而困相遇也

困上卦之兌下而為井下卦之巽井下卦之巽上而為困上卦之兌巽而不窮通也節不困剛遇其

拚遇也即不通

咸速也恒久也

此以綜言故孔子曰柔上而剛下剛上而柔下有

感則速速則婚姻及時有恒則久久則夫婦偕老

渙離也節止也

此以綜言節上卦坎之剛來居渙之下卦渙上卦

巽之柔來居節之下卦風散水故渙渙則離而不

止澤防水故節節則止而不離

解緩也蹇難也

此以綜言蹇下卦之艮往而爲解上卦之震出險之外安舒寬緩之時居險之下大難切身之際

此以綜言睽下卦之兌即家人上卦之巽睽于外睽外也家人内也

此以綜言大往小來小往大來故反其類而不相親親于内而不相睽

否泰反其類也

此以綜言大往小來小往大來故反其類

大壯則止遯則退也（止當作上）

此以綜言止字乃上字之誤二卦相綜遯之三爻

即大壯之四爻上字指大壯之四爻而言退字指遯之三爻而言皆相比于陰之爻也孔子因周公三爻四爻之辭故發此上退二字言大壯則壯于大輿之輹上往而進遯則退而畜止臣妾使制于陽不使之浸而長也故大壯則上遯則退

大有衆也同人親也

此以綜言同人下卦之離進居大有之上卦大有上卦之離來居同人之下卦勢繞于一所愛者衆情通于同所與者親

革去故也鼎取新也

此以綜言鼎下卦之巽進而爲革上卦之兑水火相息有去故之義木火相烹有從新之理

小過過也中孚信也

此以錯言過者踰其常信者存其誠

豐多故親寡旅也

此以綜言旅下卦之艮即豐上卦之震人處豐盛故多故舊人在窮途故寡親識

離上而坎下也

此以錯言炎上潤下

小畜寡也履不處也

此以綜言二卦皆以柔爲主小畜柔得位但寡不能勝衆陽所以不能畜故曰寡也履柔不得位惟以悦體履虎尾故曰不處也不處者非所居也故六三小象曰位不當

需不進也訟不親也

此以綜言天水相上下安分待時故不進越理求勝故不親

大過顛也頤養正也　依蔡氏改正

此以錯言弱其本末故顛擇其大小故正序卦曰頤者養也不養則不可動故受之以大過有此作証蔡氏方改正所以序卦有功于易

既濟定也未濟男之窮也　依蔡氏改正

此以綜言水火相爲上下六位皆當故定三陽失位故窮

歸妹女之終也漸女歸待男行也　依蔡氏改正

此以綜言歸妹下卦之兑進而爲漸上卦之巽漸

下卦之艮進而爲歸妹上卦之震歸妹者女事之終待男者女嫁之禮

姤遇也柔遇剛也夬決也剛決柔也君子道長小人道消也依蔡氏改正

此以綜言君子小人迭爲盛衰猶陰陽迭相消長一柔在五陽之下曰柔遇剛者小人之遭遇君子之所憂也一柔在五陽之上曰剛決柔者君子之道長小人之所憂也易之爲書吉凶消長進退存亡不過此理此數而已故以是終之

考定周易繫辭上下傳

梁山來知德考定

繫辭上傳

天尊地卑乾坤定矣卑高以陳貴賤位矣動靜有常剛柔斷矣方以類聚物以群分吉凶生矣在天成象在地成形變化見矣是故剛柔相摩八卦相盪鼓之以雷霆潤之以風雨日月運行一寒一暑乾道成男坤道成女乾知大始坤作成物乾以易知坤以簡能易則易知簡則易從易知則有親易從則有功有親

則可久有功則可大可久則賢人之德可大則賢人之業易簡而天下之理得矣天下之理得而成位乎其中矣

右第一章

聖人設卦觀象繫辭焉而明吉凶剛柔相推而生變化是故吉凶者失得之象也悔吝者憂虞之象也變化者進退之象也剛柔者晝夜之象也六爻之動三極之道也是故君子所居而安者易之序也所樂而玩者爻之辭也是故君子居則觀其象而玩其辭動

則觀其變而玩其占是以自天祐之吉無不利

右第二章

彖者言乎象者也爻者言乎變者也吉凶者言乎其失得也悔吝者言乎其小疵也無咎者善補過也是故列貴賤者存乎位齊小大者存乎卦辯吉凶者存乎辭憂悔吝者存乎介震無咎者存乎悔是故卦有小大辭有險易辭也者各指其所之

右第三章

易與天地準故能彌綸天地之道仰以觀於天文俯

以察於地理是故知幽明之故原始反終故知死生之說精氣爲物游魂爲變是故知鬼神之情狀與天地相似故不違知周乎萬物而道濟天下故不過旁行而不流樂天知命故不憂安土敦乎仁故能愛範圍天地之化而不過曲成萬物而不遺通乎晝夜之道而知故神無方而易無體

右第四章

一陰一陽之謂道繼之者善也成之者性也仁者見之謂之仁知者見之謂之知百姓日用而不知故君

子之道鮮矣顯諸仁藏諸用鼓萬物而不與聖人同憂盛德大業至矣哉富有之謂大業日新之謂盛德生生之謂易成象之謂乾效法之謂坤極數知來之謂占通變之謂事陰陽不測之謂神

右第五章

夫易廣矣大矣以言乎遠則不禦以言乎邇則靜而正以言乎天地之間則備矣夫乾其靜也專其動也直是以大生焉夫坤其靜也翕其動也闢是以廣生焉廣大配天地變通配四時陰陽之義配日月易簡

之善配至德

右第六章

子曰易其至矣乎夫易聖人所以崇德而廣業也知崇禮卑崇效天卑法地天地設位而易行乎其中矣成性存存道義之門

右第七章

聖人有以見天下之賾而擬諸其形容象其物宜是故謂之象聖人有以見天下之動而觀其會通以行其典禮繫辭焉以斷其吉凶是故謂之爻言天下之

至賾而不可惡也言天下之至動而不可亂也擬之
而後言議之而後動擬議以成其變化
子曰危者安其位者也亡者保其存者也亂者有其
治者也是故君子安而不忘危存而不忘亡治而不
忘亂是以身安而國家可保也易曰其亡其亡繫于
包桑
同人先號咷而後笑子曰君子之道或出或處或默
或語二人同心其利斷金同心之言其臭如蘭
易曰自天祐之吉無不利子曰祐者助也天之所助

者順也人之所助者信也履信思乎順又以尚賢也是以自天祐之吉無不利也

勞謙君子有終吉子曰勞而不伐有功而不德厚之至也語以其功下人者也德言盛禮言恭謙也者致恭以存其位者也

子曰知幾其神乎君子上交不諂下交不瀆其知幾乎幾者動之微吉之先見者也君子見幾而作不俟終日易曰介于石不終日貞吉介如石焉寧用終日斷可識矣君子知微知彰知柔知剛萬夫之望

子曰小人不耻不仁不畏不義不見利不勸不威不
懲小懲而大誠此小人之福也易曰屨校滅趾無咎
此之謂也
善不積不足以成名惡不積不足以滅身小人以小
善爲無益而弗爲也以小惡爲無傷而弗去也故惡
積而不可掩罪大而不可解易曰何校滅耳凶
子曰顔氏之子其殆庶幾乎有不善未嘗不知知之
未嘗復行也易曰不遠復無祇悔元吉
初六藉用白茅無咎子曰苟錯諸地而可矣藉之用

茅何咎之有慎之至也夫茅之爲物薄而用可重也慎斯術也以往其無所失矣

右第八章　依序卦上經九爻與下經同

天一地二天三地四天五地六天七地八天九地十天數五地數五五位相得而各有合天數二十有五地數三十凡天地之數五十有五此所以成變化而行鬼神也大衍之數五十其用四十有九分而爲二以象兩掛一以象三揲之以四以象四時歸奇於扐以象閏五歲再閏故再扐而後掛乾之策二百一十

有六坤之策百四十有四凡三百有六十當期之日二篇之策萬有一千五百二十當萬物之數也是故四營而成易十有八變而成卦八卦而小成引而伸之觸類而長之天下之能畢矣顯道神德行是故可與酬酢可與祐神矣子曰知變化之道者其知神之所爲乎

右第九章

易有聖人之道四焉以言者尚其辭以動者尚其變以制器者尚其象以卜筮者尚其占是以君子將有

爲也將有行也問焉而以言其受命也如嚮無有遠近幽深遂知來物非天下之至精其孰能與於此參伍以變錯綜其數通其變遂成天下之文極其數遂定天下之象非天下之至變其孰能與於此易無思也無爲也寂然不動感而遂通天下之故非天下之至神其孰能與於此夫易聖人所以極深而研幾也唯深也故能通天下之志唯幾也故能成天下之務唯神也故不疾而速不行而至子曰易有聖人之道四焉此之謂也

右第十章

子曰夫易何爲者也夫易開物成務冐天下之道如斯而已者也是故聖人以通天下之志以定天下之業以斷天下之疑是故蓍之德圓而神卦之德方以知六爻之義易以貢聖人以此洗心退藏於密吉凶與民同患神以知來知以藏往其孰能與於此哉古之聰明叡知神武而不殺者夫是以明於天之道而察於民之故是興神物以前民用聖人以此齋戒以神明其德夫是故闔戶謂之坤闢戶謂之乾一闔一

闔謂之變往來不窮謂之通見乃謂之象形乃謂之
器制而用之謂之法利用出入民咸用之謂之神是
故易有大極是生兩儀兩儀生四象四象生八卦八
卦定吉凶吉凶生大業是故法象莫大乎天地變通
莫大乎四時縣象著明莫大乎日月崇高莫大乎富
貴備物致用立成器以爲天下利莫大乎聖人探賾
索隱鉤深致遠以定天下之吉凶成天下之亹亹者
莫大乎蓍龜是故天生神物聖人則之天地變化聖
人效之天垂象見吉凶聖人象之河出圖洛出書聖

人則之易有四象所以示也繫辭焉所以告也定之以吉凶所以斷也

右第十一章

子曰書不盡言言不盡意然則聖人之意其不可見乎子曰聖人立象以盡意設卦以盡情偽繫辭焉以盡其言變而通之以盡利鼓之舞之以盡神乾坤其易之緼耶乾坤成列而易立乎其中矣乾坤毀則無以見易易不可見則乾坤或幾乎息矣是故形而上者謂之道形而下者謂之器化而裁之謂之變推而

行之謂之通舉而措之天下之民謂之事業極天下之賾者存乎卦鼓天下之動者存乎辭化而裁之存乎變推而行之存乎通神而明之存乎其人默而成之不言而信存乎德行

右第十二章　與上繫傳同十二章

繫辭下傳

八卦成列象在其中矣因而重之爻在其中矣剛柔相推變在其中矣繫辭焉而命之動在其中矣吉凶悔吝者生乎動者也剛柔者立本者也變通者趣時

者也吉凶者貞勝者也天地之道貞觀者也日月之道貞明者也天下之動貞夫一者也夫乾確然示人易矣夫坤隤然示人簡矣爻也者效此者也象也者像此者也爻象動乎內吉凶見乎外功業見乎變聖人之情見乎辭天地之大德曰生聖人之大寶曰位何以守位曰仁何以聚人曰財理財正辭禁民為非曰義

右第一章

古者包犧氏之王天下也仰則觀象於天俯則觀法

於地觀鳥獸之文與地之宜近取諸身遠取諸物於是始作八卦以通神明之德以類萬物之情作結繩而爲網罟以佃以漁蓋取諸離包犧氏沒神農氏作斲木爲耜揉木爲耒耒耨之利以教天下蓋取諸益日中爲市致天下之民聚天下之貨交易而退各得其所蓋取諸噬嗑神農氏沒黃帝堯舜作通其變使民不倦神而化之使民宜之易窮則變變則通通則久是以自天祐之吉無不利黃帝堯舜垂衣裳而天下治蓋取諸乾坤刳木爲舟剡木爲楫舟楫之利以

濟不通致遠以利天下蓋取諸渙服牛乘馬引重致遠以利天下蓋取諸隨重門擊柝以待暴客蓋取諸豫斷木爲杵掘地爲臼臼杵之利萬民以濟蓋取諸小過弦木爲弧剡木爲矢弧矢之利以威天下蓋取諸睽上古穴居而野處後世聖人易之以宮室上棟下宇以待風雨蓋取諸大壯古之葬者厚衣之以薪葬之中野不封不樹喪期無數後世聖人易之以棺椁蓋取諸大過上古結繩而治後世聖人易之以書契百官以治萬民以察蓋取諸夬

右第二章

是故易者象也象也者像也彖者材也爻也者效天下之動者也是故吉凶生而悔吝著也

右第三章

陽卦多陰陰卦多陽其故何也陽卦奇陰卦偶其德行何也陽一君而二民君子之道也陰二君而一民小人之道也

右第四章

易曰憧憧往來朋從爾思子曰天下何思何慮天下

同歸而殊途一致而百慮天下何思何慮日往則月來月往則日來日月相推而明生焉寒往則暑來暑往則寒來寒暑相推而歲成焉往者屈也來者信也屈信相感而利生焉尺蠖之屈以求信也龍蛇之蟄以存身也精義入神以致用也利用安身以崇德也過此以往未之或知也窮神知化德之盛也

子曰作易者其知盜乎易曰負且乘致寇至負也者小人之事也乘也者君子之器也小人而乘君子之器盜思奪之矣上慢下暴盜思伐之矣慢藏誨盜冶

容誨淫易曰負且乘致寇至盜之招也
易曰公用射隼于高墉之上獲之無不利子曰隼者
禽也弓矢者器也射之者人也君子藏器于身待時
而動何不利之有動而不括是以出而有獲語成器
而動者也
天地絪緼萬物化醇男女構精萬物化生易曰三人
行則損一人一人行則得其友言致一也
子曰君子安其身而後動易其心而後語定其交而
後求君子修此三者故全也危以動則民不與也懼

不密則失臣臣不密則失身幾事不密則害成是以

不出戶庭無咎子曰亂之所生也則言語以為階君

矣易曰鼎折足覆公餗其形渥凶言不勝其任也

子曰德薄而位尊知小而謀大力小而任重鮮不及

且危死期將至妻其可得見邪

非所困而困焉名必辱非所據而據焉身必危既辱

易曰困于石據于蒺藜入于其宮不見其妻凶子曰

傷之者至矣易曰莫益之或擊之立心勿恒凶

以語則民不應也無交而求則民不與也莫之與則

君子密慎而不出也

鳴鶴在陰其子和之我有好爵吾與爾靡之子曰君子居其室出其言善則千里之外應之况其邇者乎居其室出其言不善則千里之外違之况其邇者乎言出乎身加乎民行發乎邇見乎遠言行君子之樞機樞機之發榮辱之主也言行君子之所以動天地也可不慎乎

右第五章　依序卦下經九爻與上經同

子曰乾坤其易之門邪乾陽物也坤陰物也陰陽合

德而剛柔有體以體天地之撰以通神明之德其稱
名也雜而不越於稽其類其衰世之意邪夫易彰往
而察來而微顯闡幽開而當名辨物正言斷辭則備
矣其稱名也小其取類也大其旨遠其辭文其言曲
而中其事肆而隱因貳以濟民行以明失得之報

右第六章

易之興也其於中古乎作易者其有憂患乎是故履
德之基也謙德之柄也復德之本也恒德之固也損
德之修也益德之裕也困德之辨也井德之地也巽

德之制也履和而至謙尊而光復小而辨於物恒雜而不厭損先難而後易益長裕而不設困窮而通井居其所而遷巽稱而隱履以和行謙以制禮復以自知恒以一德損以遠害益以興利困以寡怨井以辨義巽以行權

右第七章

易之爲書也不可遠爲道也屢遷變動不居周流六虛上下無常剛柔相易不可爲典要唯變所適其出入以度外内使知懼又明於憂患與故无有師保如

臨父母初率其辭而揆其方既有典常苟非其人道
不虛行

右第八章

易之爲書也原始要終以爲質也六爻相雜唯其時
物也其初難知其上易知本末也初辭擬之卒成之
終若夫雜物撰德辨是與非則非其中爻不備噫亦
要存亡吉凶則居可知矣知者觀其彖辭則思過半
矣二與四同功而異位其善不同二多譽四多懼近
也柔之爲道不利遠者其要無咎其用柔中也三與

五同功而異位三多凶五多功貴賤之等也其柔危其剛勝耶

右第九章

易之爲書也廣大悉備有天道焉有人道焉有地道焉兼三才而兩之故六六者非他也三才之道也道有變動故曰爻爻有等故曰物物相離故曰文文不當故吉凶生焉

右第十章

易之興也其當殷之末世周之盛德邪當文王與紂

之事邪是故其辭危危者使平易者使傾其道甚大
百物不廢懼以終始其要無咎此之謂易之道也
右第十一章
夫乾天下之至健也德行恒易以知險夫坤天下之
至順也德行恒簡以知阻能說諸心能研諸慮定天
下之吉凶成天下之亹亹者是故變化云爲吉事有
祥象事知器占事知來天地設位聖人成能人謀鬼
謀百姓與能八卦以象告爻彖以情言剛柔雜居而
吉凶可見矣變動以利言吉凶以情遷是故愛惡相

攻而吉凶生遠近相取而悔吝生情僞相感而利害生凡易之道近而不相得則凶或害之悔且吝將叛者其辭慙中心疑者其辭枝吉人之辭寡躁人之辭多誣善之人其辭游失其守者其辭屈

右第十二章　與上繫傳同十二章

補定周易說卦傳

梁山來知德補定

說卦傳

昔者聖人之作易也幽賛於神明而生蓍參天兩地而倚數觀變於陰陽而立卦發揮於剛柔而生爻和順於道德而理於義窮理盡性以至於命

右第一章

昔者聖人之作易也將以順性命之理是以立天之道曰陰與陽立地之道曰柔與剛立人之道曰仁與

義兼三才而兩之故易六畫而成卦分陰分陽迭用柔剛故易六位而成章

右第二章

天地定位山澤通氣雷風相薄水火不相射八卦相錯數往者順知來者逆是故易逆數也

右第三章

雷以動之風以散之雨以潤之日以晅之艮以止之兌以說之乾以君之坤以藏之

右第四章

帝出乎震齊乎巽相見乎離致役乎坤説言乎兌戰
乎乾勞乎坎成言乎艮萬物出乎震震東方也齊乎
巽巽東南也齊也者言萬物之絜齊也離也者明也
萬物皆相見南方之卦也聖人南面而聽天下嚮明
而治蓋取諸此也坤也者地也萬物皆致養焉故曰
致役乎坤兌正秋也萬物之所説也故曰説言乎兌
戰乎乾乾西北之卦也言陰陽相薄也坎者水也正
北方之卦也勞卦也萬物之所歸也故曰勞乎坎艮
東北之卦也萬物之所成終而所成始也故曰成言

乎艮

右第五章

神也者妙萬物而爲言者也動萬物者莫疾乎雷橈萬物者莫疾乎風燥萬物者莫熯乎火說萬物者莫說乎澤潤萬物者莫潤乎水終萬物始萬物者莫盛乎艮故水火相逮雷風不相悖山澤通氣然後能變化既成萬物也

右第六章

乾健也坤順也震動也巽入也坎陷也離麗也艮止

也兌說也

右第七章

乾爲馬坤爲牛震爲龍巽爲雞坎爲豕離爲雉艮爲狗兌爲羊

右第八章

乾爲首坤爲腹震爲足巽爲股坎爲耳離爲目艮爲手兌爲口

右第九章

乾天也故稱乎父坤地也故稱乎母震一索而得男

故謂之長男巽一索而得女故謂之長女坎再索而得男故謂之中男離再索而得女故謂之中女艮三索而得男故謂之少男兌三索而得女故謂之少女

右第十章

乾爲天爲圜爲君爲父爲玉爲金爲寒爲冰爲大赤爲良馬爲老馬爲瘠馬爲駁馬爲木果荀九家有爲龍爲直爲衣爲言○來知德有爲郊爲帶爲旋爲知爲富爲大爲頂爲戎爲武

坤爲地爲毋爲布爲釜爲吝嗇爲均爲子毋牛爲大

輿爲文爲衆爲柄其於地也爲黑　荀九家有爲牝

爲迷爲方爲囊爲裳爲黃爲帛爲漿　來知德有爲

末爲能爲小爲朋爲戶爲敦

震爲雷爲龍爲玄黃爲車爲大塗爲長子爲決躁爲

蒼筤竹爲萑葦其於馬也爲善鳴爲馵足爲作足爲

的顙其於稼也爲反生其究爲健爲蕃鮮　荀九家

有爲王爲鵠爲鼓　來知德有爲青爲升躋爲奮爲

官爲園爲春耕爲東爲老爲筐

巽爲木爲風爲長女爲繩直爲工爲白爲長爲高爲

進退爲不果爲臭其於人也爲寡髮爲廣顙爲多白
眼爲近利市三倍其究爲躁卦　荀九家有爲楊爲
鸛　來知德有爲浚爲魚爲草茅爲宫人爲老婦
坎爲水爲溝瀆爲隱伏爲矯輮爲弓輪其於人也爲
加憂爲心病爲耳痛爲血卦爲赤其於馬也爲美脊
爲亟心爲下首爲薄蹄爲曳其於輿也爲多眚爲通
爲月爲盜其於木也爲堅多心　荀九家有爲宫爲
律爲可爲棟爲叢棘爲狐爲蒺藜爲桎梏　來知德
有爲沫爲泥塗爲孕爲酒爲臀爲淫爲北爲幽爲孚

爲河

離爲火爲日爲電爲中女爲甲胄爲戈兵其於人也

爲大腹爲乾卦爲鱉爲蟹爲蠃爲蚌爲龜其於木也

爲科上槁　荀九家有爲牝牛　來知德有爲苦爲

朱爲三爲焚爲泣爲歌爲號爲墉爲城爲南爲不育

爲害

艮爲山爲徑路爲小石爲門闕爲果蓏爲閽寺爲指

爲狗爲鼠爲黔喙之屬其於木也爲堅多節　荀九

家有爲鼻爲虎爲狐　來知德有爲牀爲握爲終爲

宅爲廬爲丘爲篤爲童爲尾

兊爲澤爲少女爲巫爲口舌爲毁折爲附決其於地也爲剛鹵爲妾爲羊　荀九家有爲常爲輔頰　來知德有爲笑爲五爲食爲跛爲眇爲西

右第十一章

周易集註卷之十六終

易自孔子沒商瞿不能傳至王弼掃象之後後儒因
之不言其象止言其理四聖之易已絶矣
先生于二千餘年之下以侍養未仕遠客萬州求
溪探賾索隱三十年而後悟易之象又悟文王序卦
又悟孔子雜卦又悟卦變之非絜淨精微之奧妙復
燦然大明于世諱秦中致仕歸田欲梓是書
先生以未就辭之天啓文明恭遇闔中
徐侯來令吾梁首懷是書慨然捐俸梓之邑士夫建
吾古公春城李公及不肖諱感

侯高誼各少補工費通學諸友助費者詰不能悉紀

是不傳之秘自

先生而傳而已絕之書自

徐侯而續其成也豈偶然哉羽翼四聖之功亦偉矣

詰不能文敢直書數字于其後云

昔

萬曆已亥夏午月吉日門生戴詰頓首謹識